ପାଣି କବିଙ୍କର ଆତ୍ମକାହାଣୀ

ପାଣି କବିଙ୍କର ଆତ୍ମକାହାଣୀ

ସନ ୧୮୮୨ଠାରୁ ୧୯୫୫ ମସିହା

ବ୍ଲାକ୍ ଇଗଲ୍ ବୁକ୍ସ
ଭୁବନେଶ୍ୱର, ଓଡ଼ିଶା

BLACK EAGLE BOOKS
Dublin, USA

ପାଣି କବିଙ୍କର ଆତ୍ମକାହାଣୀ

ବ୍ଲାକ୍ ଇଗଲ୍ ବୁକ୍ସ : ଭୁବନେଶ୍ୱର, ଓଡ଼ିଶା ● ଡବଲିନ୍, ଯୁକ୍ତରାଷ୍ଟ୍ର ଆମେରିକା

BLACK EAGLE BOOKS

USA address:
7464 Wisdom Lane
Dublin, OH 43016

India address:
E/312, Trident Galaxy, Kalinga Nagar,
Bhubaneswar-751003, Odisha, India

E-mail: info@blackeaglebooks.org
Website: www.blackeaglebooks.org

First Edition 1955
International Edition Published by
BLACK EAGLE BOOKS, 2025

Autobiography of Poet Baishnab Pani
(From 1882 to 1955)

Copyright © **BEB**

All rights reserved. No part of this publication may be reproduced, stored in a retrieval system, or transmitted, in any form or by any means, electronic, mechanical, photocopying, recording or otherwise without the prior permission of the publisher.

Cover & Interior Design: Ezy's Publication

ISBN- 978-1-64560-700-7 (Paperback)

Printed in the United States of America

ଜନ୍ମ ସନ ୧୮୮୨ ମସିହା
ଯୁବକ କବି - ଶ୍ରୀ ବୈଷ୍ଣବ ପାଣି
(୧୯୩୦ ମସିହା ପ୍ରତିମୂର୍ତ୍ତି)

ଉତ୍ସର୍ଗ ପତ୍ର

ମାନନୀୟ ଶ୍ରୀଯୁକ୍ତ ବମ୍ବେ ରାଜ୍ୟପାଳ ଡକ୍ଟର ହରେକୃଷ୍ଣ ମହତାବ। ମହୋଦୟ ମହନୀୟ ଚରିତେଷ୍ଣୁ।

ମହାନୁଭାବ !

ଆପଣଙ୍କର ଅକପଟ-ସୌଜନ୍ୟ, ବ୍ୟକ୍ତିତ୍ୱ, ଗୁଣଗ୍ରାହୀତା, ଇତିହାସ ପ୍ରୀତି, ସାହିତ୍ୟ ରସିକତା, ଲୋକ ସେବା, ଦେଶ ମାତୃକାଭକ୍ତି, ସାରିବ୍ୟ, ଜନରଞ୍ଜନୀ ପ୍ରତିଭା, ଉଦାରତା ସମ୍ବଳିତ ଭାତୃତ୍ୱ ଏବଂ ଆଲୋକ ସମାନ୍ୟ ଗୌରବ, ଉତ୍କଳର ପୁରପଲ୍ଲୀକୁ ମୁଗ୍ଧ ଓ ସ୍ତବ୍ଧ କରି ରଖିଛି। ମାତୃଭାଷାର ଶ୍ରୀବୃଦ୍ଧି ଏବଂ ମାତୃଭୂମିର କଳେବର ବୃଦ୍ଧି ସଙ୍ଗେ ସଙ୍ଗେ ଜାତିର ଦୁର୍ଗତି-ଦୂରୀକରଣକୁ ସ୍ୱଜୀବନର-ବ୍ରତିରୂପେ ଗ୍ରହଣ କରି ଆଜି ରାଜନୀତି କ୍ଷେତ୍ରରେ ଜୟଯୁକ୍ତ ହେବାରୁ ସିନା **"ଉତ୍କଳକେଶରୀ"** ଆଖ୍ୟା ଧାରଣ କରିଅଛନ୍ତି।

ଏ ଯୁଗର କୋମଳକାନ୍ତ କବିତାର ରତ୍ନାକର କବି ଶ୍ରୀ ବୈଷ୍ଣବ ପାଣୀ ଆପଣଙ୍କ ସୁଧାମୟୀ ଦୃଷ୍ଟି ଲାଭକରି ଉତ୍କଳ ଇତିହାସ ପୃଷ୍ଠାରେ ସ୍ୱୀୟ ଅମରତ୍ୱ ଅର୍ଜନ କରି ପାରିଅଛନ୍ତି,

ମୁଁ ଆଜି ଭକ୍ତିର ନିଦର୍ଶନ ସ୍ୱରୂପ ଉକ୍ତ କବିଙ୍କ ବିଚିତ୍ର ଆତ୍ମକାହାଣୀ ପୁସ୍ତିକାଟିକୁ ଆପଣଙ୍କ କରସବୋରୁହରେ ଅର୍ପଣ କଲି।
ଆଶା କରେ ସାଦରେ ଗୃହୀତ ହେବ। ଇତି ।

ତା ୨୬-୧୦-୫୫
ବିଜୟା ଦଶମୀ
ବିନୋଦ ବିହାରୀ, କଟକ

ଭବଦୀୟ ଗୁଣମୁଗଧ
ଶ୍ରୀ ଗୋବିନ୍ଦ ସାହୁ

କବିଙ୍କ ଆଶୀର୍ବାଦ

ଆମ୍ଭର ରଚନାବଳୀ ପୁସ୍ତକମାନଙ୍କ ପ୍ରକାଶିତ ପ୍ରଥମତଃ ବାଲୁବଜାର ବିନୋଦବିହାରୀ ମନ୍ଦିର, ନିକଟସ୍ଥ ଶ୍ରୀ ଗୋବିନ୍ଦସାହୁ, ବିଗତ ୫୦ବର୍ଷରୁ ଊର୍ଦ୍ଧ୍ୱ ହେବ ମୋର ରଚନା ପୁସ୍ତକମାନ ପ୍ରକାଶ କରି ଆସୁଅଛନ୍ତି। ତେଣୁ ମୋର କଟକ ଗମନାଗମନରେ ଯଥାମତେ ସାହାଯ୍ୟ କରିଥାଆନ୍ତି, ଆଜି ଉନ୍ମୁକ୍ତ କଣ୍ଠରେ ଆଶୀର୍ବାଦ କରୁଅଛି କି ଏହି **'ଆତ୍ମକାହାଣୀ'** ପୁସ୍ତକ ଖଣ୍ଡି ତାଙ୍କର ଲାଭଦାୟକ ଏବଂ ମଙ୍ଗଳଦାୟକ ହେଉ।

ମୋର ବନ୍ଧୁ ନାତୁଣୀଜାମାତା, ଅରିଲୋଶାସନ ନିବାସୀ ଶ୍ରୀଯୁକ୍ତ କୃଷ୍ଣଚନ୍ଦ୍ର ଆଚାର୍ଯ୍ୟ, ଉକ୍ତ **'ଆତ୍ମକାହାଣୀ'** ପୁସ୍ତକ ଲେଖନୀରେ ମୋତେ ଅବିଶ୍ରାନ୍ତ ସାହାଯ୍ୟ କରିଥିବାରୁ ମୁଁ ତାଙ୍କର ମଙ୍ଗଳକାମନା ଏବଂ ଅନ୍ତର ସହିତ ତାଙ୍କୁ ଧନ୍ୟବାଦ ଅର୍ପଣ କରୁଅଛି। ଇତି।

ଶ୍ରୀ ବୈଷ୍ଣବ ପାଣୀ
ମୁ- କୋଠପଦା
ପୋ- କୁଆଁପାଳ
ଜି- କଟକ

ସୂଚିପତ୍ର

ଆତ୍ମ ପରିଚୟ ଓ ବାଲ୍ୟାବସ୍ଥା	୧୧
ଛାତ୍ରଜୀବନ	୧୨
ଜୁଲୁଜୁଲା କୀଟରେ ପାଠପଢ଼ା	୧୪
ଲଙ୍କାମରିଚ ପୋଡ଼ା ରହସ୍ୟ	୧୪
ଛାତ୍ରାବସ୍ଥାରେ ଗୁଣ୍ଡାମି	୧୫
ଗୁରୁ ନ ଥାଇ ପାଲାଗାଆଣ ହେଲି	୧୮
ପ୍ରଥମ ଓସ୍ତାଦି (କବିତାରମ୍ଭ)	୨୧
କୁଞ୍ଜଲତାକୁ କଲିକତା ହରଣଚାଲ	୨୬
କଲିକତାରେ ମୋର ଗୁଣ୍ଡାମି	୨୮
ଯାତ୍ରାପର୍ବାରମ୍ଭ	୨୯
ବହୁକୁଦ ନାଟ୍ୟଶିକ୍ଷା	୩୩
ପ୍ରଥମ ଗଡ଼ଜାତ ଭ୍ରମଣ	୩୭
ଉର୍ବଶୀ ଓ ନୀଳବେଶ୍ୟା ସହ ପରିଚିତ	୩୯
ରୋଗ ଯନ୍ତ୍ରଣା	୪୩
ଆରୋଗ୍ୟଲାଭ	୪୬
ହର ବିବାହରେ ବିଚଳିତ	୪୯
ଅଦ୍ଭୁତ ପରିବର୍ତ୍ତନ	୫୧
ଚଉଷଠିପଡ଼ା ରଥଯାତ୍ରା	୫୩
ହର ଗୁଣାବଳୀ	୫୫
ପୁରୀଯାତ୍ରା	୫୬
ଶାରଦାବେଶ୍ୟା ବଶୀଭୂତ	୫୮
ମୋର କାପାଳିକମୂର୍ତ୍ତି	୬୨
ଆଳି, ଚାନ୍ଦବାଲି, ଚେଙ୍ଗଲ ଯାତ୍ରା	୬୫
କଲିକତା ରାସମଣୀକୋଠିରେ ଗୋପାଳଦାସ ସହ ବାଦୀଯାତ୍ରା	୭୦

ଆଠଗଡ଼, ଟିଗିରିଆ, ବଡ଼ମ୍ୟା ଯାତ୍ରା	୭୩
ନାଜରଙ୍କ ଯାତ୍ରାରେ ହାଜତରେ ଜବତ	୭୯
ଏ ଦଳ ମାଲିକ ତୁମ ମାଇପଙ୍କ ପାଖରେ	୮୨
କୃଷ୍ଣବାବୁ ସହ ବାଦୀଯାତ୍ରା	୮୪
ଟାଟା ଓ ବାଦାମପାହାଡ଼ ଯାତ୍ରା	୮୬
ପଞ୍ଚକୋଟ ମଧୁପୁର ଯାତ୍ରା	୮୮
ଭେଣ୍ଡିଆ ଗୃହେ ରହଣି ନାସ୍ତି	୯୧
ମୁଁ ଗତାଶୁଙ୍କବିଙ୍କ ପ୍ରେତାତ୍ମା	୯୩
ନୃଶଂସମନ୍ଦର ବିଶ୍ୱାସ ହାତେ ବଡ଼ମ୍ୟା	୯୬
ନରସିଂହପୁର ରାଜବାଟୀରେ ଯାତ୍ରା	୯୭
ଦଶପଲ୍ଲା ଓ ବୌଦ୍ଧ ଯାତ୍ରା	୯୯
ଅଷ୍ଟମଲିକାଧ୍ୱେଶ୍ୱରରେ ଗଙ୍ଗେଶ୍ୱର ନାଟକ ନକରିବା ପ୍ରତିଶ୍ରୁତି	୧୦୧
ସୋନପୁରରେ ଯାତ୍ରା	୧୦୩
ଅନୁଗୁଳ ଯାତ୍ରାରେ ୧୪୪ ଧାରା	୧୦୫
ସୁନାଗାଛିଆରେ ବିଶିଷ୍ଟ ରମ୍ୟାବେଶ୍ୟା	୧୦୭
ରାଜକନିକାରେ ରାସପାଟି	୧୧୦
ପାଣିର ପାଣିଫଳ ପ୍ରାର୍ଥନା	୧୧୪
କନିକା ହୁକୁମ ମାନେ କିଏ ?	୧୧୫
ସରକାରଙ୍କୁ ସମର ସଙ୍ଗୀତ ପ୍ରଦାନ	୧୧୭
ପ୍ରଧାନମନ୍ତ୍ରୀ ମହତାବଙ୍କ ସହ ମିଳନ ଓ କବିତା ପ୍ରକାଶ	୧୨୦
ଝୁବୁଲିଭେଟି	୧୨୭
ଦାରୁଣ ଦୁର୍ଦ୍ଦଶା	୧୩୧
ବିପରୀତଭାଗ୍ୟ	୧୩୪
ନୈରାଶ୍ୟଭାବେ ଶେଷଚିଠି	୧୩୫

କବିବର ଶ୍ରୀ ବୈଷ୍ଣବ ପାଣି
ଜନ୍ମ–୧୮୮୨, କୁମାର ପୂର୍ଣ୍ଣିମା

ପାଣିକବିଙ୍କ ଆତ୍ମକାହାଣୀ

ଆତ୍ମପରିଚୟ

ବାଲ୍ୟାବସ୍ଥା

କବି ! ମୁଁ ଜଣେ ଓଡ଼ିଶାର ପୁରପଲ୍ଲୀର ସୁପରିଚିତ କବି। ମୋର ଜନ୍ମସ୍ଥାନ କଟକଜିଲ୍ଲା ଅନ୍ତର୍ଗତ ମାହାଙ୍ଗା ଥାନାର କୋଠପଦା ଗ୍ରାମସ୍ଥ ବିରୂପା ନଦୀତଟ। ପିତାଙ୍କ ନାମ ୰ସୁଦର୍ଶନ ପାଣି, ମାତାଙ୍କ ନାମ ୰ଚାନ୍ଦଦେବୀ। ମୁଁ ମୋର ପିତାମାତାଙ୍କର ତୃତୀୟ ଗର୍ଭର ସନ୍ତାନ। ମୋର ଇ ୧୮୮୨ ମସିହା କୁମାରପୂର୍ଣ୍ଣିମା ଗୁରୁବାର ରାତ୍ରରେ ଜନ୍ମ। ମୋର ଲଗ୍ନ ମିଥୁନ, (ରାଶି) ଅଶ୍ୱିନୀ ମେଷ। ଲୌକିକ ବ୍ୟବହାର ଅନୁଯାୟୀ ପଞ୍ଚୁଆତି, ଷଷ୍ଠୀ ପୂଜା ଓ ଏକୋଇଶାଦି ନିୟମିତ ଭାବେ ପାଳନ କରାଯାଇଥିଲା ଓ ଶତ୍ରୁଘ୍ନ ନାମ ରଖାଯାଇଥିଲା।

ଲୋକ ମୁଖ ଶ୍ରୁତ ଯେ ଜନ୍ମ ହେବାର କେତେକ ମାସ ପରେ କୌଣସି ସାଙ୍ଘାତିକ ରୋଗରେ ପୀଡ଼ିତ ହେବାରୁ ମୋତେ ଜଗନ୍ନାଥ ମହାପ୍ରଭୁଙ୍କ ବଡ଼ଛତା ତଳେ ବୈଷ୍ଣବ କରି ଦେଇଥିଲେ। ତେଣୁ ମୋତେ ବୈଷ୍ଣବ ବୋଲି ଡାକି ଆସୁଥିଲେ। ବାସ୍ତବ ନାମ ଥିଲା ଶତ୍ରୁଘ୍ନ।

ଅଜ୍ଞାତବସ୍ଥାରେ ବାଲ୍ୟବସ୍ଥା ଅତିବାହିତ କରି କୈଶୋରାବସ୍ଥାରେ ମୋର ବିଧବା ପିଉସୀଙ୍କ ଘର ଶୁକ୍ଳେଶ୍ୱର ନୂଆଗାଁଠାରେ ଥାଇ ୰କଳ୍ପତରୁ ବେଦୀଙ୍କ ଠାରୁ ଖଡ଼ିପାଠ ଶିକ୍ଷା କରିଥିଲି। ଇତ୍ୟବଶରେ ମୋର ଉପନୟନର ସମୟ ହେବାରୁ ମୋର ପୂଜନୀୟ ପିତୃଦେବ ବନ୍ଧାଥିବା ଜଗନ୍ନାଥଙ୍କ ବଡ଼ଛତାରୁ ଅଷ୍ଟଗଣ୍ଡା ତାମ୍ରମୁଦ୍ରା ଋଣ ପରିଶୋଧ ସ୍ୱରୂପ ପ୍ରଦାନ କରି ମୁକ୍ତ କରି ଆଣିବା ପରେ ଉପନୟନାଦି କ୍ରିୟା ଏକାଦଶ ବର୍ଷ ସମୟରେ ସମାପନ କଲେ। ଏହାପର କୋଠପଦା ମଠାଧୀଶ ମହନ୍ତ ତପୋନିଧି

ରଘୁନାଥପୁରୀ ଗୋସ୍ୱାମୀ ତାଙ୍କର ଇଷ୍ଟଦେବ ଶ୍ରୀ ଶ୍ରୀ ରଘୁନାଥଜିଉ ଠାକୁରଙ୍କ ପାଇଁ ଫୁଲତୋଳା ଓ ଫୁଲ ଗୁନ୍ଥା କାର୍ଯ୍ୟରେ ମୋତେ ନିଯୁକ୍ତି କରିଥିଲେ, ସେ ସମୟରେ ରଘୁନାଥ ଜିଉଙ୍କ ପ୍ରସାଦ ସେବନ କରି ଉଦର ଜ୍ୱାଳା ନିବୃତ୍ତ କରିବାକୁ ହେଉଥିଲା। ଇତିମଧ୍ୟରେ ପାରିବାରିକର ଘୋର ଦାରିଦ୍ର୍ୟତା ହେତୁ ମୋର କିଛିକାଳ ଗୋ-ରକ୍ଷକ ଭାବେ ଅତିବାହିତ ହେଲା। ଯେତେବେଳେ ଠାକୁରଙ୍କ ଫୁଲତୋଳା ଓ ଫୁଲଗୁନ୍ଥା କାର୍ଯ୍ୟରେ ନିଯୁକ୍ତ ଥିଲି ସେତେବେଳେ ମହନ୍ତ ମହୋଦୟଙ୍କର ଯାତ୍ରାଦଳ ଓ ଥିଏଟର ଦଳ ଥିଲା। ମହନ୍ତ ମହୋଦୟ ମୋତେ ଉକ୍ତ ଦଳରେ ରଖାଇ ନୃତ୍ୟ ଗୀତାଦି ଶିକ୍ଷାପାଇଁ ଡେରାବିଶ ନିବାସୀ ୰ଶିବରାମ ସିଂହଙ୍କ ତତ୍ତ୍ୱାବଧାନରେ ରଖାଇଥିଲେ। ସେ ମହାଶୟଙ୍କ କୃପାବଳରେ ନୃତ୍ୟ ଗୀତାଦିରେ ପ୍ରଥମସ୍ଥାନ ଅଧିକାର କରିଥିଲି। ଏହାପରେ ମୋର ଗୃହ ନିକଟସ୍ଥ ଉକ୍ତ ମହନ୍ତଙ୍କ ଦ୍ୱାରା ପ୍ରତିଷ୍ଠିତ କୋଠପଦା ମାଇନର ସ୍କୁଲରେ ପୂର୍ବରୁ ଥିବା ପାଚକଟିର ମୃତ୍ୟୁ ଘଟିବାରୁ ମୋତେ ପାଚକ କାର୍ଯ୍ୟରେ ନିଯୁକ୍ତି କଲେ। ସେତେବେଳେ ମୋର ମାସିକ ବେତନ ଅଢ଼ାଇ ଟଙ୍କା, ସ୍କୁଲସ୍ଥ ହଷ୍ଟେଲ ପିଲାଙ୍କ ସଂଖ୍ୟା ୨୭ଜଣ ମାତ୍ର, ଏହି ୨୭ଜଣ ଛାତ୍ରଙ୍କ ପାଇଁ ଦୁଇବେଳା ରୋଷାଇ କରି ଖାଇବାକୁ ଦେଉଥିଲି। ଉକ୍ତ ସ୍କୁଲର ଗତାଶୁଂ ହେଡ ମାଷ୍ଟର ଗୋପୀନାଥପୁର ନିବାସୀ ଓ ଅନ୍ୟ ଜଣେ ସରକାରୀ ଶିକ୍ଷକ ବାଙ୍କି ଚର୍ଚ୍ଚିକା ନିବାସୀ ଯଥାକ୍ରମେ ୰ଭୋଳାନାଥ ମିଶ୍ର ଓ ହୃଷିକେଶ ପଣ୍ଡା ଶିକ୍ଷକତା କରି ଆସିଥିଲେ। ସେମାନେ ମୋ କାର୍ଯ୍ୟରେ ସନ୍ତୁଷ୍ଟ ହୋଇ ହାତରୁ ବହି, କାଗଜ, ପେନ୍‌ସିଲ ଆଦି କିଣାଇ ସ୍କୁଲର ୪ର୍ଥ ଶ୍ରେଣୀର ନାମ ଲେଖାଇଦେଲେ। ପରନ୍ତୁ ମୋର ଅନ୍ୟାନ୍ୟ ଦରକାରୀୟ ଜିନିଷମାନ ଯୋଗାଇ ଦେଲେ।

ଏହିଠାରୁ ମୋର ଛାତ୍ରଜୀବନୀ ପଡ଼ିଲା। ଏହି ଅବସ୍ଥାରେ ମୁଁ ତାଙ୍କର ବାସନ ମାଜିବା, ଅଇଁଠା ପରିଷ୍କାର କରିବା, ବିଛଣା କରିଦେବା, ପରିଶେଷରେ ତାଙ୍କର ପାଦସେବା ପର୍ଯ୍ୟନ୍ତ ସମସ୍ତ କାର୍ଯ୍ୟ ଅକୁଣ୍ଠିତ ଚିତ୍ତରେ କରୁଥିଲି।

ଛାତ୍ର ଜୀବନ

ଏହି ଛାତ୍ରାବସ୍ଥାରେ କାଗଜୀଲେମ୍ବୁ ଚୋରୀ, ଖଦ୍ୟୋତାଲୋକରେ ପାଠପଢ଼ା-ଲଙ୍କାମରିଚ ପୋଡ଼ା ରହସ୍ୟ-ଗୁଣ୍ଡାମୀ ଓ ପାଲା ଗାୟକାଦି କେତେକ କାର୍ଯ୍ୟ ହୋଇ ଯାଇଅଛି।

ଇତି ମଧ୍ୟରେ ମୁଁ ୪ର୍ଥ ଶ୍ରେଣୀରୁ ୫ମ ଶ୍ରେଣୀକୁ କୃତିତ୍ୱ ସହକାରେ ଉତ୍ତୀର୍ଣ୍ଣ ହୋଇଥିଲି। ଏହି ୫ମ ଶ୍ରେଣୀରେ ଦଶକ ପଣିକିଆ ଖନ୍ଦା ଘୋଷିବାକୁ ହୋଇଥିଲା।

ପାଠକେ ! ଯେଉଁଦିନ ଓଦାଜାଳ କିମ୍ବା ହାଲୁକା ଜାଳ ଜାଳିବାକୁ ହୁଏ ସେଦିନ ରାତିରେ ମୋତେ ଚୁଲୀ ମୁଣ୍ଡସ୍ଥ ଡିବି ଆଲୁଅରେ ପାଠ ଘୋଷିବାକୁ ପଡ଼େ।

ଥରେ ପାଠପଢ଼ା ସମୟରେ କୋଠପଦା ସ୍କୁଲ ବୋର୍ଡିଂରେ ଥାଇ ପୁଝାରୀ କାର୍ଯ୍ୟ କରୁଥିଲି। ମଝିରେ ମଝିରେ ତରକାରୀର ଅନାଟନ ଘଟିବାରୁ କେତେକ ସାଥିମାନଙ୍କୁ ଜୁଟାଇ ଫଳମୂଳାଦି ପନିପରିବା ଚୋରି କରେ। ସ୍କୁଲ ହତାରେ ଯାଜପୁରସ୍ଥ କତରାପୁର ନିବାସୀ ଗୋବିନ୍ଦ ଗୁଇଁ ଓ ଦୋଳିଦତ୍ତ ନାମକ ଦୁଇଜଣ ବ୍ୟକ୍ତି ଗୋଟିଏ ମସଲାଦି ଗୋଦାମ କରିଥିଲେ ତାଙ୍କରି ବାରିସ୍ଥ ଏକ କଦଳୀ ଗଛରେ ବଡ଼ ବନ୍ତଳ କାନ୍ଧି ଫଳିଥିଲା। ମୁଁ ବୋର୍ଡିଂରୁ ବଡ଼ ନୌତିଟି ଆଣି ତା'ର ସାହାଯ୍ୟରେ ଚଢ଼ି କଦଳୀ କାନ୍ଧିଟିକୁ ହାଣି ଆଣି ବୋର୍ଡିଂରେ ତରକାରୀ କରି ପିଲାମାନଙ୍କୁ ଖାଇବାକୁ ଦେଲି। ପରଦିନ ପ୍ରଭାତରୁ କଦଳୀ ସମ୍ବନ୍ଧେ ଆଲୋଚନା ଚାଲିଲା, ମୁଁ ଏ ବିଷୟ ଶୁଣି ହେଡ଼ମାଷ୍ଟର ମହୋଦୟଙ୍କୁ ଜଣାଇଲଇ। ହେଡ଼ମାଷ୍ଟର ମହୋଦୟ ଦୋକାନୀକୁ ଡାକି ସୂର୍ଯ୍ୟାୟଣ ଓ ଚାନ୍ଦ୍ରାୟଣ ବାରି ଖଡ଼ି ପକାଇ କହିଲେ ଯେ, ଏ କଦଳୀ ପଶ୍ଚିମ ଦିଗକୁ ଯାଇଛି। ଏହାକୁ ଜଣେ କୃଷ୍ଣକାୟ ଦୀର୍ଘାକୃତି ପୁରୁଷ ନେଇ ଯିବାର ଉତ୍ତର ଲେଖୁଛି। ତୁ ଏଠାରେ ଆସି ଖୋଜୁଛୁ କ'ଣ ? ଗୁଇଁ ଓ ଦତ୍ତ ଦ୍ୱୟ କଥାବାର୍ତ୍ତା ହୋଇ ସ୍ଥିରକଲେ କୋଠପଦାର ଅନ୍ୟତମ ଜଣାଶୁଣା ଚୋର ବଳେଇ ସ୍ୱାଇଁ ନେଇଯାଇଛି। ଆଉ ବା କାହିଁକି ଖୋଜିବା ? ସେ କେଉଁଠି କାହାକୁ ବିକ୍ରୟ କରି ସାରିବଣି, ଏହା ଭାବି ସେମାନେ ନିରବ ହୋଇ ରହିଲେ।

ପାଠକେ ! ଏତେବେଳେ ମୁଁ ଧୈର୍ଯ୍ୟ ସମ୍ବରଣ କଲି ଓ ଶିକ୍ଷକ ମହାଶୟଙ୍କର ଖଡ଼ିପାଠକୁ ମୋର ରକ୍ଷାକାରୀ ମନେ କଲି।

ଏହାର କିଛିଦିନ ପରେ ତାର ଗୁଡ଼ଗାଡ଼ି ଆସି ଦାଣ୍ଡରେ ରହିଲା। ଛାତ୍ରମାନଙ୍କ ସହାୟତାରେ ୮/୧୦ ଖଣ୍ଡ କାନିକା ଗୁଡ଼ ନେଇ ଗୁପ୍ତ ସ୍ଥାନରେ ରଖିଲି। ପୁଣି ମଧ୍ୟ ଦୋକାନୀ ଦ୍ୱୟଙ୍କର ଚାକରକୁ ହାତ ମୁଠାରେ ରଖି କିଛି ଅଟା ମଇଦା ନେଇ ପିଷ୍ଟକାଦି ନିର୍ମାଣ କରି ଚାକରଙ୍କୁ ପୂର୍ଣ୍ଣ ମାତ୍ରାରେ ଭୋଜନ ଦେଲି। ପିଲାମାନେ ମଧ୍ୟ ଉତ୍ତମଭାବେ ଭୋଜନ କଲେ। ଏହିପରି ଅନେକ ବାର କଲାପରେ ଦିନେ ତାର ବାରି ମଧ୍ୟସ୍ଥ କାଗଜି ବୃକ୍ଷରେ ବଡ଼ ବଡ଼ କାଗଜି ପାଚିବାର ଦେଖି ଲୋଭ ସମ୍ବରଣ କରିନପାରି ଦିନେ ନିଶାର୍ଦ୍ଧରେ ବୋର୍ଡ଼ିଂ କାର୍ଯ୍ୟ ସମାପ୍ତ କରି ବାଟିକା ମଧ୍ୟସ୍ଥ କାଗଜିବୃକ୍ଷ ପାର୍ଶ୍ୱକୁ ଯିବା ସମୟରେ ଛୋଟା ଗୋବିନ୍ଦ ଗୁଇଁ ନିଦ୍ରାରୁ ଉଠି ପରିଶ୍ରାର୍ଥେ ଉକ୍ତ ବାଟୀକାରେ ପ୍ରବେଶ କଲା। ମୁଁ ଭୟରେ କିଂକର୍ତ୍ତବ୍ୟବିମୂଢ଼ ହୋଇ ଏକ ଗୋମୟ ଖାତ ମଧ୍ୟରେ ଲୁକାୟିତ ଭାବେ ବସିପଡ଼ି ନୀରବ ହେଲି। ଗୁଇଁ ମର୍ମସ୍ଥାନରୁ ବସ୍ତ୍ର ଉନ୍ମୋଚନ କରି

ଖାତ ଉପରେ ବସି ପରିସ୍ରା ଦ୍ୱାରା ମୋର ଆପାଦ ମସ୍ତକ ଆର୍ଦ୍ର। ସେତେବେଳେ ଭାବୁଥାଏ ହେ ଭଗବାନ। ଏହି କଣ ପରଦ୍ରବ୍ୟ ହରଣର ଉପହାର? ଏହା କଣ ମୋର ରାଜ୍ୟାଭିଷେକ।

କିୟତ୍‌କ୍ଷଣ ପରେ ମୂତ୍ରତ୍ୟାଗ ଶେଷ କରି ଗୃହାଭ୍ୟନ୍ତରେ ପ୍ରବେଶ କଲା। କବାଟ ଅର୍ଗଳିର କଟକଟ ଶବ୍ଦରୁ ଅନୁଭବ କଲି ଯେ ଗୁଇଁ ପୁରୋଦରେ ପ୍ରବେଶ କଲେ। ଏହାପରେ ମୁଁ ଉକ୍ତ ଗର୍ତ୍ତରୁ ଉତ୍ଥିତ ହୋଇ ଚତୁର୍ଦ୍ଦିଗ ନିରୀକ୍ଷଣ କରି ଜଳାଶୟାଭିମୁଖେ ଚାଲିଲି। ଅଙ୍ଗ ମାର୍ଜନ ଓ ବସ୍ତ୍ର ଧୌତାଦି କାର୍ଯ୍ୟ ସମାପନ କରି ସ୍କୁଲ ମଧ୍ୟରେ ଶୁଷ୍କ ବସ୍ତ୍ର ପରିଧାନ କରି ଦୁଃଖିତ ମନରେ ରାବଣ ଭ୍ରାତା କୁମ୍ଭକର୍ଣ୍ଣ ଅବତାର ହେଲି। ଅବତାରର ପ୍ରଥମାବସ୍ଥାରେ ମନ ମଧ୍ୟରେ କେତେ ଦୁଶ୍ଚିନ୍ତା ପ୍ରବେଶ କଲା। ଏହାହିଁ ମୋର ଜୀବନର ଗୋଟିଏ କଦର୍ଯ୍ୟ ଘଟଣା।

ଜୁଳୁଜୁଳା କୀଟ ସାହାଯ୍ୟରେ ପାଠପଢ଼ା

ମୋର ଛାତ୍ରାବସ୍ଥାରେ ପଢ଼ିଲାବେଳେ ରାତି ପାହାନ୍ତାରେ ଅଧ୍ୟୟନ ପାଇଁ ଗୋଟିଏ ଶ୍ୱେତ କାଚ ବୋତଲ ମଧ୍ୟରେ ଦିନରୁ କେତେକ ଖଦ୍ୟୋତକୀଟ ସଂଗ୍ରହ କରି ରଖି ତାଙ୍କରି ଜ୍ୟୋତିରେ ପୁସ୍ତକ ପାଠ କରେ। ଖଦ୍ୟୋତ ଗୁଡ଼ିକ ଅନାହାରରେ ରହି ଦୁଇ ଚାରିଦିନ ପରେ ପ୍ରାଣତ୍ୟାଗ କରନ୍ତି। ତା ପରେ ପୁଣି ଗୁଡ଼ିଏ ସଂଗ୍ରହ କରି ରଖେ। ଏହିମାନଙ୍କ ସାହାଯ୍ୟରେ ମୋର କିରାସିନୀର ଆବଶ୍ୟକ ହୁଏ ନାହିଁ। ମୋର ଏହି ଅଲୌକିକ ବୁଦ୍ଧିମତ୍ତା ପରିଦର୍ଶନ କରି ଶିକ୍ଷକଗଣ ମୋ ପ୍ରତି ସନ୍ତୁଷ୍ଟ ଥାନ୍ତି। ଏହିପରି କିଛିଦିନ କରିବାପରେ ବହୁ କୀଟ ନଷ୍ଟ ହେଉଥିବାରୁ ପାପ ମନେକରି ବଡ଼ ଅନୁତାପ ହେବାରୁ ଏ ପ୍ରକାର କୁ ଅଭ୍ୟାସ ତ୍ୟାଗ କଲି।

ଲଙ୍କାମରିଚ ପୋଡ଼ା ରହସ୍ୟ

ଥରେ ଟାଙ୍ଗୀ ନିବାସୀ ଲୋକନାଥ ଦାସ ନାମକ ଜନୈକ ଛାତ୍ର ଦୈନିକ ସଦ୍ୟ ତୋୟାନ୍ନ ଭୋଜନ କଲାବେଳେ ମୋର ପାକଶାଳାରୁ ଦୀପଶଳାକା ଅପହରଣ କରି ତା'ରି ସାହାଯ୍ୟରେ ଦକ୍ଷିଣୀ ଲଙ୍କାମରିଚ ଦହନ କରି ପ୍ରୋକ୍ତ ସଦ୍ୟ ସଜପଖାଳ ସହିତ ଯୁଦ୍ଧକାର୍ଯ୍ୟ ଚଳାନ୍ତି। ମୁଁ ତାହା ଦୁଇ ତିନିବାର ଦେଖି ତତ୍‌କାଳୀନ ହେଡପଣ୍ଡିତ ବାଙ୍କି ନିବାସୀ ଶ୍ରୀଯୁକ୍ତ ହୃଷିକେଶ ପଣ୍ଡାଙ୍କ ନିକଟରେ ଦୀପଶଳାକା ଅପହରଣକାରୀ ଲୋକନାଥ ଦାସଙ୍କ ବିରୁଦ୍ଧରେ ଅଭିଯୋଗ କଲି। ଭାବୁଥିଲି, ପଣ୍ଡିତଙ୍କ ଦ୍ୱାରା ଦଣ୍ଡିତ ହେବା ସୁନିଶ୍ଚିତ। କିନ୍ତୁ ଶୁଣିଲି ପଣ୍ଡିତେ "ଟାଙ୍ଗିଆ ବଜାରୀ" ଏତିକି ମାତ୍ର କହି

ଗାଳିଦେଲେ। ମୋର ମନସାଧ ଅପୂର୍ଣ୍ଣ ରହିଲା। ତେଣୁ ମୁଁ ଗୋଟିଏ ପଦ ରଚନା କରିବାକୁ ବାଧ ହେଲି। ମୋର ପଢ଼ିଲା ସମୟର ପଦଟି ଏହି, ଯାହାଦ୍ୱାରା ଏ ପଦର ବିପଦ ଆସିଲା-

"ଲଙ୍କାମରିଚ ପୋଡ଼ିକି, ଦିଆସିଲାଇ ଚୋରୀ।
(ଆମ) ବାଙ୍କିଆ ପଣ୍ଡିତ କହିଲେ ଟାଙ୍ଗିଆ ବଜାରି।"

ପଣ୍ଡିତ ମହାଶୟ ମୋରା ଏ ଅଦ୍ଭୁତ ରଚନାଟି ଶୁଣି ଉତ୍‌ଫଣ ତମ୍ପ ସଦୃଶ ଗର୍ଜନ କରି କହିଲେ, "ଯାଅ ! ତୁ ଆଜିଠାରୁ ଏ ବୋର୍ଡିଂକୁ ଆସିବୁ ନାହିଁ। ଆମର ହାତେ ହାତେ ରୋଷେଇ କାର୍ଯ୍ୟ ସମାଧାନ କରିବୁ। ଏତିକିରେ ମୁଁ ବାହାରି ଆସି ସ୍କୁଲ ବାରଣ୍ଡାରେ ବୁଭୂକ୍ଷିତ ଅବସ୍ଥାରେ ଏକବସ୍ତ୍ର ହୋଇ ତ୍ରିଯାମା ଯାପନ କଲି।

ପଣ୍ଡିତେ ପିଲାମାନଙ୍କ ଦ୍ୱାରା ପାକକାର୍ଯ୍ୟ ସମାଧାନ କରି ନିଜ ନିଜର ଉଦର ସେବା ଚଳାଇଲେ। ପରଦିନ ପ୍ରଭାତରେ ହେଡମାଷ୍ଟର ମହୋଦୟ ପଣ୍ଡିତଙ୍କୁ କହି ମୋର ଚଟୁ, ଡଙ୍କା ଅଫିସକୁ ପ୍ରେରଣ କଲେ। ମୁଁ ସେହି ଦିନରୁ ମନେ ମନେ ପଣ୍ଡିତଙ୍କ ଉପରେ ବିରକ୍ତ ଥିଲି ସତ୍ୟ, କିନ୍ତୁ କିଛି କରିପାରିଲି ନାହିଁ। ତାଙ୍କର ମଧ ମୋ ଉପରେ ସନ୍ତୁଷ୍ଟତା ଦେଖିଲି ନାହିଁ।

ଛାତ୍ର ଅବସ୍ଥାରେ ଗୁଣ୍ଡାମି

ଲଳିତଗିରିର ଜନୈକ ଛାତ୍ର ଓ ତତ୍‌କାଳିନ ଜନୈକ ସେକେଣ୍ଡ ମାଷ୍ଟର ଉଭୟଙ୍କର 'ଅନ୍‌ନେଚ୍‌ରାଲ ଅଫେନ୍‌ସି' ଥାଏ। ଉକ୍ତ ବିଷୟ ମୁଁ ଜାଣି ପ୍ରଧାନ ଶିକ୍ଷକଙ୍କୁ ଜଣାଇଲି। ସେ ମହାଶୟ ଏ ସମନ୍ଧରେ କଡ଼ା ଦୃଷ୍ଟି ନିକ୍ଷେପ କରି ନୋଟିସ୍ ଦେବାରୁ ସେମାନେ ଭିନ୍ନ ଭିନ୍ନ ସ୍ଥାନରେ ରହିଲେ। ଦିନେ ଉକ୍ତ ସେକେଣ୍ଡ ମାଷ୍ଟରଙ୍କ ସହିତ ଛାତ୍ରର ଏକାଠି ହେବାକୁ ସ୍କୁଲର ପୂର୍ବ ଦିଗରେ ଅଭିସାର କରିଥାନ୍ତି। ସନ୍ଧ୍ୟାରେ ମିଳନର ସମୟ ନଦୀ କୂଳସ୍ଥ ଏକ ବଟତଳେ। ସେତେବେଳେ ମୁଁ ନୃତ୍ତାଙ୍ଗ ସେକ୍‌ସନ୍ ଅଫିସରଙ୍କ ପିଲାଙ୍କୁ ଓଡ଼ିଆ ଶିକ୍ଷା ଦେବାକୁ ଯାଉଥାଏ। ମଣିବରାଳ ନାମକ ଜନୈକ ଛାତ୍ର ମୋ ସହିତ ସହଯୋଗ ଉକ୍ତ କାର୍ଯ୍ୟରେ କରୁଥାଏ।

ଦିନେ ମୁଁ ନୃତ୍ତାଙ୍ଗ ଟିଉସନ୍‌ରୁ ଫେରି କୋଠପଦା ବିଦ୍ୟାଳୟର ପୂର୍ବ ଦିଗରେ ଥିବା ବିରୂପା ତଟିନୀତଟ ତାଳବୃକ୍ଷାବଳି ନିକଟରେ ସନ୍ଧ୍ୟାବେଳେ ବସିଥିଲି। ବରାଳଛାତ୍ର ତେଣୁ କିଛି ପୁରୀ, ଲୁଚି ଧରି ଯାଇ ମୋ ନିକଟରେ ପହଞ୍ଚିଲା। ମୁଁ ତାକୁ ଗର୍ଭସାତକରି କେନାଲରୁ ଜଳପାନ କଲି। ରାତ୍ର ୭ଘଣ୍ଟା ମଧରେ ନଦୀ ପାର ହୋଇ

ବରାଳ ଓ ମୁଁ ସାଥି ହୋଇ ଫେରିଲୁ । ନଦୀ ପାର ହେବାର ଉପରିଭାଗସ୍ଥ କିଆ ବରଗି ଉଦ୍ଧାଳରେ ଉଭୟେ ଶ୍ରୁତିଡ଼େରି ବଟପୁଟକୁ ଲକ୍ଷକରି ବସିଥିଲୁ । କିଛିକ୍ଷଣପରେ ତାଳିଧ୍ୱନି ତ୍ରିବାର ଶୁଣାଗଲା । ତହୁଁ ଆମ୍ଭେ ସେ ସ୍ଥାନ ତ୍ୟାଗକରି ଛପି ଛପି ଆସି ୰ଗୋପୀନାଥ ପୁରୀଙ୍କ ସମାଧି ମନ୍ଦିର ଭିତ୍ତ ଉହାଡ଼ରେ ଥାଇ ଦେଖିଲୁ, ଛାତ୍ର ବ୍ୟତୀତ ଶିକ୍ଷକ ଏକାକୀ, ଉଭୟେ ଅତି କ୍ଷିପ୍ର ଗତିରେ ଯାଇଁ ତାଙ୍କୁ ଆକ୍ରମଣ କଲୁଁ । ମୁଁ କ୍ଷିପ୍ରତାରେ ଭୂତଳଶାୟୀ କରି ଶିକ୍ଷକଙ୍କର ଗଳଦେଶରେ ବାମହସ୍ତ ଓ କଟିଦେଶରେ ଦକ୍ଷିଣଆଣ୍ଠୁ ଭାରା ଦେଇ ବଟଶିଅରେ ଚାପଦେଇ ଭୀମ-କୀଚକ ସଦୃଶ ମାଡ଼ି ବସିଲି । ବରାଳ ମୋ ପାଇଁ ବାନ୍ଧି ଆଣିଥିବା ପୁରୀ, ଲୁଚି ସହ ଚିରାକନା ସାହାଯ୍ୟରେ ବିଣ୍ଡାକରି ଜବରଦସ୍ତ ଶିକ୍ଷକଙ୍କ ମୁଖ ବନ୍ଦକଲେ । ଏଣେ ମଧ୍ୟମାଙ୍ଗରେ ବରାଳଙ୍କର ପଦଚାଳନା ବରାବର ଥାଏ । ସାମୟିକ ମଧ୍ୟ ଚରମ ସ୍ଥଳରେ ମୋର ମୁଷ୍ଟି ଆଘାତ । ଏପରି ଅବସ୍ଥାରେ ଶିକ୍ଷକ ନୀରବ ଓ ନିସ୍ପନ୍ଦ ହୋଇ ପଡ଼ି ରହିଲେ । ଏହାଦେଖି ଉଭୟେ ଭାବିଲୁ ପଣ୍ଡା ଶିକ୍ଷକ ପ୍ରାୟ ମୃତ ।

ବରାଳ ପଣ୍ଡାଙ୍କୁ ତ୍ୟାଗ କରି ଛାଡ଼ି ଚାଲିଯିବା ପାଇଁ ମୋତେ କହିଲେ, ମୁଁ ବିରୂପା ବାଲିରେ ପୋତିଦେବା ପାଇଁ କହିଲି । ତହୁଁ ଉଭୟେ କାନ୍ଧେଇ କିଛିପଥ ଗଲାପରେ ମୁମୂର୍ଷୁ ଶିକ୍ଷକ ଛଟପଟ ହେଲେ । ଏହାଦେଖି ଆମ୍ଭେ ଲୋକେଲବୋର୍ଡ଼ ରାସ୍ତା ଉପରେ ଫିଙ୍ଗିଦେଇ ବିରୂପାନଦୀକୁ ପୁନର୍ଲଙ୍ଘନ କରି ମାଳୀହତା ଗ୍ରାମରେ ଉପସ୍ଥିତ ହେଲୁ । ଏହିଠାରେ ବରାଳଙ୍କ ବାସସ୍ଥାନ । ରାତ୍ର ପ୍ରାୟ ସାଢ଼େଦଶଟା ଗ୍ରୀଷ୍ମକାଳ, ଠିକ୍ ପଣାସଂକ୍ରାନ୍ତି ପରଦିନ ଏ ଘଟଣା । ତାଙ୍କ ଘରେ କେବଳ ଛତୁଗୁଡ଼ିଏ ଗଛିତ ଥିଲା । ପାଚିଲା ଆମ୍ବ କେତେକ ତହିଁରେ ଚିପୁଡ଼ି ଖାଇ ରାତ୍ରିଟି କଟାଇଲୁ । ପ୍ରଭାତ ହେଲାରୁ ଉଭୟେ ସ୍କୁଲକୁ ଆସିଲୁ । ଯେଉଁ ଚିରା ଚିରାଳ ତାଙ୍କର ମୁଖରୋଧ କରିଥିଲା, ସେଗୁଡ଼ିକ କେବଳ ମୁଖ ଶୋଣିତାବୃତ ଥିବାର ଦେଖିଲୁ ସେତେବେଳକୁ ସ୍କୁଲର ସେକ୍ରେଟାରୀ ଜାଣି ଆଦେଶ ଦେଲେ ସେ ଶୋଣିତ ଚିରାଳକୁ ପତାକା କରି ସ୍କୁଲର ଫାଟକ ନିକଟରେ କେତନ ସ୍ୱରୂପ ଉଡ଼ାଅ । ତାଙ୍କର ଅକାଟ୍ୟ ଆଦେଶ ତତ୍‌କ୍ଷଣାତ୍ ପାଳନ ହେଲା । ତହିଁରେ ଲେଖାଗଲା "ଏ ଜଗନ୍ନାଥ ପଣ୍ଡାଙ୍କ ପ୍ରେମ ରକ୍ତ" ଏହାପରେ ଶିକ୍ଷାବିଭାଗୀୟ କର୍ମକର୍ତ୍ତାଙ୍କୁ ରଷ୍ଟିକେଟ୍ କଲେ । ଏହିପରି ଲେଖାଗଲେ କାହାଣୀର କଳେବର ବୃଦ୍ଧି ହୋଇଯିବ । ସ୍ଥୂଳତଃ ମୋର ଛାତ୍ର ଜୀବନଟି ଗୁଣ୍ଡାଗିରିରେ କଟିଛି ।

ଏତେବେଳକୁ ମୋର ବୟସ ୧୭ବର୍ଷ ମାତ୍ର । ମୁଁ ଏ ସମୟରେ ଭାବି ପାଲା ଗାୟକ ହେବାକୁ ଇଚ୍ଛା କରି ହେଡ଼ମାଷ୍ଟର ଏବଂ ହେଡ଼ ପଣ୍ଡିତଙ୍କଠାରୁ ଅମରକୋଷ, ସର୍ବସାର ବ୍ୟାକରଣ ଆଣି ପାହାନ୍ତାରେ ଘୋଷୁଥିଲି । ଏ ସମୟରେ ମୋର ପାଠପଢ଼ାରେ

ଏପରି ମନୋଯୋଗ ଆସିଲା ଯେ, ରନ୍ଧନାଦି କ୍ରିୟା ଶେଷ ପରେ ବିଛଣା ଧରେ। ନିଦ ଭାଙ୍ଗିବାପାଇଁ ଶୋଇବା ସ୍ଥାନର ପାଦ ଦେଶରେ ଦୁଇଟା ବାଉଁଶଖିଲ ପୋତି ଦୁଇଖଣ୍ଡ ବାଣୀ ମୋର ଗୋଡ଼ ବୁଢ଼ା ଆଙ୍ଗୁଳିରେ ବାନ୍ଧି ଶୁଏ। ଯେତେବେଳେ ପାର୍ଶ୍ୱ ପରିବର୍ତ୍ତନ କରିବାକୁ ପଡ଼େ ସେତେବେଳେ ଗୋଡ଼ ଟାଣି ହେବାରୁ ନିଦ୍ରା ଭାଙ୍ଗେ। ଉଠିବସି ଡିବି ଜାଳି ଅମରକୋଷ ପାଠ କରେ।

ପାଠ ପଢ଼ାରେ ମୁଁ ଗଣିତ ପାଠରେ ନିତାନ୍ତ ଅପାରଗ ଥିବାରୁ ଯେନ କେନ ପ୍ରକାରେ ୫ମ ଶ୍ରେଣୀରୁ ୬ଷ୍ଠ ଶ୍ରେଣୀକୁ ଉତ୍ତୀର୍ଣ୍ଣ ହେବା ପରେ ପରେ ପାଠ ପଢ଼ାର ପରିସମାପ୍ତି କଲି। କେବଳ ଗଣିତ ପାଠ ମୋତେ ପାଠପଢ଼ାରୁ ବଞ୍ଚିତ କଲା।

ପାଠକେ ! ମୁଁ ଅଗଣିତ ପଣ୍ଡିତମାନଙ୍କ ମଧ୍ୟରୁ ଗଣିତ ଶୂନ୍ୟ ପଣ୍ଡିତ। ଗୁରୁପଦ ସେବାହିଁ ମୋର ଚିର ବ୍ରତ ଥିଲା। ସେଥିପାଇଁ ଇଚ୍ଛାମୟ ତାଙ୍କରି ଇଚ୍ଛାରେ ଯାହା ଦାନ କରିଅଛନ୍ତି ତାହାହିଁ ମୋର ଚିର ସମ୍ବଳ।

ଏହାପର ହେଡମାଷ୍ଟର ମହୋଦୟ ପିତାଙ୍କର ଆର୍ଥିକ ଅବସ୍ଥା ସ୍ୱଚ୍ଛଳ ନଥିବାର ପରିଲକ୍ଷିତ କରି ନୃତ୍ତାଙ୍ଗ ଜଳକର ୩ ନମ୍ବର ସେକ୍‌ସନର କେନ୍ଦ୍ରାପଡ଼ା ହାଇଲେଭଲ୍ କେନାଲର ସବ୍‌ଓଭରସିଅରଙ୍କ ପିଲାମାନଙ୍କୁ ସ୍ଥାୟୀଭାବେ ଟିଉସନ କରିବାପାଇଁ ରଖାଇ ଦେଲେ। ସେତେବେଳେ ମୋର ମାସିକ ବେତନ ଟ୪ଙ୍କା ଏକବଖତ ଭୋଜନ ଦେବାପାଇଁ ସ୍ଥିରୀକୃତ କରିଦେଲେ। ଦୁଇବର୍ଷ କାଳ ଟିଉସନ କରି ଓଭରସିଅରଙ୍କ ପ୍ରିୟପାତ୍ର ହୋଇପଡ଼ିଲି। ସେ ମୋ ଉପରେ ପ୍ରସନ୍ନତା ହୋଇ ଟିଉସନ ପରିବର୍ତ୍ତେ ଇରିଗେସନ୍ କାର୍ଯ୍ୟରେ ମାସିକ ଟ୧୨ଙ୍କା ବେତନରେ ନିଯୁକ୍ତି କରାଇଦେଲେ। ଆଠମାସ କାଳ ଇରିଗେସନ୍ କାର୍ଯ୍ୟକରି ଯାହା କି ଅର୍ଜନ କଲି ତାହା ପିତାଙ୍କୁ ଦେବାରେ ପିତାମାତା ଆନନ୍ଦରେ ଚଳିଲେ ଓ ପାଠ ପଢ଼ାପଢ଼ିରେ ମୋ ଉପରେ ସେତେ ଚାପା ଦେଲେ ନାହିଁ। ଆଉ ମଧ୍ୟ ପୂର୍ବରୁ କରିଥିବା ଧାନ କରଜା ମାନ ପରିଶୋଧ କଲେ।

ପାଠକେ ସେକ୍‌ସନ ଓଭରସିଅର ମୋ ପ୍ରତି ପ୍ରସନ୍ନତା ହୋଇ କାହିଁକି ଇରିଗେସନ୍ କାର୍ଯ୍ୟରେ ନିଯୁକ୍ତି କଲେ ତାହା ଜାଣିବାକୁ ଚାହୁଁଥିବେ।

ମୁଁ ପୂର୍ବରୁ କହିଛି ଗୋସ୍ୱାମୀଙ୍କ ଯାତ୍ରାଦଳରେ ଥିବାବେଳେ ମହନ୍ତ ରଘୁନାଥପୁରୀ ଗୋସ୍ୱାମୀ ବେହେଲା ଓ ହାରମୋନିଅମ୍ ଆଦି ବାଦ୍ୟଯନ୍ତ୍ର ଶିଖାଇଥିଲେ। ମୁଁ ଏତକ ବିଦ୍ୟା ଓଭରସିଅରଙ୍କୁ ଶିଖାଇ ଦେଇଥିଲି। ସେ ମହାଶୟ ଓଭରସିଅର ନୃତାଙ୍ଗରେ ଥିବା ପର୍ଯ୍ୟନ୍ତ ମୁଁ ମୋ ଚାକରିଟି ବଳାଏ କରି ପାରିଥାନ୍ତି। କିନ୍ତୁ ଦୁର୍ଭାଗ୍ୟ ବଶତଃ ସେ ମହାଶୟ ଇନ୍ଦୁପୁର ସେକ୍‌ସନ୍ ଅଫିସକୁ ବଦଳି ଗଲେ ଓ ଯିବାବେଳେ ମୋତେ

ଜଳକର ପେଟ୍‌ରୋଲ କାମରେ ମୁତାଏନ୍ କରି ରଖାଇବାକୁ କହିବାରୁ ମୁଁ ତହିଁରେ ନାରାଜ ହେଲି ଓ ଇସ୍ତଫା ଦେଇ ଆସିଲି।

ସେକ୍‌ସନ୍ ଅଫିସରୁ ଆସି ଘରେ ରହିବାରୁ ଅତ୍ୟଳ୍ପ ଦିନ ପରେ ଜଳୌକା ନିକଟବର୍ତ୍ତୀ ଦେବିଲ ଗ୍ରାମସ୍ଥ ଁଜୟରାମ ପଣ୍ଡାଙ୍କ କନ୍ୟାସହ ମୋର ବିବାହପ୍ରସଙ୍ଗ ହେଲା, ଏହାହିଁ ୧୯ବର୍ଷ ବୟସର ଘଟଣା। କିନ୍ତୁ ବିବାହ ହେବ କି ନାହିଁ ସ୍ଥିର ହୋଇପାରିନଥିଲା, ଏଣେ ମୁଁ ଚାକିରୀ ଛାଡ଼ି ପାଲାଗାୟକ ହେବାପାଇଁ ସ୍ଥିର କଲି।

ଗୁରୁ ନ ଥାଇ ପାଲା ଗାଆଣ ହେଲି

ମୁଁ ଯେ ପାଲା ଗାୟକ ହେବାକୁ ଆଗେଇଲି ସେ ମୋର ବାଲ୍ୟ ଚପଳତା ପରି। ସୁବିଜ୍ଞ ଶ୍ରୋତାକୁଳ! ଗୁରୁ ନ କରି ବିଦ୍ୟା ଶିଖିବି ଯାହା-ଭେଳା ନ ଥାଇ ସାଗର ଲଙ୍ଘିବା ତାହା। ଗୁରୁ ସମ୍ବନ୍ଧରେ ମୋ ମନରେ ଏହି ଧାରଣା ଆସିଲା ଯେ ମହାପ୍ରସାଦ ପାଇବାକୁ ଆଶା କରିଛି ଯେ କି ଉଚ୍ଛିଷ୍ଟଅନ୍ନରେ ତୃପ୍ତିଲାଭ କରିବ? କାହିଁକି ଗୁରୁ ନ କଲି ତାହା ମୁଁ କହୁଛୁ ଶୁଣ-

ଯେବେ ସେ ଗୁରୁ ନ ଦେଲା ଗୁରୁରେ-ଆରେ ବାଇଆ ମନ।
ତୁ ଡରୁଛୁ କାହିଁକି ମରୁଛୁ କାହିଁକି ଥରୁଛୁ କାହିଁକି ଦୂରୁ ରେ।।
ଗୁରୁ ବ୍ରହ୍ମା, ବିଷ୍ଣୁ, ଶିବରେ- ଆରେ ବାଇଆ ମନ।
ତ୍ରିବୀଜ ରୂପେ ସେ ଘଟେ ଘଟେ ରହି ବୁଝୁଛନ୍ତି ହାନି ଲାଭ ରେ।।
ଯେଉଁ ମନ ତ ଘଟରେ ଅଛିରେ- ଆରେ ବାଇଆ ମନ।
ତାକୁ ଗୁରୁ କର ନଟ ଛିଡ଼ିଯିବ ସେ ସବୁ କୋଳପ କଞ୍ଚିରେ।।
ସେତ ଯାବତ ଅପାଞ୍ଚ ପାଞ୍ଚେ ରେ-ଆରେ ବାଇଆ ମନ।
ଜଗତ ଗୁରୁଙ୍କୁ ଭେଟାଇଣ ଦେବ ତୁ ଚାଲିବୁ ତାହା ପଛରେ।।
ବଇଆ କିମ୍ପା ଭାଳିବ ରେ- ଆରେ ବାଇଆ ମନ।
ଶୂନ୍ୟଗୁରୁ ଯେବେ ଶୂନ୍ୟେ ଅନାଇବେ ଶୂନ୍ୟରୁ ଆସି ମିଳିବ ରେ।।

ଏହା ସବୁ ଭାବି ମୁଁ ଗୁରୁ କରିବାକୁ ଯାଇନାହିଁ। ମୋର ପାଲାଶିଖିବା ନଡ଼ିଆର ପାଣି ହେଲାପରି। ମୁଁ ପ୍ରଥମେ ପାଲା ଶିଖିବାକୁ କୋଳିଅଠା ଗଲି। ଘନପଣ୍ଡାଙ୍କ ପୁଅ ଜଗନ୍ନାଥ ପଣ୍ଡାଙ୍କ ସାଙ୍ଗରେ ଗାୟକ ହୋଇ ପାଲାକଲି। ସମୟେ ସମୟେ ଜଗନ୍ନାଥ ପଣ୍ଡା ମଧ୍ୟ ଗାୟକ ହୋଇ ଠିଆ ହୁଅନ୍ତି। ଏହିପରି ଭାବେ ଦଳଟିଏ ସାଜି ମୁଁ ଗଡ଼ଜାତ ବାହାରିଲା ବେଳେ ପୂଜ୍ୟପାଦ ପିତୃଦେବ ମୋର ବିବାହ ନିମିତ୍ତ ପୂର୍ବ କନ୍ୟାସହ

ସ୍ଥିରକରି ମୋତେ ଗଡ଼ଜାତ ଯିବା ପଥରେ ବାଧାଦେଲେ। ମୁଁ ବିବାହ କରିବି ନାହିଁ। ଏହାକହି ପିତାଙ୍କ କଥା ନ ମାନି ଦର୍ପଣସ୍ଥ ମଇଁଷିଆଖଡ଼ା, ପୁନିଆଁ, କୁରୀକଣା ଏବଂ ନେତ୍‌କା, ଚଣ୍ଡୀଆଦିରେ ପାଲା କରିବା ସମୟରେ ଅନ୍ୟତ୍ର ଏକ ଗଡ଼ଜାତିଆ ଗାୟକ ଆସି ମୋ ସଙ୍ଗେ ବାଦୀ ପାଲା କଲେ। ସେ ପାଲାରେ ମୁଁ ଦାୟିକା ସ୍ୱରୂପ ଗୀତ ଗାଇ ପଛକୁ ଚାରି କଦମ ହଟି ଆସିବା ସମୟେ ନିଜର ଚାମର ଭୂଷା ବାଜିବା ଫଳରେ ହଠାତ୍ ମୋ ନାକ ଫାଟି ରକ୍ତଧାରା ଆସିଲା। ମୋର ଶରୀରରେ ଥିବା ଖଣ୍ଡୁଆ ଓ ଉତ୍ତରୀ ସାହାଯ୍ୟରେ ରକ୍ତଧାରା ଧରିଲି। ଜଗନ୍ନାଥ ପଣ୍ଡାଙ୍କୁ ଗାୟକ ଭାବେ ଗୀତ ଗାଇବାକୁ ଅନୁମତି ଦେଲି। ଯେଉଁ ଦାୟିକା ଗାଇ ନାକରୁ ରକ୍ତ ବୋହିଛି ତା'ର କେତୋଟି ପଦ ନିମ୍ନରେ ଉଦ୍ଧାର କଲି–

ସୀତା କାରନେ ମାରେତୋ ଲଙ୍କ, ଫିରେଗୈ ରାମ ଦୋହାଇ ହେ।
କହେ ତ ମନ୍ଦୋଦରୀ　　　　　　　　ଶୁନୋ ପ୍ରିୟୋ ରାଓନ୍
ଏତାବଡ଼ା ହୋ ବେଇମାନ୍ ଯିସ୍‌କେ ଶ୍ରୀୟାକୁ ତୁମ ହରଲେ ଆଜ
ସୋ ପ୍ରଭୁ ହୟା ଅନ୍ତର୍ଯ୍ୟାମୀ।୧।
ବେଟା ମେରା ଇନ୍ଦ୍ରଜିତ ହୈ　　　　　　　　କୁମ୍ଭକର୍ଣ୍ଣ ମେରା ଭାଇ
ଧ୍ରୁବମଣ୍ଡଲସେ ପୁକୁର ମଗାଏ
କ୍ୟା କରେ ଲଙ୍କା ପୋଡ଼ାଇ ହୋ।୨।

ଦୁର୍ଘଟଣାବଶତଃ ବର୍ଷା ହେବାରୁ ପାଲା ବନ୍ଦ ହେଲା। ଗ୍ରାମ ସୀମାନ୍ତସ୍ଥିତ ଗ୍ରାମ ଦେବତୀଙ୍କ ମନ୍ଦିରରେ ରହିଲୁ। ବର୍ଷା ଛାଡ଼ିବାରୁ ବାଉଁଶମୂଳି ଇତ୍ୟାଦିରେ ପାଲା କରି ଗ୍ରାମକୁ ଫେରି ଆସିଲୁ। ଇତିମଧ୍ୟରେ ବିବାହର ସମସ୍ତ ଆୟୋଜନ ହୋଇ ସାରିଥିଲା। ପିତାମାତାଙ୍କର ମୁଖ୍ୟ ଉଦ୍ଦେଶ୍ୟ ହେଲା ପୁଅର କାନ୍ଧରେ ପଡ଼ିଲେ ବଜେଇ ଶିଖିବ। ଅର୍ଥାତ୍ ବିବାହ କାର୍ଯ୍ୟ ଶେଷ ହେଲେ ପୁଅ ନିୟମିତ ଧନ ଉପାର୍ଜନ କରି ଘର ଚଳାଇବ। "ହଉ" ବିବାହ ସରିଲା। ଧନାର୍ଜନର ଉପାୟ ହେଲା ପାଲା। କ୍ରମେ ଗାଆଣ ହିସାବରେ ନାଁ ବିକାଶିବାକୁ ଆରମ୍ଭ କଲି।

ଠିକ୍ ସେ ସମୟରେ ଆମ୍ଭ ଗ୍ରାମରେ ଗୋପାଳ ବେହେରା ନାମକ ଗଉଡ଼ ପୁଅ ନବଘନିଆଁର ଗୋଟିଏ ପୁଅ ହେଲା। ତାର ଏକୋଇଶା ଉପଲକ୍ଷେ ପାଲା କରିବାକୁ ଯାଇଁ ସଦ୍ୟ ପ୍ରସୂତି ପିଲାର ମସ୍ତକରେ ଚାମର ଦେଇ ଘରେ ପହଞ୍ଚିବା ମାତ୍ରେ ଶୁଣିଲି ପିଲାଟି ଶ୍ମଶାନକୁ ଯାତ୍ରାକଲା। ତହିଁରେ ରଘୁନାଥପୁରୀ ଗୋସ୍ୱାମୀ ମୋର ପୂର୍ବସଙ୍ଗୀ ସ୍କୁଲ ଛାତ୍ରମାନଙ୍କୁ ଉତ୍ୟକ୍ତ କରାଇ ଅପଦଶିଆ ଗାଆଣ ବୋଲି ପ୍ରଚାର କରାଇଲେ।

ଏଥିରେ ମୁଁ ବିରକ୍ତ ହୋଇ ପାଲା ଛାଡ଼ିଦେଲି। ଘାଗରା ଓ ଜରୀକୁ କେହି ଜଣେ ବରଯୋତ୍ କରିବାକୁ ନେଲା। ଚାମର ଓ ମନ୍ଦିରାକୁ ରଘୁନାଥଜିଉଙ୍କ ଘରକୁ ଦାନ କଲି।

ମୁଁ ଗାୟକ ହୋଇ ପାଲା କଲାବେଳେ ରେଳଗାଡ଼ି ନୂଆହୋଇ ଧାନମଣ୍ଡଳ ବାଟେ ଚାଲୁଥିଲା। ଯେତେବେଳେ ମୁଁ ପୁନିଆରେ ପାଲା କଲି, ସେତେବେଳେ ଦର୍ଶକମାନଙ୍କ ତରଫରୁ ରେଳଗାଡ଼ି ସମ୍ବନ୍ଧରେ ଏକ ଗୀତ ଗାଇବାକୁ ଫରମାସୀ କରିଥିଲେ। ନୂଆ ଗାୟକଙ୍କୁ ଏପରି ପ୍ରଶ୍ନ ହେବାରୁ ମୁଁ ଅନ୍ୟ ଗାଆଣଙ୍କୁ ଏ ପ୍ରଶ୍ନ କରନ୍ତୁ? ସେ ଯଦି ନ କହିପାରିବେ ତେବେ ମୁଁ ମୋର ଅନ୍ୟ ପାଳିରେ କହିବି, ଏହା କହି ପାଲା ବନ୍ଦ କଲି। ଏଣେ ପାଳି ମଧ ଶେଷ। ଅନ୍ୟ ଗାୟକ ଉଠିଲେ, ମୁଁ ଭଲ କରି ଜାଣିଥିଲି ସେ ଗାୟକ କେବେ ସୁଦ୍ଧା ବୋଲି ପାରିବ ନାହିଁ। ଏହା ମଧ୍ୟେ ମୋର ବିଶ୍ରାମ ସମୟରେ ବସାଘରେ ବସି ଗୀଟିଏ ରଚନା କରି ଅନ୍ୟ ପାଳିରେ ଉଠି ରେଳଗାଡ଼ି ସମ୍ବନ୍ଧରେ ବୋଲିଲି। ତାହା ଏହି ଗୀତ-

ଧନ୍ୟ ଧନ୍ୟ ଫିରିଙ୍ଗି ଯୋଡ଼ି।
ଶୂନ୍ୟେ ଚଳାଉଛି ରେଳଗାଡ଼ି। ଘୋଷା।
ଯୋଚାନାହିଁ ହାତୀ ଘୋଡ଼ା ବଳଦ, କେବଳ ଅଗ୍ନିକୁ କରିଛି ସାଧ୍ୟ,
କଳ ମୋଡ଼ିଦେଇ ଯେବେ ଦିଏ ତାଇ ପବନହୁଁଖରେ ଯାଉଛି ଉଡ଼ି।।
ଦୁଇପାଖେ ଦୁଇ ଟିକସ ଘର, ମାପି ପକାଇଛି ଲୁହା ଜଞ୍ଜିର।
ଦୁଇପାଖେ ତାର ଲାଗିଛି ଖବର, ହାଜର ପହରା ଘଡ଼ିକି ଘଡ଼ି।୨।
ଧୂଆଁ ଉଠୁଥାଇ ଯେହ୍ନେ ବଉଦ, ପାଞ୍ଚକୋଶକୁ ତା ଶୁଭେ ଶବଦ।
ଲାଗିଅଛି ଚକ ପଡ଼ିଛି ସଡ଼କ ଲୁହାକଡ଼ି ପରେ ଯାଉଛି ଗଡ଼ି।୩।
ବଇଷ୍ଣବ ବୋଲେ ଡକାଏତ ମଲେ କୋଶକୁ ନେଇଛି ପଇସାଯୋଡ଼ି।

ଗାୟକ ହେବାରେ ଫରମାସୀ ଗୀତ ସବୁ ଆସୁଥାଏ। ଥରେ କୌଣସି ଏକ ସ୍ଥାନରେ ଗୋଟିଏ ପୋଟଳି ବଣିଆ ନିମନ୍ତ୍ରଣରେ ପାଲା କରିବାକୁ ଯାଇ ପାଲା ସମ୍ବନ୍ଧୀୟ କେତେକ ଲକ୍ଷଣା ଗୀତ ରଚନା କରିଥିଲି। ବେଶ୍ୟାନାରୀ ବ୍ରାହ୍ମଣ ପାଖରେ ଜଗନ୍ନାଥଙ୍କ ବନ୍ଦନାରେ ବୋଲାଯାଏ। ଗୀତଟି ମଧ୍ୟ ପୋଟଳିବଣିଆ ଲକ୍ଷଣାର ଗୀତ-

କି ରଙ୍ଗରେ ଆସେ ନବ ନାଗରୀ ହୀରା ଲୋ।
କାମେ କାମୁକର ଏ ବଣିଜ ପଶରା ଲୋ। ଘୋଷା।
ବରନ କୁଙ୍କୁମ ବାହୁ ଅଗର, ବାସ ମୃଗମଦ ଓଷ୍ଠ ସିନ୍ଦୂର।

ଜିଭ ତେଜପତ୍ର ଲବଙ୍ଗ ଯା ଦନ୍ତ,
ବାଣୀ ଦ୍ରାକ୍ଷାକେଶ ତା କଳାଜିରା ଲୋ ।୧ ।
ହାସ୍ୟ ଘନସାର ପିପ୍‌ଳୀ ଅଙ୍ଗୁଷ୍ଠି, ନଖ ଗୁଜୁରାତି କରପତ୍ର ଶୁଣ୍ଠି ।
ଭ୍ରୁଲତା ମରୀଚ ନେତ୍ର ଅଳାଇଚ ।
ଆଖି ଠରା ଖଣ୍ଡି ଅଟେ ମହୁରା ଲୋ ।୨ ।
ଦେଖିଲି ବାଳାର ନିତମ୍ବ ତୁମ୍ବୀ, ବେନିଜାନୁ ତାର ଦାରୁ ହଳଦୀ;
ତା ତଳିପା ତଳ ମଞ୍ଜିଷ୍ଠା ମଞ୍ଜୁଳ,
କି ଯତନେ ଆଣି ଥୋଇଛି ଧୀରା ଲୋ ।୩ ।
କକ୍ଷ ଲୋମ ତାର ଅଟେ ଖଇର, ବେନି କୁଚ ତାର ଚୁଆ ଅତର
ଶୀଳା ଯତ୍ନେ ପୁଣି ଦେଇଛି ଢାଙ୍କୁଣୀ,
ଚୂଚୂକ କ୍ରମୁକ ଦୁଃଖ ପାଶୋରା ଲୋ ।୪ ।
ବେନି କର୍ଣ୍ଣ ତାର ଅଟେ ତରାଜୁ, ନାଶା ଦଣ୍ଡି ତାର ଅଞ୍ଜନ ରଜ୍ଜୁ ।
କରିବାକୁ ତୁଳ ଯା ଡୋଳା କଟୀଳ,
କଳି କଣ୍ଟାଫୁଲି ଟିକିଲି ଝରା ଲୋ ।୫ ।
ସୁବାସ ମୁଣିରେ ଯତନେ ରଖି, ଜୁଡ଼ାଭିଡ଼ା ଉର୍ଦ୍ଧେ ବାନ୍ଧିଛି ଟେକି ।
ବଇଷ୍ଣବ ଗୀର ହେବ କାରବାର,
ଖୋଜୁଛି ରସିକ ଗ୍ରାହକ ପରା ଲୋ ।୬ ।

ପାଠକେ ! ମୁଁ ପୂର୍ବରୁ କହିଛି ନବଘନିଆର ନବଜାତ ପୁତ୍ରର ଏକବିଂଶ ରାତ୍ରରେ ପାଲାକାର୍ଯ୍ୟ ଶେଷ କରି ଚାମର ତା'ର ମସ୍ତକରେ ଆଶୀର୍ବାଦ ସ୍ୱରୂପ ଦେଇ ଘରକୁ ଫେରିବା ପରେ ପରେ ଉକ୍ତ ନବଜାତ ପୁତ୍ର ଶ୍ମଶାନକୁ ଯାତ୍ରା କଲାରୁ ମୋର ପାଲା ମଧ୍ୟ ଏତିକିରେ ସାଙ୍ଗ ଫାଙ୍ଗ ହେଲା ।

ଏତେବେଳକୁ କୈଶୋର ଅବସ୍ଥା ପାରି ହୋଇ ଯୌବନରେ ପଦାର୍ପଣ କଲିଣି । ତେଣୁ କିଛିଦିନ ନୀରବ ହୋଇ ବସିଲି ।

ପ୍ରଥମ ଓସ୍ତାତି ଓ କବିତାରମ୍ଭ

କିଛିଦିନ ପରେ ମାଳୀହତା ଗ୍ରାମବାସୀମାନେ ଗୋଟିଏ ଯାତ୍ରାଦଳ କରି ମାସିକ ଟ୪ଙ୍କା ବେତନରେ ଏକଯୋଡ଼ ଲୁଗା ଦେବାକୁ ଜବାବ କରି ଦୁଇମାସ ପାଇଁ ମୋତେ ଓସ୍ତାତ ଭାବେ ନେଲେ । ସେଠାରେ ମୋର କାର୍ଯ୍ୟର ଉନ୍ନତ୍ତ ଦେଖି କ୍ରମେ ଦରମା ବୃଦ୍ଧି କରି ମାସିକ ଟ ୧୨ଙ୍କା ପର୍ଯ୍ୟନ୍ତ ଦେଲେ । ସେତେବେଳେ ଓଡ଼ିଶାରେ ଯାତ୍ରାଦଳ

ଅତିବିରଳ। କେବଳ ଯାତ୍ରା ମୋର ଦଳଟି କଟକ, ପୁରୀ ଇତ୍ୟାଦିରେ ଶ୍ରେଷ୍ଠଦଳ ବୋଲାଇଥାଏ। ସେତେବେଳେ ଭଦ୍ରଖସ୍ଥ ନଳାଙ୍ଗ ନିବାସୀ କବି ଶ୍ରୀ ଜଗନ୍ନାଥ ପାଣିଙ୍କ ଲୀଳା' ସମାଜ, ଅଶ୍ୱମେଧଯାଗ, ମହୀରାବଣବଧ, ଦକ୍ଷଯଜ୍ଞ ଏବଂ ପାରିଜାତ ହରଣ ନାମକ ନାଟକ ମୋର ସମ୍ବଳ ମାତ୍ର ଥିଲା।

ପରନ୍ତୁ ଆମ୍ଭ ଶୌରୀ ନିବାସୀ ଗୋବର୍ଦ୍ଧନ ନାୟକଙ୍କ ଯାତ୍ରା ଦଳ ସଙ୍ଗେ ମୋର ମାଳିହତା ଦଳ ବାଦୀଯାତ୍ରା କଲେ। ବାଦୀଯାତ୍ରା କରି ଆମ୍ଭେ ପ୍ରଶଂସିତ ହୋଇଥିଲୁ; କିନ୍ତୁ ଗୋବର୍ଦ୍ଧନ ନାୟକଙ୍କ ଦଳଟି ଚୌଦକୁଲାଟ ପଳସିଙ୍ଗା ନିବାସୀ କବି ଗୋପାଳ ଦାସଙ୍କ ରଚିତ 'ସହସ୍ରା ରାବଣ ବଧକୁ' ବାଦୀ ଯାତ୍ରାରେ କରି ଆମ ଦଳ ଅପେକ୍ଷା ପ୍ରଶଂସିତ ହୋଇ ପାରିଥିଲେ। ପରିଶେଷରେ ଉକ୍ତ ସହସ୍ରାରାବଣ ନାଟକଟି ନାୟକଙ୍କୁ ମାଗିବାରୁ ସେ ମୋତେ ଦେବାକୁ ଅସ୍ୱୀକୃତ ହେଲେ। ତେଣୁ ମୋର ମନରେ ବଡ଼ ଅଭିମାନ ଆସିଲା। ମନ ଦୁଃଖରେ ଆସି ମାହାଙ୍ଗା ଅନ୍ତର୍ଗତ କଅଁରପୁର ଗ୍ରାମ ଶ୍ରୀ ଶ୍ରୀ ବିନୋଦବିହାରୀଙ୍କ ମନ୍ଦିର ପାର୍ଶ୍ୱରେ ଅଧିଆ ପଡ଼ିଲି। ଦୀର୍ଘ ସାତଦିନ ଅଧିଆ ପଡ଼ିବା ପରେ ମୋତେ ହୁକୁମ ହେଲା ଯେ ତୁମ୍ଭେ ଯେଉଁ କାର୍ଯ୍ୟ କରିବାକୁ ଇଚ୍ଛା କରିଛ, କରିଯାଅ। ମୁଁ ଏତକ ଅଭୟ ବରପାଇ ମାଳୀହତା ଗ୍ରାମର ସୀମାନ୍ତରେ ଥିବା ଏକ ଶ୍ମଶାନ ପ୍ରାନ୍ତର ମଧ୍ୟସ୍ଥିତ ଗ୍ରାମଦେବୀଙ୍କ ବିଜେସ୍ଥଳୀ ଗମ୍ଭୀରା ପାର୍ଶ୍ୱସ୍ଥ କଦମ୍ବ ମୂଳରେ ବସି ପ୍ରଥମତଃ ମେଘନାଦ ବଧ ନାମକ ଗୀତାଭିନୟ ଆରମ୍ଭ କଲି। ଉକ୍ତ ଗୀତାଭିନୟର ପ୍ରଥମ କବିତା ଦୁଇପଦ ଏଠାରେ ଦେବାକୁ ମନେ ପଡ଼ିଲା।

ବିଂଶବାହୁ ଦେଖି ବଂଶ ନିଧନ କାରଣ,
ମନ୍ତ୍ରୀକୁ ଚାହିଁଣ ରାଜା କରଇ କାରୁଣ୍ୟ।
ମନ୍ତ୍ରୀ ମୋର, ସ୍ୱର୍ଣ୍ଣଲଙ୍କା ହେଲା ଛାରଖାର।୧।
କାହୁଁ ଆସି ରଘୁପତି ବିହିଲା ବିପତ୍ତି।
କିପରି ମରିବେ ବନଚର ବେନି ପତି।
ନର ହୋଇ, ନାଶିଲା ମୋ କୁମ୍ଭକର୍ଣ୍ଣ ଭାଇ।୨।

ଏହିପରି କବିତାକାରରେ ଦୁଇ ତିନିଖଣ୍ଡି ବହି ଲେଖି ନିଜ ଦଳକୁ ଶିଖାଇ ଓ ଅଭିନୟ କରି ଦେଖାଇଲି। ତାହା ଦର୍ଶକମାନଙ୍କ ମନକୁ ବେଶ୍ ରୁଚିକର ହେଲା। ଏହାହିଁ ମୋର ୨୧ବର୍ଷର ବୟସର ଘଟଣା। ପ୍ରଥମତଃ ରାବଣବଧ, ମେଘନାଦବଧ ନାମକ ବହି ତିଆରିକରି ପରେ ଅନ୍ୟ ବହି ଲେଖିବାକୁ ସାହସ କଲି।

ଇତ୍ୟବସରରେ କାର୍ତ୍ତିକମାସରେ ଧୌଳିଆ ଗ୍ରାମସ୍ଥ କୀଣାପଡ଼ିଆ ନାମକ ଆମ୍ବତୋଟାରେ ମୋର ପୂର୍ବ ଗ୍ରାମ ନାଚଦଳ ସହ ଉକ୍ତ ମାଳୀହତା ନାଚଦଳ ସଙ୍ଗେ

ବାଦୀଯାତ୍ରା ହେବାରେ ମୋର ଗ୍ରାମ୍ୟଦଳ ପରାସ୍ତ ହେଲେ। ଏହାଜାଣି ତତ୍‌କାଳୀନ ମହନ୍ତ ରଘୁନାଥପୁରୀ ଗୋସ୍ୱାମୀ କୌଶଳ କ୍ରମେ ଅର୍ଥର ପ୍ରଲୋଭନ ଦେଖାଇ ମୋତେ ଉକ୍ତ ଦଳରୁ ଅନ୍ତର କରାଇ ଆଣି ଅଜଣା ଦଳର ଓସ୍ତାଦ୍ ଭାବେ ନିଯୁକ୍ତ କରାଇଲେ। ଯାହାହେଉ ଏଠାରେ ରହି ନାଚଦଳ ଓ ଥିଏଟର ଦଳ ଚଳାଇଲି।

ପାଠକେ! ଏ ସମୟରୁ ମୋର ବାଦୀପାଲା କରି ସୁନାମ ବିକାଶିବାର ସମୟ ଆସିଗଲା। ଗୋସ୍ୱାମୀଙ୍କ ଦଳରେ କିଛିଦିନ ରହିବା ପରେ ଚାରିନଙ୍ଗଳ ମୌଜାରେ ବେଣୀପୁର ଚକରନନ୍ଦଙ୍କ ଦଳ ସଙ୍ଗେ ବାଦୀଯାତ୍ରା ହେଲା। ସେଠାରେ ସେ ଗୋପାଳଦାସଙ୍କ କର୍ତ୍ତୃକ ରଙ୍ଗସଭା ଗୀତାଭିନୟ କରିଥିଲେ। ମୁଁ ଉକ୍ତ ରଙ୍ଗସଭା ଗୀତାଭିନୟକୁ ଦେଖି ଆସି ରଙ୍ଗସଭା ଓ ବ୍ରଜଲୀଳା ନାମକ ପୁଣି ଦୁଇଖଣ୍ଡି ବହି ରଚନା କଲି। ଦୈବ ଦୁର୍ବିପାକରୁ ଚାରୁ ମହନ୍ତ ରଘୁନାଥପୁରୀ ଗୋସ୍ୱାମୀଙ୍କ ସହ ଚେଲା ରାମନାଥପୁରୀ ଗୋସ୍ୱାମୀଙ୍କ ମନୋମାଳିନ୍ୟ ଘଟିବାରୁ ଗୁରୁ ଚେଲାଙ୍କୁ ମଠରୁ ଜବରଦସ୍ତ ଅନ୍ତର କରାଇଦେଲେ। ଏତେବେଳେ ମୁଁ ଚେଲାଙ୍କ ସପକ୍ଷରେ ରହି ମାଘ ଶ୍ରୀପଞ୍ଚମୀ ଦିନ ଥିଏଟର ଦେଖିବା ବାହାନାରେ ମଠରେ ଚେଲାଙ୍କୁ ଜବରଦସ୍ତ ରଖାଇବାକୁ ନେବା ସମୟରେ ମଠସାମନାରେ ରାସ୍ତା ଉପରେ ଦରୱାନ ସହ କେତେକ ହରିଜନଙ୍କ ସଙ୍ଗେ ଫୌଜଦାରୀ ଘଟିଲା, ଏହି ଫୌଜଦାରୀଟି ବଡ଼ ଭୟାବହ ହୋଇଥିଲା। ତାହା ମଧ୍ୟରେ ବିପକ୍ଷ ଦଳର କେତେକ ହରିଜନଙ୍କୁ ଲାଠି ସାହାଯ୍ୟରେ ମୁଁ କ୍ଷତ ବିକ୍ଷତ କରିପକାଇଲି।

ମୋର ମଧ୍ୟ କପାଳଦେଶ ସେମାନଙ୍କ ଲାଠି ଆଘାତରେ ଫାଟି ରକ୍ତ ନିର୍ଗତ ହୋଇଥିଲା। ତେଣୁ ମୁଁ ଚେଲାଙ୍କ ପରାମର୍ଶ ଅନୁଯାୟୀ ମାହାଙ୍ଗାଥାନାକୁ ଏତଲାଇ ଦେବାକୁ ଯାଇ ଶୁଣିଲି ଯେ ବିପକ୍ଷଦଳ ପୂର୍ବରୁ ଏତଲାଇ କରି ସାରିଛନ୍ତି। ସେତେବେଳେ ମାହାଙ୍ଗାଥାନା ମୁନ୍‌ସିବାବୁ ଶ୍ରୀ ରଘୁନାଥ ମହାନ୍ତି ମୋର କ୍ଷତସ୍ଥାନ ପରିଦର୍ଶନ କିରବା ପରେ ଏତଲାଇ ଗ୍ରହଣ କରି ଉଭୟ ଦଳର କ୍ଷତବିକ୍ଷତ ବ୍ୟକ୍ତିଙ୍କୁ ମେଡ଼ିକାଲକୁ ପଠାଇଦେଲେ। ଆମ୍ଭେମାନେ ତଦନୁଯାୟୀ ମେଡ଼ିକାଲରେ ଦୁଇତିନି ଦିନ ରହିବା ପରେ ଫେରି ଆସି ମୋକଦ୍ଦମାର ଆୟୋଜନ କଲୁଁ। ଉକ୍ତ ମୋକଦ୍ଦମା ବେଙ୍ଗଲ ନିବାସୀ ଆଶୁବାବୁ ମାଜିଷ୍ଟ୍ରେଟ୍‌ଙ୍କ ଇଜ୍‌ଲାସରେ ପଡ଼ି ବିଚାର ହୋଇଥିଲା। ବିଚାରବେଳେ ମୁଁ କୋଟ ମଧ୍ୟରେ ମାଜିଷ୍ଟ୍ରେଟ୍‌ଙ୍କ ସାମନାରେ କିପରି ଲାଠି ଖେଳି ବହୁଲୋକଙ୍କ ସାମନାରୁ ଆତ୍ମରକ୍ଷା କରିପାରିଲା ତାହା ପ୍ରତ୍ୟକ୍ଷ ଦର୍ଶାଇଥିଲି ଓ ବିପକ୍ଷଦଳର ସାକ୍ଷୀଙ୍କ ଜେରାବଳରେ ଅପର ଆସାମୀମାନଙ୍କୁ ଥଙ୍ଗା କରିଥିବାରୁ ହାକିମ ଉତ୍ତ୍ୟକ୍ତ ହୋଇ ରାଏବେଳେ ମୋତେ ଡାକି ଶୁଣାଇଲେ ଯେ "ବୈଷ୍ଣବପାଣି ମୁଦାଲା ତୁମ୍‌କୁ ଥୟୀ

ହୁକୁମ୍ ହେଲା” ୧୪୭ନମ୍ବର ମୋକଦ୍ଦମାରେ ଅପରାଧୀ ଥିବାରୁ ତୁମ୍‌କୁ ୬ମାସ ସଶ୍ରମ କାରାଦଣ୍ଡ, ୯ମାସ ଫଏଲଜାମିନ୍ ଓ ଟ୧୦୦ଙ୍କା ମୁଚାଲିକା। ଏ ଦୁଃସମ୍ବାଦ ଶୁଣାଇ ପୋଲିସ୍ ମୋତେ ଶେଷ କଚେରୀରେ ନେଇ ଗଙ୍ଗାମନ୍ଦିର ପୋଖରୀରେ ଗାଧୋଇ ଜେଲ ଭିତରକୁ ନେଲେ। ସେତେବେଳେ ମୋ ହସ୍ତରେ ଲୌହ ଶୃଙ୍ଖଳ ଆବଦ୍ଧ ଥିଲା। ଜେଲ ମଧ୍ୟରେ ତାହା ସବୁ ମୋଚନ କରିଦେଲେ। ସଙ୍ଗେ ସଙ୍ଗେ ମୋତେ ପଞ୍ଚ କାପଡ଼ ଦିଆଗଲା। ଯଥା- ଟୋପି, କୁର୍ତ୍ତା, ଗାମୁଛା ଦୁଇଟା ପ୍ୟାଣ୍ଟ ବାହୁରେ ଟୀକା ଓ ଖାଇବପାଇଁ ଜୁଲାପ ଦେଲେ, ଝାଡ଼ା ହେଲା। ଏହା ଭିତରେ ପ୍ରବେଶ କରି କେତେକ ପୂର୍ବ ପରିଚିତ ବନ୍ଧୁଙ୍କୁ ପାଇ ଦୁଃଖ ସୁଖ ହେଲି। ଏହା ବାର ଘଟୀକା ସମୟର କଥା। ସନ୍ଧ୍ୟା ପୂର୍ବରୁ ଅର୍ଥାତ୍ ସାଢ଼େ ଚାରିଟା ସମୟରେ ଲୌହ ପାତ୍ରରେ ଭାତ ହରଡ଼ଡାଲି, ତରକାରୀ ଖଟା ଏବଂ ଲୌହ ପାତ୍ରରେ ଜଳ ନିମିତ୍ତ ଜଳ ସ୍ଥାନଦେଲେ, ଶେଷରେ ମୁଁ ଓ ଅନ୍ୟ ଆସାମୀମାନେ ଏକତ୍ର ଫଏଲା ବସି ହାଜବର ଓ ସରକାର ଉଚ୍ଚାରଣ କରି ନିଜ ନିଜର ଶୟନାଗାରକୁ ଗଲୁ। କୋଠରୀ ମଧ୍ୟରେ ମଳମୂତ୍ର ତ୍ୟାଗର ସ୍ଥାନ ମଧ୍ୟ ଦେଖିବାକୁ ପାଇଲି, ଏହାହିଁ ମୋର ୨୬ବର୍ଷର ଘଟଣା।

ତହିଁ ପରଦିନ ମୋର ପରମ ହିତୈଶୀ ଚୌଧୁରୀ ଜନାର୍ଦ୍ଦନ ପରିଡ଼ା ଓ ରାମନାଥପୁରୀ ଗୋସ୍ୱାମୀ କଲେକ୍‌ଟରଙ୍କ ଠାରୁ ଜାମିନ୍ ଆଦେଶ ଅଣାଇ ମୋତେ ଜେଲଖାନାରୁ ବାହାର କରାଇ ନବବସ୍ତ୍ର ପରିଧାନ କରାଇବା ପରେ ବଗିଗାଡ଼ି ଦ୍ୱାରା ବସାଇ ବସାକୁ ଆଣିଲେ ମୋର ମନ ପରିବର୍ତ୍ତନ ନିମିତ୍ତ ରୋହିମାଛ ମୁଣ୍ଡର କାଲିଆ ଓ ଘୃତ ସହ ସରୁଅନ୍ନ ସନ୍ତୁଷ୍ଟ ଭାବେ ଖୁଆଇଲେ ଏବଂ ମୋତେ ଯେନତେନ ପ୍ରକାରେ ମୁକ୍ତ କରାଇବାର ପ୍ରତିଜ୍ଞା କରି ଆଶ୍ୱାସନା ଦେଲେ। ତା’ ପରେ ଜଜ୍ ଅପିଲ ହେଲା। ଜଜ୍‌ସାହେବ ପୂର୍ବ ରାଏକୁ କାଏମ କଲେ। ଏଣେ ମଠାଧିଶ ମହନ୍ତ ତପୋନିଧି ରଘୁନାଥପୁରୀ ଗୋସ୍ୱାମୀଙ୍କର ମୃତ୍ୟୁ ଘଟିବାରୁ ରାମନାଥପୁରୀ ମହନ୍ତ ହୋଇ ଗାଦୀନସୀନ ହେବାକୁ ଆସି ଥାଆନ୍ତି। ଏହାହିଁ ଏପ୍ରିଲମାସ ୮ତାରିଖ ଘଟଣା।

ଜଜ୍ ଅପିଲରେ ବିଫଳ ମନୋରଥ ହୋଇ ହାଇକୋର୍ଟ କରିବାପାଇଁ ଚୌଧୁରୀ ଜନାର୍ଦ୍ଦନ ପରିଡ଼ାଙ୍କ ସହାୟତାରେ କଲିକତା ଯାତ୍ରା କରି ହୃଷୀକେଶ ପଣ୍ଡାଙ୍କ ବସାରେ ଚୌଧୁରୀ ମହାଶୟଙ୍କ ଚିଠି ଅନୁସାରେ ଅବସ୍ଥାନ କଲି। ସେତେବେଳେ ହୃଷିକେଶପଣ୍ଡାଙ୍କୁ ଜନୈକ ଭଲ କବିରାଜ ବୋଲି ଚିହ୍ନିଲି। ଆଉ ମଧ୍ୟ ଚୌଧୁରୀ ମହାଶୟ ମୋର ଅଧୈର୍ଯ୍ୟତା ଦେଖି ମୋ ହସ୍ତେ ଟଙ୍କା ପଇସା ନ ଦେଇ ଓକିଲଙ୍କ ଖର୍ଚ୍ଚ ନିମିତ୍ତ ତିଂଶଗୋଟି ରୌପ୍ୟମୁଦ୍ରା ଟେଲିଗ୍ରାମ ମନିଅର୍ଡ଼ର ଦ୍ୱାରା ପଠାଇଲେ। ଉକ୍ତ କବିରାଜ ମହାଶୟ ମୋତେ ନେଇ ଭବାନିପୁର ପ୍ରଭାସବାବୁ ଓକିଲଙ୍କ ସଙ୍ଗେ ପରାମର୍ଶ

କରାଇ ମୋକଦ୍ଦମା ଚଳାଇବା ଭାର ନ୍ୟସ୍ତ କଲେ। ପ୍ରଭାସବାବୁଙ୍କ ସଙ୍ଗେ ମଧ୍ୟ ଆଉ ଜଣେ ସହକାରୀ ଓକିଲ ଟ୭୫ଙ୍କା ଫିସରେ ମୁତଏନ ହେଲେ। ଦୁଃଖର ବିଷୟ ଜଜ୍‌ସାହେବଙ୍କ ରାଏବାହେଲ ହେଲା ପରେ ଜେଲକୁ ନଯାଇ ହାଇକୋର୍ଟ ଉଦ୍ଦେଶ୍ୟରେ କଲିକତା ଗଲି ସତ୍ୟ, କିନ୍ତୁ ଓକିଲାତିନାମା ନ ଦେଇ ଫେରିଆସି ଶୁଣିବାକୁ ପାଇଲି ମୋତେ ୱାରଣ୍ଟ ଖୋଜିଲାଣି। ଏହି ଭୟରେ ମୁଁ ଜେଲ ଭିତରକୁ ପୁଣି ଗଲି। ଏଣେ ହାଇକୋର୍ଟ ଦାଏର ପାଇଁ ଓକିଲଙ୍କ ପାଖରେ ଓକିଲାତିନାମା ନାହିଁ। ଏହା ଦେଖି ଓକିଲ ମହାଶୟ ଚୌଧୁରୀଙ୍କ ନିକଟରେ କଟକ ଚିଠି ଲେଖି ଜଣାଇବାରୁ ଚୌଧୁରୀ ମୋର ଜାଲ ଦସ୍ତଖତ୍ କରି ଓକିଲଙ୍କ ନିକଟକୁ ପଠାଇ ଦେଲେ। ଇତିମଧ୍ୟରେ ମୁଁ କଟକ ଜେଲ ମଧ୍ୟରେ ୧୫ଦିନ କାଳ ରହି କତାପିଟା ଓ ରସି ବଳାଦି କାମ କରୁଥାଏ। ଆଉ ମଧ୍ୟ ମୋର ଦୋକତା ଅଭ୍ୟସ ଥିବାରୁ ମୁଁ ଜଣେ ଜେଲଭୋଗୀ କଳାପଗଡ଼ି ସହିତ କତାଗୁଣ୍ଡାକୁ ମହାପ୍ରସାଦ ମନେ କରାଇ ଦୋକତା ପାଇବା ଆଶାରେ ଧର୍ମ ଭାତୃଭାବ ସ୍ଥାପନ କଲଇ। ଏହାଦ୍ୱାରା ମୋର ନିୟମିତ ଦୋକତା ପ୍ରକୃତି ମେଣ୍ଟନ ହୋଇପାରିଲା। ପ୍ରାୟ ଏକପକ୍ଷ ପରେ ହାଇକୋର୍ଟର ଜାମିନ୍ ଅର୍ଡ଼ର ଯିବାରୁ ପ୍ରୋକ୍ତ ଚୌଧୁରୀ ମହାଶୟ ଜାମିନ୍ ହୋଇ ଜେଲରୁ ମୁକ୍ତ କରାଇଲେ। ପୁଣି ମଧ୍ୟ ହାଇକୋର୍ଟ ଖଲାସର ଭବିଷତ୍ ଆଶ୍ୱାସନା ଦେଇ ପାପତାପ ନାଶକାରୀ ପୁରୀଧାମରେ ମୁଣ୍ଡନାଦି ପ୍ରାୟଶ୍ଚିତ ନିମନ୍ତେ କିଛି ପ୍ରଦାନ କରି ମୋତେ ପ୍ରେରଣ କଲେ। କିନ୍ତୁ ହାଇକୋର୍ଟରାଏ ବାହେଲକୁ ଭୟ କରି ପୁରୀ ନ ଯିବାକୁ ଅସମ୍ମତ ହେବାରୁ ସେ ମହାଶୟ ଗର୍ବିତ ଭାବରେ ହାଇକୋର୍ଟ ଖଲାସ ନିଶ୍ଚୟ ଦେବାର ସୂଚନା ଦେଲେ। ତେଣୁ ମୁଁ ପୁରୀଧାମକୁ ଯାତ୍ରା କରି ହିନ୍ଦୁଶାସ୍ତ୍ରାନୁଯାୟୀ ମୁଣ୍ଡନାଦି ପ୍ରାୟଶ୍ଚିତ କାର୍ଯ୍ୟ ସମାପ୍ତ କରି କିୟତ୍ ପରିମାଣ ମହାପ୍ରସାଦ ସହ କଟକ ପଳାଇ ଆସି ଚୌଧୁରୀ ମହାଶୟ ସମେତ୍ କେତେକ ଭଦ୍ରବ୍ୟକ୍ତିଙ୍କୁ ମହାପ୍ରାସଦ ବିତରଣ କଲି। ପରେ ପରେ ନିଜର ଜନ୍ମସ୍ଥାନ କୋଠପଦା ଗ୍ରାମକୁ ଆସି ନମୁନା ସ୍ୱରୂପ ସାହିର ପଡ଼ିଶାମାନଙ୍କୁ ମହାପ୍ରସାଦ ବଣ୍ଟନ କଲି।

ସେତେବେଳକୁ ରାମନାଥ ପୁରୀ କୋଠପଦା ୮୪୩ ତଉଜିର ଅଧୀଶ୍ୱର ହୋଇ ମହନ୍ତ ତପୋନିଧି ରାମନାଥ ପୁରୀ ଗୋସ୍ୱାମୀ ପଦରେ ବିଭୂଷିତ। ଯେତେବେଳେ ତାଙ୍କୁ ମହାପ୍ରସାଦ ଦେଲି, ସେତେବେଳେ ମୁଁ ତାଙ୍କର ପୂର୍ବ ହାବଭାବ, ସ୍ନେହ, ଶ୍ରଦ୍ଧା, କିଛି ଦେଖି ପାରିଲି ନାହିଁ।

ଯାହା ହେଉ, ଅନ୍ତତଃ ୨୫ଦିନ ମଧ୍ୟରେ ହାଇକୋର୍ଟ ମୋତେ ଖଲାସ ଦେବାର ସୁସମ୍ବାଦ କବିରାଜ ହୃଷିକେଶ ପଣ୍ଡାଙ୍କ ହସ୍ତଲିପି ପାଇଲି। ଏହା ମୋର ୨୬ବର୍ଷର ଘଟଣା।

କୁଞ୍ଜଲତାକୁ କଲିକତା ହରଣଚାଲ

ପାଠକେ, ଆପଣମାନେ ବିଚାର କରୁଥିବେ ଏହାହିଁ ହେଲା "ପାଣିଙ୍କର" ପ୍ରଥମ କଲିକତା ଯାତ୍ରା। ନା, ନା, ଏହାପୂର୍ବରୁ ମୋର କଲିକତା ଗୁଣ୍ଡାଗିରି ସମ୍ବନ୍ଧୀୟ ଦୁଇ ଚାରିପଦ ଦେଖି କୌତୁହଳ ବିଷୟ ଲେଖି ପାଠକପାଠିକାମାନଙ୍କୁ ଜଣାଇଲି।

ମୋର ଦ୍ୱାବିଂଶ ବର୍ଷ ବୟସରେ ଥରେ ମୁଁ ବାଲିଚନ୍ଦ୍ରପୁର ହାଟକୁ ଯାଇଥିଲି। ସେଠାରେ କୁସୁପୁର ନିବାସୀ ବନମାଳୀ ଜେନାଙ୍କ ପୂର୍ବରୁ ପରିଚିତ ଥିଲା। ସେ ଗୋଟିଏ ତୁଳାଭିଣାଳି ସ୍ତ୍ରୀ ବିଷୟ ମୋତେ ଶୁଣାଇଲା। ସ୍ତ୍ରୀଟିର ନାମ କୁଞ୍ଜଲତା। ବୟସ ୧୮ ମାତ୍ର। ପୂର୍ଣ୍ଣ ଯୌବନାପ୍ରାପ୍ତା ସୁନ୍ଦରୀଟିକୁ ସ୍ଥାନାନ୍ତର ନିମିତ୍ତ ଉଭୟଙ୍କ ମଧ୍ୟରେ ପରାମର୍ଶ ହେଲା। କିନ୍ତୁ କୁଞ୍ଜ ସେତେବେଳେ ବାସନ୍ଦ ଥିଲା। ଉଭୟଙ୍କ ମଧ୍ୟରେ ପରାମର୍ଶ ଅନ୍ତତଃ ୪/୫ ଦିନ ଚାଲିଲା। ସେ କାହିଁକି ବାସନ୍ଦ ଥିଲା, ତା ନ ଲେଖିଲେ ପାଠକ ମାନେ ପ୍ରାୟ ଧନ୍ଦି ହେବେ। ତେଣୁ ମୁଁ ତା'ର ସଂକ୍ଷିପ୍ତ ବିବରଣୀ ଦେବାକୁ ବାଧ୍ୟ ହେଲି।

ମୁଁ ପୂର୍ବରୁ କହିଛି ଗୋପାଳ ଦାସଙ୍କ ନିବାସ ଚୌଦକୁଳାଟର ପଳସିଙ୍ଗା ଗ୍ରାମରେ। ସେ ମହାଶୟ ସଦଳେ ଆସି କୁସୁପୁର ବିଶିଷ୍ଟ ମହାଜନ ମାଗୁସାହୁଙ୍କ ଦାଣ୍ଡରେ କାର୍ତ୍ତିକେଶ୍ୱରଙ୍କ ପୂଜାଉପଲକ୍ଷେ ଆସିଥିଲେ। ତାଙ୍କରି ଦଳର ଗଜିଆ ନାମକ ବାରିକ ସଙ୍ଗେ ତୁଳାଭିଳାଣୀ କୁଞ୍ଜସହ ଗତାଗତ ହେବା ଜାଣି ଜେନାସାହି ଯୁବକମାନେ ଦିନେ କୁଞ୍ଜର ଛଦ୍ମବେଶ ଧରିବା ପାଇଁ ଜନୈକ ଯୁବକକୁ ସ୍ଥିର କଲେ। ଯୁବକଟି କୁଞ୍ଜବେଶ ସାଜିଲା। ଅନ୍ୟାନ୍ୟ ଯୁବକ ଦଳ ଅନତି ଦୂରରେ ଯୋଦ୍ଧୃବେଶ ଧରି ରହିଗଲେ ଓ କୌଶଳ କ୍ରମେ କୁଞ୍ଜକୁ ସ୍ଥାନାନ୍ତର କରିନେଲେ। ବର୍ତ୍ତମାନ ଅପ୍ରକୃତ କୁଞ୍ଜ ପ୍ରକୃତ କୁଞ୍ଜ ଘରେ ରହିଲା। ଗଜିଆ ସମୟାନୁସାରେ ଆସି ଗୃହ ମଧ୍ୟରେ ପ୍ରବେଶ କରି କୃତ୍ରିମ କୁଞ୍ଜ ସହ ନାନା ସଂକ୍ଷିପ୍ତ ମିଷ୍ଟାଳାପ କରି ସୂତ୍ରପାତ କରିବାକୁ ବସନ୍ତେ ଜଗୁଆଳି ଟୋକାମାନେ କ୍ଷିପ୍ର ଗତିରେ ଆସି ଗୋଟି କେତେ ଉତ୍ତମ ମଧ୍ୟମ ପ୍ରଦାନ କରି ତାଠାରୁ ତାର ପରିଧେୟ ଖଡୁ ନୋଳି ଇତ୍ୟାଦି ଜବରଦସ୍ତ ନେଇଗଲେ। କ୍ରମେ ଉକ୍ତ ବିଷୟ ଗ୍ରାମସ୍ଥ ଲୋକେ ଜାଣି କୁଞ୍ଜକୁ ବାଛନ୍ଦକଲେ।

ଏ ଘଟଣା ଠିକ୍ ମହାଭାରତ ବିରାଟପର୍ବର ଭୀମ କୀଚକର ନାଟ୍ୟଶାଳା ମିଳନର ଘଟଣା। ସେହି କୁଞ୍ଜକୁ ବନମାଳୀ ଜେନା ମୁଁ ଗୁପ୍ତରେ ନେଇ କଲିକତା ଯାତ୍ରା ଶେଷରେ ଯାତ୍ରା କଲୁ। ହାଉଡ଼ା ଷ୍ଟେସନରେ ଓହ୍ଲାଇ ଗୋଟିଏ ବଗି ଗାଡ଼ିରେ ବସାଇ ପଥୁରିଆହଟା ମହୀନ୍ଦ୍ର ସଫେଇ ଡାଲିଗୋଳା ନିକଟରେ ମୋତି ବେଶ୍ୟାଘରେ ସ୍ଥାନନେଲୁ। ମୋ ନିକଟରେ କୁଞ୍ଜକୁ ଛାଡ଼ି ଜେନା କୌଣସି କାର୍ଯ୍ୟରେ ୨/୩ ଦିନ ପରେ ଫେରିବାକୁ କହି ଅନ୍ତର୍ହିତ ହେଲେ।

ଇତି ମଧ୍ୟରେ ଏକପକ୍ଷରୁ ଅଧିକ ସମୟ ଗତ ହେଲା । ଜେନାଙ୍କର ସାକ୍ଷାତ୍ ନାହିଁ । ମୁଁ ପୁଣି ନିଃସ୍ୱ । କିପରି ଚଳାଇବି ଓ ମୁଁ ଚଳିବି ଭାବି ଭାବି ବ୍ୟସ୍ତ ହୋଇପଡ଼ିଲି । ଉପାୟ ନ ଦେଖି ଭ୍ରମରବର ପାଲା ବହି ଖଣ୍ଡିକ ଉକ୍ତ କୋଠରୀ ମଧ୍ୟରୁ ପାଇ ଆଖୁଗଛକୁ କାଣ୍ଡ କରି ଓଡ଼ିଆପଡ଼ାର ସ୍ଥାନେ ସ୍ଥାନେ ପାଲା ବ୍ୟବସାୟ ଆରମ୍ଭ କଲି । ତହିଁର ଉପାର୍ଜନରେ କୁଞ୍ଜ ପାଇଁ ପରିଧେୟ ବସ୍ତ୍ର ଖଣ୍ଡିଏ କିଣିଦେଲି । ପାଲା ଆୟରେ ଖୋରାକି ଓ ବସଭଡ଼ା ମଧ୍ୟ ଚଳାଇଲି । କିଛିଦିନ ଚଳିଲୁ ସତ୍ୟ, କିନ୍ତୁ ମାସିକ ପାଲାରୁ ଆମ ଉଭୟଙ୍କ ଖର୍ଚ୍ଚ ମୁତାବକ ଆୟ ଆଉ ହେଲା ନାହିଁ । ମଧ୍ୟେ ମଧ୍ୟେ ଜେନାଙ୍କର ପ୍ରତାରଣା କଥା ଭାବି ମସ୍ତକରେ ହସ୍ତ ଦେଇ ବସି ଭାବେ । କି କଷ୍ଟରେ ପଡ଼ିଲି ? ଥିଲି କେଉଁଠି ? କ'ଣ କରିବି ? ଯିବି ବା କୁଆଡ଼େ ? ଜେନା ବା କାହାନ୍ତି ? ପୁଣି କେତେବେଳେ ଭାବେ ଯାଉଛି କୁଞ୍ଜକୁ ଛାଡ଼ି ପଳାଇବି । ପର ମୁହୂର୍ତ୍ତରେ ପୁଣି ଚିନ୍ତା କରେ ଯଦିଓ କୌଣସି (ମୋର ଗୃହ ନିକଟବର୍ତ୍ତୀ) ଓଡ଼ିଆ ଭାଇଙ୍କ ସହାୟତାରେ ମୋର ବାସଗୃହ କୋଠପଦାରେ ପହଞ୍ଚେ ତେବେ ଘଟଣାଟି ବଡ଼ ଆକାର ଧାରଣ କରିବ । ହଉ, ଈଶ୍ୱରଙ୍କ ଇଚ୍ଛା ଉପରେ ନିର୍ଭର ।

ଦୈବାତ୍ ଶୟନାବସ୍ଥାରେ ଜେନାଙ୍କ ସ୍ୱପ୍ନ ଦେଖୁ ଦେଖୁ ସାକ୍ଷାତରେ ଜେନା ମହାଶୟ ଆସି କୁଞ୍ଜ ସହ କଥାବାର୍ତ୍ତା କରି ପୁଣି କଲିକତାର କୌଣସି ଏକସ୍ଥାନକୁ ନିରୁଦ୍ଦେଶ ହେଲେ । ମୁଁ ତାଙ୍କରି ସାକ୍ଷାତକୁ କେବଳ ଅପେକ୍ଷା କରିଥାଏ ।

ହୁଙ୍କା ଭାଲୁ କିପରି ସଂଯୋଗ ହେଲେ ମୁଁ ଚମ୍ପଟ୍ ମାରିବି । ଏହିକଥା ସର୍ବଦା ହୃଦୟରେ ପୋଷଣ କରୁଥାଏ । ଏଣେ ପୂର୍ବପରି ଆଖୁଡ଼ାଳରେ କାଣ୍ଡ କରି ସାମୟିକ ପାଲା କରି ଜୀବିକା ନିର୍ବାହ କରିବା ପରେ ମୋର ଭାଗ୍ୟସୂର୍ଯ୍ୟ ପୂର୍ବାକାଶରେ ଉଦୟ ହେବାର ଆଭାସ ହେଲା, ଜେନାଙ୍କ ଶ୍ରୀମୁଖ ଦର୍ଶନ ପାଇଲି । ମୁଁ ପାଲା ବ୍ୟବସାୟ କରି ମାସିକ ଉପାର୍ଜନରେ ଉଭୟେ ଆନନ୍ଦରେ ଚଳି କିଛି କିଛି ଭବିଷ୍ୟତ ପାଇଁ ସଞ୍ଚୟ କରୁଛି ବୋଲି ମଧ୍ୟ ଗାଲୁଗପ ମାଇଲି । ଜେନା ମୋ କଥାରେ ବିଶ୍ୱାସ କରି ସେଦିନ ବସାରେ ରହିଲେ । ମୁଁ ମଧ୍ୟ ତାଙ୍କୁ ଆଦର ସମ୍ଭାଷଣ ପୂର୍ବକ ରଖାଇଲି । ଗୋଟିଏ ରାତ୍ର ଯେନତେନ ପ୍ରକାରେ କଟାଇ ପରଦିନ ବ୍ରହ୍ମମୁହୂର୍ତ୍ତରୁ ଉଠି ସ୍ନାନ କରିବା ବାହାନାରେ ଶଯ୍ୟାଶାୟୀ ଜେନାଙ୍କୁ କହି ହାଟଖୋଲାସ୍ଥ ଜଗନ୍ନାଥ ଘାଟକୁ ଯାଇଁ ଧଉଳିଆ ନିବାସୀ ମୋର ଝିଆରୀଜ୍ୱାଇଁ ଗୋପୀନାଥ ପଣ୍ଡାଙ୍କ ବସାରେ ଉପସ୍ଥିତ ହେଲି । ପୂର୍ବରୁ ଶୁଣିଥିଲି ସେ କେଦାର ବାଡ଼ିର ମାଟି ଦୋତାଲାରେ ରହନ୍ତି । ସେଠାରେ କେତେଦିନ ରହିବା ପରେ ଠାକୁରପଡ଼ା କୁମାରଟୁଲୀରେ ଗୁଣ୍ଡାଦଳ ଭୁକ୍ତ ହେଲି ।

କଲିକତାରେ ମୋର ଗୁଣ୍ଡାମି

କୁମାରଟୁଲିସ୍ଥ ଠାକୁରପଡ଼ାର ଗୁଣ୍ଡାଦଳରେ ରାମଭର୍ସ ବୋଲି ଜେନୈକ ପଶ୍ଚିମା ହିନ୍ଦୁସ୍ଥାନୀ ଯୁବକ ଗୁଣ୍ଡାମାନଙ୍କୁ କୁସ୍ତି କସରତ୍ ଶିଖାଉଥାଏ। ମୋର ଚେହେରାକୁ ଦେଖି ଆନନ୍ଦ ସହକାରେ ଦଳଭୁକ୍ତ କରାଇଲେ। କିଛିଦିନ ମଧ୍ୟରେ କେତେକ ଖେଳ, କସରତ ଶିଖି ଅନ୍ୟାନ୍ୟ ଛାତ୍ରଙ୍କ ଅପେକ୍ଷା ସର୍ବଶ୍ରେଷ୍ଠ ସ୍ଥାନ ଅଧିକାର କଲି। ଗୁରୁଜୀ ମହାଶୟଙ୍କ ନିର୍ଦ୍ଦେଶାନୁସାରେ। ଗୋଟିଏ ସାଙ୍କୁଚ ଲାଞ୍ଜର (ହଣ୍ଟର) ମୋତେ ପ୍ରାପ୍ତ ହେଲା।

ଏହାପରେ ଦୈନିକ ସନ୍ଧ୍ୟାକୁ ବାରଙ୍ଗନା ପଲ୍ଲୀରେ ୨/୩ ଜଣ ସାଥୀ ହୋଇ ବେଙ୍ଗଲି ଭଦ୍ରବ୍ୟକ୍ତିଙ୍କ ପରି ଭ୍ରମଣ କରୁଁ। ଭ୍ରମଣ ସମୟରେ କୌଣସି ସ୍ୱୈଣବ୍ୟକ୍ତି ବାରଙ୍ଗନା ଗୃହ ପ୍ରବେଶ ମାତ୍ରେ ମୁଁ ଓ ମୋର ସାଥୀମାନେ ଯାଇଁ ବେଶ୍ୟା ଗୃହେ ପ୍ରବେଶ କରିଥିବା ପ୍ରେମିକ ବାବୁଙ୍କୁ ହଣ୍ଟର ସାହାଯ୍ୟରେ ନିସ୍ଥୁକ ପ୍ରହାର ଦ୍ୱାରା ଧନ ଉପାର୍ଜନର ପଥ ସୁଗମ କରି ଆସିଥିଲୁ। ଏହାଦ୍ୱାରା ବାରାଙ୍ଗନା ପଡ଼ାରେ ମହାବିଭ୍ରାଟ ସୃଷ୍ଟିହେଲା। ତେଣୁ ବାରନାରୀମାନେ ଗଣ୍ଡଗୋଳ ନ କରିବାପାଇଁ ଅନୁରୋଧ କରି ଆମ୍ଭମାନଙ୍କୁ ଦୈନିକ ତାଙ୍କର ଆୟରୁ ଚତୁର୍ଥାଂଶ ଦାନ କରିବାକୁ ପ୍ରତିଶ୍ରୁତି ଦେଲେ। ସେହିଦିନ ଠାରୁ ଗଣ୍ଡଗୋଳ ଥଣ୍ଡା ପଡ଼ିଲା। ଆମ୍ଭମାନଙ୍କୁ ମଧ୍ୟ ପ୍ରାପ୍ୟ ଧନ ରୀତିମତ ମିଳିଲା। ଯାହା ପାଇଲୁ, ତନ୍ମଧ୍ୟରୁ ପୋଲିସ୍‌ମାନଙ୍କୁ ମଧ୍ୟ କିୟତାଂଶ ଦାନ ଦେଲୁ। ଏହିପରି ଭାବେ କିଛିଦିନ ଜୀବିକା ନିର୍ବାହ କରିବା ପରେ ଆମ୍ଭ ଗ୍ରାମ ସନ୍ନିକଟସ୍ଥ ମୌଜା ହଂସଦିଆ ଓ ଧୌଳିଆ ନିବାସୀ ଦୁଇଜଣ ବ୍ୟକ୍ତି ଅର୍ଥ ପାଇବା ଆଶାରେ କଲିକତାର ଏକ ବାରଙ୍ଗନାର କନ୍ୟା ସଙ୍ଗେ ମୋତେ ବିବାହ ସୂତ୍ରେ ଆବଦ୍ଧ କଲେ। ମୋର ତରଫରୁ ଯାଇଥିବା ବରଯାତ୍ରୀମାନଙ୍କୁ ବସ୍ତ୍ର ଓ ମିଷ୍ଟାନ୍ନ ଦିଆଗଲା। ମଧ୍ୟସ୍ଥ ବ୍ୟକ୍ତିଙ୍କୁ ମଧ୍ୟ ନବବସ୍ତ୍ର ଓ କିଛି ଧନ ରୀତିମତ ଦିଆଗଲା।

ପାଠକବର୍ଗ, ମୁଁ ଯାହା ଫାନ୍ଦରେ ପଡ଼ିଲି ସେ ଗୋଟିଏ ବନ୍ୟ ସଙ୍କରାଣୀ। ବାପ ତା'ର ଜଣେ ଖାଣ୍ଟି ବଙ୍ଗାଳୀ, ଓ ମାଆ ତା'ର ଖାଣ୍ଟି ଓଡ଼ିଆ ବର୍ଦ୍ଧକୀକନ୍ୟା, ମୁଁ ହେଲି ତା'ରି ଜାମାତା। କନ୍ୟାର ନାମ "ପରିମଳା ଦାସୀ"। କିଛିଦିନ ସୁଖରେ ଅତିବାହିତ କଲି।

କିଛିଦିନ ପରେ ପରିମଳାକୁ ତା'ର ପିତା ମାତାଙ୍କର ଥିବା କୋଠାବାଡ଼ି ଓ ଯାବତୀୟ ସମ୍ପତ୍ତି ମୋ ନାମରେ ରେଜିଷ୍ଟ୍ରି କରିବା ନିମିତ୍ତ ଜଣାଇଲି। ପିତାମାତା ଦ୍ୱୟ ବିବାହ ପରେ ପରେ ଆକୃତି ପ୍ରକୃତି ଲକ୍ଷ କରି କନ୍ୟାକୁ ଜଣାଇଲେ- " ଓ ଓଡ଼େ

ମାନୁଷ୍ ତୁମି ଏକେ ବିଶ୍ୱାସ କର ଓର ଚାଲି ଚଲନ୍‌ତେ ମାଲୁମ୍ ହଚ୍ଛେ, ସମ୍ପତ୍ତି ପେଲେ ହସ୍ତାନ୍ତର କରେ, ଟାକା ପଏସା ନିଏ ଓର ଦେଶେ ଉଡ଼୍‌ବେ। ତୁମି ଏକେ ବଲ, ଆମାର ବାବା ମା, ବଲଛେ ସମ୍ପତ୍ତି ଆପନାର ନାମେ ହବେ, କିନ୍ତୁ ଏକଟୁ ସମୟ ଚାଇ।"

ଏହି ବିଷୟ ଶୁଣି ଆଉ ଅଧିକ ସମୟ ତିଷ୍ଠିବାର କୌଣସି ଆଶା ନଦେଖି ମୋତେ ଯେଉଁ ସ୍ୱର୍ଣ୍ଣାଙ୍ଗୁରୀଟି ଉପହାର ଦେଇଥିଲେ, ତା'ରି ମୂଲ୍ୟ ଟ ୩୨ଙ୍କାରେ ବିକ୍ରୟକରି କେଦାର ଦୋତାଲାକୁ ପଳାଇ ଆସିଲି। ଆସିବାବେଳେ ପରିମଳାକୁ ଶୁଣାଇଲି। ଆମି ଦେଶେ ଯାବ, ଆମାର କିଛି ଖର୍ଚ୍ଚାଟର୍ଚ୍ଚା ଦରକାର। ସେ ଦୟା ପରବଶ ହୋଇ ଗୋ୧୫ଟି ରୌପ୍ୟମୁଦ୍ରା ପ୍ରଦାନ କଲା। ଗାଏ ଦୁଇପଦକୁ ୪୭ଗୋଟି ମୁଦ୍ରା ମୋ ହାତରେ ପଡ଼ିଲା।

କେଦାର ଦୋତାଲାରେ ଥିବା ଓଡ଼ିଆ ଭାଇମାନଙ୍କ ବସାକୁ ଯାଇ ରାସ୍ତା ଖରଚ ସ୍ୱରୂପ କିଛି କିଛି ଅର୍ଥ ସଂଗ୍ରହ କରି ଗୃହକୁ ଅଳ୍ପଦିନ ମଧ୍ୟରେ ପ୍ରତ୍ୟାବର୍ତ୍ତନ କଲି।

ଯାତ୍ରାପର୍ବାରମ୍ଭ

ଏହାପରେ ଘର ପାଖେ କିଛିଦିନ ରହିବା ପରେ ମୋର ଯାତ୍ରାପର୍ବ ପଡ଼ିଲା। ମୋତେ ନବ ପ୍ରତିଷ୍ଠିତ ମହନ୍ତ ତାଙ୍କର ନିଜ ନାଚ ଦଳର ଅବସ୍ଥା ଦିନୁଦିନ ଖରାପ ଦିଗକୁ ଗତି କରୁଥିବା ଅବସ୍ଥାରେ ନିଜ ନାଚ ଦଳରେ ନିଯୁକ୍ତି କଲେ ଅର୍ଥାତ୍ ଦଳ ଚଳାଇବାର ଅଧିକାର ମୋର ମସ୍ତକରେ ସମ୍ପୂର୍ଣ୍ଣ ନ୍ୟସ୍ତ କଲେ। ଏତିକିବେଳେ ମୁଁ ଧ୍ରୁବଚରିତ, ପ୍ରହ୍ଲାଦ ଚରିତ ଓ କୀଚକବଧ ଗୀତାଭିନୟ ଲେଖିଲି ଏବଂ ନିଜ ଦଳରେ ଶିଖାଇଲି।

ଦୋଳ ଉପଲକ୍ଷେ ତତ୍‌କାଳୀନ ନାମଜାଦା ଜମିଦାର ଭେଡ଼ା ଚୌଧୁରୀଙ୍କ ନିମନ୍ତ୍ରଣ ପାଇ ପଞ୍ଚରାତ୍ରି ଯାତ୍ରା ନିମିତ୍ତ ଯିବାକୁ ହେଲା, ଦଳସମେତ ଗଲୁ। ଆନନ୍ଦ ମନରେ ଅଭିନୟ ଦେଖାଇଲୁ, ପ୍ରଶଂସା ସହ ବିଦାୟ ବେଳେ କୁମୁଡ଼ା ଜୟପୁର ନିବାସୀ ରାୟ ବାହାଦୁର ୰ରାଜକିଶୋର ଦାସ ଡେପୁଟିଙ୍କର କଟକ ବସାଠାରୁ ଯାତ୍ରା କରିବା ନିମିତ୍ତ ଡାକରା ପାଇଁ ସେଠାକୁ ଗଲି। ସେଠାରେ ଉପସ୍ଥିତ ହୋଇ ଦେଖେଁ, ଏକା ଜନାକାରୀ ମୋକଦ୍ଦମାର ଜଣେ ଆସାମୀ ଅଛି, ଉକ୍ତ ମୋକଦ୍ଦମା ବାବୁଙ୍କ ଇଜ୍‌ଲା ସ୍ଥିତ। ତେଣୁ ପ୍ରଥମ ରାତ୍ରି ଯାତ୍ରାରେ ସ୍ଥାନେ ସ୍ଥାନେ ରସଭଙ୍ଗ ହେଲାରୁ ପରଦିନ ସକାଳୁ ସାଆଁନ୍ତାଣୀ (ବାବୁଙ୍କସ୍ତ୍ରୀ) ଏକ ବିଧବାବ୍ରାହ୍ମଣୀ ଦ୍ୱାରା ଡକାଇ ଯାତ୍ରା ଖରାପ ହେବାର କାରଣ ପ୍ରଶ୍ନ କଲାରୁ ମୁଁ ମିଥ୍ୟାରେ ଏକ ଜନାକାରୀ କେଶ୍‌ରେ

ପଢ଼ିଥିବାର ଓ ବାବୁଙ୍କ ଇଜ୍‌ଲାସରେ କେଶ୍‌ଟି ବିଚାର ହେବାର ସମସ୍ତ ବୃତ୍ତାନ୍ତ ଜଣାଇଲି। ଏଥିରେ ସାଆନ୍ତାଣୀ ମଧ୍ୟ ମୁନ୍‌ସି ରଜୋବଲ୍ଲୀକୁ ଜେରା କରିଥିବାର ଜାଣିଥିଲେ। ଏବଂ ବାଉରୀ ଗୁଡ଼ିଆଣୀକୁ ରଜୋବଲ୍ଲୀ ସଙ୍ଗେ ଥିବା କହିଲେ। ପରିଶେଷରେ ବାବୁଙ୍କ ଦ୍ୱାରା ବିନା ଦୋଷରେ ଖଲାସ ହେବାର ଆଶ୍ୱାସନା ଦେଲେ। ଆଉ ମଧ୍ୟ ବାବୁଙ୍କ ମଧ୍ୟାହ୍ନ ଭୋଜନବେଳେ ମୋତେ ଉପସ୍ଥିତ ହେବା ନିମିତ୍ତ ଜଣାଇଲେ। ମୁଁ ସାଆନ୍ତାଣୀଙ୍କ କଥାନୁଯାୟୀ ବାବୁଙ୍କ ଭୋଜନବେଳେ ଉପସ୍ଥିତ ହେବାମାତ୍ରକେ ବାବୁ ମୋର ପରିଚୟ ସାଆନ୍ତାଣୀଙ୍କ ଠାରୁ ପାଇ ଖଲାସ ହେବାର ବାଟ ପରିଷ୍କାର କରିଦେଲେ। ଏହାପର ଅନ୍ୟ ଦୁଇରାତ୍ରି ଯାତ୍ରା ଯଥାକ୍ରମେ ରଙ୍ଗସଭା ଓ ପ୍ରହ୍ଲାଦଚରିତ ଗୀତାଭିନୟ ଦେଖି ସନ୍ତୁଷ୍ଟ ହେଲେ। ତ୍ରୟରାତ୍ର ନୃତ୍ୟର ପରିସମାପ୍ତି ଘଟିଲା। ମୋର ପ୍ରାପ୍ୟ ଅର୍ଥ ସମସ୍ତ ପ୍ରଦାନ କରି ବିଦାୟ ଦେଲେ। ମୁଁ ସଦଳେ ଆସି କଟକ ଷ୍ଟେସନରେ ପହଞ୍ଚିଲି। ଟିକେଟ୍ ସମୟରେ ବାଲୁବଜାରସ୍ଥ କେତେକ ଯୁବକ ଆସି ମୋତେ ଟିକଟରୁ ନିବୃତ୍ତି କରାଇ ବାଙ୍କାବଜାରସ୍ଥ ବିନୋଦବିହାରୀଙ୍କ ମନ୍ଦିରରେ ଯାତ୍ରା କରିବା ନିମିତ୍ତ ଫେରାଇଲେ। ମୁଁ ବାଙ୍କାବଜାରସ୍ଥ ଭିଙ୍ଗାରପୁର ଚୌଧୁରୀଙ୍କ କୋଠାରେ ଦଳସହ ବସା କରି ରହିଲୁ। ସେତେବେଳେ ଜରସମର ରାତିକେ (ଆଠଟଙ୍କା) ମାତ୍ର। ରାତ୍ରି ବେଳରେ ନାଚ ଦେଖାଇ ସକାଳ ସମୟରେ ଅଳି ଉଦ୍ଦେଶ୍ୟରେ ଦୁଇ ଦୁଇଟି ନାଚ ପିଲା ଯନ୍ତ୍ରସହ ନେଇ ଶ୍ରୀ ଶ୍ରୀ ବିନୋଦବିହାରୀଙ୍କ ପ୍ରଜା ଥିବା ଜୁମା ମସ୍‌ଜିଦ୍ ଗଳିରେ ବାସ କରିଥିବା ବାରାଙ୍ଗନା ବା ରୂପଜୀବୀମାନଙ୍କ ସଦନରେ ନୃତ୍ୟ ଗୀତାଦି ଦେଖାଇ କିଛି ଅର୍ଥ ପୁରସ୍କୃତ ହେଉ। ସେମାନେ ଗତ ରାତ୍ରରେ ଉପପତି ବା ଭୁଜଙ୍ଗମାନଙ୍କଠାରୁ ଅଙ୍ଗଦାନ ପୂର୍ବକ ଯାହା ଆୟ କରିଥାନ୍ତି ସେ ଧନକୁ ସେମାନଙ୍କର ଅପସର ତଳେ ରଖିଥାଆନ୍ତି। ଏହା ସେମାନଙ୍କର ପୂର୍ବାଭ୍ୟାସ ଏବଂ ମୋତେ ଭଲରୂପେ ଜଣାଥିଲ। ମୁଁ ପ୍ରତ୍ୟେକଙ୍କର ଅପସରକୁ ଉତ୍‌ଥିତ କରି ସେ ସବୁକୁ ନିଜେ ସ୍ୱହସ୍ତରେ ଗ୍ରହଣ କରି ତାଙ୍କର ଦୈନନ୍ଦିନ ଖରଚପାଇଁ ଯତ୍‌ସାମାନ୍ୟ ରଖି ଅବଶିଷ୍ଟ ପକେଟସ୍ଥ କରି ଫେରିଆସେ, ଏହିପରି ମୁଁ ପ୍ରତିଦିନ ଉକ୍ତ ରୂପଜୀବୀମାନଙ୍କଠାରୁ ଉପାର୍ଜନ କରେ। ଦୈନିକ ପରିମାଣ ୨୦/୩୦ ଟଙ୍କାରୁ ନ୍ୟୁନ ନୁହେଁ। ବାରାଙ୍ଗନାମାନେ ଦଳସହ ମୋତେ ପ୍ରାଣରୁ ଅଧିକ ମନେ କରନ୍ତି।

ଉକ୍ତ ନାଚଦଳ ସହ ମୁଁ ୩ମାସରୁ ଊର୍ଦ୍ଧ୍ୱ ହେବ କଟକରେ ଅବସ୍ଥାନ କଲି। ୩ମାସ ମଧ୍ୟରେ ୨ମାସ କାଳ ଯାତ୍ରା କରିଥିଲୁ। ତନ୍ମଧ୍ୟରେ ଅନେକ ଦରଖାସ୍ତ ସରକାରଙ୍କ ନିକଟରେ ଆମ ଦଳ ବିରୁଦ୍ଧରେ ପଡ଼ିଲା। ପୋଲିସମାନେ ବରାବର ନାଚଦଳ ପ୍ରତି ତୀବ୍ର ଦୃଷ୍ଟି ଦେଲେ। ଏହି କଟକରେ ନାଚ କରୁଥିବା ସମୟରେ

ମୋର ଅଭିନୟରେ ସନ୍ତୁଷ୍ଟ ହୋଇ "ଉତ୍କଳ ସାହିତ୍ୟ" ନାମକ ମାସିକ ପତ୍ରିକାର ପରିଚାଳକ ୰ବିଶ୍ୱନାଥ କରଙ୍କ ଜ୍ୟେଷ୍ଠାକନ୍ୟା ନର୍ମଦା କରଙ୍କ ଠାରୁ ଗୋଟିଏ ରୌପ୍ୟ ମେଡ଼ାଲ ପୁରସ୍କୃତ ହେଲି। ତା ପରେ ଅନେକ ସ୍ୱର୍ଣ୍ଣ ଓ ରୌପ୍ୟ ମେଡାଲ ମଧ୍ୟ ମିଳିଥିଲା।

ଏହାରି ମଧ୍ୟରେ ଦିନେ ମାଛ ହଟାରେ ପ୍ରିୟନାଥ ସରକାରଙ୍କ ଘରେ ନାଚ କରୁଥିବା ସମୟରେ ଓଡ଼ିଆ ବଜାରସ୍ଥ ବିଶିଷ୍ଟ ମହାଜନ ଶଙ୍କର ସାହୁଙ୍କ କନିଷ୍ଠ ଭାଇ ଶିବସାହୁ ବ୍ୟତୀତ ଅବଶିଷ୍ଟ ତାଙ୍କର ସକୁଟୁମ୍ବେ ମୋ'ରି ଯାତ୍ରା ଦେଖିବାକୁ ଆସିଥିଲେ। ଠିକ୍ ସେହିଦିନ ରାତିରେ ଚୁନୁମିଆଁ ନାମକ ଏକଆଖିଆ ମୁସଲମାନ ଉକ୍ତ ଶଙ୍କର ସାହୁ ମହାଜନ ଘରେ ପଶି ଜବରଦସ୍ତ ଶିବସାହୁ ବୁଢ଼ାକୁ ଛୁରାଘାତ କରି ଇଚ୍ଛାନୁସାରେ ନେଇ ପାରିବା ଭଳି ପ୍ରଚୁର ମୂଲ୍ୟବାନ୍ ଜିନିଷ ଓ କିଛି ଅର୍ଥ ଧରି ପଳାଇବା ବେଳେ ଭ୍ରମବଶତଃ ତା'ର ଗାମୁଛା ଓ ନାମଲେଖା ପାନଚଟାକୁ ଛାଡ଼ି ଚାଲିଗଲା। ରାତ୍ର ପ୍ରଭାତରେ ଏସବୁ ଦୁର୍ଘଟଣା ସହରର ଚାରିଆଡ଼େ ଖେଳିଗଲା। ପୋଲିସ୍ ଅନୁସନ୍ଧାନ ନେବାରେ ଡକାଏତ ଚୁନୁମିଆଁ ନାମ ପାନବଟାରେ ଲେଖାଥିବା ଦେଖି ଉକ୍ତ ଡକାଏତକୁ ଅନୁସନ୍ଧାନ କଲେ। ଚୁନୁମିଆଁ ସେତେବେଳେ ଚହଟା ଘାଟରେ ଛୁରା ଧୋଇବାରେ ବ୍ୟସ୍ତ ଥିଲା। ଠିକ୍ ସେତିକିବେଳେ ଜଣେ କେହି ବ୍ୟକ୍ତି ପୋଲିସ ସପକ୍ଷ ହୋଇ ଛଦ୍ମବେଶରେ କହିଲା, ପୋଲିସ୍‌ତୋତେ ଧରିବାକୁ ଆସୁଛି। ଶୀଘ୍ର ଛୁରାକୁ ପାଣିକୁ ଫୋପାଡ଼ି ଦେ। ବିଚରା ମିଆଁ ସାହେବ ଭୀତତ୍ରସ୍ତ ହୋଇ ଛୁରୀକୁ ଜଳ ଗର୍ଭକୁ ଫିଙ୍ଗିଦେଲା। ପରେ ପରେ ପୋଲିସ୍ ଦ୍ୱାରା ଧୃତ ଓ ଆନୀତ ହେଲା, ସେତେବେଳେ ଏ ଡକାଏତ କେଶ୍‌ଟି ବଡ଼ ଆକାର ଧାରଣ କରିଥିଲା।

ଏତଦ୍‌ବ୍ୟତୀତ କଟକ ସହରର ନାନାସ୍ଥାନରେ ଚୋରୀ ଜନାକାରୀ ଓ ମାରପିଟ୍‌ର ଗୋଳମାଳ ବିଶେଷଭାବେ ଦେଖାହେଲା, ଏହାର କାରଣ ଏକମାତ୍ର "ମୁଁ" । ଏକଥା ପୋଲିସ୍ ଜାଣି ଦିନ ୯ଘଣ୍ଟା ସମୟରେ ମୋର ବସାଘର ସମ୍ମୁଖସ୍ଥ ଦରଜାରେ ମାଜିଷ୍ଟ୍ରେଟ୍ ସାହେବଙ୍କ ଆଦେଶାନୁସାରେ ଏକ ୨୪ ଘଣ୍ଟିଆ ବିଜ୍ଞାପନ ମାରିଦେଲେ ମୁଁ ବାଧ୍ୟ ହୋଇ ସରକାରଙ୍କ ହୁକୁମ ମାନି ସହରରୁ ବାହାରି ଆସୁଥିବା ସମୟରେ ମୋ ନିକଟରେ ୧୫ଗୋଟା ସ୍ଥାନର ଯାତ୍ରା କରିବାର ବଇନା ଥିଲା। ତାହା ସଙ୍ଗେ ସଙ୍ଗେ ଫେରସ୍ତ କରିବାକୁ ବାଧ୍ୟ ହେଲି। ବ୍ରଜପୁରରୁ କୃଷ୍ଣ ମଥୁରାକୁ ଯାତ୍ରା କଲାବେଳେ ବ୍ରଜବାସୀଙ୍କ ଦଶା ଯେପରି ପଡ଼ିଥିଲା, ସେଦିନ କଟକବାସୀଙ୍କ ଦୁର୍ଦ୍ଦଶା ସେପରି ପଡ଼ିଥିଲା। ପ୍ରତ୍ୟେକଙ୍କ ଚକ୍ଷୁ ଆର୍ଦ୍ର। କେହି ପ୍ରକାଶ୍ୟରେ କେହି

ଗୋପନରେ ଅଶ୍ରୁ ମୋଚନ କରୁଥିଲେ। ଆମ୍ଭେମାନେ ପୁରୀ, ଲଡ୍ଡୁ ମିଠାଇ ଖାଇ ନପାରି ଫୋପାଡ଼ି ଦେଉଥିଲୁ। କିନ୍ତୁ ସେଦିନ ମୋଟା ଚୁଡ଼ା କି ମୁଢ଼ି ଗଣ୍ଡେ ଆମ ଭାଗ୍ୟରେ ଜୁଟିଲା ନାହିଁ।

ମୁଁ ବିନୋଦବିହାରିଙ୍କ ନିକଟରେ ଗୋଟିଏ କବିତା ଲେଖି ବାହାରି ଆସିବାବେଳେ ତତ୍‌କାଳୀନ ପୋଲିସ ସାହେବ ଶ୍ରୀକୃଷ୍ଣ ମହାପାତ୍ରଙ୍କ ଦୃଷ୍ଟି ଗୋଚର ହେଲି। ସେ ମୋତେ ଲାଲଚକ୍ଷୁ ଦେଖାଇ କହିଲେ-କିରେ। ଯାଇନାହୁଁ? ତୋତେ ତିନିବର୍ଷ କଟକ ମନା ହେଲା। ଏହା "ମାଜିଷ୍ଟ୍ରେଟ୍ ସାହେବଙ୍କ ହୁକୁମ" ଶୀଘ୍ର କଟକ ସହର ଛାଡ଼ି ଚାଲିଯାଅ।

ମୁଁ ଭୀତତ୍ରସ୍ତ ହୋଇ ଶ୍ରୀବିନୋଦବିହାରୀଙ୍କୁ ଜଣାଇ ତାଙ୍କ ନାମରେ ଗୋଟିଏ କବିତା ଲେଖିଥିଲି। ତାହା ଉଦ୍ଧୃତ କଲି,-

ଜୟ ବିନୋଦବିହାରି ହେ, ଯାହା ନେତ୍ରେ ଦେଖିଲି ଏତିକି।
ନାହିଁ ମୋର ଆଶା ଆଉ କି ଦେଖିବି ନେତ୍ରେ ଯୁଗଳମୂର୍ତ୍ତିଙ୍କି।୧।
ଜଳୁଥିଲା ଯେଉଁ ଆନନ୍ଦପ୍ରଦୀପ ଏଠାରେ ଦିବା ରାତିକି।
ହେ, ଗୀର୍ବାଣ ଶ୍ରେଷ୍ଠ, ନିର୍ବାଣ ତା ଆଜି, ଅନ୍ଧାର ଦିଶେ କ୍ଷିତିକି।୨।
ଖଳଲୋକେ ପଶି ବଳ ହଟାଇଲେ ଟଳାଇଦେଲେ ଧୃତିକି।
ପଳାଇ ଯିବାକୁ ପଥ କହିଦିଅ ବଇଷ୍ଣବ ବିନତିକି।୩।

ଏହିପରି ଭାବେ ଦୁଃଖ ସୁଖ ଭୋଗ କରି କଟକ ଛାଡ଼ି ଗ୍ରାମରେ ପହଞ୍ଚିଲୁ। ଠିକ୍ ସେହି ସମୟରେ ଗୋବିନ୍ଦସାହୁ, ଚିନ୍ତାମଣି ନଖିରି ଶ୍ୟାମ ସିଂହ ତିନିଜଣ ବ୍ୟକ୍ତି ଗ୍ରାମଠାରେ ପହଞ୍ଚି ଅତି କମ୍ ମୂଲ୍ୟରେ ରଙ୍ଗସଭା ବ୍ରଜଲୀଳା, ଧ୍ରୁବଚରିତ, ପ୍ରହ୍ଲାଦଚରିତ ଓ କୀଚକବଧ ନାମକ ୫ଖଣ୍ଡି ଗୀତାଭିନୟ ଛପାଇବା ସକାଶେ ସତ୍ୱ କିଣି ଆଣିଥିଲେ। ଉକ୍ତ କବିତା ପୁସ୍ତକମାନ ବହୁଳ ବିକ୍ରିହେବାରୁ ଦଣ୍ଡୀପର୍ବ, ହରିଶ୍ଚନ୍ଦ୍ର, କଳାପାହାଡ଼, ଦକ୍ଷଯଜ୍ଞ, ରାବଣବଧ, ମେଘନାଦବଧ, ନଳଦମୟନ୍ତୀ ଇତ୍ୟାଦି ଇତ୍ୟାଦି ଗୀତାଭିନୟ ଓ ଗୀତିନାଟ୍ୟ ଛପାଇବା ପାଇଁ ଗୋବିନ୍ଦସାହୁ ଓ ଅନ୍ୟାନ୍ୟ ବ୍ୟକ୍ତିଗଣ ଛପାଇବା ନିମନ୍ତେ ଖରିଦ କରିନେଲେ, କ୍ରମେ କ୍ରମେ ଶତ ଶତ ଗୀତିନାଟ୍ୟ ଲେଖାପଇଁ ଛାପା ଚାଲିଲା। ଓଡ଼ିଶା ପୁରପଲ୍ଲୀରେ ପ୍ରଚାରିତ ହେଲା। ସେତେବେଳେ ଯାତ୍ରାଦଳ ଓଡ଼ିଶାରେ ବେଶି ନଥିଲା। କବି ମଧ୍ୟ କେହି ନଥିଲେ। ସମସ୍ତେ ଏହି ଗୀତାଭିନୟ କିଣି ନାଚଦଳ କରି ଅଭିନୟ ଦେଖାଇଲେ।

ବର୍ତ୍ତମାନ ବଙ୍ଗଳା ନାଟକରୁ ଓଡ଼ିଆ କରି ଯେଉଁମାନେ କବି ବୋଲାଉଛନ୍ତି, ସେମାନଙ୍କର ସେତେବେଳେ ଜନ୍ମ ନଥିଲା।

ଏଣିକି ଯେ କବିଗଣେ;　　　　ବାହାରୁ ଅଛନ୍ତି ଘରେକେ ଜଣେ-
ନିଜ ଟେକ ରଖିବା କାରଣେ।
ବଙ୍ଗାଳି ଅଇଁଠା କଣ୍ଟା　　　　ଖାଇଣ ମନକୁ କରିଣ ମୋଟା-
ଦାଣ୍ଡେ କାଢ଼ନ୍ତି ନିଜ ପ୍ରତିଷ୍ଠା।।

ଏହିପରି ଶତଶତ ବହି ଲେଖି ଛପାଇବା ବେଳେ ମୋର ବୟସ ୨୮ବର୍ଷ ମାତ୍ର।

ବହୁକୁଦରେ ନାଟ୍ୟଶିକ୍ଷା

ଏ ପର୍ଯ୍ୟନ୍ତ ମୋର ସୌଭାଗ୍ୟ ରବି ଦୀପ୍ତିମାନ ହୋଇଥିଲା। ବର୍ତ୍ତମାନ ମୋର ଦୁର୍ଭାଗ୍ୟ ଆସି ଦେଖାଦେଲା। ମୁଁ ଏକ ପ୍ରବଳ ବ୍ୟାଧିରେ ପୀଡ଼ିତ ହେଲି। ବ୍ୟାଧିଟି ବଡ଼ ସାଙ୍ଘାତିକ, ତେଣୁ ବଡ଼ ଚିନ୍ତିତ ହୋଇ ପଡ଼ିଲି। କ'ଣ କରିବି ବୋଲି ବୁଦ୍ଧି ଶୂନ୍ୟ ହେଲି। ଦେଖୁଁ ଦେଖୁଁ ଶୁକ୍ଳପକ୍ଷର ଶଶୀକଳା ପରି ମୋର ବାମଗୋଡ଼ରେ ବାତଫୁଟ ରୋଗ ଉପସ୍ଥିତ ହେଲା।

ଉକ୍ତ ରୋଗର ପ୍ରାରମ୍ଭରେ ଆନନ୍ଦପୁରର ବୈଦ୍ୟନାଥ ମହାପାତ୍ର ଓ ବହୁକୁଦର ବିଶିଷ୍ଟ ଜମିଦାରିଣୀ ଶ୍ରୀଯୁକ୍ତା ସରୋଜିନୀ ଦାସୀଙ୍କ ନିମନ୍ତ୍ରଣ କ୍ରମେ ଯାଇ ଗୋଟିଏ ନାଚଦଳ ସୃଷ୍ଟିକଲି। ସରୋଜିନୀ ଦାସୀଙ୍କ ଯାତ୍ରାଦଳକୁ ୩ମାସ ମଧ୍ୟରେ ଉତ୍ତୀର୍ଣ୍ଣ କରାଇଥିଲି ସେହିପରି ଆନନ୍ଦପୁର ଦଳଟିକୁ ଅଳ୍ପସମୟ ମଧ୍ୟରେ ଠିଆ କରାଇ ପାରିଥିଲି। ଉକ୍ତ ନାଚଦଳ କଟକ, ପୁରୀ ଓ ଗଡ଼ଜାତମାନଙ୍କରେ ସୁନାମ ଅର୍ଜନ କରି ଆସିଥିଲେ। ବହୁକୁଦର ଜମିଦାରିଣୀ ମଧ୍ୟ ମୋ ପ୍ରତି ସନ୍ତୁଷ୍ଟ ଥିଲେ।

ଦିନେ ମୁଁ ବହୁକୁଦରେ ଥିବା ଅବସ୍ଥାରେ ସରୋଜିନୀ ଦାସୀଙ୍କୁ ଦଶହରା ଉପଲକ୍ଷେ ଗୋଟାଏ କବିତା ଉପହାର ଦେଇଥିଲି।

ସେ କବିତାଟି ଏହି;-

ସର୍ବଗୁଣଯୁକ୍ତା　　ଭୃତ୍ୟ ଅନୁରକ୍ତା　　ଆଦର୍ଶ ସେ ନାରୀକୁଳେ,
ସାଦରେ ଏ ଦୀନ　　କରେ ନିବେଦନ　　ସେହି କଳ୍ପଲତା ମୂଳେ।
ପରଜାଏ ଯାର　　ଦରଜା ଦେଖିଲେ　　ଘର ଯାଉଛନ୍ତି ଭୁଲି,
ଭରଜାଇ ଅଛି　　ନିଜ ମରଜିରେ　　କି କୁଟୀରବାସୀ କୁଳି।
କୋଟିକୋଟି ମୁଖେ　　ଶୁଣାନାହିଁ ଯାର　　ଗୋଟିଏ ନିନ୍ଦା କାହାଣୀ
ଖାଣ୍ଟି ଦୟାପଦ　　ପାଣ୍ଡି ଯେ କରିଛ　　ଗଣ୍ଠିଧନ ପରା ଜାଣି।

ବାଣୀ ଯା ହୃଦୟେ ସରୋଜେ ବିରାଜେ ସର ସରୋଜିନୀ ଭାବି,
ଗୁଣିଗଣ ମଧ୍ୟେ ସେହି କାରଣରୁ ଅଛି ପୁଣି ତାର ଦାବି।
ଶିକ୍ଷା ଦରପଣେ ଦରପଣ ପରି ଝଟକେ ଯା ମନୋଭାବ,
ଅଟକି ଯାଇଛି ଛଟକେ ମୋ ହୃଦେ ପଢ଼ି ତରୁଲତା କାବ୍ୟ।
ବାଳିକା ଶିକ୍ଷା ଯେ ମାଳିକା କରିଣ ଢାଳି ଦେଇଅଛ ମତି,
ଅଟ୍ଟାଳିକା ପୁରେ ରଖନ୍ତୁ ତାହାଙ୍କୁ କାଳକ କାଳିକା-ପତି।
ଗରିବ ରୋଗୀଙ୍କ ପାଇଁ କେ କରିବ ଔଷଧର ବଣ୍ଟାଘର,
ସରିଯିବ ବୋଲି ଅଣ୍ଟାରୁ ପଇସା ମସାଏତ ନାହିଁ ଡର।
କେତେବା ଲେଖିବି ଏ କ୍ଷୁଦ୍ର ବୁଦ୍ଧିରେ ସମୁଦ୍ର ତରିଲା ପରା,
ଖର୍ବହୋଇ ଗର୍ବେ ହାତ ବଢ଼ାଇ କେ ଧରିଛି ସରଗ ତରା।
ଧୃରୁବରୁ ଅଛି ଧ୍ରୁବ ଏ କଥା ମିଛୁଆ ଅଟନ୍ତି କବି,
ଭାବିବେ ଏତିକି ଚକ୍ଷୁବନ୍ତ ଜନ ଠାରୁ ଲୁଚିବେ କି ରବି।
ଦେଖିଛି ସରବେ ଦରବ ପୁରିଛି ଖରବ ଖରବ ହୋଇ,
କେଉଁଦୋଷ ଦେଖି କୁଶପାଣୀ ଶିରୁ ସିନ୍ଦୂର ଦେଇଛି ଧୋଇ
ଦଇବର କଥା କହିବ କିଏସେ ବହି ଏ ମାନବ ଅଙ୍ଗ,
ଆମ୍ଭେ ତାର ଗାଈ ଗଳେ ରସି ଦେଇ ଓଟାରି ଦେଖେ ଏ ରଙ୍ଗ
ପଛକଥା ତୁଚ୍ଛ କରିବ ରହିଛ ଏହି ଲେଖା ପରମ୍ପରା,
ବରଷା ସରିଲେ ଆସିଯାଏ ଶୀତ ତା ପଛେ ଆସଇ ଖରା।
ଦିନ, ବର୍ଷ, ମାସ, ଋତୁ ଯେଉଁପରି ଲାଗିଛି ପରିବର୍ତ୍ତନ,
ତେସନ ମାନବ ଜୀବନର ଚକ୍ର ଲାଗିଅଛି ଆବର୍ତ୍ତନ।
ଦେଇ କି ଧାରଣା ଅଣାଇଛି ମୋତେ କୁଶପାଣୀ କିସ ଜାଣି,
ପୁଷ୍କରିଣୀ ଜଳ ଛଡ଼ାଇ କି ଏଥି ପିଆଇବ ଗଙ୍ଗାପାଣି।
ଜାଣି କେଉଁଗୁଣ ସୁଗୁଣ ଧାରିଣୀ ମୋପରେ ହୋଇଛ ସ୍ନେହୀ
ଜାଣେମୁଁ ନିର୍ଗୁଣୀ ହୋଇଲେ କୁମର ଜନନୀ ତା କ୍ଷମାଦେଇ।
ଦେଖିଥିଲେ ଭକ୍ତି ସୁରମ୍ୟ ଉଦ୍ୟାନ ତୋଳିବା ପ୍ରୀତି ସୁମନ
ଗୁନ୍ଥି କରିବଳେ ଦେଇଥାନ୍ତି ଗଳେ ବଳାଇ ଥିଲି ସୁମନ।
ସୁମନସ ଈଶେ ଡାକୁଛି ମାନସେ ଅନଶନ ଏ ଗରିବ,
ସତେ କୃଷ୍ଣଚନ୍ଦ୍ର କୃଷ୍ଣଚନ୍ଦ୍ର ପରି ଦୁଷ୍ଟସର୍ପ ସଂହାରିବ।
ଶିଷ୍ଟ ପ୍ରଜାବୃନ୍ଦେ ପାଳିବ ଆନନ୍ଦେ ଯଦୁ ଭୋଜବଂଶ ସମ,

ଶଶଧର ପରି ଯଶ ଉଦେ ହୋଇ ପଳାଇବ ବିଘ୍ନ ତମ।
ଆଜି ଏ ସୁଦିନେ ଦେଉଅଛି ଦୀନ କବିତା ଗୋଟି ଆଦରେ,
ସୁଦାମା ଦ୍ୱିଜ ତଣ୍ଡୁଳ ପରି ଭାବି ନେବେ କରେ ସମାଦରେ
ଫିଙ୍ଗିଦେବେ ନାହିଁ ସଙ୍ଗୀତ ପ୍ରବୀଣା ଇଙ୍ଗିତ ଏହାକୁ ମଣି,
ଶିବ ଗୋମୟ ବିଭୂତିରେ ରସିଲେ କବି ବଇଷ୍ଣବ ଭଣି।

ଏହି ପଦ୍ୟଟି ଉପହାର ଦେଇ ପ୍ରଚୁର ଅର୍ଥ ପାଇଲି। କିନ୍ତୁ ତାହା ଦଶହରା ପର୍ବରେ ଅସଦ୍‌ଉପାୟରେ ଖରଚ କରିବା ଜାଣି ଚାକର ଶତ୍ରୁଘ୍ନ ଦ୍ୱାରା ମଗାଇ ନେଇ ଘରକୁ ଫେରିବା ସମୟରେ ତାହା ପ୍ରଦାନ କଲେ। ଏହିପରି କବିତା ଛଳରେ ଅନେକ ସୁନାର ଗିନି ପୁରସ୍କୃତ ହୋଇଥିଲି।

ଆଉ ଦିନେ ଉଭୟଙ୍କର ଆଖି ଏକ ସମୟରେ ଏକାଠି ମିଶିଗଲା। ତଦୁପଲକ୍ଷେ 'ଅଜା' ସମ୍ବୋଧନ କରି ଆଖି ସମ୍ବନ୍ଧରେ ଗୋଟିଏ କବିତା କରି ଦେବାକୁ ଫରମାସୀ କରିଦେଲେ ଓ ମୋର ଆଖିର 'ବିଉଟି' ଥିବାର ମଧ୍ୟ ପ୍ରକାଶ କରିଥିଲେ। ମୁଁ ମଧ୍ୟ ତାଙ୍କର ଆଖିର 'ବିଉଟି' ଥିବାର କହି ସଙ୍ଗେ ସଙ୍ଗେ କବିତାଟି ରଚନା କରିଥିଲି।

ସେ କବିତାଟି ଏହି;-

କେତେ ମୁଁ ଗାଇବି ଆଖିରେ, ଗୁଣଗଣ ତୋହର,
କେଉଁ ଉପାଦାନେ ନିର୍ମାଣେ କଲା ତୋତେ ଈଶ୍ୱର।
ବିଶ୍ୱରେ ତୋ ସମ ନାହିଁରେ ସୂକ୍ଷ୍ମ ପଦାର୍ଥ ଆଉ,
ତୁ ନ ଥିଲେ ସୃଷ୍ଟି ସୌନ୍ଦର୍ଯ୍ୟ ପ୍ରାଣୀ ଦେଖନ୍ତା କାହୁଁ।
କେତେ କେତେ ତୀର୍ଥ ଦେବତା ଗ୍ରନ୍ଥ ଦେଖୁ ତୁ ଯେତେ
ତେବେକେ ନ ପୁରେ ତୋ ଆଶା ଆଉ ଦେଖିବୁ କେତେ।
କେଡ଼େ ଚପଳତା ତୋ ମତି ଖେଳୁ ଚପଳା ପରି,
କବି ଉପମାରେ ହେଉ ତୁ ପଦ୍ମ ସଙ୍ଗତେ ସରି।
ମନ ସହିତରେ ତୋହର କେଡ଼େ ନିସ୍ୱାର୍ଥ ମିଶା,
ସେ କାନ୍ଦିଲେ ତୁତ କାନ୍ଦୁରେ ଆଉ ଦିବସ ନିଶା।
ସେ ହସିଲେ ସିନା ତୁ ହସୁ, ରସୁ ସେ ରସେ ଯହିଁ,
ସେ ଚିନ୍ତଇ ଯାକୁ ଚିତ୍ତରେ ଆଗେ ମିଳୁ ତୁ ତହିଁ।
କଳାରେ ତୋ ବଡ଼ ଆଦର ମିତ୍ର ସେ ତୋର ଯେଣୁ,

ସେ ସାଜଇ ବୋଲି ତୋତେ ରେ　　ତାକୁ ସାଜୁ ତୁ ତେଣୁ।
କଳା ବୋଲି ରାତ୍ରି ସୁନ୍ଦରୀ　　ସ୍ନେହେ ମଜ୍ଜି ତା କୋଳେ,
ଶାନ୍ତି ଦେଉ ଜୀବଗଣଙ୍କୁ　　ଶୋଇ ନିଦ୍ରାର ଭୋଳେ।
ପ୍ରିୟଜନ ସଙ୍ଗେ କରୁ ତୁ　　ଯେବେ କଥା ବାରତା,
ସେ ବୁଝଇ ଏକା ତୋ କଥା　　ତୁହି ବୁଝୁ ତା କଥା।
ବନ୍ଧୁପାଇଁ କେତେ କଷଣ　　ଭାର କରୁ ବହନ,
ସେହି ଗୁଣ ମୋତେ ଶିଖାଇ　　ଦେବୁ ଆରେ ନୟନ।
ଯେତେ ଭଲ ଶିକ୍ଷା ତୋ ଦେହେଁ　　ଅଛି ଶିଖାଅ ମୋତେ,
ଦୀକ୍ଷା କରି ହୃଦେ ରଖିବି　　ଆଖି କହିଲି ତୋତେ।

ଯାହାହେଉ ମୋର କ୍ଷୁଦ୍ର ବୁଦ୍ଧିରେ ସରୋଜିନୀଙ୍କ ନିର୍ଦ୍ଦେଶରେ ସଙ୍ଗେ ସଙ୍ଗେ ଏ ଗୀତଟି ରଚନାରେ ଉପହାର ଦେବାରୁ ପୁରସ୍କାର ସ୍ୱରୂପ ଗୋଟିଏ ସୁବର୍ଣ୍ଣପଦକ ପାଇ ପ୍ରୀତ ହେଲି। ମୁଁ ଯେତିକି ପ୍ରୀତହେଲି, ତଦାପେକ୍ଷା ସରୋଜିନୀ ଦେବୀ ଅଧିକ ପ୍ରୀତ ହେଲେ।

ଏତଦ୍‌ବ୍ୟତୀତ କେତୋଟି ଛୋଟ ବଡ଼ କବିତା ଉପହାର ଦେଇ ତା'ର ବିନିମୟରେ ଅର୍ଥ ଉପାର୍ଜନ କରିଥିଲି। ତାଙ୍କ ନାଚଦଳ ଥିବା ପର୍ଯ୍ୟନ୍ତ ମୁଁ ଏହିପରି ବହୁକବିତା ଉପହାର ଦେଇ ପୁରସ୍କୃତ ହୋଇଥିଲି। ଆଉମଧ ନାଚଦଳ ଥିବା ପର୍ଯ୍ୟନ୍ତ ମୁଁ ଯିବା ଆସିବା କରିଥିଲି। ଆଉଦିନେ ଖାଉନ୍ଦାଣୀଙ୍କୁ ଏହି ପ୍ରେମ ସମ୍ବନ୍ଧୀୟ କବିତାଟି ଉପହାର ସ୍ୱରୂପ ଦେଲି। ତହିଁରେ ପୁରସ୍କୃତ ହୋଇ ଆପ୍ୟାୟିତ ହୋଇଛି। ପାଠକମାନଙ୍କ ଜ୍ଞାତାର୍ଥେ ନିମ୍ନରେ କବିତାଟି ଦିଆଗଲା।

। ଗୀତ।

ନାହିଁ ପ୍ରେମଠାରୁ ବଳି ଆଉ ଭଲ ଦରବ
ତା ନେତ୍ରେ ନ ଥାଏ କେବେ ଧନୀ ଗରିବ। ଘୋଷା।
ପ୍ରେମ ମାତା ସୁତରେ-　　ଅଛି କାନ୍ତା କାନ୍ତରେ,
ବିନାଡ଼ୋରେ ବାନ୍ଧିଛି (ସେ) ଖରବ ଖରବ।୧।

ପ୍ରେମ ଭାଇରେ ଭାଇ　　ପୁଣି ସାହିକି ସାହି
ଯେତେ ବାଣ୍ଟୁଥିବ (ତେତେ ବଢ଼େ) କେଭେଁ ନ ସରିବ।୨।

ପଶୁ ପକ୍ଷୀ ସକଳେ　　　ବନ୍ଧା ସେହି ଶିକଳେ,
ରଖିଦେବ ନାହିଁ କାହା ହୃଷ ଦମ୍ଭ ଗରବ ।୩।
ପ୍ରେମ ଈଶ୍ୱର ବଶ　　　ତାଙ୍କ ଦାସର ଦାସ,
ସେହି ପ୍ରେମମନ୍ତ୍ର ଜପି ବଇଷ୍ଣବ ତରିବ ।୪।

-୦-

ପ୍ରଥମ ଗଡ଼ଜାତ ଭ୍ରମଣ

ପାଠକେ ! ପୂର୍ବରୁ କହିଥିବା ମୋର ବାତପୁଟରୋଗ ଦିନୁଦିନ ଚନ୍ଦ୍ରକଳା ପରି ପରିବର୍ଦ୍ଧିତ ହେଉଥାଏ। ସେ ଅବସ୍ଥାରେ ମଧ୍ୟ ଗଡ଼ଜାତ ଭ୍ରମଣର ପାଳି ପଡ଼ିଲା।

ପ୍ରଥମତଃ ଗଡ଼ଜାତ ଭ୍ରମଣରେ ନୟାଗଡ଼ ରାଜା ସାହେବ ନାରାୟଣଚନ୍ଦ୍ର ମାନଧାତା ଓଡ଼ଗ୍ରାମସ୍ଥ ରଘୁନାଥଜିଉଙ୍କ ଠାରେ ରାମନବମୀରେ ନାଚ କରିବାପାଇଁ ଲୋକ ପଠାଇବାରୁ ମୋର ନିଜ ଆନନ୍ଦପୁର ଦଳ ନେଇ ସେଠାକୁ ଯାଇଥିଲି। ଯିବାବେଳେ ବାଟରେ ଯାହା ଘଟିଲା ପାଠକେ ତାହା ଶୁଣିବେ କି ?

ଜଟଣୀ ଷ୍ଟେସନ୍‌ରେ ସଦଳେ ପହଞ୍ଚିଲାବେଳେ ନୟାଗଡ଼ ଯିବାପାଇଁ ମଟର କିମ୍ବା ଯାନ ବାହାନର ସୁବିଧା ନଥିଲା। ଆସିଥିବା ବ୍ୟକ୍ତିଟି ଆମ୍ଭ ଦଳର କୌଣସି ସୁବିଧା କଲାନାହିଁ। ତେଣୁ, ପଦବ୍ରଜରେ ଖୋର୍ଦ୍ଧା, ବାଘମାରି, ଅତିକ୍ରମ କରି ପିଚୁକୁଳି ମହାଦେବଙ୍କ ମଣ୍ଡପରେ ରାତ୍ରିଟି କଟାଇବା ସକାଶେ ରହିଲୁ। ସେ ସ୍ଥାନରେ ୨/୩ଖଣ୍ଡି ବଳଦଗାଡ଼ି ଥିଲା। ମାଲବୋଝେଇ ବଳଦଗାଡ଼ିରୁ ଚୋରମାନେ ଜିନିଷପତ୍ର ଚୋରି କରିଲା ବେଳେ ଗାଡ଼ିବାଲା ଜାଣିପାରି ରୋଷେଇ ହାଣ୍ଡିତକ ଫୋପାଡ଼ିବାରେ ଶବ୍ଦ ଶୁଣି ଚୋର ବୋଲି ଜାଣିଲୁ। ନାଚଦଳ ସହ ମୁଁ ଜାଗ୍ରତ ରହିଲୁ। ରାତି ପାହିବାରୁ ରାସ୍ତା ଚାଲିଲୁ। ବୋଲଗଡ଼ ରାସ୍ତାରେ ରାଜାସାହେବଙ୍କ ସହ ସାକ୍ଷାତ ହୋଇ ପରିଚିତ ହେଲାପରେ ରାଜାଙ୍କ ଠାରୁ ଗତ ରାତ୍ରର କାହାଣୀ ପଦ୍ୟାକାରରେ କହି କିଛି ପୁରସ୍କାର ପାଇଲୁ, ଏବଂ ସେଠାରେ ରୋଷେଇ ଖାଇ ଗଡ଼ରେ ଯାଇଁ ପହଞ୍ଚିଲୁ। ସେଠାକାର ସୁପରଭାଇଜର ତାଙ୍କ ନିଜ ବସାରେ ସ୍ଥାନ ଦେଲେ। ରାତ୍ରରେ ବଜାର ଇତ୍ୟାଦି ବୁଲି ଦେଖିଲୁ। ସକାଳୁ ଓଡ଼ଗ୍ରାମାଭିମୁଖେ ଯାତ୍ରାକଲୁଁ। ପିଲାମାନେ ପହଞ୍ଚି ଦିଅଁ ଦରଶନକୁ ବାହାରି ଗଲେ। କିନ୍ତୁ ମୁଁ ଦର୍ଶନ ପାଇଁ ଗଲିନାହିଁ। ତୃତୀୟ ରାତ୍ରରେ ବଡ଼ପଣ୍ଡାଙ୍କୁ ସ୍ୱପ୍ନହେଲା ସେ ଗୁରୁ ମୋ ଦର୍ଶନକୁ କାହିଁକି ଆସିନାହିଁ ? ଆସନ୍ତା ସନ୍ଧ୍ୟାକୁ ମୋର ରଘୁନାଥବେଶ ଦେଖି ତା'ରି ଉପଲକ୍ଷେ ଏକ ଗୀତ ରଚନା କରି ମୋତେ ଶୁଣାଇବ। ବଡ଼ପଣ୍ଡା ସକାଳେ ମୋତେ କହିବାରୁ ମୁଁ ଗୋଟିଏ ସ୍ତବ କରି ପିଲାଙ୍କୁ ଶିଖାଇଲି।

ସନ୍ଧ୍ୟାକୁ ସମସ୍ତେ ବେଶ ଦେଖିବାକୁ ଯାଇଁ ସେଠାରେ ମୋ ରଚିତ ଗୀତଟି ମଧ୍ୟ ପାଠ କରାଗଲା ।

ତାହା ଏହି-

ଜୟ ରଘୁନାଥ ଆରତି ତୁରିତେ କର ନାଶନ ।
ପୂରିତ ସରିତେ ନିରତେ ଡାକୁଛି ମୁଁ ଦୀନ ହୀନ କେସନ ।
ଆସ ଧର ଧର,- କାହିଁକି ଦଣ୍ଡ କୋଦଣ୍ଡ କର ।୧ ।
ବହୁତ କଷଣ ସହିଣ ପାଷାଣ ହୋଇଣ ଅହଲ୍ୟା ଥିଲା ବନେ ।
ଶୋଷଣ କରିଛ ତା' ଦୁଃଖ ସାଗର ଲେଶମାତ୍ର ପାଦ ମାରି ଦିନେ ।
ହେଲା ନାରୀ ରୂପ, - ତରିଗଲା ଗଉତମ ଶାପ ।୨ ।
ଜନକ ଜେମା ଉଦ୍ଧାରଣେ କନକ ଲଙ୍କାପୁର କଲ ଛାରଖାର ।
ଅନେକ ଅନେକ ଦନୁଜ ବିନାଶି ବିଭୀଷଣେ ଦେଲ ରାଜ୍ୟଭାର ।
ମାରି ଦଶକନ୍ଧ,- ତାରିଥିଲ ପରା ଦେବବୃନ୍ଦ ।୩ ।
ନିଶାଦରମଣୀ ବିଷାଦକାଳରେ କିସାଦ ତୋପାଶେ ଦେଲା ନେଇ ।
ଆସ୍ୱାଦନ କଲ ସେ ରସାଳ ଫଳ ନୀଚ ବୋଲି ତିଳେ ଘୃଣା ନାହିଁ ।
ତହୁଁ ମୁଁ କି ହୀନ, - ସେ ହେତୁ ନ ଶୁଣ ନିବେଦନ ।୪ ।
ବହୁ ଆଶାକରି ଆସିଛି ପଞ୍ଚାଶ-କ୍ରୋଶ ପଥ କରି ଅତିକ୍ରମ ।
ଏ ଗୁପ୍ତ ଅଯୋଧ୍ୟା ଲୁପ୍ତ କରି ଲୋକେ ପ୍ରଚାର କରୁଛ ଓଡ଼ଗ୍ରାମ ।
ଭକ୍ତେ ଭୁଲାଇବୁ, - ବଇଷ୍ଣବ ବୋଲେ ଜାଣେ ସବୁ ।୫ ।

ଗୀତଟି ରଘୁନାଥଜିଉଙ୍କ ପାଖରେ ବୋଲିବା ପରେ ସୀତାଦେବୀଙ୍କ ମସ୍ତକରୁ ପାଟଶାଢ଼ୀ ଓ ଫୁଲ ଖସିପଡ଼ିଲା । ଏ ବିଷୟଟି ବଡ଼ପଣ୍ଡା ଓ ସେବକେ ଉଭୟେ ସୁପରଭାଇଜରଙ୍କୁ ଜଣାଇଲେ । ସେ ତତ୍‌କ୍ଷଣାତ୍ ଆଦେଶ ଦେଲେ ଫୁଲଧଣ୍ଡା ଓ ଶାଢ଼ୀକୁ ପାଲଟାଇ ପାଣୀକୁ ଦିଅ, ଠାକୁରାଣୀ ତାଙ୍କ ପ୍ରତି ସନ୍ତୁଷ୍ଟ । ଆମେ ଶାଢ଼ୀ ଓ ଧଣ୍ଡା ପାଇ ବସାକୁ ଖୁସିରେ ଫେରିଲୁ । ରାତ୍ରରେ ଯାତ୍ରାରମ୍ଭ ହେଲା, ପରଦିନ ସନ୍ଧ୍ୟାବେଳେ ନୟାଗଡ଼, ରଣପୁର ସୀମାନ୍ତରେ ଥିବା ଲଡୁବାବା ଠାକୁରଙ୍କ ପାଖୁର ନୀଳ ନାମକ ରୂପଜୀବୀ ମୋତେ ଦେଖାକରିବା ଉଦ୍ଦେଶ୍ୟରେ ପହଞ୍ଚିଲା । ବହୁପୂର୍ବରୁ ନୀଳନାମ୍ନୀ ବାରାଙ୍ଗନା ଓଡ଼ଗ୍ରାମ ଆସିବାକୁ ସୁପରଭାଇଜରଙ୍କ ନିଷେଧ ଆଦେଶ ଥିଲା । ସେ ଦିନ ସନ୍ଧ୍ୟାବେଳେ ମୁଁ ସୁପରଭାଇଜରଙ୍କ ସଙ୍ଗେ ବାକ୍ୟାଳାପ ହେଲାବେଳେ କୌଣସି ଅପରିଚିତ ବ୍ୟକ୍ତି ମୋତେ କହିଲା, କେହି ଜଣେ ସ୍ତ୍ରୀଲୋକ ସାକ୍ଷାତ୍ କରିବାପାଇଁ ଆପଣଙ୍କ ନିକଟ ଆସିଛି । ମୁଁ ହଠାତ୍ ଆଶ୍ଚର୍ଯ୍ୟ ହୋଇ କିଛିକ୍ଷଣ ଚିନ୍ତା କରିବା ପରେ

ସୁପରଭାଇଜରଙ୍କ ଠାରୁ ବିଦାୟ ନେଇ ତରତରେ ଫେରିଆସି ଦର୍ଶନ ଇଚ୍ଛୁକି ସ୍ତ୍ରୀ ନିକଟରେ ପହଞ୍ଚି ପର୍ଯ୍ୟବେକ୍ଷଣ କଲି। ସେ ମୋତେ ଦେଖି ସାଷ୍ଟାଙ୍ଗ ପ୍ରଣିପାତ ହେଲା ମାତ୍ରେ ମୁଁ ତା'ର ଦୁଇଭୁଜକୁ ତୋଳି ଧରିଲି। ତାର ସଙ୍ଗେ ବାକ୍ୟାଳାପ ଛଳରେ ବୁଝିଲି ଯେ, ଓଡ଼ଗ୍ରାମରେ ତାର ସ୍ଥାନ ନାହିଁ। କିନ୍ତୁ ସେ ମୋ ପାଖରେ ଆଶ୍ରୟ ନେବାପାଇଁ ପ୍ରାର୍ଥୀନୀ ହେଲା। ମୁଁ ତାକୁ ମୋର ନିଜ ବସାକୁ ନ ନେଇ ସୁପରଭାଇଜରଙ୍କ ଠାରୁ ଚାବିକାଠି ଆଣି ବଜାରର ଏକ କୋଠରୀ ଖୋଲି ଛାଡ଼ିଦେବା ପାଇଁ ଗଲି। ସୁପରଭାଇଜର ମୋ ଠାରୁ ନୀଳ ବିଷୟ ଜାଣି କଥାଛଳରେ ମୋତେ ବହୁ ଉପହାସ କଲେ। ଯାହାହେଉ, ଚାବିକାଠି ଆଣି ବଜାରରେ ଏକ କୋଠରୀ ଖୋଲି ତା'ର ରହିବାର ସୁବନ୍ଦୋବସ୍ତ କରିଦେଲି।

ସୁବିଜ୍ଞ ଶ୍ରୋତାକୁଳ !

ନୀଳନାମ୍ନୀ ବାରାଙ୍ଗନାକୁ ଓଡ଼ଗ୍ରାମ ନିଷେଧ ଥିବାର କାରଣ ଯେ, ପୂର୍ବରୁ ସେ ନୃତ୍ୟ ଗୀତ ଦେଖାଇ ଅନେକ ଧନ ଲୁଟି କରି ଚାଲିଯିବା ଦ୍ୱାରା ଷ୍ଟେଟ୍ ତରଫରୁ ସୁପରଭାଇଜର ନୀଳକୁ ଆସିବାକୁ ବାରଣ କରିଥିଲେ ତେଣୁ ନୀଳ ଆସୁନଥିଲା। ଏତିକି ନୁହେଁ– ବଜାରସ୍ଥ କେତେକ ସମ୍ଭ୍ରାନ୍ତବଂଶୀୟ ବ୍ୟକ୍ତିଙ୍କୁ ନୀଳ ସର୍ବସ୍ୱାନ୍ତ କରିଥିଲା। ଏଥିପାଇଁ ଷ୍ଟେଟ୍ ତରଫରୁ ନୀଳକୁ ଏହି ଦଣ୍ଡାଦେଶ ହୋଇଥିଲା।

ଉର୍ବଶୀ ଓ ନୀଳବାରାଙ୍ଗନା ସହ ପରିଚିତ

ଆମ୍ଭର ନାଚ ସେ ଦିନ ସନ୍ଧ୍ୟାରେ ଆରମ୍ଭ ହେଲା। ନୀଳ ମଧ୍ୟ ସମାଜରେ ମୋ ନିକଟରେ ବସି ବେହେଲା ଯନ୍ତ୍ର ବଜାଇଲା। ସେ ମୋ ସଙ୍ଗେ ଏପରି ଭାବେ ମିଶିଲା, ଉଭୟେ ଏକପ୍ରାଣ ଭଳି ବିଚାର କଲୁ। ଦିନରେ ତାର ବସାକୁ ଗଲେ ସେ ମୋର ପଦସେବାଦି କରେ। ଉଭୟେ ସାଥୀହୋଇ ସ୍ନାନ, ଭୋଜନାଦି କାର୍ଯ୍ୟ କରୁ। ଏହିପରି ୧୭/୧୮ ଦିନ କାଳ ତା ସଙ୍ଗେ କଟାଇଲି। ପରେ ଗଡ଼କୁ ଆସିବାବେଳେ ତାର ପରାମର୍ଶ ନେବାରେ ସେ ମୋତେ ଗଡ଼ରେ ଥିବା ତାର ସଙ୍ଗାତ ଉର୍ବଶୀନାମ୍ନୀ ବାରାଙ୍ଗନା ଥିବାର ଜଣାଇଲା। ଆଉମଧ୍ୟ ଅନେକ କାନ୍ଦି ରଘୁନାଥଜୀଉଙ୍କ ତୁଳସୀ ଛୁଆଇଁ "ଭୁଲିବ ନାହିଁ" ଏତିକି କହି ଶପଥ କରାଇଲା। ମୁଁ ମଧ୍ୟ ତାର ଶପଥକୁ ଗ୍ରହଣ କଲି। ପରେ ଗଡ଼କୁ ଆସି ଉର୍ବଶୀର ସନ୍ଧାନ ନେଇ ପରିଚିତ ହେଲି। ନୀଳ ଅପେକ୍ଷା ଉର୍ବଶୀ ମୋତେ ଅଧିକ ସ୍ନେହରେ ବଶୀଭୂତ କଲା। ସେଠାରେ ରାଜାସାହେବଙ୍କ ସ୍ୱନକ୍ଷତ୍ର ଉପଲକ୍ଷେ ପାଞ୍ଚରାତ୍ରି ଯାତ୍ରା କଲି। ଆଉ କିଛିଦିନ ଯାତ୍ରା ହୋଇଥାନ୍ତା; କିନ୍ତୁ ଜନୈକ ଶ୍ୱେତଦ୍ୱୀପବାସୀ ପଲିଟ୍‌କାଲ ଏଜେଣ୍ଟ ଆସିବାର ଶୁଣି

ରାଜାସାହେବ ଯାତ୍ରା ବନ୍ଦ କରାଇଲେ। କିନ୍ତୁ ଶେଷଦିନ ଯାତ୍ରା ରାଜାସାହେବ ରାତିରେ ଦେଖିଲାବେଳେ ପଥ ମଧ୍ୟରେ ଦୁର୍ଦ୍ଦଶାମାନ ଦୂତଦ୍ୱାରା ଶୁଣାଇଲି।

ନୂଆଗଡ଼କୁ ଆସି ହେଲି କୁଆବୁଆ। ଘୋଷା।

ଜଟଣୀଠାରୁ ଛାଡ଼ି ଆସିଲି ରେଲଗାଡ଼ି,

ତହୁଁ ପଡ଼ିଲା ଚୁଡ଼ା ପାଣିପିଆ।୧।

ଖୋରଧା, ବାଘମାରୀ ଯହଁ ହୋଇଲି ପାରି

ରହିଲି ଯାଇ ପିଚୁକୁଳୀଗାଆଁ।୨।

ରାତ୍ରକୁ ଖାଇ ମୁଢ଼ି ସେଠାରେ ଗଲୁ ପଡ଼ି

ଚୋର ଦେଖି ଉଠିଲେ ଶଗଡ଼ିଆ।୩।

ଅଭିନା ଚପରାଶୀ ଅଟେ ଅନନ୍ତ ଦୋଷୀ

ନଦେଲା ଖଣ୍ଡେ ଗାଡ଼ି ମଲେ ଛୁଆ।୪।

ବୋଲଗଡ଼ରେ ଏକା ମହାରାଜାଙ୍କ ଦେଖା

କରି ଛୁଟିଲୁ ଆମ୍ଭେ ଖରାମୁହାଁ।୫।

ମିଳିଲୁ ଗଡ଼ଠାର ସୁପର ଭାଇଜର

ବସାରେ ହେଲା ହାତ ଗୋଡ଼ ଧୂଆ।୬।

ଦେଖିଲି ଧାଡ଼ି ଧାଡ଼ି ବସିଅଛନ୍ତି ଦାରୀ

ଅଙ୍ଗରେ ବୋଳିଣ ଅତର ଚୁଆ।୭।

ତହୁଁ ମିଳିଲି ଓଡ଼- ଗ୍ରାମେ ଦେଖିଲି ଗୋଡ଼

ତଳିପା ତଳ ହୋଇଲାଣି ଘାଆ।୮।

ସତେ ଶ୍ରୀ ରଘୁନାଥ ବଇଷ୍ଣବ ଆରତ

ଫେଡ଼ିବେ ମହାରାଜା ହେବେ ସାହା।୯।

ଏ ଗୀତରେ ରାଜାସାହେବ ରୁଷ୍ଟ ହୋଇ ମୋତେ ନେଇଥିବା ଲୋକଟିକୁ ଟ୫ଙ୍କା ଜରିମାନା ଓ ୧୫ଦିନ ସସ୍‌ପେଣ୍ଡ କରାଇଲେ। ଏଥିରେ ସେ ଚପରାଶି ଆସି ମୋ ନିକଟରେ ଆପତ୍ତି କଲା ଏବଂ କ୍ଷମାପ୍ରାର୍ଥନା ମାଗିଲା, ମୁଁ ରାଜାଙ୍କୁ କହି ତାଙ୍କୁ ଜରିମାନା ଓ ଦଣ୍ଡରୁ ବଞ୍ଚିତ କରାଇଲି। ପଲିଟ୍‌କାଲ ଏଜେଣ୍ଟଙ୍କର ଆସିବାର ସମୟ ହେଲା, ତତ୍‌ପୂର୍ବରୁ ଆମ୍ଭେମାନେ ରାଜାସାହେବଙ୍କ ଠାରୁ ବିଦାୟ ନେଲୁ। ରାଜା ଦୁଇଟି ବଳଦ ଗାଡ଼ି କରି ଜଟଣୀଷ୍ଟେସନ ପର୍ଯ୍ୟନ୍ତ ପଠାଇଲେ, ଯନ୍ତ୍ରପାତି ସହ ଦଳଟି ଗାଡ଼ିରେ ଆସିଲୁ।

ଆସିବା ସମୟରେ ଉର୍ବଶୀ ବହୁତ କନ୍ଦାକନ୍ଦି କଲା। ତାହା ପୂର୍ବରୁ ମଧ୍ୟ ଆମ୍ଭ ଆସିବା ଶୁଣି ଦୁଃଖ ଅନୁଭବ କରୁଥିଲା। ମୁଁ ତାକୁ ବହୁତ ବୁଝାଇ କଟକରେ ସାକ୍ଷାତ ହେବାର କହି ପ୍ରବୋଧ ଦେଲି। ସମସ୍ତେ ବିଦାୟ ହେଲୁ। ଉର୍ବଶୀ ଗାଁ ମୁଣ୍ଡର ଅଳ୍ପଦୂର ଆଗ ପର୍ଯ୍ୟନ୍ତ ବିଦାୟ ଦେବାକୁ ଆସି ବାଟ ଜଗି ବସିଲା। ଆମ ଗାଡ଼ି ଅଦୃଶ୍ୟ ହେବା ପର୍ଯ୍ୟନ୍ତ ନିର୍ନିମେଷ ନୟନରେ ବସିଥିବାର ଆମ୍ଭମାନଙ୍କର ଦୃଷ୍ଟିଗୋଚର ହେଉଥିଲା। ମୁଁ ମଧ୍ୟ ତାକୁ ସ୍ନେହ ଦୃଷ୍ଟିରେ ନିରୀକ୍ଷଣ କରି ଆସିଥିଲି। ଲୋକ ଛଳନାକୁ ମୁଁ ଅନ୍ୟମାନଙ୍କ ସଙ୍ଗେ କଥାବାର୍ତ୍ତା କରୁଥିଲି, କିନ୍ତୁ ଅନ୍ତର ଦୃଷ୍ଟି ବରାବର ଉର୍ବଶୀ ଉପରେ ପକାଇଥାଏ। ଯାହାହେଉ, ଷ୍ଟେସନରେ ପହଞ୍ଚିଲୁ। ଜଟଣୀଠାରୁ ଟିକଟ୍ କରି କପିଳାସ ରୋଡ଼ରେ ଓହ୍ଲାଇ ଘରକୁ ଫେରିଲୁ।

ପାଠକ ପାଠିକାଗଣ !

ଯେଉଁ ନୀଳନାମ୍ନୀ ବାରନାରୀକୁ ଓଡ଼ଗ୍ରାମ ବନ୍ଦ କରା ଯାଇଥିଲା। ଯେଉଁ ନୀଳ ମୋର ସହାୟତାରେ ଓଡ଼ଗ୍ରାମରେ ରହି ବେହେଲା ବଜାଇ ମୋର ମନ ନୟନକୁ ଆକୃଷ୍ଟ କରିପାରିଥିଲା। ଯେଉଁ ନୀଳ ନୟାଗଡ଼ ରାଜବାଟୀକୁ ଆସିଲାବେଳେ ଉର୍ବଶୀର ସଙ୍କେତ ଦେଇଥିଲା। ସେହି ନୀଳ ନିକଟରୁ ଅଳ୍ପଦିନ ମଧ୍ୟରେ ଖଣ୍ଡିଏ ପଦ୍ୟାକାରରେ ସ୍ନେହଲିପି ମୋର ହସ୍ତଗତ ହେଲା। ତନ୍ମଧ୍ୟରେ ଯାହା ଉଲ୍ଲେଖ ହୋଇଥିଲା, ତାହା ନିମ୍ନରେ ପ୍ରଦତ୍ତ ହେଲା।

(ରାଗ-ଶଙ୍କରା ଭରଣ) ତା...............

ଶରଣକୁଳ-

ପ୍ରିୟବର।

ଶ୍ରୀ ସଦାଶିବ ଗୌରୀ ଚରଣ ବନ୍ଦନ,
କରି ପତ୍ରିକା ଲେଖିଲି ଘେନିବ ଜୀବନ।
ମୋରେ ସଦୟ ହୋଇବ, କୋଟିକୋଟି ପ୍ରଣପତ୍ୟ ଗ୍ରହଣ କରିବ।୧।
ପ୍ରଭୋ। ମନୋଜସୁନ୍ଦର କୁଳ ପ୍ରତିଷ୍ଠିତ,
ଅଙ୍କ ବର୍ଜିତ ମୃଗାଙ୍କ ପ୍ରାୟ କୀର୍ତ୍ତି ଖ୍ୟାତ।
ମନ ନେତ୍ର ସ୍ଥିତ କାରା, କପଟପ୍ରଣୟ ରାତି ପଡ଼ିଗଲା ଧରା।୨।
ସୁମନସ କଦମ୍ବ ପଦକ ସାର ହୀର;
ଧୀରା କାମିନୀ କୈରବ ବନ କଳାକର।
ସର୍ବ ଗୁଣ ଅକୁପାର; ନାଗରୀ ପ୍ରୀତି ସାଗର ମନ୍ଥନେ ମନ୍ଦର।୩।
ତବ ପଦ ନଖ କାନ୍ତି ସମ ଗେହେ ଚାପି,

ସାକ୍ଷାତରେ ବଶୀଭୂତ ଯା ଠାରେ ଉର୍ବଶୀ।
ମୁଁ ତାହା କେଉଁଗୁଣେ ସମ, ମୋରଠାରୁ ଶ୍ରେଷ୍ଠପ୍ରିୟା ତୁମ୍ଭର ଅସୀମ।୪।
ବେଶ ଅବକାଶରେ ମୁକୁର ଦେଖାଇଛି,
ସନ୍ତତେ ଶ୍ରୀଅଙ୍ଗେ ଚେଳ ପରାୟେ ଜଡ଼ିଛି।
ଚାପେ ଚରଣଯୁଗଳ, ଭସ୍ମହୀନ ବିମ୍ବାଧରେ ଯୋଗାଏ ତାମ୍ବୁଳ।୫।
ଅବଗାହନ ଗତି ମାର୍ଗକୁ ଅନୁସରି,
କାହାକୁ ଡାକିବି ନାଥ କଉତୁକ କରି।
ନାଗବଲ୍ଲି ଭୁଞ୍ଜାଇବ, ଅବନୀରେ ଥିଲେ ତୋଳି ଅଙ୍କେ ବସାଇବ।୬।
କାହା ସଙ୍ଗେ ବିହାର କରିବି ରାଜଦାଣ୍ଡେ,
ଅନୁଗ୍ରହ କରି କେ ମଣ୍ଡିବ ଚୁମ୍ବଗଣ୍ଡେ।
କେହୁ କାଖକରି ନେବ, ବନ୍ଧୁ ତୋ ପୟରେ ଜଳ ଜମ୍ବାଳ ଲାଗିବ।୭।
ମଧ୍ୟାହ୍ନ ସମୟେ ବିଦା ହୋଇବା କାଳରେ,
ଶପଥ କରାଇ ଥିଲା ତୁଳସୀ ଦଳରେ।
ଆହେ ରସିକ ଭ୍ରମର, ପକ୍ୱ ସହକାର ପରି ହୃଦୟ ତୁମ୍ଭର।୮।
ଗତକଥା ସତେ ଭବିଷ୍ୟତରେ ଫଳିବ,
ଥରେ ଜୀବଧନ ସୌମ୍ୟ ଗମନ କରିବ।
ମୋରେ ଅନୁକମ୍ପା ଥିବ, ତବ ସଖାମାନଙ୍କୁ ମୋ ସଙ୍ଖୁଳା କହିବ।୯।
ଅଧିକ କିସ ଲେଖିବି ଦୋଷ କ୍ଷମାକର,
ଶିବ ଗୋମୟ ବିଭୂତି ପରାଏ ଆଦର।
ତୁମ୍ଭ ପ୍ରୀତି ଗିରିପରି, ଅଭାଗିନୀ ମତି ସୂଚୀ ଭେଦିବ କିପରି।୧୦।
ଏହି କ୍ଷୁଦ୍ର ପତ୍ରରେ କି ଲେଖିବି ପ୍ରାଣେଶ,
ମାଫ କର ଅନୁଚରୀ ଜଣାଇବା ଦୋଷ।
ମୁଁ ଚାତକୀ ତୁମ୍ଭେ ଘନ, ରସପତ୍ରିକା ପଦ୍ମନେ ତୃପ୍ତହେବ ମନ।୧୨।

ତୁମ୍ଭର,- ଶୁଭାକାଂକ୍ଷୀ
ନୀଳମଣି ଗୁଣୀ

ପାଠକେ, ଏହି ପ୍ରେମଲିପି ପାଠକରି ମୋ ହୃଦୟ ଉଦ୍‌ଗଳିତ ହେଲା, ମୁଁ ମୋଠାରେ ଅଛି କି ନାହିଁ ଜାଣିପାରିଲି ନାହିଁ। କିଛିକ୍ଷଣ ମୁନୀଭୂତିକୁ ଧାରଣ କଲି; ତତ୍‌ପରେ ଏହାର ପ୍ରତିପତ୍ର ଲେଖିବାକୁ ଉଦ୍‌ବିଗ୍ନ ହେଲି। ତା'ର 'ଶଙ୍କରାଭରଣ'ର ପ୍ରତି ଉତ୍ତର 'ଚିନ୍ତାଭୈରବ' ନାମକ ରାଗିଣୀ ଦେବାକୁ ସ୍ଥିର କରି କେତେ ପଦ ପଦ୍ୟ ରଚନା

କରିବାରେ ଲିପ୍ତ ହେଲି। ଯଦିଓ ସମସ୍ତ ପଦ ମୋର ସ୍ମରଣ ନାହିଁ, ତଥାପି କେତେକ ପଦ ଏଠାରେ ଦିଆଗଲା।

(ରାଗ-ଚିନ୍ତାଭୈରବ)

। ମୁଁ । କୋଠପଦା

ପ୍ରିୟେ !

ଚିତ୍ତେ ସୁମରି ଜାନକୀ-ପତି, ଅଘନାଶନ ଅଗତିଗତି,
ଦଶଶିରକୁଳ କଲେ ଯେ ନିର୍ମୂଳ,
ଆଜି ଘୋଷୁଛି ଯା କୀର୍ତ୍ତି କ୍ଷିତିରେ। ରେ ବରାଙ୍ଗି।୧।
ଗତକଥାକୁ ଭାବିଲେ ମନେ, ଚିନ୍ତା ପୋଡ଼ଇ ଚିତା ସମାନେ,
ଚିଟାଉ ଲେଖିବି ଆଶା ପୋଷିଅଛି,
ବୁଦ୍ଧି ନ ଦିଶେ ଦେହ କମ୍ପନେ। ରେ ବରାଙ୍ଗି।୨।
ଅରସିକ ମୁଁ ନୁହେଁ ନବୀନା, ଥରେ ଚିତ୍ତରେ କରତୁ ଘେନା,
ଲକ୍ଷ ଲକ୍ଷ ନାରୀ ଦେଖେ ନିତି ନିତି,
କାହିଁ ତୋ ଶୋଭା ସଙ୍ଗେ ତୁଳନା। ରେ ବରାଙ୍ଗି।୩।
ସୁର ସଭାରେ ରମ୍ଭା ଉର୍ବଶୀ ମେନକାଦି ଥାନ୍ତି ସେ ରୂପସୀ,
ସୁନାଶିର ମନ କାହିଁରେ ନ ଟଳେ,
ଏକା ଶଚୀରେ ଥାଏଟି ରସି। ରେ ବରାଙ୍ଗି।୪।
ଯଥା ପ୍ରସୂତା ଗାଭୀ ଅନ୍ତରେ, ମୁଖେ ଚଣକ ଚର୍ବଣ କରେ,
ବସ୍ତଉରୀ ପ୍ରତି ରଖିଥାଏ ଦୃଷ୍ଟି,
ମୋର ଭାବନା ସେହି ରୂପରେ। ରେ ବରାଙ୍ଗି।୫।

ଏତିକି ମାତ୍ର ମୋର ମନେ ପଡ଼ିଲା, ତହୁଁ ପ୍ରବୃତ୍ତକୁ ନିବୃତ୍ତ କରି କୁଆଁପାଳ ଡାକଘରେ ପତ୍ର ଖଣ୍ଡିକ ପକାଇଲି।

(ରୋଗ ଯନ୍ତ୍ରଣା)

ମୁଁ ପୂର୍ବରୁ କହି ଆସିଛି ଚନ୍ଦ୍ରକଳା ପରି ବଢୁଥିବା ବାତଫୁଟ ବ୍ୟାଧି ମୋତେ କ୍ରମଶଃ ଅଶକ୍ତ କରି ପକାଇଲା। ମୋର ଚରଣ ଶକ୍ତ ରହିଲା ନାହିଁ। ଘର ବାଡ଼ିରେ ଖାତ କରି ପ୍ରକୃତି ତ୍ୟାଗ କରିବାକୁ ପଡ଼ିଲା। ଉପାୟାନ୍ତରେ ହୋଇ ଔଷଧାଦି ବ୍ୟବହାରରେ କୌଣସି ଭଲଫଳ ପାଇଲି ନାହିଁ। ଭୃଗୁସଂହିତା, ତୁଳାଭିଣା ନାମକ

ଗ୍ରନ୍ଥଦ୍ୱୟରୁ ରୋଗ ଭୋଗିବାର କାରଣ ପ୍ରାପ୍ତ ହେଲି । ତନ୍ମଧ୍ୟରେ ଲେଖାଥିଲା ମୁଁ ପୂର୍ବ ଜନ୍ମରେ ସୈନ୍ୟଦଳର ସେନାପତି ଥିଲି । ଫୌଜ ଚଳାଇବା ବେଳେ ଜନୈକ ସାଧୁ ପଥ ମଧ୍ୟରେ ଧ୍ୟାନରତ ଥିଲେ । ମୁଁ ତାଙ୍କୁ ଦେଖି ରାସ୍ତାଛାଡ଼ି ଦେବାପାଇଁ ଆଦେଶ ଦେଲି । ସେ ରାସ୍ତା ଉପରୁ ତିଳେମାତ୍ର ନହଟିବାରୁ ମୁଁ ଚର୍ମପାଦୁକା ଯୁକ୍ତ ବାମପାଦରେ ନିଷ୍ଠୁର ପାଦ ପ୍ରହାର କରିଥିବାରୁ ଉକ୍ତ ବ୍ୟାଧି ଏ ଜନ୍ମରେ ମୋତେ ଘାଇଲା । ତା'ପରେ ଅନ୍ୟ କୌଣସି ଦେବଦେବୀଙ୍କୁ ଆରାଧନା ନ କରି କେବଳ ମାତ୍ର ନୀଳାଦ୍ରିନାଥଙ୍କଠାରେ ମନୋନିବେଶ କରି କିଛିଦିନ କଟାଇଲି । ସେ ମୋ ଭଳି ଗରିବର ଡାକ ଶୁଣିଲେନାହିଁ । ମୁଁ ମଧ୍ୟ ଡାକିବାର ନିବୃତ୍ତ କରିଲି ନାହିଁ । କାୟମନୋବାକ୍ୟରେ ମୁଁ ବରାବର ପ୍ରାର୍ଥନା କଲି । ଶେଷରେ ମୋ ଡାକ ନ ଶୁଣିବାରୁ 'ଜଗନ୍ନାଥ ଜଣାଣ' ପୁସ୍ତକଖଣ୍ଡେ ଚରନା କଲି, ତଥାପି ସେ ଡାକ ଶୁଣିଲେ ନାହିଁ । ଏଣେ ରୋଗ ବୃଦ୍ଧି ହେବାକୁ ଲାଗିଲା ଓ ବଡ଼ ଯନ୍ତ୍ରଣା ଦେଲା । ଯନ୍ତ୍ରଣା ହେଲା ସମୟରେ କଷ୍ଟ ସହ୍ୟ କରିନପାରି ନୀଳାଦ୍ରିବିହାରୀଙ୍କୁ ଗାଳି ଦେବାରେ ତ୍ରୁଟି କଲିନାହିଁ । ଯାହା ଗାଳିଦେଲି ତାହା ଜଣାଣ ଅର୍ନ୍ତଭୁକ୍ତ ତନ୍ମଧ୍ୟରୁ ଗୋଟିଏ, ଦୁଇଟି ନିମ୍ନରେ ଜଣାଣ ଜଣାଇଲି । ମୋର ଉତ୍କଳୀୟ ଭାଇମାନଙ୍କ ନିଶ୍ଚୟ ଦୃଷ୍ଟିଗୋଚର ହୋଇଥିବ । ଉକ୍ତ ବହିଟି ୧୦ହଜାର ପର୍ଯ୍ୟନ୍ତ ବିକ୍ରୟ ହୋଇଅଛି ।

ଛାଡ଼ ମାଡ଼ଖିଆ ବୁଦ୍ଧି ହେ, ବଡ଼ ଦେଉଳ ବଡ଼ଗୋସାଇଁ ।
ଯେ ମାଇଲା ମାଡ଼ ସେ ହୋଇଲା ବଡ଼ ବାଡ଼ ହେଲୁ ତାକୁ ତୁହି ।।
ମାଡ଼ ଦେଲା ଗୋପେ ଗଉଡୁଣୀ ରାଧା ତା ଗୋଡ଼ ଧଇଲୁ ଯାଇଁ ।
ନନ୍ଦରାଟ ଛାଟ, ଆଣ୍ଠେ ପିଟିବାରୁ ନେଲୁ ବଇକୁଣ୍ଠ ଭୂଇଁ ।୨ ।
ଉଗ୍ରପଣେ ଉଗ୍ରସେନ ଓଗାଳିଲା ଲଉଡ଼ ପଥେ ଉଞ୍ଚାଇ ।
ତାର ଶିରେ ପାଟ ବାନ୍ଧି ନନ୍ଦରାଟ କରିଲୁ ମଥୁରାସାଇଁ ।୩ ।
କାମୁଡ଼ିଲା କାଳୀ କାଳନ୍ଦୀହ୍ରଦରେ କମଳ ତୋଳନ୍ତେ ତହିଁ ।
କଠାଉର ଚିହ୍ନ ତା'ଶିରେ ମୋହନ କାଳେ କାଳେ ଅଛୁ ଦେଇ ।୪ ।
ମାଡୁଆମୋହନ ମାଡ଼ ବିନୁ ଆନ, ଗତି ତୋ କପାଳେ ନାହିଁ ।
ବଇଷ୍ଣବ ଭକ୍ତି କଡ଼ିଆ ଧରିଛି, କରେ ଲଗାଇବା ପାଇଁ ।୫ ।

ପୁଣି ମଧ୍ୟ ଭୂତ ବୋଲି ଆଉ ଥରେ ଗାଳି ଦେଲି ।

ପୀତପଟ ଅଟ ଭୂତ ହେ, ରାଧାନାଥ, ଏବେ ଜାଣିଲି ମୁଁ । ଘୋଷା ।
ରାଗ ନ ବହିବ ହରି   ଆଗରେ ଅଛୁ ତୁମ୍ଭରି

ଭୂତ ତୁଲେ ସମ କରି ନ ପାରିଲେ ବଂଶୀଧାରୀ
ଦଣ୍ଡ ଦେବ ଦୋଷୀକୁ ଉଚିତ ହେ।୧।
ଚୋର ହୋଇ ତରୁଡ଼ାଳେ ତୁମ୍ଭେ ତ ତରୁଣ କାଳେ
ଲାଗିଲ ରାଧାଙ୍କୁ ବଳେ ଜଳ ଆଣୁ ସଖିମେଳେ
ନିପମୂଳେ ହୋଇ ବିରାଜିତ।୨।
ଭୂତ ଭୂତଗଣେ ବସ ତୁମ୍ଭେ ପଞ୍ଚଭୂତେ ବଶ
ସେତ ଶବରେ ସନ୍ତୋଷ ତୁମ୍ଭେ ସବରେ ସନ୍ତୋଷ
ସେ କାଳିଆ ତୁମ୍ଭେ କଳାକୁତ ହେ।୩।
ହାତ ଗୋଡ଼ ଲମ୍ବ ଲମ୍ବ ଭୂତର ଶୁଣିଛି ଦେବ
ବଳିଦ୍ୱାର କଥା ଭାବ ନ ରହିଲା ତିଳେ ଠାବ
ପାଦବଢ଼ି ଘୋଟିଲା ଜଗତ ହେ।୪।
ଭୂତ ଚିତ୍ତେ ଦୟା ଚିହ୍ନ, ନ ଥାଏ ଶୁଣିଛି କାନ
ତୁମ୍ଭେ ସେହିପରି ଘେନ, ବିନାଶୁଛ ପ୍ରତିଦିନ
କୋଟି କୋଟି ପ୍ରାଣୀ ଅବିରତ ହେ।୫।
ଭୂତ ହୃଦେ ଦୟାମାୟା ନଜାଣେ ଜାଣିଛି ଏହା
ନୋହିଲେ ଭୃତ୍ୟେ ନିର୍ଦ୍ଦୟା ନ ବହନ୍ତ ତେଜି ଦୟା
ବଇଷ୍ଣବେ ଦେଇ ଜ୍ଞାନତତ୍ତ୍ୱ ହେ।୬।

ପରିଶେଷରେ ଦିନେ ବିରକ୍ତ ସହକାରେ ଭାବିଲି ଜଗତରେ କିଛିମାତ୍ର ନାହିଁ। କେବଳ ବିଶ୍ୱ ବିଧାତାଙ୍କର ଖେଳ। ଏହା ଭାବି ସେ ସମ୍ବନ୍ଧେ ଗୋଟିଏ କବିତା ରଚନା କଲି।

ଚକ୍ରଧର ହେ, ତୋର କିଛି ଠିକଣା ନାହିଁ
ଖଣାରେ ପକାଇ ବଣା କରିଅଛୁ କଣାପରି ଜୀବ ମରୁଛି ଧାଇଁ।
ମିଛ ଟଣାଟଣି ଲଗାଇଦେଇଛୁ କେ କାହା ଭଉଣୀ କେକାହା ଭାଇ।
କେକାହାର ଶଳା କେ କାହା ମଉଳା କେ କାହାରଝିଅ କେକାହା ଜୋଇଁ
ଗୋଟା ଦାଉଣୀରେ ଯୋଚିଣ ଏହାଙ୍କୁ ମରୁଚୁ ମଝିରେ କହୁଣୀ ଖାଇ।
ଏକା ଗଉଣିକେ ଦିନେ ପୁରାଇବୁ ଚିହ୍ନି ନପାରିବ ଅଜାକୁ ଆଇ।
ମିଛ କିଣାବିକା ତୋହର ଜୀବିକା ମିଛ ହଣାହଣି ଦେଖୁଛୁ ରହି।
ଘଣାପରି ରାତ୍ର ଦିବସ ଚାଲିଛି ଅଟୁ ମିଛୁଆଙ୍କ ଗୁରୁ ଗୋସାଇଁ।
ତୋବିନା ଏଦେହ କି କରିବି କହ ଘୋଷାରୁ ଗଳାରେ ପଘା ଲଗାଇ,
ବେନିବର୍ଣ୍ଣ ସତ ଥୋଇଛୁଜଗତ ବଇବୋଲେ ତୋତେ ଜିଣିଛି ସେହି।

ଏତେବେଳେ ଉକ୍ତ ବାତଫୁଟୁ ରୋଗ ଏତେ ପ୍ରବଳ ହେଲା ଯେ ମୋର ଚଳାଚଳରେ ଅଚଳ ହେଲା। କେବଳ ଆନନ୍ଦପୁର ଯାତ୍ରା ଦଳର ବିଶିଷ୍ଟ ଅଭିନେତା ଯୋଗିମିଶ୍ର ନାମକ ଜନୈକ ଛାତ୍ର ନିର୍ବିକାରରେ ଉକ୍ତ କ୍ଷତ ସ୍ଥାନର ପୂତି ଗନ୍ଧମୟ ପୂଜ ରକ୍ତାଦିକୁ ସ୍ୱହସ୍ତରେ ପରିଷ୍କାର କରି ଔଷଧାଦି ଲେପ କାର୍ଯ୍ୟରୁ ତିଳେ ମାତ୍ର ବିରତ ନଥିଲେ। ଏତଦ୍‌ଭିନ୍ନ ଅନ୍ୟ କୌଣସି ଛାତ୍ର ଏପରି ଜଘନ୍ୟ କାର୍ଯ୍ୟ କରିବାକୁ ଇଚ୍ଛୁକ ନଥିଲେ। ବରଂ ଗୁରୁସେବାରେ ବ୍ରତୀ ଥିବା ଛାତ୍ରଟିକୁ ଏ ପ୍ରକାର ଜଘନ୍ୟ କାର୍ଯ୍ୟରୁ ନିବୃତ୍ତ ହେବାପାଇଁ ପରାମର୍ଶ ଦେଇଥିଲେ। କିନ୍ତୁ ଗୁରୁସେବା ରତ ଛାତ୍ରଟି କାହାରି ବାକ୍ୟ ତିଳେ ସୁଦ୍ଧା ଭ୍ରୂକ୍ଷେପ ନକରି କର୍ତ୍ତବ୍ୟ କାର୍ଯ୍ୟରେ ଆସକ୍ତ ଥାଇ ମୋର ସେବା, ଶୁଶ୍ରୁଷା ଯଥେଷ୍ଟ କରିଅଛନ୍ତି ଯାହାକି ଜୀବନରେ ଭୁଲି ପାରିବି ନାହିଁ, କିନ୍ତୁ ଅନ୍ୟପକ୍ଷେ ଏହା ଅସମ୍ଭବ।

ଏହିପରି ରୋଗ ଶଯ୍ୟାରେ କେତେଗୋଟି କବିତା ରଚନାକରି ଜଗନ୍ନାଥ ଜଣାଣ ନାମକ ବହି ଖଣ୍ଡେ ଲେଖି ଛପାଇବା ପାଇଁ ମୋର ସର୍ବପ୍ରଥମ ବହି ଏଜେଣ୍ଟ ବାଲୁବଜାର ବିନୋଦବିହାରୀ ନିକଟସ୍ଥ ଗୋବିନ୍ଦ ସାହୁଙ୍କ ନିକଟ ଅଚଳ ଅବସ୍ଥାରେ ପଠାଇଲି। ସେ ବହି ଖଣ୍ଡି ପାଇବା ସଙ୍ଗେ ସଙ୍ଗେ ବିଂଶଗୋଟିମୁଦ୍ରା ମୋ ନାମରେ ପଠାଇ ଦେଲେ, ପରେ ବହି ଛପାଇଲେ। ବହି ଛପାଇବା ମାତ୍ରେ ମୋର ଶ୍ରଦ୍ଧେୟବନ୍ଧୁ ଡାକ୍ତର ବାଞ୍ଛାନିଧି ବାବୁଙ୍କୁ ସ୍ୱପ୍ନାଗତ ହେଲା; ଡାକ୍ତରବାବୁ ସେତେବେଳେ ଧର୍ମଶାଳା ଦାତବ୍ୟ ଚିକିତ୍ସାଳୟରେ ଡାକ୍ତରୀ କାର୍ଯ୍ୟ କରୁଥିଲେ।

ଆରୋଗ୍ୟ ଲାଭ

ଏଣେ ଘର ପାଖରେ ମୋର ଚଳାଚଳ ଅବସ୍ଥା ଖରାପ ଆଡ଼କୁ ଗତିକଲା। ଟଙ୍କା, ପଇସା ରୋଜଗାର କରୁଥିବା ପର୍ଯ୍ୟନ୍ତ ପିତାମାତା ଆନନ୍ଦରେ ଚଳିଗଲେ। ବର୍ତ୍ତମାନ ମୋ ପରି ରୋଜଗାରିଆ ପୁଅ ଏ ରାଜବ୍ୟାଧି ଭୋଗ କରି ଜୀବନର ଆଶା ବିସର୍ଜନ କରିଲେ ମଧ୍ୟ କିନ୍ତୁ ଜଗନ୍ନାଥଙ୍କୁ ସୀମାତୀତ ଗାଳି ଦେବାକୁ ତ୍ରୁଟି କଲି ନାହିଁ। ତେଣୁ ଧର୍ମଶାଳା ଡାକ୍ତରଙ୍କୁ ନିଳାଦ୍ରିନାଥଙ୍କର ସ୍ୱପ୍ନାଗତ ହେବା ମୁଁ ଜାଣିନଥିଲି। ଦୈବାତ୍ କୋଠପଦା ମଠର ମହନ୍ତ ତପୋନିଧି ଶ୍ରୀ ଗୋରଖନାଥ ପୁରୀଙ୍କ ଠାରୁ ଡାକ୍ତରବାବୁ ମୋର ପୀଡ଼ିତଅବସ୍ଥା ଶୁଣି ତାଙ୍କ ନିକଟ ଯିବାପାଇଁ ସମ୍ବାଦ ଦେଲେ। ମୁଁ ସସ୍ତ୍ରୀକ ବଳିବର୍ଦ୍ଧକ ଶକଟରେ ବସି ଧର୍ମଶାଳା ଅଭିମୁଖେ ଯାତ୍ରାକଲି।

ମୋର ଗୋଡ଼ର ଅବସ୍ଥା ଡାକ୍ତରବାବୁ ଦେଖି ଏକାବେଳକେ ବିସ୍ମିତ ହୋଇ ସ୍ୱପ୍ନ କଥାକୁ ମନେମନେ ଭାବିଲେ। ସେତେବେଳେ କଟକ ମାନସିଂହପାଟଣା ନିବାସୀ

କରୁଣାକର ସାହୁ କମ୍ପାଉଣ୍ଡର ଡାକ୍ତରଙ୍କ ହତୋତ୍ସାହ ଦେଖି ଆଶ୍ୱସ୍ତ ଦେଇ କହିଲେ, ବ୍ୟସ୍ତ ହୁଅନ୍ତି ନାହିଁ, ଚେଷ୍ଟା କରାଯିବ। ଏହାକହି ମୋତେ କଲେରା ଓ୍ୱାର୍ଡ଼ରେ ରଖାଇଲେ। ସେ ସମୟରେ କାହାମା ନରହରିପୃଷ୍ଟି ମହାଜନ ତାଙ୍କ ନିଜପାଇଁ 'ଆର୍‌ସେନିକ୍' ଇଞ୍ଜେକ୍‌ସନ୍ ତିନୋଟି ମାତ୍ର ଆଣି ପାଖରେ ରଖିଥିଲେ। ଡାକ୍ତରବାବୁ ମୋତେ ସେକଥା କହିବାରୁ ମୁଁ ତାଙ୍କ ନିକଟରୁ ମଗାଇ ଆଣିଲି, ପରେ ତାଙ୍କୁ କିଣି ଦେବାକୁ କହିଲି। ସେ ଅନୁଗ୍ରହ କରି ଇଞ୍ଜେକ୍‌ସନ୍ ତିନୋଟିକୁ ମୋତେ ଦାନକଲେ। ମୁଁ ମୂଲ୍ୟ ଅଠରଟଙ୍କା ଦେବାରୁ ସେ ତାହା ଗ୍ରହଣ କଲେ ନାହିଁ। ମୁଁ ଡାକ୍ତରଖାନାରେ ଥିବା ଅବସ୍ଥାରେ ଅନେକ ଦେଶ ବିଦେଶର ଲୋକ ଦେଖିବାକୁ ଯାଇଁ ମୋର ଅବସ୍ଥା ଦେଖି ନିରାଶ ହୋଇ ଦୁଃଖମନରେ ଡାକ୍ତର ମହାଶୟଙ୍କୁ ଅନୁରୋଧ କରନ୍ତି ଯେ ଓଡ଼ିଶାର ଦୀପ ଲିଭିଯାଉଛି। ଆପଣ ଯତ୍ପରୋନାସ୍ତି ଚେଷ୍ଟାକରି ଆରୋଗ୍ୟଲାଭ କରାନ୍ତୁ ଏହା କହି ଯାଉଥାନ୍ତି। ମୁଁ ଯେଉଁ 'ଆରସେନିକ୍' ଇଞ୍ଜେକ୍‌ସନ୍ ତିନୋଟି ବିନା ମୂଲ୍ୟରେ ପ୍ରାପ୍ତହେଲି ତନ୍ମଧ୍ୟରୁ ଗୋଟିଏ ମାତ୍ର ଇଞ୍ଜେକ୍‌ସନ୍ ଶରୀରରେ ଗ୍ରହଣ କରିଥିଲି। ଅବଶିଷ୍ଟ ଦୁଇଟି ମାତ୍ର ଥିଲା। କିନ୍ତୁ ଏହି ଗୋଟିକ ଇଞ୍ଜେକ୍‌ସନ୍‌ରେ ଈଶ୍ୱରଙ୍କ ସୁଦୟାରୁ ମୋର ଶରୀର ଆରୋଗ୍ୟଲାଭ କଲା। ଡାକ୍ତରଖାନାର ପେସେଣ୍ଟଭାବେ ଥିଲାବେଳେ ମୋତେ ପାଟପୁରର ବିଶିଷ୍ଟ ଧନୀ ମହନ୍ତ ବ୍ରହ୍ମାନନ୍ଦ ଦାସ ପାଲା ଦେଖିବା ଉଦ୍ଦେଶ୍ୟରେ ଶଗଡ଼ ପଠାଇ ନେଇଗଲେ। ଡାକ୍ତର ମଧ୍ୟ ନିମନ୍ତ୍ରିତ ହୋଇ ଯାଇଥିଲେ। କିନ୍ତୁ ଏହା ପରସ୍ପରକୁ ଅଜଣା ଥିଲା। ଡାକ୍ତରବାବୁ ମୋତେ ସେଠାରେ ଦେଖିଲା ପରେ ସାଥୀହୋଇ ରାତି ରାତି ଆସିଲୁ। ଆଉ ଗୋଟିଏ ମାତ୍ର ଇଞ୍ଜେକ୍‌ସନ୍‌ରେ ସମୁଦାୟ ଆରୋଗ୍ୟ ଲାଭ କଲି। ଏତେବେଳେ ଧର୍ମଶାଳାର ଚତୁଃପାର୍ଶ୍ୱସ୍ଥ ଯାତ୍ରାଦଳମାନଙ୍କରୁ ପିଲାମାନେ ଯାଇ ମୋର ସେବକଭାବେ ନିଯୁକ୍ତ ହେଉଥିଲେ ଏବଂ ଡାଲି, ଚାଉଳ, ପରିବା, ଘିଅ ଓ ଅନ୍ୟାନ୍ୟ ଫଳମୂଳ ଇତ୍ୟାଦି ଦୈନିକ ଆସିଥିଲା। ପୁଣି କଟକପ୍ରେସ୍ ଓ ବହି ଏଜେଣ୍ଟମାନେ କିଛି ଟଙ୍କା ଖରଚପାଇଁ ପଠାଇଥିଲେ।

ଇତ୍ୟବଶରେ ଡାକ୍ତରଖାନାରେ ୭/୮ ଦିନ ରହିବା ପରେ ମୋର ପରମ ପୂଜନୀୟା ଜନ୍ମଦାତ୍ରୀ ଜନନୀଙ୍କର ପରଲୋକ ହେବାର ପତ୍ର ଏକକିତା ଡାକ୍ତର ବାବୁଙ୍କ ପାଖରେ ପହଞ୍ଚିଲା। ଡାକ୍ତରବାବୁ ମୋତେ ଡକାଇ ଏହି ଦୁଃସମ୍ବାଦ ପଢ଼ି ଶୁଣାଇ ଦେଲେ। ପରଦିନ ପ୍ରଭାତରୁ ମୁଁ ବଳିବର୍ଦ୍ଦକ ଶଗଡ଼ସାହାଯ୍ୟରେ ଆସି ମୋ ନିକଟରେ ଥିବା ଡାଲି, ଚାଉଳ, ଘିଅ, ପରିବା ଇତ୍ୟାଦିକୁ ବୋଝାଇକରି ସସ୍ତ୍ରୀକ ଗୃହାଭିମୁଖେ ପ୍ରତ୍ୟାବର୍ତ୍ତନ କଲି। ଘରେ ପହଞ୍ଚି ମାତୃକ୍ରିୟାଦି କୌଣସି ପ୍ରକାରେ ଶେଷ କଲି। କ୍ରିୟା ପରେ ପୁଣି ଧର୍ମଶାଳା ଯାତ୍ରା କଲି। ଡାକ୍ତର ମହାଶୟ ମୋତେ ପୂରାଭାବେ ଦୁଇଟି

ମାତ୍ର ଇଞ୍ଜେକ୍‌ସନ୍‌ରେ ଆରୋଗ୍ୟଲାଭ କରାଇଲେ ସତ୍ୟ, କିନ୍ତୁ ମୋର ଶରୀରରେ ସେହି ରୋଗ ଅଛି କି ଜଗନ୍ନାଥଙ୍କ କୃପାରୁ ସମ୍ପୂର୍ଣ୍ଣ ତୁଟି ଯାଇଛି ଏ ବିଷୟ ପରୀକ୍ଷା ନିମିତ୍ତ ମୋତେ ତିନିମାସ କାଳ ପାଖରେ ରଖାଇ ଅନେକବାର ପରୀକ୍ଷା ପରେ ରାଘବମତ୍ସ୍ୟ ଓ ମେଷମାଂସ ବହୁବାର ଖୁଆଇଲେ। ଏହି ତିନିମାସ ମଧ୍ୟରେ ଖରଚ ନିମିତ୍ତ ଚନ୍ଦ୍ରଶେଖର ଗୀତାଭିନୟ ରଚନା କରି ଦୁବଗଡ଼ିଆବାଞ୍ଛ ସାମଲ ଦଳଙ୍କୁ ଟ୫ଙ୍କାରେ ବିକ୍ରୟ କଲି।

ଯେଉଁ ବ୍ୟାଧି ମୋତେ ଦୀର୍ଘ ୭ବର୍ଷ କାଳ ନାନାଯନ୍ତ୍ରଣା ଦେଇଥିଲା, ଯାହାଦ୍ୱାରା କି ମୁଁ ଏକପ୍ରକାର ଜୀବନର ଆଶା ବିସର୍ଜନ କରିଥିଲି, ସେହି ବ୍ୟାଧି ପରାତ୍ପରପରମେଶ୍ୱରଙ୍କ ଅନୁଗ୍ରହରୁ ଆରୋଗ୍ୟ ହେବାକୁ ସାତଦିନ ମାତ୍ର ଲାଗିଲା ନାହିଁ। ଏତେବେଳେ ଜଣାଣର ମହତ୍ତ୍ୱ ମୁଁ ବୁଝିଲି ଓ ନିଳାଦ୍ରିସିଂହ ମୋ ଜଣାଣରେ ତୃପ୍ତିଲାଭ କରିବାର ସମ୍ପୂର୍ଣ୍ଣ ଭାବେ ଜଣାଗଲା। ଡାକ୍ତରବାବୁ ପରୀକ୍ଷାପାଇଁ ମେଷମାଂସ, ରାଘବମତ୍ସ ଖୁଆଇଲେ କ'ଣ? ନିଳାଦ୍ରିସାମନ୍ତଙ୍କ କୃପାବଳରେ ମେଷମାଂସ ପରିବର୍ତ୍ତେ ମାକଡ଼ାପ୍ରସ୍ତର ଖାଇଥଲେ ମଧ୍ୟ ଜୀର୍ଣ୍ଣ ହୋଇ ପାରିଥାନ୍ତା, ଈଶ୍ୱରଙ୍କ ଦୟା ଏହିପରି।

ଦିନେ ଖଣ୍ଡିଏ ଶ୍ରୀକ୍ଷେତ୍ର ଜଣାଣ ଲେଖିଲାବେଳେ ଏ ବ୍ୟାଧି ମୋଚନ ହେବା ସମୟର କଥା ମନେ ପଡ଼ିଲା। ଆନନ୍ଦରେ ଅଧୀର ହୋଇ ଗୋଟିଏ ଗୀତଲେଖି ପକାଇଲି, ଏହା ଶ୍ରୀକ୍ଷେତ୍ର ଜଣାଣଭୁକ୍ତ।

ଚକ୍ରଧର ଚଉବାହା
ଚରଣକମଳେ ନ ଦେଲେ ରାହା।
ଜଗବନ୍ଧୁ ହେ। ମୋତେ ଚରମେ ହେବ କେ ସାହା।୧।
ତୁ ମୋତେ ଛାଡ଼ିଲେ ଛାଡ଼, ମୁଁ ତ ନ ଛାଡ଼ିବି କରିଛି ପୀଢ଼।
ଜଗବନ୍ଧୁ ହେ! ବକ୍ର ହୋଇଲା କି ଚକ୍ର ଦାଢ଼।୨।
ପତିତତାରଣେ ହରି, ପତିତପାବନ ବାନା ତୋହରି।
ଜଗବନ୍ଧୁ ହେ! ଏବେ ମୋ ପାପେ ନ ପଳା ଡରି।୩।
ଯେବେ ଏତେ ମାନେ ଡର, ଲିଭାଇଦେ ସେ ଷଡ଼ଅକ୍ଷର।
ଜଗବନ୍ଧୁ ହେ! ଦେଖିବି ମୁଁ ଯମଗଡ଼ ଦ୍ୱାର।୪।
ଯେ ଭଜିଲା ତୋର ନାମ, ତୁ ତାହାର ପୂର୍ଣ୍ଣ କରିଲୁ କାମ।
ଜଗବନ୍ଧୁ ହେ! ଏତ ସ୍ୱାର୍ଥପରଙ୍କର କାମ।୫।
ବିନା ଭଜନେ ପୂଜନେ, ଯେବେ ତାରିବୁ ଏ ପାତକୀ ଜନେ।
ଜଗବନ୍ଧୁ ହେ,। ଭଲ ଭଲ ବୋଲିବେ ଭୁବନେ।୨।

ଟେକିଲୁ ବ୍ରଜେ ମନ୍ଦର ତହୁଁ କି ଭାରୀ ମୋହ ପାପଭାର ।
ଜଗବନ୍ଧୁ ହେ । ଡରି ଲୁଚୁ ନୀଳାଦ୍ରିକନ୍ଦର ।୭ ।
ବଇଷ୍ଣବ ତାହା ଜାଣି, ବସିଅଛୁ ମଙ୍ଗ ଦଉଡ଼ି ଟାଣି
ଜଗବନ୍ଧୁ ହେ । କେଣେ ନାବ ନେବ ଚିନ୍ତାମଣି ।୮ ।

ଡାକ୍ତରବାବୁ ୩ମାସ ପରେ ମୋତେ ସାଇକେଲଚଢ଼ାଇ ଘରକୁ ପଠାଇଲେ ଗୋଡ଼ରେ ଦୋଷାଦୋଷ ଥିବାର ପରୀକ୍ଷା ମଧ୍ୟ ସରିଗଲା । ଆଜଅବଧି ଉକ୍ତ ରୋଗ ସହିତ ମୋର ଦେଢ଼ଶୁର ଭାତୃବଧୁ ସମ୍ବନ୍ଧ । ଧର୍ମଶାଳାରୁ ଫେରି ଘରେ କିଛିଦିନ ରହିବା ମଧ୍ୟରେ କେତେକ କବିତା ତିଆରି କଲି । ମାତାଙ୍କୁ ହରାଇବାର ତ୍ରୟୋଦଶ ମାସପରେ ପରମପୂଜନୀୟ ପିତୃଦେବଙ୍କର ପରଲୋକ ପ୍ରାପ୍ତି ଘଟିଲା । ପିତାଙ୍କର ଅନ୍ତ୍ୟେଷ୍ଟିକ୍ରିୟା ଶେଷ ପରେ ମୋତେ ତତ୍‌କାଳୀନ ମହନ୍ତ ତପୋନିଧି ରାମନାଥ ପୁରୀ ଗୋସ୍ୱାମୀ ତାଙ୍କ ଷ୍ଟେଟ୍‌ରେ ରଖାଇ ମହାଜନୀ ଆଦାୟ କାଗଜପତ୍ରର ସମସ୍ତଭାର ନ୍ୟସ୍ତ କଲେ ।

ହର ବିବାହରେ ବିଚଳିତ

ଉକ୍ତ ଗୋସ୍ୱାମୀଙ୍କ ଷ୍ଟେଟ୍‌ର କାର୍ଯ୍ୟ କରୁଥିବା ବେଳେ ଆଦାୟ ଟଙ୍କାରୁ ଶତକଡ଼ା ଟ୧୦ଙ୍କା କରି କମିଶନି ପାଏ । କେତେକଦିନ ବୁଲି ଏହି କାର୍ଯ୍ୟ କଳାପରେ ଗୋସ୍ୱାମୀମଠ ନିକଟସ୍ଥ ଏକ ରଜକୀକନ୍ୟାର ରୂପ ଗୁଣରେ ବିମୁଗ୍‌ଧ ହୋଇ ତାର ଘରର ସମସ୍ତ ଭଲମନ୍ଦ ଖବର ବୁଝିଲି । କନ୍ୟାଟି ସେତେବେଳେ ଅପ୍ରାପ୍ତ ବୟସ୍କା, ଯୌବନରେ କିପରି ପଦାର୍ପଣ କଲେ ମୋର ହସ୍ତଗତ ହେବ ଏହି ଭାବ ମୋର ହୃଦୟରେ ବରାବର ଜାଗ୍ରତ ଥାଏ । ମୋର ଯିବା ଆସିବା ଦ୍ୱାରା ତାର ବିଧବାମାତା ମୋତେ ଅତ୍ୟନ୍ତ ଭଲ ପାଉଥିଲା । ତାର ଅଭାବ ଅସୁବିଧା ସମୟରେ ମୁଁ ସାହାଯ୍ୟ କରି ଆସିଥିଲି ।

ପାଠକ, ପାଠିକାଗଣ !

ଯାହାପାଇଁ ମୁଁ ସମାଜ ତ୍ୟାଗୀ, ଯାହାପାଇଁ ମୁଁ ଗୃହଛାଡ଼ି ସ୍ତ୍ରୀ ପୁତ୍ରତ୍ୟାଗୀ, ଯାହାପାଇଁ ଅନ୍ତତଃ ୧୫ହଜାର ଟଙ୍କାର ବିଭବ ତ୍ୟାଗୀ, ଯାହାପାଇଁ ମୁଁ ସମାଜ ମସ୍ତକରେ ଶତ ପଦାଘାତ କରି କଳକଳ ନିନାଦିନୀ ବିରୂପା ତଟରେ ଆଶ୍ରମ ସ୍ଥାପନ କଲି । ଯାହା ପାଇଁ ମୁଁ ଆଜି ସମାଜ ଆଗରେ ଘୃଣିତ, ଯାହାପାଇଁ ମାନ ଅପମାନକୁ ଭୃକ୍ଷେପ କରିନଥିଲି ଯେ କି ମୋ ହୃଦୟର ସର୍ବସ୍ୱ ଜୀବନଯାତ୍ରା ଚଳାଇବାର ଆଶାର ତରୀ ବୋଲି ମନେ କରିଥିଲି ଆଜି ତା'ର କ୍ରିୟା କଳାପ ଗୁଣାବଳୀ ଆପଣମାନଙ୍କ ସମ୍ମୁଖରେ ପ୍ରକାଶ କରିବାକୁ ଅକୁଣ୍ଠିତ ।

ଶାସ୍ତ୍ର କହିଛି-

ଦୋଷାଂଚ୍ଛାଦୟତେ ଗୁଣାନୁବିତନୁତେ ପାଣ୍ଡିତ୍ୟ ମେତତ୍‌ଗୁଣାଃ।

ଅର୍ଥାତ୍ ଯେଉଁମାନେ ଲୋକର ଦୋଷ ନ ଦେଖି ଗୁଣ ପ୍ରତି ଦୃଷ୍ଟି ରଖନ୍ତି, ସେହିମାନେ ଏକା ଜଗତରେ ପଣ୍ଡିତ। ଦେଶକାଳ ପାତ୍ର ବିବେଚନା କରି ଦୋଷୀ ଥିଲେ ମୋତେ କ୍ଷମା ଦେବେ।

ରଜକୀନୀ କନ୍ୟାଟି ଅପ୍ରାପ୍ତବୟସ୍କା ଥିଲେ ସୁଦ୍ଧା ଠିକ୍ ଯୌବନର ଦ୍ୱାରଦେଶରେ ପଦାର୍ପଣ କରିଥିଲା। ତାର ନାମ "ହାରାମଣି"- ଡାକନାମ ହର, ଅତ୍ୟଳ୍ପଦିନ ମଧ୍ୟରେ ସେ ଜ୍ଞାନପ୍ରାପ୍ତ ହେଲା। ଏ ସୁସମ୍ବାଦଟି ପାଇ ଅନ୍ତରେ ଅନ୍ତରେ ଆନନ୍ଦିତ ହେଲି।

କିଛିଦିନ ପରେ ତାର ବିବାହ ପ୍ରସ୍ତାବ ସ୍ଥାନେ ସ୍ଥାନେ ପଡ଼ିଲା। ଯେଉଁଠାରେ ସ୍ଥିର ହୁଏ ମୁଁ କଳେବଳେ କଉଶଳେ ଭାଙ୍ଗେ। ମୋ କଥାକୁ ଲୋକେ ବିଶ୍ୱାସ କରିନଥାନ୍ତେ, କିନ୍ତୁ ଗୋସ୍ୱାମୀଙ୍କ ଷ୍ଟେଟ୍‌ରେ ଥିବାରୁ ମୋର ପଦମର୍ଯ୍ୟାଦା ଅଧିକ ଉଚ୍ଚରେ ଥିଲା। ଲୋକଙ୍କ ନିକଟରେ ମୁଁ ପୂଜ୍ୟ ଓ ସମ୍ମାନିତ ଥିଲି। ପୁଣି ମଧ୍ୟ ଓଡ଼ିଶାରେ ସୁପରିଚିତ ତରୁଣକବି, ତେଣୁ ଗୃହ ନିକଟକୁ ଭଦ୍ରଗଣଙ୍କର ସମାଗମ ଚାଲିଥିଲା।

ଏହି ସମୟରେ ଥରେ ମଧୁପୁର ଗଡ଼କୁ ନିମନ୍ତ୍ରିତ ହୋଇ ଯାତ୍ରାଦଳ ସହ ଯାଇଥିଲି। ମୋର ଅନୁପସ୍ଥିତତା ଜାଣି ହାରାମଣୀକୁ ଔରଙ୍ଗବାଦ ସାଲେପୁରର ଜନୈକ ରଜକସହ ତାର ମାଆ ବିବାହ କରାଇଦେଲେ, ବିବାହପରେ ଯାଇ କନ୍ୟା ଶାଶୁଘରେ ଆବଦ୍ଧହେଲା।

ମୁଁ ମଧୁପୁର ଗଡ଼ରୁ ଫେରି ଶୁଣିଲି ମୋର ବହୁକାଳ ପୋଷିତ ଆଶାଲତାଟି ଦୃଷ୍ଟିର ଅଗୋଚରରେ। ତେଣୁ ମୁଁ ଧୈର୍ଯ୍ୟହରା ହୋଇପଡ଼ିଲି। କିପରି ପାଇବି, ଏହି ଭାବନା ହିଁ ଅହୋରାତ୍ର ଚାଲିଲା। ଇତ୍ୟବଶରେ ଔରଙ୍ଗବାଦ ସାଲେପୁର ନିବାସୀମାନେ ମୋତେ ଯାତ୍ରାଦଳର ଓସ୍ତାତ୍ ସ୍ୱରୂପ ନେଲେ। ମୁଁ ଆଗ୍ରହରେ ସେଠାକୁ ଗଲି।

ସେଠାରେ ୨/୩ ଦିନ ରହିବା ପରେ ହାରାମଣିଙ୍କ ସହିତ ମୋର ସ୍ନାନଘାଟରେ ସାକ୍ଷାତ ହେଲା। ମୋତେ ଦେଖିଲାକ୍ଷଣି ସେ ଛଳଛଳ ହୋଇ କାନ୍ଦି ପକାଇଲା। ମୋର ମଧ୍ୟ ଜଳଜଳ ହୋଇ ଜଳ ନିର୍ଗତ ହେଲା ସତ୍ୟ କିନ୍ତୁ କ୍ରୋଧ ସମ୍ଭାଳି ନପାରି ସଙ୍କେତ ଦେଲି 'ମହନ୍ତଙ୍କ ପିଆଦା କାଶୀସିଂହ' ସଙ୍ଗେ ଗୋପନରେ ଏ ସ୍ଥାନ ତ୍ୟାଗ କରି ଗ୍ରାମକୁ ଚାଲିଯାଅ। ମୁଁ ପରେ ପରେ ପଳାଇବି। ତୁ କେବେ ସୁଦ୍ଧା ଏଠାକୁ ଆସିବୁ ନାହିଁ। ତାହାହିଁ କାର୍ଯ୍ୟରେ ପରିଣତ ହେଲା। ମହନ୍ତଙ୍କ କଚେରୀ ଉକ୍ତ ସାଲେପୁରରେ କୋଠପଦା ମହନ୍ତଙ୍କ ଇଲାକାଧୀନ ୮୪୩ ତଉଜିର ଅନ୍ତର୍ଭୁକ୍ତ।

ହର, କାଶୀସିଂହ ସଙ୍ଗେ ପଳାଇ ଆସିଲାରୁ ବହୁତ ଖୋଜଖବର ଚାଲିଲା। ମୁଁ ମଧ୍ୟ ଦୁଇଦିନ ଛୁଟି ଆଣି ଗ୍ରାମକୁ ପଳାଇ ଆସିଲି। ମୋ ପଛେ ପଛେ ମଧ୍ୟ ତାର ଶାଶୁଘର ଲୋକେ ଖୋଜିବାକୁ ଆସିଥିଲେ। ସେମାନେ ଏଠାରେ ଦେଖିଲେ, ଯିବାପାଇଁ ଯେତେ ଜୁଲମ ଲଗାଇଲେ ହର ଯିବାକୁ ସମ୍ପୂର୍ଣ୍ଣ ଅସମ୍ମତ ହେଲା। ସେମାନେ ନିରାଶ ହୋଇ ଫେରିଲେ। ହରକୁ ମୁଁ ଇଙ୍ଗିତ ଦେଲି ଓ ତାର ବିଧବାମାଆକୁ ତାର ଶାଶୁଘର ବିରୁଦ୍ଧରେ ଏପରି ଉତ୍ତେଜନାପୂର୍ଣ୍ଣ କଥା କହିଲି, ଯାହାକି ମୋର ଅନୁକୂଳରେ ଗଲା। ମୋତେ ପାଇ ହରର ଶତଗୁଣରେ ସାହସ ବଢ଼ିଲା। ସେ କାହାରି କଥାକୁ ଭୃକ୍ଷେପ କଲାନାହିଁ। ଏଠା ରଜକକୂଳରେ ମହା ଚାଞ୍ଚଲ୍ୟ ଖେଳିଲା। ପରିଶେଷରେ ଶାଶୁ ଗୃହକୁ ହର ଯିବାକୁ ଅସ୍ୱୀକୃତ ହେଲା ଓ ହର ବର (ସ୍ୱାମୀ) ଏଠାରେ ଆସି ରହିବାକୁ ସମ୍ମତି କଲା। ତାହାହିଁ ହେଲା, ସତକୁ ସତ ହରବର ଏଠାରେ ଘର କରି ରହିଲା। ତାର ସହ ଏଠାରେ ଆଦୌ ମନ ମିଳିଲା ନାହିଁ। ତେଣୁ ହର ସ୍ୱାମୀ ତାର ବାସସ୍ଥାନକୁ ଫେରିଗଲା। ହର, ବରଘରର ଅଳଂକାର ସମୂହକୁ ବାହାରକରି ଫିଙ୍ଗିଦେଲା। ଶେଷରେ ଦୁଇପକ୍ଷ ନିରାଶ ହୋଇ ରହିଲେ। କିଛିଦିନ ପରେ ହର ବର ଖଜୁରଗଛର କ୍ଷୀର ଚୋରି କରି ପାନ କଲାବେଳେ ଅହିଦ୍ୱାରା ଦଂଶିତ ହୋଇ ଅକାଳମୃତ୍ୟୁ ଘଟିଲା।

ଅଦ୍ଭୁତ ପରିବର୍ତ୍ତନ ବା (ଗୃହତ୍ୟାଗ)

ଗୁପ୍ତଭାବରେ ହର ସଙ୍ଗେ ମୋର ପ୍ରେମାଳାପ ଚାଲିଥିଲା ଏ କଥା ମୋର ଘରେ ଜାଣି ନାନା ତାନ୍ତ୍ରିକ-ଔଷଧ ଓ ବାଧାବିଘ୍ନ ଘଟାଇଲେ। ଜଳନ୍ତା ଅଗ୍ନି ଆଘାତ ପାଇଲେ ଯେପରି ଦାଉ ଦାଉ ଉଠେ, ମୋ ମନର ଗତି ତଦ୍ରୂପ ହେଲା। ହର ମୋତେ ଜଣାଇଲା ବର୍ତ୍ତମାନ ଦୁଇକୁଳର ପରିସ୍ଥିତି ଖରାପ, ଏ ଭଳି ପରିସ୍ଥିତିରେ ଘରର ଯାବତୀୟ ସମ୍ପତ୍ତି ଠାକୁରଙ୍କ ନାମେ କରି ନିଜ ସ୍ତ୍ରୀକୁ ମାରଫତ୍‌ଦାର କରିଦିଅ ଏବଂ ଠାକୁର ଆଣିବା ପାଇଁ କଲିକତା ଯାଅ। ମୁଁ ଏଥିରେ ସମ୍ମତ ଜଣାଇଲି, କଲିକତା ଗଲି। ୨୪ଜଣ ବ୍ରାହ୍ମଣସହ ଠାକୁର ଖୋଜି କଲିକତା ନଗରୀର ଯୋଡ଼ାଶଙ୍ଖରୁ ରାଧାଗୋବିନ୍ଦ ମୂର୍ତ୍ତି କ୍ରୟ କଲି। ଉକ୍ତ ଠାକୁରଙ୍କୁ ସ୍ଥାପନ କରିବା ଉଦ୍ଦେଶ୍ୟରେ କାର୍ଡ଼ ଛପାଇ ଟ୫୦୦ଙ୍କା ଚାନ୍ଦା ଉଠାଇଲି। ଘରକୁ ଆସି ନିଜର ସ୍ତ୍ରୀକୁ ଏ ବିଷୟ ସବୁ ଜଣାଇଲି। ସ୍ତ୍ରୀ ଠାକୁରଙ୍କ ନାମେ ସମ୍ପତ୍ତି କରି ମାରଫତ୍‌ଦାର ହେବାର ଅସମ୍ମତି ଜଣାଇଲା। ତହୁଁ ମୋ ମନରେ ରାଗ ଆସିଲା। ଏଣେ ବି ମୋତେ ଗୋଟିଏ ବାଟ ମିଳିଲା। ମୁଁ ବଜ୍ର ଗମ୍ଭୀର ସ୍ୱରରେ ଜଣାଇଲି- "ଯେଉଁ ସମ୍ପତ୍ତି ଦେବତାଙ୍କ ଯୋଗ୍ୟ ନହେଲା, ସେପରି

ସମ୍ପତ୍ତି ମୁଁ ଉପଭୋଗ କରିବାକୁ ଚାହେଁ ନା"। ଏହା କହି ଏକ ବସ୍ତ୍ରରେ ଗୃହତ୍ୟାଗ କରି ବିରୂପାକୂଳରେ ଆଶ୍ରମ କଲି। ଉଭୟେ ସେଠାରେ ରହିଲୁ ଅନେକବର୍ଷ ପର୍ଯ୍ୟନ୍ତ ସେ ଆମର ବିଳାସଭବନର କାର୍ଯ୍ୟ କଲା।

ଏହି ସମୟରେ ମୋତେ ମାରିବା ପାଇଁ ମୋର ବିବାହିତ ସ୍ତ୍ରୀ ବାଟରେ ଘାଟରେ ଲୋକ ଜଗାଇଲା, ଉତ୍ତମ ମଧ୍ୟମ ମଧ୍ୟ ସାମୟିକ ମୋର ଶରୀରରେ ବୃଷ୍ଟିପାତ ହେଲା। ତଥାପି ମୁଁ ଅଟଳ, ଅଚଳ, ଏହି ଘଟନାର କିଛିଦିନ ପରେ ତାରପୁର ନିକଟ ଗୁଆଳିପୁର ଗ୍ରାମରୁ କେତେକ ବ୍ୟକ୍ତି ଆସି ନାଚଦଳର ଓସ୍ତାଦ୍‌ଭାବେ ନେଲେ। ମୁଁ ମଧ୍ୟ ଏଠାକାର ଅବସ୍ଥା ଅନୁଭବ କରି ସ୍ଥାନାନ୍ତର ହେବାକୁ ଇଚ୍ଛା କରୁଥିଲି। ଯାହାହେଉ, ସେମାନଙ୍କ ସଙ୍ଗେ ଗଲି। ସେଠାରେ ପହଞ୍ଚି କବିବର ରାଧାନାଥ ଗ୍ରନ୍ଥାବଳୀର ପାର୍ବତୀ କାବ୍ୟକୁ ଗଙ୍ଗେଶ୍ୱର ନାମକ ଏକ ଗୀତିନାଟ୍ୟ ପୁସ୍ତକ ଲେଖିଲି ଓ ପରେ ଶିଖାଇଲି।

ପୂର୍ବେ ଶୁଣିଥିଲି ପଳାଶୋଳ ନିବାସୀ ବାଳକୃଷ୍ଣ ମହାନ୍ତି ପୁରୀଠାରେ ଗୁଆଳିପୁର ଯାତ୍ରାଦଳକୁ ବାଲିଯାତ୍ରା ସମୟରେ ଅପଦସ୍ତ କରିଥିଲେ। ଉକ୍ତ ଯାତ୍ରାଦଳ ସେଠାରେ ବିମଳାଙ୍କ ଧଣ୍ଡା ଛୁଇଁ ଶପଥ କରିଥିଲେ ଯେ, ପାଣୀ ମହାଶୟଙ୍କୁ ଓସ୍ତାଦ୍ ରୂପରେ ପାଇଲେ ନିୟମିତ ଆଖଡ଼ା କରାଯାଇ ନାଚ କରାଯିବ, ନଚେତ୍ ମହାନଦୀର ଗର୍ଭରେ ପୋଷାକ ସମୂହ ଫିଙ୍ଗି ଦିଆଯିବ। କଥାରେ ଅଛି- "ଦୈବକୁ ବଳ କାହାର" ?

କିଛିଦିନ ପରେ ହଠାତ୍ ବାଳକୃଷ୍ଣ ମହାନ୍ତିଙ୍କ ନାଚଦଳ ସହ ନଗଶପୁରଠାରେ ହରେକୃଷ୍ଣ ଭୂୟାଁଙ୍କ ଅଗଣାରେ ୩ରାତ୍ରି ପାଇଁ ବାଲିଯାତ୍ରା ହେବାର ବଇନା ଉଭୟ ଦଳ ଗ୍ରହଣ କଲେ। ସେଠାରେ ମୋ'ରି ରଚିତ ଗଙ୍ଗେଶ୍ୱରଦେବ, କାର୍ତ୍ତବୀର୍ଯ୍ୟ ଓ ଧ୍ରୁବ ଏହି ତିନୋଟି ନାଟକ ଦେଖାଇ ଗୁଆଳିପୁର ଦଳ ଯଶଲାଭ କଲେ।

ଏହାପରେ ଆଉ ଦୁଇଖଣ୍ଡି ନାଟରକ ଦାନବୀର ସୁରସେନ, ଓ କାଞ୍ଚନକୁମାରୀ ଶିକ୍ଷାକରି ମାଘମାସରେ କଲିକତା ଯାତ୍ରା କଲୁ। ସେଠାରେ ଦୀର୍ଘ ୪ମାସ କାଳ ରହି ପାଞ୍ଚହଜାରରୁ ଉର୍ଦ୍ଧ୍ୱ ଟଙ୍କା ଅର୍ଜନ କରି ପ୍ରଶଂସିତ ହୋଇ ଆସିଥିଲୁ।

ମୁଁ ଏତେବେଳେ ମୋର ପ୍ରିୟା ହର ନିକଟ ଦୁଇ ଥରରେ ଶତାଧିକ ଟଙ୍କା ପଠାଇଥିଲି ଓ ପିତାଗୃହ ନିକଟସ୍ଥ ବିରୂପାତଟରେ ଖଣ୍ଡେ କୁଟୀର କରିବାକୁ ଏକ ଚିଠିରେ ଜଣାଇଥିଲି। ସେ ତଦନୁଯାୟୀ କାର୍ଯ୍ୟାରମ୍ଭ କରିଥିଲେ। ମୁଁ ରଜ ସମୟରେ କଲିକତାରୁ ଫେରି ନୂତନ ସଂସାର ହାରାମଣୀଙ୍କ ପାଖେ ଉପସ୍ଥିତ ହେଲି। ପୁଣି ମଧ୍ୟ ଯାତ୍ରାଦଳର ଆୟରୁ ମୋର ପ୍ରାପ୍ୟ ପଞ୍ଚ ଶତାଧିକ ଟଙ୍କା ସ୍ୱହସ୍ତରେ ଆଣି ହାରାମଣୀଙ୍କ ହସ୍ତେ ପ୍ରଦାନ କଲି।

କିଛିଦିନ ରହିଲା ପରେ ଖଣ୍ଡସାହୀର ନାବଯାଦା ଜମିଦାର ଓଡ଼ିଶାର ଲକ୍ଷପତି ଜଗନ୍ନାଥ ମିଶ୍ରଙ୍କ ଆହ୍ୱାନରେ ତାଙ୍କର ଇଲାକାଧୀନ ଦେମାଣ୍ଡୁଅଠାରେ ଏକ ଯାତ୍ରାଦଳ

ଆରମ୍ଭ କଲେ । ମୋତେ ମାସିକ ବେତନ ଟ୪୦ଙ୍କା ଲେଖାଏଁ ଦେଇଥିଲେ । ମୁଁ ଚାରିମାସ ମଧ୍ୟରେ ନାଚଦଳଟିକୁ ଉତ୍ତୀର୍ଣ୍ଣ କରାଇ ମିଶ୍ରମହାଶୟଙ୍କ ସାମନାରେ ନାଚଦେଖାଇ ପାରିଥିଲି, ମିଶ୍ରମହାଶୟ ସନ୍ତୁଷ୍ଟହୋଇ ମୋର ଦରମା ସହ କିଛି ପାରିତୋଷିକ ପ୍ରଦାନ କରି ଗ୍ରାମକୁ ବିଦାୟଦେଲେ ।

ଇତିମଧ୍ୟରେ ହାରାମଣୀଙ୍କ ନିକଟରେ କିଛି ଟଙ୍କା ଗଚ୍ଛିତ ହୋଇଥିଲା । ପରନ୍ତୁ ପ୍ରେସମାନଙ୍କରୁ ମାସିକ ବହି ଲେଖାଇରେ ହାରାହାରି ଟ୮୦ଙ୍କା ହାରରେ ମିଳୁଥିଲା, ଏସବୁ ଟଙ୍କାରେ ମୋର ପ୍ରଣୟିନୀ ହରପ୍ରିୟା କେତେକ ସୁନା, ରୂପା ଅଳଙ୍କାର ଓ ୨/୩ ମାଣ ଜମି କ୍ରୟ କରିଗଲା, ଉଭୟେ ଆନନ୍ଦରେ କିଛିଦିନ କଟାଇଲୁ ।

ଚଉଷଠିପଡ଼ା ରଥଯାତ୍ରା

ଘରେ ରହିବାର ଅଳ୍ପଦିନ ପରେ ଚତୁଃଷଷ୍ଟି ଦୁର୍ଗ ବା (ଚୌଷଠିପଡ଼ା) ରାଜା ଗଦାଧର ଦେବ ମୋତେ ନେଇ ତାଙ୍କ ଗଡ଼ରେ ଗୋଟିଏ ନାଚଦଳ ସଜାଇଲେ । ସେ ଦଳରେ ମୋର ଛଅମାସ କାଳ ଅତିବାହିତ ହୋଇଥିଲା । ମାସିକ ବେତନ ପଚାଶ ଟଙ୍କା ହାରରେ ମିଳୁଥିଲା ।

ଦିନେ ରାଜା ସାହେବଙ୍କର ଭଗ୍ନୀ-ବିବାହ ଉପଲକ୍ଷେ ନିମନ୍ତ୍ରିତ ହୋଇ ଯାଇଥିଲି । ସୁକିନ୍ଦା ରାଜପୁତ୍ର ଘନଶ୍ୟାମଙ୍କ ସହ ତାଙ୍କ ଭଗ୍ନୀ ଦେବୀଙ୍କର ଶୁଭପରିଣୟ ହେବା ଦିନ ରାତ୍ରରେ ଆମ୍ଭେମାନେ କେତେଜଣ ଉପବାସରେ ରହିଲୁ, ରାଜାସାହେବଙ୍କ ସରଘର ରକ୍ଷକ ଜନୈକ ନାପିତ ଓ ଜନୈକ ଗୋପାଳ ହସ୍ତେ ନ୍ୟସ୍ତ ଥିଲା ଏବଂ ଚର୍ଚ୍ଚିକାର ଦୁଇଜଣ ମାଷ୍ଟର (କଳ୍ପତରୁ ଓ ମଧୁ) ନିଯୁକ୍ତ ଥିଲେ ।

ରାଜାଘର ବିବାହରେ ଆମ୍ଭେ ସାରା ରାତି, ବୁଭୁକ୍ଷୁ ଅବସ୍ଥାରେ କଟାଇଲୁ । ରାତ୍ରକ୍ରମେ ପ୍ରକାଶ ହେଲା । ରାତ୍ରରେ କ୍ଷୁଧାର୍ତ୍ତ ଥାଇ ବିବାହ ପରଦିନ ସକାଳେ ରାଜାସାହେବଙ୍କ ନିକଟ ଏକ ତିନିପଦିଆ ପତ୍ର ପ୍ରେରଣ କଲି । ସେ ପତ୍ରର ମର୍ମ ପାଠକମାନଙ୍କ, ଜ୍ଞାତାର୍ଥେ ଏଠାରେ ପ୍ରଦତ୍ତ ହେଲା-

ଅଇଁଠା ଗୋଇଠା ବୃତ୍ତି ଯାହାଙ୍କର, ଚରଣ ଧରା ଯା ନୀତି ।
ତାଙ୍କ କରେ ସରଘର ଭାର ଦେବା, ଅଟଇ ବଡ଼ ଅନୀତି ।୧ ।
ମଧୁ, କଳ୍ପତରୁ, ମଧୁଗନ୍ଧ କରୁ, ବିଧିରେ ପାହିଲା ରାତି ।
ଅଗସ୍ତିସାଗର ଶୋଷିଲା ପରାୟେ, କେ କେଉଁଠି ପଡ଼ିଛନ୍ତି ।୨ ।
ଏହି ବାହାଘର ନାହିଁ କାହାଘରେ, କେହିକେବେ ନାହୁଁ ଶୁଣି ।
କୁକୁରହାତେ ଠାକୁର ସେବାଦେଲ, ଗଦାଧର ନରମଣି ।୩ ।

ଏତକ ରଚନା କରି ଯୋଗୀପଣ୍ଡା ନାମକ ବ୍ରାହ୍ମଣହସ୍ତେ ପଠାଇଦେଲି। ଛାମୁ ପତ୍ରପାଇ ଛାମୁକୁ ଡକାଇନେଲେ। ସେହି କ୍ଷୁଦ୍ର ପତ୍ରରେ ରାଜାସାହେବଙ୍କର ହୃତକମ୍ପ ଆରମ୍ଭ ହେଲା। ମୁଁ ପହଞ୍ଚିଲା ମାତ୍ରେ ରାଜାସାହେବ ଆପଣା ଆସନରୁ ଉଠି ମୋର ହାତ ଧରିପକାଇ କହିଲେ, "ମହାଶୟ! ମୁଁ ତୁମ୍ଭ ପୁଅ" ପୁଅ ଦୋଷ କ'ଣ ବାପ ଧରେ? କେତେଥର ମୁଁ ମୋର ପିତାଙ୍କ କୋଳରେ ବସି ତୁମ୍ଭର ଯାତ୍ରା ଦେଖିଅଛି। ଯାହାହେଉ, ଆପଣ ଏକଥା ଅନ୍ୟତ୍ର କେଉଁଠି ପ୍ରକାଶ କରିବେ ନାହିଁ। ମୁଁ ସେଠାରେ ଜଣାଇଲି ପ୍ରକାଶ କରିବାକୁ ହୋଇଥିଲେ ଆପଣଙ୍କୁ ଜଣାଇ ନଥାନ୍ତି। ରାଜାସାହେବ ଗତରାତ୍ରର ସମୁଦାୟ ବିବରଣ ଶୁଣି ଆପଣା ଖନ୍ଦାରେ ଖାଇବା ପାଇଁ ହୁକୁମ କରିଦେଲେ।

ପାଠକେ! ସେହିଦିନଠାରୁ ମୁଁ ରାଜାସାହେବଙ୍କ ଖନ୍ଦାରେ ଆସିବା ପର୍ଯ୍ୟନ୍ତ ଖାଇଲି। ରୀତିମତ ଚବ୍ୟ, ଚୋଷ୍ୟ, ଲେହ୍ୟ ପେୟ ପାଇଲି। ଆସିଲାଦିନ ଛାମୁ ମୋତେ ଟଙ୍କା କୋଡ଼ିଏ ଓ ଲୁଗା ଯୋଡ଼ିଏ ପ୍ରଦାନ କରି ବିଦାୟ ଦେଲେ। ପରେ ଶୁଣିବାକୁ ପାଇଲି ଅଳ୍ପ ବୟସରେ ଛାମୁ କାଳର କରାଳ କବଳରେ ପତିତ। ତାଙ୍କର ଭ୍ରାତୃଷ୍ପୁତ୍ର କୁମ୍ଭବାବୁ ବର୍ତ୍ତମାନ ଗାଦୀନସୀନ୍ ହୋଇ ଚଉଷଠିଦୁର୍ଗା ଅଧୀଶ୍ୱର ଅଧିଷ୍ଠିତ ଉକ୍ତ ନୂତନରାଜାଙ୍କୁ ମୁଁ ସାକ୍ଷାତ୍‌ରେ ଯାଇନାହିଁ।

ଚଉଷଠିପଡ଼ାର ନାଚ ଦଳରେ ମୁଁ ଓସ୍ତାଦି କରୁଥାଏ। ଥରେ ଗୁଣ୍ଡିଚାଜାତର ରଥଟଣା ଦିନ ରାଜାସାହେବ ସଙ୍ଗେ କଥାବାର୍ତ୍ତା ହେଉଥିବା ଅବସ୍ଥାରେ ରାଜାଙ୍କ ଅନୁରୋଧ କ୍ରମେ ମୋତେ ରଥଟଣା ଗୀତ ଗାଇବାକୁ ଆଦେଶ ହେଲା। ମୁଁ ମଧ ତାହା ଅବିଚାର୍ଯ୍ୟ ଭାବେ ପାଳନ କରିଥିଲି। ରାଜାସାହେବ ଠିକ୍ ସେତେବେଳେ ପ୍ରଶ୍ନ କଲେ କବିମାନେ କ'ଣ କେବଳ ଯୁବତୀ ସ୍ତ୍ରୀଗଣଙ୍କୁ ବର୍ଣ୍ଣନା କରନ୍ତି? ବୃଦ୍ଧାସ୍ତ୍ରୀଙ୍କର ବର୍ଣ୍ଣନା କ'ଣ ନାହିଁ? ଆମେ କେବେ ବୃଦ୍ଧାସ୍ତ୍ରୀଙ୍କର ବର୍ଣ୍ଣନା ଶୁଣିବାକୁ ପାଇନାହୁଁ। ମୁଁ ଶୁଣାଇ ପାରିବି ବୋଲି ଉତ୍ତର ଦେଲି କିନ୍ତୁ ସେ ଯେନାପୁରରେ ଅଛି। ରାଜାସାହେବ ବୁଝି ନପାରିବାରୁ ମୁଁ ବିଶଦବ୍ୟାଖ୍ୟା କଲି, ରାଜାସାହେବ ହୃଦୟଙ୍ଗମ କରି ବୃଦ୍ଧସ୍ତ୍ରୀ ବର୍ଣ୍ଣନାର ଉପକରଣ ଯେନାପୁର ଠାରୁ କୌଣସି ବ୍ୟକ୍ତିଙ୍କୁ ପଠାଇ ମଗାଇ ଆଣିଲେ ସେତକ ପାଇବାରୁ ଦ୍ୱାଦଶାଙ୍ଗୁଳ ବିଶ୍ୱଯକ୍ଷକୁଣ୍ଡ ମଣ୍ଡନ କରି ତାହାରି ପଏଜନ୍‌ରେ ଲେଖନୀ ଧରିଲି, ଜଣେ ବୃଦ୍ଧାସ୍ତ୍ରୀ ଅନୁତପ୍ତା ହୋଇ ନିଜକୁ ବର୍ଣ୍ଣନା କରୁଅଛି-

କାହିଁଗଲୁ ଲୁଚି ଆରେ, ଯଉବନ ପୋଡ଼ାମୁହାଁ ।ଘୋଷା।
ଯେଉଁ କଳାକେଶ ନିନ୍ଦା କରୁଥିଲା ନୀଳ ନଦୀ ଜଳ ଆହା।
ତା ଦଶାତ ଆଜି ରସାରୁ ବାହାର ସେ ଦିଶୁଛି ଫୁଟିଲା କିଆ।୧।

ସେହି ଭୂରୁ ସେହି ଗଣ୍ଡକୁ ଚାହିଁଲେ ଦ୍ରୁତ ମାଡ଼ଇ ବାନ୍ତି।
ରଙ୍ଗ ହୀନ ହୋଇ ଅଧର କଲାଣି ତୁଣ୍ଡ ଭିତରକୁ ଗତି।୨।
ଯେଉଁ ଉଚ୍ଚ କୁଚ ତୁଚ୍ଛ କରୁଥିଲା କଛରେ ସୁନା-ଶିଖରୀ।
ବାସ ଆଡ଼ିଦେଇ ପଛରେ ଧାଇଁଲେ କେହି ନ ଅନାନ୍ତି ଫେରି।୩।
ଜାନୁଗୁହା ଦେଖି ଭାନୁ ଲୁଚୁଥିଲେ ଧଳାବଉଦ ଉଦରେ।
ତା ଦଶାତ ଆଜି ସଂସାରେ ଅସାର ପଡ଼ିଛି ହତ ଆଦରେ।୪।
ଖାଲି ଶେଯେ ଶୋଇ କାନ୍ଦି କାନ୍ଦି ମୋର ରାତିତ ଯାଉଛି ପାହି।
କାହିଁକି ଦଇବ ବୁଢ଼ିଯାଏ ରଖୁ ବେଳହୁଁ ନ ମାରିଦେଇ।୫।

ଏ କବିତାଟି ନେଇ ରାଜାଙ୍କ ହସ୍ତଗତ କରାଇବା ମାତ୍ରେ ରାଜାସାହେବ ପାଠ କରି ତାଙ୍କ ସହଚରମାନଙ୍କୁ ଶୁଣାଇ ଦେଲେ। ସ୍ଥାନଟି ହର୍ଷଭରେ ନିନାଦିତ ହେଲା। ଶେଷରେ ମୋହନବାବୁ ଦେୱାନକୁ ଆଦେଶ ଦେଲେ। "ନନା ପାଣୀଙ୍କୁ ପାଞ୍ଚୋଟି ମୁଦ୍ରା ପ୍ରଦାନ କର।

ହର ଗୁଣାବଳି

ଏତେବେଳେ ମୋର ପ୍ରଣୟିନୀ ହର କଥା ମନେ ପଡ଼ିଲା। କେହି କେବେ କାହାର ବିବାହିତା ସ୍ତ୍ରୀ ଠାରୁ ଏତେସୁଖ ସମ୍ଭୋଗ ପାଇନଥିବ। ସ୍ୱାମୀ ନ ଖାଇବା ପର୍ଯ୍ୟନ୍ତ ସ୍ତ୍ରୀ ଅନଶନବ୍ରତ ପାଳନ କରେ। ଏ କଥା ମୋ ଭାଗ୍ୟରେ ଘଟିଛି। ସେ ଯେତେବେଳେ ଯାହା ଚାହୁଁଥିଲା କୋୟରପରି ମୁଁ ଯୋଗାଇଥିଲି। ହାରମୋନିଅମ୍‌ରେ ଗୀତ ଗାଇବା, ଚାତୁରୀ, ନିର୍ଭିକତା, ଲୋକ ବଶକରା, ସୁଗୁଣବତୀ ସ୍ୱାମୀ ମନ ଯୋଗାଇଥିବା, ପତିଉପାସନା ବ୍ରତରେ ବ୍ରତୀ। କିଏ, କେଉଁଠାରେ ଅଛି ଥାଇ ପାରନ୍ତି। କିନ୍ତୁ ସେ ସର୍ବଗୁଣାଯୁକ୍ତା ନାରୀ ତାର ବାସ ପରିଧାନ, କେଶବିନ୍ୟାସ, ସଙ୍ଗୀତାଳାପୀ, ପଶୁପୋଷଣ ବଶକାରିଣୀ, ଦୀନହୀନ ପ୍ରତି ଦୟା, ଅତୀବ ଚମତ୍କାର। କେହି ଅନ୍ନ ବସ୍ତ୍ରାଦିର ପ୍ରାର୍ଥୀ ହୋଇ କେବେ ତାହାଠାରୁ ନିରାଶ ହୋଇ ପ୍ରତ୍ୟାଗତ କରିବା ଏ ଚକ୍ଷୁ କେବେ ହେଲେ ଦେଖିନାହିଁ। କେତେ କେତେ ବଡ଼ ଅଫିସର ବା ହାକିମ ତା ଠାରୁ ସମ୍ମାନିତ ହୋଇ ଯାଇଛନ୍ତି, ତାର କିଛି ଇୟତ୍ତା ନାହିଁ। ତାର ପରିଷ୍କାର ପରିଚ୍ଛନ୍ନତା କୌଣସି ଉଚ୍ଚ ଜାତିରେ କିମ୍ବା ଧନୀମାନଙ୍କ ଘରେ ବିରଳ। ଯାହାର ଗୁଣାବଳୀ ଲେଖିଲେ ମୋ ପରି କବିର ମସି ଶେଷ ହୋଇଯିବ। ସେହି ନାରୀ ବିନା ଡ଼ୋରରେ ମୋତେ ଶୃଙ୍ଖଳାବଦ୍ଧ କେଶରୀ ପରି ବାନ୍ଧି ପକାଇଥିଲା।

ପାଠକ, ପାଠିକାଗଣେ! ଆପଣମାନେ ଭାବିପାରନ୍ତି ଛାର ରଜକିନୀର ସ୍ଥାନ

ଏତେ ଉଚ୍ଚ, ନା କବିର ଲେଖା ବାହୁଲ୍ୟ ମାତ୍ର। କିନ୍ତୁ ମୋର ପୂର୍ଣ୍ଣବିଶ୍ୱାସ ସୁରପୁର ଶାପ ପ୍ରପୀଡ଼ିତା ଗାନ୍ଧର୍ବୀ ଯେଉଁ ତାର ଥରେ ମାତ୍ର ଦର୍ଶନଲାଭ କରିଛି କିମ୍ବା ତାର ବୀଣାଜିଣା ସ୍ୱର ଶ୍ରୁତି ଗୋଚର କରିପାରିଛି, କେବଳ ସେହିମାନେ କହିପାରିବେ ସେ କେଉଁ ଉପାଦାନରେ ଗଠିତ। କେବଳ ଏତିକି ଦୋଷ ଅମାପ ବ୍ୟୟିତା। ଯାହାର କୋଷ୍ଠି ଲଗ୍ନରେ ପଞ୍ଚଗ୍ରହ ବେଷ୍ଟିତ, ତା ହୋଇନଥିଲେ ଆଜି ସେ ପାଣୀର ପାଣିଗ୍ରହୀତା ହୋଇପାରିନଥାନ୍ତା। ମୁଁ ବିଦେଶ ଯାତ୍ରା କଲାବେଳେ କେତେବେଳେ ଯେ ତା'ର ଶୁଷ୍କନେତ୍ର ଦେଖିଛି ତା ମୋ ଭାଗ୍ୟରେ ଘଟିନାହିଁ, ମୁଁ ଯେ ବ୍ରାହ୍ମଣୀଦାର ପରିତ୍ୟାଗୀ, ଏହା କାହାବଳରେ? ତାହାର ସୁମିଷ୍ଟ ବଚନରେ ଆକୃଷ୍ଟ ହୋଇ କମଠପୃଷ୍ଠ ପରି ହୃଦୟ ଦ୍ରବୀଭୂତ ହୁଏ, ଧୈର୍ଯ୍ୟ, ଦମ୍ଭ ନିମିଷେ ମାତ୍ର ରହିପାରେ ନାହିଁ। ପାଠକେ; ଏହାକୁ ମୋର ଅତ୍ୟୁକ୍ତି ବୋଲି ମନେ କରିବେ ନାହିଁ।

ଅନୁଭବି ବିନେ- କହି ନୁହେଁ ଦୁଃଖ, ସୁଖ ବଚନେ।

ପରନ୍ତୁ ପ୍ରୀତି ଦୁଇ ପ୍ରକାର। ଗୋଟିଏ ସ୍ୱକୀୟା, ଅନ୍ୟଟି ପରକୀୟା, ସ୍ୱକୀୟା ପ୍ରୀତି ଅପେକ୍ଷା ପରକୀୟା ପ୍ରୀତି ଉତ୍କୃଷ୍ଟ। ଥରେ ରାଧାକୃଷ୍ଣଙ୍କ ପ୍ରୀତିପ୍ରତି ଦୃଷ୍ଟିନିକ୍ଷେପ କରନ୍ତୁ, କୃଷ୍ଣଙ୍କର ରାଧା କାହିଁକି ଆହ୍ଲାଦିନୀଶକ୍ତି ହୋଇଛନ୍ତି ତାହା କେବଳ ପରକୀୟାପ୍ରୀତି ବଳରେ,

ଅଷ୍ଟପାଟବଂଶୀଙ୍କଠାରେ ରାଧା ପ୍ରେମ କୃଷ୍ଣଙ୍କର ଦେଖିଅଛ କି? ଭାବି ପାରନ୍ତି, ଆତ୍ମ କାହାଣୀରେ ଏସବୁ ସ୍ଥାନ କାହିଁକି ପାଉଛି, କିନ୍ତୁ ଏହା ଏକମାତ୍ର ନଜିର ସ୍ୱରୂପ।

ପୁରୀଯାତ୍ରା

ଏ ସବୁ ମଧ୍ୟେ ଯାତ୍ରାଦଳ ଚାଲିଥାଏ। ମୁଁ ପୂର୍ବରୁ କହିଛି ବହୁକୁଦ ଦଳ ତିଆରି କଲାବେଳେ ଆନନ୍ଦପୁର ନାଚଦଳ ମଧ୍ୟ ଚାଲିଥିଲା; ବହୁକୁଦଦଳ ଉତ୍ତୀର୍ଣ୍ଣ ହେଲା ପରେ ଆନନ୍ଦପୁର ଦଳ ଉନ୍ନତି ପାଇଁ ଚେଷ୍ଟାକଲି। ଈଶ୍ୱରାନୁଗ୍ରହରେ କିଛିଦିନ ମଧ୍ୟରେ ଉକ୍ତ ଦଳଟି ସୁନାମ ଅର୍ଜନ କଲା। ମୁଁ ଉକ୍ତ ଦଳଟିକୁ ଧରି ପୁରୀ ଯାତ୍ରା କଲି। ସେତେବେଳେ ଲର୍ଡ଼ସିଂହ ହିଁ ଆମ ଓଡ଼ିଶାର ଲାଟ ସାହେବ ଥିଲେ।

ପ୍ରଥମତଃ ପୁରୀଜିଲ୍ଲା ଗୋପଥାନାରେ ଗିରିଧାରୀପୃଷ୍ଟି ନାମକ ଜଣେ ବଣିଆ ମହାଜନଙ୍କ ଘରେ ପାଞ୍ଚରାତି ଯାତ୍ରା କରିଥିଲୁ ତାପରେ ସତ୍ୟବାଦୀ ଗୋପୀନାଥଙ୍କ ବକୁଳବନ ଉତ୍କଳମଣି ଗୋପବନ୍ଧୁଙ୍କ ଖଦଡ଼ କାରଖାନା ଦେଇ ପୁରୀରେ ପହଞ୍ଚିଲୁ। ପୁରୀରେ ବଳଭଦ୍ର ହଜୁରୀଙ୍କ ତତ୍ତ୍ୱାବଧାନରେ ରହି ହାବେଳିଠାରେ ବସା କଲୁଁ। ପୁରୀମଠ ମାତାଜିମାନେ ସୁନ୍ଦରୀ ଯୁବତୀକନ୍ୟା ନେଇ ମଠର ମହନ୍ତମାନଙ୍କ ନିକଟରେ

ଉପଢ଼ୌକନ ସ୍ୱରୂପ ନେଇ ଭେଟ କରାନ୍ତି। ହାବିଳିମଠ ମାତା ଗୋଟିଏ ସୁନ୍ଦରୀ ନବଯୌବନା ରମଣୀଟିଏ କାହୁଁ ଆଣି ତା'ରି ମଠରେ ସ୍ଥାନ ଦେଇଥିଲା।

ସେ ଯେଉଁ କୋଠରୀଟିରେ ଥିଲା ଆମ୍ଭେମାନେ ତା'ର ଅପର ପାର୍ଶ୍ୱସ୍ଥ କୋଠରୀରେ ଥିଲୁଁ; ମଝିରେ ଝାଟିମାଟି କାନ୍ଥରେ ଚୂନଲିପା ହୋଇଥିଲା। କିନ୍ତୁ କାନ୍ଥସ୍ଥ ତଳ ପାର୍ଶ୍ୱର ଏକସ୍ଥାନରୁ ପେଣ୍ଠୁ ଆକାରରେ ମାଟିଛାଡ଼ି ଯାଇଥିବାରୁ ଅପରପାର୍ଶ୍ୱଲୋକ ଦେଖାଯାଉଥିଲା ଠିକ୍ ସେ ପାଖ ବଖରାର କାନ୍ଥପାଖକୁ ଉକ୍ତ ଯୌବନୀଟି ଚରମ ଦେଇ ବସିଥିଲାବେଳେ ଆମ ଯାତ୍ରାଦଳର କେହି ଜଣେ ପିଲା ଛଡ଼ି ସାହାଯ୍ୟରେ ଲକ୍ଷ୍ୟକରି ଭୂଷିଦେଲା। ଛଡ଼ିର ଅଗ୍ରଭାଗ ତା'ର କେଉଁ ସ୍ଥାନରେ ବିଦ୍ଧ ହେଲା କେ ଜାଣି ସେ ତତ୍‌କ୍ଷଣାତ୍ ମାତାଙ୍କୁ ଅବଗତ କରାଇଲା। ମାତା କୁପିତା ହୋଇ ଉଗ୍ରଚଣ୍ଡୀ ମୂର୍ତ୍ତୀ ଧାରଣ କରି ଭଦ୍ରତାର ବିପରୀତ ଦିଗରେ ଆମ୍ଭମାନଙ୍କ ପ୍ରତି ନାନା କୁବାକ୍ୟ ବାଣ ବର୍ଷଣ କରିବାକୁ ତିଳେମାତ୍ର ସଙ୍କୋଚ କିମ୍ବା କୁଣ୍ଠିତ ହେଲେ ନାହିଁ। ମୁଁ ସେତେବେଳେ ଭୀତ ମୂଷିକଭୂତି ଧାରଣକରି ନୀରବ ରହିଲି। ଅନୁସନ୍ଧାନରେ କିଛି ପ୍ରମାଣ ପିଲାଙ୍କଠାରୁ ମିଳିଲା ନାହିଁ ମୁଁ ଯାଇ ମାତାଙ୍କ ପାଦ, ପାଣୀ ପର୍ଯ୍ୟନ୍ତ ଧାରଣ କରି କ୍ଷମାପ୍ରାର୍ଥନା ଚାହିଁଲି। ତଥାପି ତାଙ୍କର ସେହି କରାଳମୂର୍ତ୍ତି ଶାନ୍ତ ଭଜିଲା ନାହିଁ। ଠିକ୍ ସେହି ଦିନ ରାତିକୁ ବଳଭଦ୍ର ହଜୁରୀଙ୍କ କଚେରୀ ଅଗଣାରେ ଯାତ୍ରାରମ୍ଭ ହେଲା। ଦିନରୁ ମୁଁ ଗୋଟିଏ ମାତାଜୀ ଫାର୍ଶ ତିଆରି କରି ଦୁଇଟି ପିଲାଙ୍କୁ ଶିଖାଇ ଥିଲି। ଉକ୍ତ ଫାର୍ଶଟିକୁ ସେ ଦିନ ରାତ୍ରି ଯାତ୍ରାରେ ପିଲାଙ୍କ ଅଭିନୟ ଦେଖାଇଥିଲି। ଜଣାଯାଏ, ଫାର୍ଶଟି ମାତାଙ୍କର ଶ୍ରୁତିଗୋଚର ହୋଇଥିଲା। ତାର ପ୍ରମାଣ ପ୍ରଭାତରେ ପାଇଥିଲି। ସେ ଫାର୍ଶଟି ଏହି-

ପୁରୁଷ- ମୋର ଘରୁ ଯା ଆଜି ବଣ ଗଳି।
ସ୍ତ୍ରୀ- କେଉଁ କଥାପାଇଁ ଯିବିରେ ଖଣ୍ଡିଆ କାହିଁକି ମୋ ସଙ୍ଗେ କରୁ କଳି,
ପୁରୁଷ-ଓଲିଆ ଗାଈକି କିଏ ସମ୍ଭାଳିବ, ପଘାଛିଣ୍ଡାଇଲା ଦୁଇଓଳି
ସ୍ତ୍ରୀ- ରଖୁଆଳ ଯେବେ ପେଟ ପୂରାଇବ ସାହୀଲୋକ କିମ୍ପା ଦେବେ ଗାଳି,
ପୁ- କେଉଁଆଡ଼େ ଯିବୁ କେଉଁଠି ରହିବୁ ମୋର ଘରଛାଡ଼ି ଯାଆ ଚଳି,
ସ୍ତ୍ରୀ-ଉଗୁରିଖିଆ ମୁଁ ପୁରୀରେ ରହିବି ମାଖିଦେବି ବଡ଼ଦାଣ୍ଡଧୂଳି।
ପୁ-ଝୁଲାମାଳିନେଇ କାହାକୁ ଭଜିବୁ କିଏଦେବ ତୋତେ ମଠ ତୋଳି
ସ୍ତ୍ରୀ-ଅଛନ୍ତି ମହନ୍ତ ରଖିବେ ମହତ ଲଗାନାହିଁ ମୋରତୁଳେ କଳି।

ଏହିପରି ଫାର୍ଶ ଦେଖାଇ ଯାତ୍ରା ଶେଷରେ ସକାଳୁ ବସାକୁ ଫେରିଲୁ। ବସାରେ ପହଞ୍ଚିବା ପୂର୍ବରୁ ଦେଖିଲି ମଠ ଦରଜାର ଉପକଣ୍ଠରେ ମାତା ପ୍ରତିଷ୍ଠିତ। ମୁଁ ପହଞ୍ଚିବାକ୍ଷଣି ମାତା ମହୋଦୟ ଏକପୂର୍ଣ୍ଣ ଜଳକୁମ୍ଭ ଖଣ୍ଡିଏ ଦାନ୍ତକାଠି ଏବଂ ସାମାନ୍ୟ ଗୁଡ଼ାଖୁ ମୋ

ନିକଟରେ ରଖି ଦନ୍ତଧାବନ କରିବା ପାଇଁ କହିଲେ; ସେତେବେଳେ ମାତାଜୀଙ୍କ ମୂର୍ତ୍ତି ଏକାବେଳକେ ଶାନ୍ତ। ଅଧିକନ୍ତୁ ମୋତେ ପ୍ରଶ୍ନ କଲେ, "ଆପଣ ଏ ଦଳର ଗୁରୁ" ମୁଁ ଆପଣଙ୍କୁ ଚିହ୍ନି ପାରିନଥିଲି, ମୋତେ କ୍ଷମାଦେବେ। ଏପରି ଫାର୍ଶ ଅଭିନୟ କରି ପୁରୀର ମାତାଜୀମାନଙ୍କୁ ଅପମାନିତ କରିବେ ନାହିଁ। କାଲି ମୁଁ ଆପଣଙ୍କ ଯାତ୍ରାକୁ ଯାଇଥିଲି। ଏ କଥାରେ ବୁଝାଗଲା ମାତାଜୀଙ୍କ ମର୍ମସ୍ଥାନରେ ମୋର ଗୀତଟି ବିଦ୍ଧ ହୋଇଛି।

ଆଉ ଦିନର ଘଟଣା;-

ପୁରୀ ମାର୍କଣ୍ଡେଶ୍ୱରସାହୀ ମିଛୁମିଶ୍ରଙ୍କ କୋଠାରେ ବଗୁଲାବାରଣା ବାସୀମାନେ ଥିଲେ, ସେମାନଙ୍କ ମଧ୍ୟରେ ବଂଶୀଧର ନାମକ ବ୍ୟକ୍ତି ସଙ୍ଗେ ମୋର ପୂର୍ବରୁ ପରିଚିତ ଥିଲା। ମୁଁ ଥରେ ରୂପଜୀବୀମାନଙ୍କ ସମ୍ବନ୍ଧେ ପଚାରିବାରେ ସେ ଶାରଦାନାମ୍ନୀ ଏକ ବାରଙ୍ଗନା ବିଷୟ ଶୁଣାଇଲା। ମୁଁ ଆଶାର୍ଥୀ ଥିବାର ଜାଣି, ସେ ଉକ୍ତ ଅଙ୍ଗନାର ଅଙ୍ଗଯୋଗ କରାଇ ଦେବାର ସମ୍ମତି ପ୍ରଦାନ କଲା। ମିତ୍ର ବଂଶୀଧର ମୋ ସମ୍ବନ୍ଧେ ଶାରଦାକୁ ଜଣାଇବାରେ ସେ ଯାତ୍ରାଦଳୀୟ ସଙ୍ଗେ ସଂଯୋଗିତ ହେବାର ଅସମ୍ମତି ହେଲା। ଅଧିକନ୍ତୁ କହିଲା, ଯାତ୍ରାବାଲା ଗୁଡ଼ାକ ମୋର ଅଙ୍ଗ ସ୍ପର୍ଶ କରିବେ? ଏତଦ୍‌ବ୍ୟତୀତ ବଂଶୀବାବୁ ଗମନାଗମନ କରିବାର ମୋତେ ନ ଯିବାକୁ ବାରଣ କଲା। ଏ ସମସ୍ତ ମୁଁ ବଂଶୀବାବୁଙ୍କ ଠାରୁ ଶୁଣି ଦୁଃଖିତ ହେଲି।

"ଏ ମନ ଭାବୁଥାଏ ଯାହା। କାଳେ ପ୍ରାପତ ହୁଏ ତାହା।

ଶାରଦାବେଶ୍ୟା ବଶୀଭୂତ

ଦିନେ ମାର୍କେଣ୍ଡଶ୍ୱର ପୋଖରୀରୁ ସ୍ନାନ ସାରି ଆସୁଥିବା ସମୟରେ ପଥ ମଧ୍ୟରେ ଉକ୍ତ ଶାରଦା ଘରୁ ହାରମୋନିୟମ ସ୍ୱର ମୋର କର୍ଣ୍ଣଗୋଚର ହେଲା, ମୁଁ ଆର୍ଦ୍ର ବସନରେ ଯାଇ ଦେଖିଲି; ନିଜେ ଶାରଦା ହାରମୋନିୟମ୍ ବଜାଉଛି। ମୁଁ ସମ୍ମୁଖ ଦରଜାରେ ଠିଆହୋଇ ଶାରଦା ପ୍ରତି ଦୃଷ୍ଟି ନିକ୍ଷିପ୍ତ ସଙ୍ଗେ ସଙ୍ଗେ ହାରମୋନିୟମ ପ୍ରତି ମନୋନିବିଷ୍ଟ କଲି। କିୟତ୍‌କ୍ଷଣ ପରେ ସେ ମୋ ପ୍ରତି ଦୃଷ୍ଟି ନିକ୍ଷିପ୍ତ କରି କର୍କଶ ସ୍ୱରରେ ପ୍ରଶ୍ନକଲା, କାହିଁକି ଛିଡ଼ା ହୋଇଛ? ମୁଁ ଉତ୍ତର ଦେଲି, ହାରମୋନିୟମରେ ଗୀତଟି ସ୍ୱରଭଙ୍ଗ ଘଟୁଛି। ପୁଣି ପଚାରିଲା, ଆପଣ ବଜାଇ ଜାଣନ୍ତି କି? ହଁ; ମୁଁ ଜାଣେ, ଏତିକି ମାତ୍ର ଉତ୍ତର ଦେଲି। ତହୁଁ ମୋତେ ପାଖକୁ ଡାକି କହିଲା, କିମିତି ବଜାନ୍ତୁ? ଗୀତଟି ଚମ୍ପୁ ଅନ୍ତର୍ଗତ 'ବ' ଗୀତ।

"ବିଚକ୍ଷଣାରେ, ବିନା ତୋ ପ୍ରୀତି କେ ଗତି ଅଛି ଜଗତରେ"-

ଏହି ଗୀତଟି ସଂପୂର୍ଣ୍ଣଭାବେ ବଜାଇ ନେଲି, ସେତେବେଳେ ବୁଝିଲି ବାରାଙ୍ଗନାଟି ହାରମୋନିୟମ ବଜାଇବାରେ ଅର୍ଦ୍ଧଶିକ୍ଷିତା।

ତା'ପରେ ମୋତେ ପଚାରିଲା, ଆପଣ କେଉଁଠାରେ ବସା କରିଅଛନ୍ତି ? ମିଛୁମିଶ୍ରଙ୍କ କୋଠାରେ ବସା କରିଥିବାର ମୁଁ ଜଣେଇଲି ସେ ତତ୍‌କ୍ଷଣାତ୍ କହିଲା- ମୋର ଭଉଣୀଟି ତୁମ୍ଭ ସାଥୀରେ ଯାଉ, ବସାରେ ବସନ ବଦଳାଇ ଭଉଣୀ ସହ ଅନୁଗ୍ରହ କରି ଆସିବେ। ଆପଣ ଏଠାରେ ଏବେଳେ ମହାପ୍ରସାଦ ସେବନ କରିବେ। ସେତେବେଳେ ମୋ ମନରେ ନବଉତ୍ସାହ ଜାଗ୍ରତ ହେଲା- ମୁଁ ଭାବିଲି, ଏହି ଶାରଦା କହିଥିଲା ଯାତ୍ରାଦଳ ଗୁଡ଼ାକ ଆମଦେହ ଛୁଇଁବେ ? ହଉ, କଥାଟା କେତେଦୂର ଗତି କରୁଛି କରୁ। ମୁଁ ବସନ ବଦଳାଇ ଛୋଟଭଉଣୀ ସହ ବସାକୁ ଆସିଲି। ଗୋଟିଏ ପ୍ଲେଟ୍‌ରେ ମୋତେ ଦୁଇମୂର୍ତ୍ତି ଜଗନ୍ନାଥବଲ୍ଲଭ, ଓ ଦୁଇଟି କ୍ଷୀରମୋହନ ଓ ଗିଲାସେ ତାଙ୍କ ସ୍ପର୍ଶ ପାଣି। ଏହି ସାମାନ୍ୟ ଜଳଯୋଗର ପରେ ମୋତେ ଖଟ ଉପରେ ବସାଇ ଖଣ୍ଡିଏ ବିଟୀକା ଭକ୍ଷଣ କରାଇ ଦେଲେ।

ଏହାପରେ ମୁଁ ହାରମୋନିୟମ୍ ଧରି ବଜାଇବାବେଳେ ମୋର ଚରମଦେଶରେ କୋମଳ କରପଦ୍ମ ଧୀରେ ଧୀରେ ଚାଳନ କଲେ। ଶେଷରେ କହିଲେ ମୁଁ ଆଜି ଆପଣଙ୍କୁ ମହାପ୍ରସାଦ ଡୋରରେ ବାନ୍ଧି ପକାଇଲି। ଏଠୁଁ ଯିବା ପର୍ଯ୍ୟନ୍ତ ମୋ ଘରକୁ ଆସୁଥିବେ। ସେତେବେଳେ ମୋତେ ଜଣାଗଲା ନନ୍ଦନ କାନନର ଦେବ ପାରିଜାତ ଅସ୍ତଗତ୍‌ବତ୍। ଘଣ୍ଟାକ ପରେ ମୋ ମିତ୍ର ବଂଶୀଧର ଖାଇବାକୁ ଡାକିଲେ। ମୁଁ ଶାରଦା ଖଟରେ ବସିଥିବା ଦେଖି କିହଲେ କିହୋ ଶାରଦା। ସେ ଦିନ ମୋତେ କ'ଣ କହୁଥିଲ ? ଏହି ଗୁରୁ ଓ କବିଙ୍କ କଥା କହୁଥିଲି, ଏବେ ହେଲା-

ସେତେବେଳେ ବାରଙ୍ଗନାଟି ମୁନିଭୂତି ଧାରଣ କଲେ। ଭାବିଲି ମୌନେ ସମ୍ମତି ଲକ୍ଷଣଂ, ଏହାଭାବି ମୋ ରଚିତ ଗୀତଟି ଶାରଦା ଉପଲକ୍ଷେ ହାରମୋନିୟମ୍ ଦ୍ୱାରା ଗାଇଲି।

ରାସ-ରଙ୍ଗୀ ପ୍ରାଣ-ସଙ୍ଗୀ	ହେମ ଗୋରିରେ।
ଓରିମାନ ତେଜି ନିଅ	କୋଳକରି ରେ। ଘୋଷା।
କର ଗତି ଶମ୍ଭୁ-ରିପୁ	ରିପୁ ହୋଇ ଦହେ ବପୁ
ବପୁ ରଖ ବୀଣା ଭାଷି	କୀଣା ପରି ରେ।୧।
ପରିହାସ ନ ବିଚାର	ବିଚାରି କରିବୁ ସ୍ଥିର
ଅସ୍ଥିର କରୁଛି ମାର	ଶର ମାରି ରେ।୨।

ମାରିଲେ ନେବୁ କି ଯଶ		ଯୋଷାମଣୀ ଅଙ୍କେ ବସ,
ବସ ଚୁମ୍ବ ଦିଅ ଗଣ୍ଡେ		ଗଳାଧରି ରେ।୩।
ଧରସ୍ତନା ଟେକ ମୁଖ		ମୁଖ ଦେଖି ଯାଉ ଦୁଃଖ,
ଦୁଃଖ ଯାଉ ବଇଷ୍ଟବେ		ନିଅ ଠାରି ରେ।୪।

ଏ ଗୀତଟି ଶୃଙ୍ଖଳା ନିୟମରେ ଛନ୍ଦା। ମିତ୍ର ବଂଶୀବାବୁ ଆଉ ଏକ ଗୀତ ଗାଇବାକୁ ଅନୁରୋଧ କରିଥିଲେ। ତହୁଁ ଚଣ୍ଡୀଯୁଦ୍ଧ ମଧ୍ୟରୁ ଆଦି ରସାତ୍ମକ ଗୀତଟି ଚୋଖିବୃତ୍ତ ମୋର ମନେ ପଡ଼ିଲା।

ଆଲୋ ଲୋ! ଦୁର୍ମତି ନାରୀ		ରକ୍ଷକୁଳ କ୍ଷୟଙ୍କରୀ
ଅକୁଳ ସମୁଦ୍ରେ ମୋତେ ଭସାଇ ଦେଲୁ।
ରସାଇଲୁ ଚଣ୍ଡ ମୁଣ୍ଡେ,		ଶମ୍ଭୁ ନିଶମ୍ଭୁ ପ୍ରଚଣ୍ଡେ,
ଚାମର, ବିମାଳ, ବିଡ଼ୋଳାକ୍ଷେ ନାଶିଲୁ।
ହସାଇଲୁ ଜନ ଜଗତେ, କଷାଇଲୁ ମନକୁ ମୋ ଧନଇଙ୍ଗିତେ।୧।
ସଙ୍ଗୀତ-ପ୍ରବୀଣା ବୀଣା,		ବରନା ଯାଉଛି ଜଣା,
କରିଅଛୁ ମନ ଊଣା କିଣା ଜନରେ।
ଆସିଥିଲି କରି ଟାଣ,		ପଣ କରିବାକୁ ରଣ,
ବାରଣ ଗମନା ରୋଷ ବହି ମନରେ।
ତୋଇକ୍ଷଣ ଛଟାକୁ ଦେଖି, ଲାଖିଲି ଅଠାରେ ଯେହ୍ନେ ଲାଖଇ ପକ୍ଷୀ।୨।
ହେବୁ ଭାରିଯା ମୋହରି,		ହରିଣାକ୍ଷୀ କୃଶୋଦରୀ,
ଆଦରେ ସମ୍ଭାଷି ଆସି ବସ ମୋ କୋଳେ।
ବଳେ ବାହୁବଳେ କଷ,		ସ୍ନେହଭୋଳେ ନାରୀ ଇଶ,
ଜଳେ ଦେହ ଚଳାପାଇଁ ବିରହାନଳେ।
ଗଲାକଥା ଗଲାଣି ସହି। ଭୁଲାନା ଖଣ୍ଡବଚନା ଏ ମନ ମୋ।୩।
ବିହି ସବୁଠାରୁ ସାର,		ପଦାର୍ଥ କରି ବାହାର,
ଭୂଧର ଉରଜା ଶ୍ରମ କରି ଗଢ଼ିଛି।
ସୁବର୍ଣ୍ଣରୁ ବର୍ଣ୍ଣ ଆଣି,		ଗଜୁଁ ଗତି, ପିକୁ ବାଣୀ,
ଚପଳାରୁ ଡୋଳା ଖେଳା ଠାଣି କାଢ଼ିଛି।
ବନ୍ଧୂଲୀରୁ ଅଧର ଜ୍ୟୋତି। ନିଆଳୀରୁ ଚୋରାଇଛି କରଜ କାନ୍ତି।୪।
କି କହିବୁ କହ କଳ,		ବଚନା ଯାଉଛି ବେଳ,

ଆଚର ନାହିଁ ଭ୍ରମର କେତକୀ ଭାବ।
ଭବ ମୋହିନୀ ମୋହର, ହୁଅ ଶୀଘ୍ର ଗଳାହାର,
ତରିବି କାମସାଗର କରିଛି ନାବ।
ତୋବେନି ଜାନୁକୁ ରସିକା, ବଇଷ୍ଣବବୋଲେ ତୁମୋ ମନ ତୋଷିକା,

ଏ ଗୀତଟି ବୋଲିବାରେ ଶାରଦା ମନ୍ତ୍ରମୁଗ୍ଧ ଅହି ପରି ଶ୍ରୁତି ଡେରିବା ସଙ୍ଗେ ସଙ୍ଗେ ଛଳ ଛଳ ଚକ୍ଷୁରୁ ଅଶ୍ରୁ ବିଗଳିତ ହେଲା। ଗୀତ ଶେଷରେ ମୋର କରସ୍ପର୍ଶ କରି ବିଦାୟ ଦେଲେ। ମୁଁ ମିତ୍ର ବଂଶୀବାବୁଙ୍କ ସଙ୍ଗେ ବସାକୁ ଫେରିଲି। ଖାଦ୍ୟ, ପେୟ ପରେ ବିଶ୍ରାମ ନେଲି।

ସେହିଦିନ ରାତ୍ରିରେ ପଟିଆ ରାଜାଙ୍କ କୋଠିରେ ଯାତ୍ରାହେଲା। ସେତେବେଳେ ମୋର ଗୋଟିଏ ଦୁଆରି ସେ ସମୟରେ ଭାରତର ପରାଧୀନତାକୁ ଭାବି ବ୍ରିଟିଶ୍‌ସରକାରଙ୍କୁ ଲକ୍ଷ୍ୟରେ ନିମ୍ନଗୀତ ଗାଇଲା,

ପୋଡ଼ିଯାଉରେ ପୋଡ଼ା ଚାକିରୀ ନିଶା।
ପର ଅଇଁଠାକୁ, ପର ଗୋଇଠାକୁ କେଉଁ ସୁଖ ପାଇଁ ବଳାଇ ଆଶା।
ପରଭାତ ଖାଇ, ଫୁଲି ଉଠେ ନାହି, ପିଠିରେ ଭାଙ୍ଗଇ ଟାଙ୍ଗିଆ ପଶା।
ସଫାଖଣ୍ଡେ ପିନ୍ଧି, ଧପା ମାରୁଥାନ୍ତି ଲୋକଙ୍କ ଆଗରେ ଦିବସ ନିଶା।
ନ କରିଲେ କାମ, ବିଧି ହୁଏ ବାମ, ଶୋଧୁଥାନ୍ତି ପାଣପଠାଣ ଚଷା।
ଯାହାକୁ ତାହାକୁ, ଦବାକୁ ମାଆକୁ ଡାକ ଛାଡୁଥାନ୍ତି ଆଲୋ ମଉସା।
ଖାମିଦର ମନ ଯୋଗାଇ ନ ଥିଲେ ଆସିଣ ଘୋଟଇ ଦଶମ ଦଶା।
ଦୁଧ ଘିଅଖିଆ ମୁହେଁ ଲାଗୁ ନିଆଁ ଆଛା ଆମ ଖାଲି ତୋରାଣି କଂସା।
ନିଜ ଶିଙ୍ଗେ ଭାଇ ନିଜେ ମାଟିଖୋଳି, ପେଟ ପୋଷୁଥାନ୍ତି ପିମ୍ପୁଡ଼ି ମୂଷା।
ତାଙ୍କଠାରୁ ହୀନ, ତୁମ୍ଭର ଜୀବନ, କିଏ ଦିଏ ତାଙ୍କୁ ଟଙ୍କା ପଇସା।
ନିଜହାତେ ଭାଇ, ନିଜେ କାମକର ନିଜ ଘର ଡିହେ କରିଣ ବସା।
ନିଜ ସାହିଭାଇ, ପାଖେ ବସୁଥିଲେ, ନିଶ୍ଚୟ ଫେରିବ ଦିନେ ସୁଯଶା।
ଗୋଲାମୀ ଆଶାରେ, ସଲାମି ଦଉଛ, ଖାଇବାକୁ ଶେଷେ କଲମ ଭୂଷା।
ପଲମ ମୁଣ୍ଡାଙ୍କୁ, ସଲାମ କରୁଥା, ବଇର କାଳକ କଲମ ଚଷା।।

ଏ ଗୀତଟି ଦୁଆରୀ ବୋଲିଲା ସତ, କିନ୍ତୁ ମାନ୍ୟବର ଲାଟସାହେବ ପୁରୀରେ ଥିବାରୁ ମୁଁ ଭୀତତ୍ରସ୍ତ ହୋଇଥିଲି। ଏପରି ଆକ୍ଷେପ ଗୀତ ଗାଇବାରେ ସରକାର ଧର

ପଗଡ଼ କରି ପାରନ୍ତି। ଭାଗ୍ୟକ୍ରମେ ପୋଲିସ ଲୋକ କିଛି କହି ନାହାଁନ୍ତି, କି ପୋଲିସ୍ ସାହେବ ଶ୍ରୀକୃଷ୍ଣ ମହାପାତ୍ର ସହରରୁ ବିତାଡ଼ିତ କରି ନାହାନ୍ତି।

ଏହିପରି ଯାତ୍ରାକାମ ଶେଷ କରି ତିନିମାସ ପରେ ସରନ୍ତି ସୋମବାର ନାଗାଯାତ୍ରା ଦେଖି ଗ୍ରାମକୁ ପ୍ରତ୍ୟାଗମନ କଲି। ନାଚ ଦଳରେ ରହି ଯାହା ଅର୍ଜନ କରେ, ଧନତକ ମୋର ସହଚରୀ ହାରାମଣୀଙ୍କ ନିକଟକୁ ପଠାଇ ଦେଉଥାଏ।

ମୋର କାପାଳିକ ମୂର୍ତ୍ତି

ପୁରୀପୀଠରେ ଯାତ୍ରାକାର୍ଯ୍ୟ ସମାପନ ପରେ ମୁଁ ବାସସ୍ଥାନକୁ ପ୍ରତ୍ୟାଗମନ କରି ହାରାମଣୀଙ୍କ କରତଳରେ ଆଶ୍ରୟ ଗ୍ରହଣ କଲି। ସୁଖ ସ୍ୱଚ୍ଛନ୍ଦରେ ଦିନାତିପାତ କଲି। ଏତେବେଳକୁ ମୋର ରଚିତ ଶତାଧିକ ପୁସ୍ତକ ହୋଇ ସାରିଥିଲା। ଗ୍ରାମେ ଗ୍ରାମେ ଯାତ୍ରାଦଳ ମଧ୍ୟ ତିଆରି ଚାଲିଥିଲା। ଏତେ ସଂଖ୍ୟାରେ ନାଚଦଳ ଗ୍ରାମମାନଙ୍କରେ ବଢ଼ିଗଲା ଯେ ନାଚ ଶିଖାଇବାକୁ ଓସ୍ତାତ୍ ବା ମାଷ୍ଟର ନିଅଣ୍ଟ ଧରିଲେ। ଯେଉଁମାନେ କି ମୋର ଛାତ୍ରରୂପେ ନାଚକାର୍ଯ୍ୟ ଶିକ୍ଷା କରିଥିଲେ ସେହିମାନେ ଓସ୍ତାତ୍ ରୂପେ କାର୍ଯ୍ୟ କରି ନିଜକୁ ପରିଚିତ କରାଉଥିଲେ, କିନ୍ତୁ ମୋ ହାତରୁ କଲମ କାଳି ଛୁଟଣ ନଥିଲା କି କବିତା ଲେଖାରୁ ବଞ୍ଚିତ ନଥିଲି।

ଗ୍ରହ ବିପର୍ଯ୍ୟସ୍ତ ହେଲେ ନାନାବିଧ ବିଘ୍ନ ଘଟେ। ଦିନେ ସକାଳେ ପଖାଳ ଖିଆରେ ଦ୍ୱିତୀୟବାର ଭାତ, ତୋରାଣୀ ସ୍ୱୟଂ ହାରାମଣି ପରିବେଷଣ କରିବା ସମୟରେ ଅସାବଧାନତା ବଶତଃ ତୋରାଣୀ ଛିଟିକା ମାରି ମୋର ସର୍ବାଙ୍ଗ ଶରୀର ଓଦା ହେଲା। ମୁଁ କ୍ରୋଧରେ ଉତ୍ତ୍ୟକ୍ତ ହୋଇ ଦୁଇ, ଚାରିକଥା କହି ପକାଇଲି। ମୋ କଥାରେ ସେ ଧୈର୍ଯ୍ୟ ସମ୍ବରଣ କରିନପାରି ତାଙ୍କର କୃଷ୍ଣକାୟ ମୂର୍ତ୍ତିକୁ କରାଳ ମୂର୍ତ୍ତିରେ ପରିଣତ କରି ପ୍ରଜ୍ୱଳିତ ସହକାରେ ଗର୍ଜନ କରି କହିଲେ ଓଃ। 'ଖାଇଲେ ଖା, ନଇଲେ ଯା' ଏତିକି ନୁହେଁ। ଏହା ସଙ୍ଗେ ସଙ୍ଗେ ମଧ୍ୟ ନାନା କୁବାକ୍ୟ ବର୍ଷଣରୁ ବିରତ ନଥିଲେ। ତାଙ୍କର କଟୁବାକ୍ୟ ସମୂହ ସୀମାତୀତ ହେବା ଦେଖି ମୁଁ ବ୍ରାହ୍ମଣ ପର୍ଶୁରାମ ମୂର୍ତ୍ତି ଧାରଣ କରି କ୍ରୋଧରେ ବାରଣ୍ଡାସ୍ଥିତ ଗଚ୍ଛିତ ବେତ୍ର ମଧ୍ୟରୁ ଏକଖଣ୍ଡ ଝିଙ୍କି ଆଣି, ଚାରିପାଞ୍ଚବାର ବେତ୍ରାଘାତ କରି ଗୃହତ୍ୟାଗ କଲି। ବିରୂପା କୂଳେ ଯାଉଁ ଯାଉଁ ନୁର୍ତ୍ତାଙ୍ଗ ନିକଟସ୍ଥ ଶିରୀପୁର ମୌଜା ନିବାସୀ ମୋର ପ୍ରିୟ ଛାତ୍ର ଶ୍ରୀମାନ୍ ଯୋଗେନ୍ଦ୍ର ମିଶ୍ରଙ୍କ ବାସ ଭବନରେ ଉପସ୍ଥିତ ହୋଇ ସତ୍ୟଗୋପନ ନକରି ସମସ୍ତ ବିଷୟ ଯୋଗୀକୁ ଜଣାଇଲି, ଏବଂ ହାରାମଣୀଙ୍କ ନିକଟ ନଯିବା ପାଇଁ ମଧ୍ୟ ପ୍ରକାଶ କଲି।

ଏ ସମସ୍ତ ବିଷୟ ଯୋଗୀ ଶ୍ରବଣ କରି ଦୁର୍ଗମ ସ୍ଥାନରୁ ପ୍ରତ୍ୟାବର୍ତ୍ତନ କରିଥିବାରୁ

ବିଶେଷ ଖୁସି ହେଲା ଓ ଆଦର ସମ୍ଭାଷଣ କରି ଗୃହରେ ଆଶ୍ରୟ ଦେଲେ । ଠିକ୍ ଦୁଇଦିନ ପରେ ମାହାଙ୍ଗା ନିକଟସ୍ଥ ଖଣ୍ଡିଆ ବନ୍ଧ ଗ୍ରାମବାସୀଙ୍କ ଅନୁରୋଧ କ୍ରମେ ତାଙ୍କ ଗ୍ରାମକୁ ଯାଇ ନାଚଦଳ ଦେଖା ସଙ୍ଗେ ସଙ୍ଗେ 'ଅମ୍ବୁଜମଣି' ନାଟକଟି ତିଆରି କଲି । ସେଠାରେ କାର୍ଯ୍ୟ ଶେଷପରେ ପାରିଶ୍ରମିକ ପାଇ 'ଉମର' ଗ୍ରାମକୁ ଗମନ କଲି । ଉକ୍ତ ଗ୍ରାମରେ ବଦାନ୍ୟବ୍ୟକ୍ତି କୁଳମଣି ଚୌଧୁରୀଙ୍କ ନାଚଦଳରେ ରହି (ଯଯାତି କେଶରୀ) ନାମକ ନାଟକ ଖଣ୍ଡିଏ ତିଆରି କଲି । ଶେଷରେ ପାରିଶ୍ରମିକ ପାଇ କଟକ ଯାତ୍ରା କଲି । କଟକସ୍ଥ କୋହିନୂର ପ୍ରେସର ପ୍ରୋପ୍ରାଇଟର ଏସ୍. ଅମିନୁଲ୍ଲା ଆଇ, (ଡାକନାମ ବାବୁମିଆଁ) ଦୟା ପରବଶ ହୋଇ ଖାଦ୍ୟ ପେୟର ସୁବନ୍ଦୋବସ୍ତ ସଙ୍ଗେ ଖଣ୍ଡିଏ ବସାଘର ଛାଡ଼ିଦେଲେ । ସେଠାରେ ରହି ଶ୍ୱେତବସନ୍ତ, ସୁଧନ୍ୱା ଓ ସଂଯୁକ୍ତା ନାମକ ନାଟକ ତିନିଖଣ୍ଡି ଲେଖି ତାଙ୍କଠାରୁ ସନ୍ତୋଷ ଜନକ ପାରିଶ୍ରମିକ ପ୍ରାପ୍ତ ହେବାରୁ ଗଚ୍ଛିତ ଅର୍ଥ ସମୂହକୁ ମୌଦା ଡାକଘରେ ଜମାଦେଇ ରସିଦ୍ ହାସଲ କଲି ।

ଏହିପରି ବହିମାନ ରଚନା କରି ପାରିଶ୍ରମିକ ସ୍ୱରୂପ ପାଉଥିବା ଅର୍ଥ ସମୂହକୁ ଗଚ୍ଛିତ କରି ପଞ୍ଚଶତାଧିକ ଟଙ୍କା ଡାକଘରେ ରଖିଥିଲି । ଅବଶ୍ୟ ହାରାମଣୀଙ୍କର ଏସବୁ କର୍ଣ୍ଣଗୋଚର ହୋଇଥିଲା ଓ ମୁଁ ତାର ବଶୀଭୂତ ଥିବା ଜାଣି ମୋ ପ୍ରତି ତାର ହେୟ ଦୃଷ୍ଟି ଆସିଥିଲା । ସେ ସମ୍ପୂର୍ଣ୍ଣ ମନେ କରିଥିଲା ଯେ ମୁଁ ତାକୁ ଛାଡ଼ି ଦୀର୍ଘକାଳ ସମୟ କଟାଇ ପାରିବି ନାହିଁ ।

ପାଠକେ, ତାର ଏପରି ଭାବିବାର କାରଣ ଥିଲା । ମୁଁ ପୂର୍ବରୁ ବରାବର ସ୍ତ୍ରୀ ଭକ୍ତ ରତ । ସେ ଏହା ଭଲଭାବେ ହୃଦୟଙ୍ଗମ କରି ସାରିଥିଲା । ମୁଁ ମଧ୍ୟ ମଣି ଛାଡ଼ି(ସ୍ତ୍ରୀ) ରତ୍ନ ପାଇଁବାକୁ ଚେଷ୍ଟିତ ଥିଲି ।

ଇତି ମଧ୍ୟରେ ଆନନ୍ଦପୁରସ୍ଥ ପତିତପାବନ ମହାପାତ୍ର ଏକ ନବଯୁବତୀ କଟକ ଗଣେଶ ଘାଟଠାରେ ମାତାଜୀ ହୋଇଥିବାର ସମ୍ବାଦ ଦେଲେ । ଏ ସୁସ୍ୱାଦଟି ପାଇ ଆନନ୍ଦିତ ହେବା ସଙ୍ଗେ ସଙ୍ଗେ କାଳ ବିଳମ୍ବ ନକରି ଯୋଗୀଙ୍କ ସଙ୍ଗେ ପରାମର୍ଶ କଲି ଓ ମାତାଜୀଙ୍କୁ ପାଇବା ଆଶାରେ ଯୋଗୀକୁ ରାସ୍ତାଖର୍ଚ୍ଚାଦି ସହ କଟକ ପଠାଇଲି । ପରନ୍ତୁ ଯୋଗୀକୁ କହିଲି "ତୁ ମୋର ପ୍ରିୟ ଶିଷ୍ୟ" ଏ କାର୍ଯ୍ୟ ଯେପରି କଳେ, ବଳେ, କୌଶଳେ ହାସଲ କରିବୁ । କିନ୍ତୁ ନିରାଶ ହୋଇ କଟକରୁ ଫେରିବୁ ନାହିଁ । ଏତିକି କହି ଯୋଗୀକୁ କଟକ ଅଭିମୁଖେ ବାଟେଇ ଦେବାକୁ ଗଲି । ଏହା କଲି ସତ୍ୟ, ମନ ଅସ୍ଥିରତାରୁ ମୁଁ ପରଦିନ କଟକ ବାହାରି ଗଲି । ଏହା ମଧ୍ୟରେ ଯୋଗୀ ପ୍ରୋକ୍ତ ମାତାଜୀକୁ କଳେ ବଳେ, ତାଙ୍କ ବାସଭବନ ଖିରୀପୁର ମୌଜାକୁ ନେଇ ଆସି ସାଦରେ ଆଶ୍ରୟ ଦେଲେ ଓ ମୋର ଅନୁପସ୍ଥିତତା ଦେଖି ପୁନର୍ବାର କଟକ ଯାତ୍ରା କରି ମୋର ସାକ୍ଷାତ

ଦେବା ସଙ୍ଗେ ସମସ୍ତ ବିଷୟ ଜଣାଇବାରୁ ମୁଁ ତାଙ୍କ ସହ ଶିରିପୁର ଫେରିଲି। ପଥମଧ୍ୟରେ ଯୋଗୀଙ୍କ ଠାରୁ ମାତାଜୀଙ୍କର ରୂପ, ଗୁଣ, ବିଷୟରେ ସମସ୍ତ ଶ୍ରବଣ କରି ଆସିଲି। ଶିରୀପୁରରେ ଉପସ୍ଥିତ ହେବାର କିୟତ୍‌କ୍ଷଣ ପରେ, ଆମ୍ଭ ଉଭୟଙ୍କର ଜଳଯୋଗର ବ୍ୟବସ୍ଥା ହେଲା। ପରେ ମାତାଜୀଙ୍କର ରୂପ, ଗୁଣ ବିଷୟ ଶ୍ରବଣକରି ମୁଁ ବାବାଜୀ ବେଶ ସାଜିଲି। ଉଭୟଙ୍କର ମଧ୍ୟ ବିଦ୍ୟାପରୀକ୍ଷା କାଳିଦାସଙ୍କ ପରି ଚାଲିଲା। ଯେଉଁ ପରୀକ୍ଷା ସବୁ ଚାଲିଥିଲା ସେ ସବୁ ଇଙ୍ଗିତ ଆକାରରେ ଚାଲିଥିଲା। ମାତାଜୀଙ୍କର ପଦେକଥା ବାହାରିଲା ବେଳକୁ ମୋର ଦୁଇପଦ ବାହାରେ। ପୁରାଣାଦିରୁ ମଧ୍ୟ ନାନାକଥା ପଡ଼ିଥିଲା। ମାତାଜୀ ମୋତେ କଥାରେ ପରାସ୍ତ କରିବା ପାଇଁ ଶତଚେଷ୍ଟା କରିଥିଲେ। କିନ୍ତୁ, ଶାସ୍ତ୍ର ପୁରାଣରେ ମୋ ଠାରୁ ପରାସ୍ତ ହେବାପରେ କଥାବାର୍ତ୍ତା ଛଳରେ ତନ୍ତ୍ରବିଦ୍ୟା ଆଡ଼କୁ ଗତିକଲେ।

ପରିଶେଷରେ ସେ ଦଶ ମହାବିଦ୍ୟା ଜାଣିଥିବାର ମୋତେ ପରିଚୟ ପ୍ରଦାନ କଲେ। ମୁଁ ମଧ୍ୟ ଦଶମହାବିଦ୍ୟା ସହ ହନୁମାନ ସାଧନାକରି ଶେଷରେ "କୁଳ ଚୁଡ଼ାମଣି ତନ୍ତ୍ର"ର ପ୍ରସିଦ୍ଧ ଓ ପ୍ରେମିକସାଧକ ବୋଲି ପରିଚୟ ଦେବାରୁ ବିଚାରା ମାତାଜୀ ମୋ ପ୍ରତି ତନ୍ମୟ ହୋଇ ବିଶେଷ ଆକୃଷ୍ଟ ହେଲା।

ପାଠକବର୍ଗ। ମାତାଜୀ ସହ ମୋର ଜଳଯୋଗ ସମୟରେ ବହୁ ଶାସ୍ତ୍ର ଓ ପୁରାଣ ବିଷୟରେ ଚର୍ଚ୍ଚା ହୋଇଥିଲା। ମାତାଜୀ ମୋ ଠାରୁ ଏତେ ଶାସ୍ତ୍ର ପୁରାଣାଦିରୁ ଉତ୍ତର ପାଇବ ବୋଲି ଆଶା କରିନଥିଲା। ପରେ ତାନ୍ତ୍ରିକ ବିଷୟରେ ସାଧକ ଥିବା ଜଣାଇବାରୁ ମୁଁ ତାଙ୍କୁ 'କୁଳଚୁଡ଼ାମଣି ତନ୍ତ୍ର' ସମ୍ବନ୍ଧରେ ପକାଇଲି। ସେ ଏଥିରୁ କ'ଣ ବୁଝି ତନ୍ମୟ ହେଲେ କେଜାଣି ରାତ୍ରକୁ 'ପଞ୍ଚମକାର' ପୂଜାରମ୍ଭ ହେବାର ଆୟୋଜନ ଚାଲିଲା। ଇତ୍ୟାଦି ଇତ୍ୟାଦି ଇତ୍ୟାଦି।

ପାଠକେ !

ଆପଣମାନେ ପଞ୍ଚମକାର ପୂଜା କ'ଣ ନିଶ୍ଚୟ ଧନ୍ଦିହେବେ, ନ ଲେଖିଲେ ମଧ୍ୟ ଲେଖକ ପ୍ରତି ଦୋଷାରୋପ କରିବେ।

ଉକ୍ତ ତନ୍ତ୍ରପୂଜା ଶିଖିବାକୁ ମାତାଜୀ ଇଚ୍ଛୁକ ହେଲେ। ଯୋଗୀଙ୍କ ଦ୍ୱାରା ସମସ୍ତ ଦ୍ରବ୍ୟର ଆୟୋଜନ ଚାଲିଥିଲା। ରାତ୍ରକୁ ପୂଜାରମ୍ଭ ହେଲା। ମାତାଜୀଙ୍କ ଦର୍ଶନାର୍ଥେ ଦଶଗୋଟି ପାତ୍ରରେ ମଦ ଢଳାହୋଇ ରହିଲା। ମତ୍ସ୍ୟ, ମାଂସ ମଧ୍ୟ ରୀତିମତ ଯୋଗାଡ଼ ହୋଇ ଦେବୀପୂଜାରେ ଲାଗିଥିଲା। ଶେଷରେ ସୁରାପାନ ସଙ୍ଗେ ସଙ୍ଗେ "ପଞ୍ଚମକାର" ଅର୍ଥାତ୍ ମୈଥୁନରେ ମାତାଜୀ ଉପଗତ ହେଲେ।

୧- ମନ୍ତ୍ର, ୨-ମଦ, ୩-ମାଂସ, ୪-ମତ୍ସ୍ୟ, ୫-ମୈଥୁନ,

ପଞ୍ଚମକାରଯୁକ୍ତା ସୁପ୍ରଶସ୍ତା ଛିନ୍ନମସ୍ତା ଦେବୀଙ୍କର ଆରାଧନା ସହ ସ୍ୱୟଂ ମାତାଜୀଙ୍କର ଆବିର୍ଭାବ ସଙ୍ଗେ ସଙ୍ଗେ ବୀର ହନୁମାନର କିଳିକିଳା ନାଦରେ ମାତାଙ୍କର ସମସ୍ତ ଗାତ୍ର ଉତ୍ଥିତ କମ୍ପିତ ହୋଇଥିଲା। ସେ ଦିନରୁ ମାତା ମୋର ଶ୍ରେଷ୍ଠଭକ୍ତା ହେଲେ। ବର୍ତ୍ତମାନ ସାଧକର ସାଧନା ସଫଳ ହେଲା, ସେ ସ୍ଥାନରେ ମଠ ହେବାପାଇଁ ସ୍ଥିର ହୋଇଥିଲା।

ଏଣେ ହାରାମଣୀ ଏ ସବୁ ବିଷୟ ଶୁଣି କିପରି ମୋତେ ପୁନଃ ପ୍ରାପ୍ତହେବେ ତାର ଉପାୟ ଅନୁସନ୍ଧାନ କଲେ। କିନ୍ତୁ, ନିରୁପାୟ ହୋଇ ଶେଷରେ ମାହାଙ୍ଗାଥାନା ମୁନ୍‌ସି ଦୁର୍ଗାବାବୁ ନୃତ୍ତାଙ୍ଗ ସେକ୍‌ସନ୍ ଅଫିସର କାର୍ତ୍ତିକ ପାଳ ଜଗନ୍ନାଥ ଚୌଧୁରୀ, ବଂଶୀଧର ଚୌଧୁରୀ, ପତିତପାବନ ମହାପାତ୍ରାଦିଙ୍କୁ ଟଙ୍କା ପଇସାରେ ବଶୀଭୂତ କରାଇ ମୋର ନୂତନ ଯୁଗଳ ବେଗଳପାଇଁ ଚେଷ୍ଟାକଲେ। ଦିନେ ନୃତ୍ତାଙ୍ଗ ସେକସନ୍ ଅଫିସକୁ ମୁନ୍‌ସିବାବୁଙ୍କ ଡାକରା ବାହାନାରେ ଡକାଇ ନେଲେ। କିନ୍ତୁ, ଏତେବେଳେ ଯୋଗୀ ସେଠାକୁ ନଯିବା ପାଇଁ ବାରବାର ଅନୁରୋଧ କରିଥିଲା ଓ ପୂତିଗନ୍ଧମୟ ନରକ ସଦୃଶ ହାରାମଣିଙ୍କ ନିକଟରୁ ଅନ୍ତର ହୋଇ ଆସିଥିବାରୁ ଯୋଗୀ ଆନନ୍ଦିତ ହୋଇଥିଲା ସତ, କିନ୍ତୁ ଉପରୋକ୍ତ ଭଦ୍ରବ୍ୟକ୍ତିଗଣଙ୍କ ଅନୁରୋଧ କ୍ରମେ ମୁଁ ସେକ୍‌ସନ୍ ଅଫିସରେ ଉପସ୍ଥିତ ହୋଇ ପ୍ରଥମତଃ ହାରାମଣିଙ୍କ ଦୃଷ୍ଟି ଗୋଚର ହେଲି। ପୂର୍ବରୁ ମଣିର ମୁଖାବଲୋକନ କରିବି ନାହିଁ। ଏହାହିଁ ସ୍ଥିର କରିଥିଲି। ବିଧିରବିଧି ବିଭିନ୍ନ ପ୍ରକାର। ଉପଯୁକ୍ତ ଭଦ୍ରବ୍ୟକ୍ତିଗଣ ବହୁଚେଷ୍ଟାରେ ମୋତେ ପୁନର୍ବାର ହର ନଜରରେ ନଜରବନ୍ଦି କରାଇଲେ। ମାତାଜୀ ଶେଷେ "ମକାର ପୂଜା" ରେ ପ୍ରସିଦ୍ଧି ଲାଭ କରି 'ଉତ୍ତମ ମଧ୍ୟମ' ସହ ବିଦାୟନେଲେ। ସେହିକାଳରୁ ମୁଁ ସନ୍ନ୍ୟାସୀର ସଙ୍କେତ ସ୍ୱରୂପ ଲଲାଟରେ ସିନ୍ଦୂର ଓ ହାତରେ ରୁଦ୍ରାକ୍ଷ ଧାରଣ କଲି।

ପାଠକେ ! ଯେଉଁ ରାକ୍ଷସୀ ମୋର ଶିରା ପ୍ରଶିରାର ରକ୍ତଶୋଷଣ କରିଥିଲା, ଏବଂ ମୁଁ ଯେଉଁ ପୂତିଗନ୍ଧ ଦୁର୍ଗମ ନରକରୁ ଖସି ପଳାଇ ଯାଇଥିଲି, ପୁନର୍ବାର ଉକ୍ତ ପୂତିଗନ୍ଧମୟ ନରକରେ ଉପରୋକ୍ତ ଭଦ୍ରବ୍ୟକ୍ତିମାନେ ମୋତେ ଚିରଦିନ ପାଇଁ ପକାଇ ନାନା ନିର୍ଯ୍ୟାତନା ସେହିମାନେହିଁ ଦେଲେ।

ଆଳି, ଚାନ୍ଦବାଲି, ଚେଙ୍ଗଲ ଯାତ୍ରା

ଥରେ ଗୁଆଳିପୁର ଯାତ୍ରାଦଳ ସହ ଆଳି ଯାଇଥିଲି। ଆଳିରାଜା ପୁଷ୍ୟାଭିଷେକକୁ ଡକାଇଥିଲେ। ଆମ୍ଭେମାନେ ସଦଳେ ଡେରାବିଶିରେ ରାତ୍ରଟି କଟାଇ ପରଦିନ ସନ୍ଧ୍ୟାରେ ଗୋଗୁଆରେ ରହି ପରଦିନ ପ୍ରଭାତରୁ ପଟାମୁଣ୍ଡାଇ ଯିବାବେଳେ

ଖଣ୍ଡେ ବଳିବର୍ଦ୍ଦିକ ଶଗଡ଼ରେ ଯନ୍ତ୍ରପାତି ପୋଷାକସହ ଯିବା ରାସ୍ତାରେ ଜନୈକ ପୋଲିସ ସିପାହି ସେହି ଚାଳିତ ଗାଡ଼ିକୁ ପାଞ୍ଚ ଆଇନରେ ଦେଲା । ସେଠାରେ ଥାନା ମୁନ୍‌ସିବାବୁଙ୍କ ନାମ, ଧାମ ବୁଝିଲି ଯେ, ଦୁର୍ଗାବାବୁ ପୋଲିସ୍ତ ସବ୍‌ଇନ୍‌ସିପେକ୍ଟର ଅଛନ୍ତି । ଗାଡ଼ିରୁ ଓହ୍ଲାଇ ଗାଡ଼ି ଚଳାଇ ନେବାପାଇଁ ନିର୍ଦ୍ଦେଶ ଦେଇ ମୁଁ ଥାନାଭିମୁଖେ ଚାଲିଲି । ପାଞ୍ଚଆଇନରେ ଦେଇଥିବା ସିପାହୀ ଜଣକ ମୋତେ ରୁକ୍ଷଭାବେ ଅନାଇ ଗାଡ଼ି ପହଣ୍ଡେ ମାତ୍ର ଚଳାଇ ନପାରିବାର ଜଣାଇଲା । ମୁଁ ତାଙ୍କୁ ମୁନ୍‌ସିବାବୁଙ୍କ ନିକଟ ମଧ୍ୟ ଆଗତୁରା ଡାକିନେଲି । କହିଲି, ସଜା ପାଇଲେ ମୁଁ ପାଇବି, ତୁମେ ତ ମୋ ଦଣ୍ଡ ଭୋଗ କରିବ ନାହିଁ । ଏହା କହି ତାଙ୍କ ସାଥୀରେ ଯାଇଁ ଦେଖେ, ମୁନ୍‌ସିବାବୁ କେନ୍ଦ୍ରାପଡ଼ା ଅଭିମୁଖେ ଯାତ୍ରା କରିବାକୁ ପ୍ରସ୍ତୁତ ।

ବାବୁ ମୋତେ ଦେଖି ଆଶ୍ଚର୍ଯ୍ୟ ହେବା ସଙ୍ଗେ ସଙ୍ଗେ ଆନନ୍ଦିତ ହେଲେ । କହିଲେ କିହୋ, ସାଙ୍ଗ ! କୁଆଡ଼େ ? ଏ କଥା ଶୁଣି ସାଥିରେ ଥିବା ସିପାହୀଜଣକ ସଙ୍କୁଚିତ ହେଲା । ମୁଁ ତତ୍‌କ୍ଷଣାତ୍ ଉତ୍ତରଦେଲି ମୋତେ ବାନ୍ଧିଆଣି ପଚାରୁଛ, କୁଆଡ଼େ ସାଙ୍ଗ ? ମୁନ୍‌ସିବାବୁ ପୂର୍ବପେକ୍ଷା ଅଧିକ ଆଶ୍ଚର୍ଯ୍ୟହେଲେ । ଘଟଣାଟି ବୁଝିବାକୁ ଚାହିଁଲେ । ମୁଁ ସମୁଦାୟ ଘଟଣାଟି କହିବାରୁ ସେ ଦୁଃଖିତ ହୋଇ କହିଲେ ଭାଇ, କ୍ଷମାଦେବ । ମୁଁ ଏସବୁ କିଛି ଜାଣେନା । ମୋର ହୁକୁମ ଅନୁସାରେ ସିପାହୀ ଲେଖି ଆଣିଛି । ଭାଇ କ୍ଷମାକର- ଏଠାରେ ରହି ଖାଇପିଇ ଯିବ, ମୁଁ କେନ୍ଦ୍ରାପଡ଼ା ବାହାରି ଯାଉଛି । ତୁମ ଗାଡ଼ି ଯାଉଛି କୁଆଡ଼େ ? ମୁଁ ଆଳିରାଜାଙ୍କ ନିମନ୍ତ୍ରଣ କ୍ରମେ ପୁଷ୍ୟାଭିଷେକକୁ ଯାଉଛି । ହଉ ତେବେ ଫେରିଲାବେଳେ ଏହି ରାସ୍ତା ଦେଇଯିବ । ପାଞ୍ଚଆଇନ୍ ଲେଖାଟାକୁ ସାଙ୍ଗେ ସାଙ୍ଗେ ମଗାଇ ଦିଆସିଲି ସାହାଯ୍ୟରେ ଜଳାଇଦେଲେ । ବାବୁ କେନ୍ଦ୍ରାପଡ଼ା ଓ ମୁଁ ମୋ ଗାଡ଼ିର ପଛେ ପଛେ ଚାଲିଲି ।

ସଦଳେ ଆଳିରେ ପହଞ୍ଚିଲୁ । ରାଜାସାହେବଙ୍କ କର୍ମଚାରୀ ରହିବା ପାଇଁ ବସାଘର ଦେଲେ । ସେଠାରେ ଦୈନିକ ଗୋଟିଏ ଲେଖାଏ ନୂତନଗୀତ ରଚନାକରି ରାଜାସାହେବଙ୍କୁ ଶୁଣାଏ, ଦିବସର ଘଟଣା ସମୂହ ରାତିରେ ପ୍ରକାଶ କରିବାର ସହଜ ଉପାୟ, ଆଳିରେ ସାତଦିନ ନାଚହେଲା । ନାଚ ମଧ୍ୟରେ ଦିନେ ରଙ୍ଗୁବାବୁ କହିଲେ, ପାଣି ! ଶବର ହୋଇ କଲିକତାରେ ନାଚ ଦେଖାନ୍ତି । ରାଜାହୁକୁମ ଦେଲେ ପାଣୀଙ୍କୁ ଆଜିରେ ନାଚ କରିବାପାଇଁ ଠିଆ କରାଅ ସମସ୍ତ କର୍ମଚାରୀ ବୃନ୍ଦ ଶବରନାଚ ଦେଖିବାପାଇଁ ବାଧ କଲେ । ମୁଁ ନ ଯିବାରୁ ରାଜାସାହେବ ସ୍ୱହସ୍ତରେ ମୋତେ ଶବର ପୋଷାକ ପିନ୍ଧାଇଲେ । ମୁଁ ଶବର ପୋଷାକରେ ଭୂଷିତ ହୋଇ ଦଳର ସଦେଇ ନାମକ ଏକପିଲାକୁ ଶବରୀବେଶ ସଜାଇ ମୋ ସାଙ୍ଗକୁ ନେଲି । ସେଦିନ ମୋ

ରଚିତ କାଞ୍ଚନ-କୁମାରୀ ନାଟକଟି ଅଭିନୟ କରୁଥିଲି। ରାଜା ଶିକାରକୁ ଯିବା ସମୟରେ ଜଙ୍ଗଲଦୃଶ୍ୟ ପଡ଼ିଲା। ସେତେବେଳେ ମୁଁ ଶବରୀକୁ ନେଇ ରାଜାଙ୍କ ଆଗରେ ନାଚ ଦେଖାଇବାରୁ ରାଜା ସାହେବ ମୋର ନାଚରେ ମୁଗ୍‌ଧହୋଇ ପ୍ରୋକ୍ତ ରଙ୍ଗୂବାବୁଙ୍କ ହସ୍ତେ ବିଂଶଗୋଟି ମୁଦ୍ରା ଉପହାର ସ୍ୱରୂପ ପ୍ରଦାନ କଲେ। ସେତେବେଳେ ମୁଁ ସଭାସଦ୍‌ବର୍ଗଙ୍କୁ ଶୁଣାଇ କହିଲି "ରେ ଶବରୀ"। ନେ, ତୁ ଅଧେ ନେ, ମୁଁ ଅଧେ ନଉଛି। ତୋର ମୋର ଯିମିତି ବସାରେ ଝଗଡ଼ା ନଲାଗେ। ଏହାକହି ଦଶଟି ଟଙ୍କା ଶବରୀ ହସ୍ତେ ଦେଲି। ମୁଁ ପୁରାତନ ଯାତ୍ରାଦଳରେ ବସି ଗିନି ବଜାଉଥାଏ।

ରାଜାରାଜେଶ୍ୱରୀ ଆଳି ରାଜମହିଷୀ ମୋର ଦୈନନ୍ଦିନ ଅବସ୍ଥା ଅବଲୋକନ କରି ଜନୈକ ଭୃତ୍ୟ ହସ୍ତେ ଖଣ୍ଡେ ପାଟଖଣ୍ଡୁଆ ପ୍ରଦାନ କରି ଜଣାଇଲା ଯେ ରାଣୀସାହେବ ଶିରସ୍ତ୍ରାଣ ରୂପେ ବ୍ୟବହାର ପାଇଁ ଆପଣଙ୍କୁ ଅର୍ପଣ କରିଅଛନ୍ତି। ପୌଷମାସର ପ୍ରବଳ ଶୀତକଷ୍ଟ ଅନୁଭବ କରୁଥିବେ।

ପାଠକେ! ରାଣୀସାହେବ ଦେବାର କାରଣ ନାବସ୍ଥାନର ଉତ୍ତର ଓ ଦକ୍ଷିଣ ପାର୍ଶ୍ୱର ସୁମେରୁ, କୁମେରୁ ସ୍ୱରୂପ କାନ୍ଥ ଏବଂ ଉପରିଭାଗ ଅନନ୍ତଆକାଶ ଛାତ ବ୍ୟତୀତ ଅନ୍ୟ କିଛି ନଥିଲା। ସେତେବେଳେ ମୋର ଉନ୍ମୁକ୍ତ ମସ୍ତକଟି ରାଣୀଙ୍କ ପ୍ରଦତ୍ତ ଖଣ୍ଡୁଆ ଖଣ୍ଡିକ ଶୀତକାଳର ଦାଉରୁ ଅନେକ ପରିମାଣରେ ରକ୍ଷାକରି ପାରିଥିଲା। ଏହିପରି ଷଷ୍ଠରାତ୍ର ବିଗତ ହେଲା ପରେ ସପ୍ତମରାତ୍ର ଶେଷଯାତ୍ରା ହେଲା। ଏହି ଶେଷ ରାତ୍ରରେ ରାଜାସାହେବଙ୍କ ଉପଲକ୍ଷେ ଏକ ଗୀତ ରଚନା କରି ନାଚପିଲାଙ୍କୁ ଶିଖାଇଥିଲି। ନାଚ ଆରମ୍ଭରେ ସାତଜଣ ପିଲା ସମବେତ ହୋଇ ସମସ୍ୱରେ ଦ୍ୱିତଳପ୍ରାସାଦ ଉପରେ ଆସୀନ ଥିବା ରାଜା ସାହେବଙ୍କୁ ଲକ୍ଷ୍ୟ କରି ଗାନ କରିଥିଲେ।

ନମସ୍ତେ ଆଳି ନରେନ୍ଦ୍ର ମିହିର ବଂଶଜ।
ନମସ୍ତେ ବ୍ରଜସୁନ୍ଦର ଦେବ ମହାରାଜ।୧।
ଅକଳନ୍ତା ଆଳିର ପାଳନ୍ତା ତୁମ୍ଭେ ଏକା।
ବ୍ୟାଘ୍ର, ସିଂହ ସଙ୍ଗୀ ଖେଳେ ଲିପ୍ତ ନାହିଁ ଶଙ୍କା।୨।
ପରଜାବତ୍ସଳ ପରହିତେ ସଦା ଥାଅ।
ପ୍ରମୋଦେ ଆନନ୍ଦେ ଦୁଃଖୀ ଜନେ ଦାନ ଦିଅ।୩।

ଏହିପରି ଭାବେ ୭ପଦ ଗୀତ ପିଲାମାନେ ଶୁଣାଇଥିଲେ। ରାଜାସାହେବ ଅତିଶୟ ଆନନ୍ଦିତ ହୋଇ ପରଦିନ ବିଦାୟବେଳେ ଖଣ୍ଡେ ପଞ୍ଚଶାଟୀ ଗୀତର ବିନିମୟରେ ପିଲାମାନଙ୍କୁ ପ୍ରଦାନ କଲେ। ସାଦଦିନରେ ମୁଁ ସାତଗୋଟି ନୂତନ ପ୍ରାରମ୍ଭିକ

ସଙ୍ଗୀତ ଯାହା ରଚନା କରିଥିଲି। ତାହା ରାଜାସାହେବ ମୋଠାରୁ ଲେଖାଇ ରଖି ପରେ ପରେ ଆମ୍ଭମାନଙ୍କୁ ବିଦାୟ ଦେଲେ।

ସେଠାରୁ ବିଦାୟ ଗ୍ରହଣ କରି କନିକାଭିମୁଖେ ଯାତ୍ରାକଲୁଁ। କନିକାରେ ପହଞ୍ଚି ଶୁଣିଲି ରାଜାସାହେବ କଟକରେ ଅବସ୍ଥାନ କରିଛନ୍ତି। ନିନ୍ଦା ଭୟରେ ମୋତେ ଫେରାଇ ନ ଦେଇ ଅମଲାବୃନ୍ଦ ମିଳି ଦୁଇରାତି ନାଚ କରାଇଲେ। ସେଠାରୁ ବିଦାୟ ନେଇ ଚାନ୍ଦବାଲି ଗଲୁ। ସେଠା ବଜାରରେ ପାଞ୍ଚଦିନ କାଳ ଯାତ୍ରାକଲୁଁ। ଏବଂ ଚାରିଦିନ କେବଳ ବସି ବସି ଦିନ ଅତିବାହିତ କରିଥିଲୁ। ଇତିମଧ୍ୟରେ ସରସ୍ୱତୀ ପୂଜା ପଡ଼ିଯିବାରୁ ରୀତିମତ ଆଖଡ଼ା ପୂଜା ଆମର କରା ଯାଇଥିଲା। ଏହାପରେ ଚରମ୍ପା ଗଲୁ। ଚରମ୍ପା ଷ୍ଟେସନରୁ ଟିକିଟ୍ କରି ରେଙ୍ଗଲ ଗଲୁଁ। ଭ୍ରମବଶତଃ ଦଳର ଏକ ପିଲାର ଟିକିଟ୍ କରିପାରିନଥିଲୁ। ହାରମୋନିୟମ୍ ପାଶ୍ ମଧ୍ୟ ନଥିଲା। ଏହି ବିଷୟ ଷ୍ଟେସନମାଷ୍ଟର ଜାଣି ହିନ୍ଦି ଭାଷାରେ ଆମ୍ଭମାନଙ୍କୁ ବହୁ ଗାଳିଗୁଲଜ କଲେ। ମୋର ଦଳର ଏକ ପିଲା ସଙ୍ଗେ କଡ଼ାଭାଷାରେ ଗାଳିଫଜିତ୍ ହେବାରୁ ସେ ସଙ୍ଗୀତ ପିଲା ମଧ୍ୟ ନିର୍ଭିକ ଭାବେ ବହୁ ବହୁ କଡ଼ାଭାଷା ବ୍ୟବହାର କଲା। ଏପରି ସ୍ତରକୁ ଉଠିଲେ ଯେ ଉଭୟେ ଧସ୍ତାଧସ୍ତିର ସମ୍ମୁଖୀନ। ମୁଁ ଉଭୟଙ୍କର କମରଭିଡ଼ାକୁ ସହ୍ୟ କରି ନପାରି ଉତ୍ତମ, ମଧ୍ୟମ, ସମ୍ମୁଖୀନ ହୋଇ ମୋର ବିନୟାବନତ ଭାଷା ଶୁଣି ତହିଁରୁ କ୍ଷାନ୍ତହେଲେ ଷ୍ଟେସନ୍‌ମାଷ୍ଟର ବାବୁ ମୋର ଦଳର ପୋଷାକ, ପରିଚ୍ଛଦ, ଯନ୍ତ୍ର ଇତ୍ୟାଦି ନେଇ ମୋସାଫିର ଖାନାରେ ପୂରାଇ ଚାବି ପକାଇଦେଲେ। କିୟତ୍‌କ୍ଷଣ ପରେ ଷ୍ଟେସନ୍‌ମାଷ୍ଟର ମୋତେ ଡକାଇ ତାଙ୍କ ଅଫିସଘରେ ପୁରାଇ ଆମ୍ଭ ନାମରେ ରିପୋର୍ଟ କରିବାପାଇଁ ମୋଠାରୁ ନାମ, ଧାମ ଇତ୍ୟାଦି ଦରକାରୀୟ ଘଟଣାବଳୀ ଲେଖିବାକୁ ଆରମ୍ଭ କଲେ। ପ୍ରଥମତ ହିନ୍ଦିଭାଷାରେ ଯାହା ଯାହା ପ୍ରଶ୍ନ କରିଥିଲେ, ତହିଁରୁ କିଞ୍ଚିତ୍ ପରିମାଣ ନିମ୍ନରେ ପ୍ରଦତ୍ତ ହେଲା।

ଷ୍ଟେସନ୍‌ମାଷ୍ଟର- ତୁମ୍ କାହାଁକା ତାମାସା ବାଲା ?

ମୁଁ- ଆମଘର ତାରପୁର।

ଷ୍ଟେ, ମା-ମାଲିକ୍‌କା ନାମ କ୍ୟା ?

ମୁଁ- ହଜୁର। ମାଲିକ୍‌କା ନାମ ବୈଷ୍ଣବ ପାଣୀ।

ଏତିକିରେ ସେ ଅନ୍ୟ କିଛି ନଲେଖି ଲେଖନୀକୁ ରହିତ କଲେ। ତାପରେ ମୁଁ ପଚାରିଲି ଆଉ କ'ଣ କହିବି ? ମୋର କଥା ଶୁଣି ସେ ଓଡ଼ିଆରେ କହିଲେ, "ଆପଣ ମୋତେ କ'ଣ ମନେ କରିଛନ୍ତି ? ମୁଁ ଜଣେ ଓଡ଼ିଆ, ମୋର ଘର ଭଦ୍ରକ। ମୁଁ ହିନ୍ଦୁସ୍ଥାନି

ନୁହେଁ, ମୁଁ ଛାତ୍ରାବସ୍ଥାରେ ପଢ଼ିଲାବେଳେ ଆପଣଙ୍କ କବିତା ପଢ଼ି କିପରି ସାକ୍ଷାତ କରିବି ଏକଥା ମନେ ମନେ ଭାବିଥିଲି। କିନ୍ତୁ ଏହା ମିତ୍ରତାଭାବେ ନ ଘଟି ଆଜି ଶତ୍ରୁତାଭାବେ ଘଟିଲା। ଏତିକିମାତ୍ର କହି ମୋର ହାତ ଧରି ପକାଇ କ୍ଷମା ମାଗିଲେ। ମୁଁ ଉତ୍ତର ଦେଲି କ୍ଷମା' ଆପଣଙ୍କ ଠାରେ। ମୋଠାରେ କ୍ଷମା ନାହିଁ। ଏତିକିମାତ୍ର କହି କଳିକଜିଆ କରିଥିବା ସଙ୍ଗୀତ ପିଲାଟିକୁ ଇଙ୍ଗିତ ଦେଲି ଯେ, ବାବୁଙ୍କୁ ପାଞ୍ଚୋଟିମୁଦ୍ରା ଦିଅ। ସେ ତତ୍‌କ୍ଷଣାତ୍ ପାଞ୍ଚୋଟିଟଙ୍କା ଦେବାରେ ଷ୍ଟେସନ ମାଷ୍ଟର ଗ୍ରହଣ ନକରି କହିଲେ, "ଆପଣ ଅଧିକ ଅପମାନିତ କରନ୍ତୁ ନାହିଁ। ଆପଣ ଯିବେ କୁଆଡ଼େ? ମୁଁ କହିଲି ଏହି ରେଙ୍ଗଲରେ ଦୋଳ କଟାଇବି। ଏକଥା ଶୁଣି କହିଲେ, ଆପଣ ସଦଳେ ଅନୁରୋଧ ରକ୍ଷାକରି ମୋ କୁଟୀରରେ ପଦାର୍ପଣ କରିବେ। ଏତିକି ମାତ୍ର କହି ଆମ୍ଭମାନଙ୍କୁ ରହିବାପାଇଁ ସ୍ଥାନନିର୍ଦ୍ଦେଶ କରିଦେଲେ। ରାତ୍ର ପ୍ରକାଶଅନ୍ତେ ଲୋକଙ୍କ ଦ୍ୱାରା ମୋସାଫିର ଖାନାରୁ ବାଦ୍ୟ ଯନ୍ତ୍ରାଦି ରେଙ୍ଗଲକୁ ବୁହାଇ ଦେଲେ। ଆମ୍ଭେମାନେ ରେଙ୍ଗଲରେ ଦୋଳ ଟି କଟାଇଲୁ।

ଏହି ଦୋଳ ମଧରେ ରେଙ୍ଗଲ ରାସ୍ତା ଦେଇ ଯାଉଥିବା ବେଳେ ତିନିତାସିଆ ଜୁଆଡ଼ୀଙ୍କ ହାବୁଡ଼ରେ ପଡ଼ିଲି। ଜୁଆ ଖେଳରେ ଦୁଇଟଙ୍କା ମାତ୍ର ହସ୍ତଗତ ହେଲା ପରେ, ପର ମୁହୂର୍ତ୍ତରେ ତାହା ହସ୍ତଚ୍ୟୁତ ହେଲା। ପରେ ହସ୍ତାଙ୍ଗୁରୀଟିକୁ ବାଜୀ ଲଗାଇ ଦେଲି। ଖେଳର ମାଲିକ 'କାଲୀମାଈ ସାଫ୍' କହି ମୁଦିଟିକୁ ପକେଟସ୍ଥ କଲେ। ମୁଦ୍ରିକା ଲୋଭରେ ପ୍ରଲୋଭିତ ହୋଇ ଉଦ୍ଧାର ଆଶାରେ, ମୋର ଗଳାରେ ଥିବା ଚାରିଭରି ଓଜନର ସ୍ୱର୍ଣ୍ଣହାରଟିକୁ ମଧ୍ୟ ବାଜୀ ଲଗାଇଲି। ସେ ପୂର୍ବପରି 'କାଲିମାଈ' ସାଫ୍‌ରେ ଚାଲିଗଲା।

ଜୁଆଡ଼ିମାନେ ଉଠି ପଳାଇଲେ। ମୁଁ ବଡ଼ ବ୍ୟଥିତ ହେଲି, ଦୌଡ଼ିଯାଇ ଦଳର ସର୍ଦ୍ଦାରକୁ ଏ ସମସ୍ତ ବିଷୟ ଜଣାଇଲି। ସର୍ଦ୍ଦାର ପୂର୍ବରୁ ସେମାନଙ୍କୁ ଭଲକରି ଚିହ୍ନି ପାରିଥିଲେ। ବହୁତ ବିନୟ ହୋଇ କହିବାରୁ ଜୁଆଡ଼ିମାନଙ୍କ ହୃଦୟରେ ଦୟାଭାବ ଉଦ୍ରେକ ହେଲା। ମୁଦ୍ରିକା ଓ ହାରର ପ୍ରକୃତମୂଲ୍ୟ ନିର୍ଣ୍ଣୟ କରିବାପରେ ସର୍ଦ୍ଦାରଙ୍କ କଥାନୁଯାୟୀ ଟଙ୍କା ପ୍ରତି ସିଉକା ହାରରେ କିଛିଟଙ୍କା କାଟିନେଇ ସ୍ୱର୍ଣ୍ଣଜିନିଷ ଦ୍ୱୟକୁ ଫେରସ୍ତ କଲେ। ଏହାପରେ ମୁଁ ଖୁସିରେ ବସାକୁ ଗଲି ସତ୍ୟ; କିନ୍ତୁ ଜୀବନରେ ଏପରି ଖେଳ ଆଉ ଖେଳିବି ନାହିଁ ଏହାହିଁ ସତ୍ୟସ୍ୱରୂପ ନିଜ ମନକୁ ଗୁରୁ କରି, ନାକ କାନ ମୋଡ଼ି ହୋଇ ରହିଲି।

ଏହି ଖେଳର ଦୁଇଦିନ ପରେ ପୂର୍ବୋକ୍ତ ଷ୍ଟେସନ ମାଷ୍ଟରଙ୍କ ଘରୁ ଡାକରା ଆସିଲା। ମୁଁ ସମସ୍ତ ପିଲାଙ୍କୁ ନେଇ ସେଠାରେ ପହଞ୍ଚିଲି। ଷ୍ଟେସନ ମାଷ୍ଟର ଆମ୍ଭମାନଙ୍କୁ ଭୂରିଭୋଜନ ଦେଇଥିଲେ, ପରଦିନ ଯାତ୍ରାକାର୍ଯ୍ୟ ଶେଷ କରିଥିଲୁ।

କଲିକତା ଅଭିମୁଖେ ପ୍ରଥମ ଯାତ୍ରା
ଗୋପାଳଦାଶ ସହ ବାଦୀଯାତ୍ରା

ରେଙ୍ଗଲରୁ ନାଚ ଶେଷକରି କଲିକତା ଯାତ୍ରା କଲି। ଏହା କଲିକତା ଯାତ୍ରାରେ ଗୋପାଳ ଦାଶଙ୍କ ସଙ୍ଗେ ବାଦୀଯାତ୍ରା କରିବା, ମଲ୍ଲିଫୁଲ ସହ ସ୍ୱର୍ଣ୍ଣଘଣ୍ଟା ଉପହାର ପାଇବା, ବହୁ ମେଡ଼େଲ ଏବଂ ସହସ୍ରାଧିକ ଟଙ୍କା ଆୟ କରିବା ଗୋଟିଏ ବିଶେଷ ଘଟଣା-

ଆମ୍ଭେମାନେ ରେଙ୍ଗଲରୁ ଟିକିଟି କରି ହାବଡ଼ାରେ ଓହ୍ଲାଇ କଲିକତାସ୍ଥ ବହୁବଜାରକୁ ଆସିଲୁ। ହିଦାରାମବାନାର୍ଜି ଲେନ୍, ୬୬ନମ୍ବର ଅବସ୍ଥାନ କଲୁ। ନାଚ କରିବାର କେତେଦିନ ପରେ ଗୋପାଳଦାଶ ନାଚଦଳ ନେଇ ପହଞ୍ଚିଲେ। ମୋର ଦାଶଙ୍କ ସଙ୍ଗେ ସାକ୍ଷାତ୍ ହେଲା। ମୁଁ ତାଙ୍କ ଦଳସହ ଏକତ୍ରଯାତ୍ରା କରିବାକୁ ଅନୁରୋଧ କଲି। ସେ ମୋତେ ବାରଣ କଲେ। ଭବିଷ୍ୟତରେ ଏକତ୍ରନାଚ କରିବାକୁ ସମ୍ମତି ଜଣାଇଲେ, କିନ୍ତୁ ବର୍ତ୍ତମାନ ନୁହେଁ; ସମୟ ସାପେକ୍ଷ। କଲିକତାସ୍ଥ ଓଡ଼ିଆମାନେ ସମ୍ପୂର୍ଣ୍ଣ ଇଚ୍ଛୁକ ଥିଲେ ସେ ବୈଷ୍ଣବ ପାଣି ଗୋପାଳ ଦାଶଙ୍କର ଲଢ଼େଇ ଯାତ୍ରା ହେବ।

ଇତ୍ୟବଶରେ ଝିଙ୍ଗାରପୁର ନିବାସୀ ଜନୈକମୁସଲମାନ୍ କୌଶଳ କ୍ରମେ ଉଭୟ ଦଳଙ୍କୁ ଜାନ୍‌ବଜାରସ୍ଥ ରାଣୀରାସମଣିକୋଠିରେ ଏକତ୍ର ସମ୍ମୁଖୀନ କରାଇଲେ। ପ୍ରଥମତଃ ଗୋପାଳଦାଶଙ୍କୁ ଠିଆ କରାଇଲେ, ଦ୍ୱିତୀୟରାତ୍ରରେ ଆମ୍ଭଦଳକୁ ବଗି ଗାଡ଼ିରେ ବସାଇ ଯନ୍ତ୍ର ଇତ୍ୟାଦି ନେଇ ମେନେଜର ରାସମଣି କୋଠିରେ ପହଞ୍ଚାଇ ଦେଲେ। ସେତେବେଳେ ଗୋପାଳଦାଶଙ୍କ ପିଲାମାନେ ବେଶଭୂଷା ହେଉଥିଲେ ଦାଶେ ଦରଜା ସାମନାରେ ତକିଆ ଓ ବିଛଣା ଲାଗି ହୋଇଥାନ୍ତି। ଏତେବେଳେ ମୁଁ ସଦଳରେ ଯାଇଁ ପହଞ୍ଚିଲି।

ଗୋପାଳ ଦାଶଙ୍କ ଶୋଇବା ସ୍ଥାନରେ ପହଞ୍ଚି ମୁଁ ତାଙ୍କ ପାଦ ଧିରେ ଧିରେ ମଚାଳିଲି, ଏତିକିବେଳେ ଦାଶେ କହିଲେ ତୁମ୍ଭେ କିଏ ? ମୁଁ ନିଜକୁ ବୈଷ୍ଣବ ବୋଲି ପରିଚିତ ଦେଲି। ସେ ମୋର କଲିକତା ଯିବାର ସମସ୍ତ ବିଷୟ ବୁଝିନେଲେ। ଏବଂ ହନିଫ୍ ମନେଜର ଆମ୍ଭମାନଙ୍କୁ କୌଶଳ କରି ଅଣାଇ ଥିବାର ଜଣାଇଲି, ପରନ୍ତୁ ବିନୟ ସହକାରେ କହିଲି ପୂଜନୀୟ ନନା ! ଏ ପିଲାମାନେ ଆପଣଙ୍କ ଉପଯୁକ୍ତ କେବେସୁଦ୍ଧା ହୋଇପାରିବେ ନାହିଁ। କେବଳ ଆପଣମାନଙ୍କୁ ଘଣ୍ଟା ଲେଖାଏଁ ବିଶ୍ରାମ ଦେବେ। ଆମେ ବିଦେଶ ଆସିଛେ। ଧନ ଉପାର୍ଜନ କରି ଫେରିବା। ତେବେ, ଆପଣଙ୍କ ସହିତ ଆମ୍ଭର ମନାନ୍ତର କ'ଣ ଅଛି ? ଆପଣ କିଛି ଭାବନ୍ତୁ ନାହିଁ। ସେ ମୋ କଥାକୁ ତିଳେ ସୁଦ୍ଧା କର୍ଣ୍ଣପାତ କଲେ ନାହିଁ। ପରନ୍ତୁ ବାଦୀନାଚ କରିବା ପାଇଁ ପ୍ରସ୍ତୁତ ହୋଇ

ଆସିଥିବାର ଜଣାଇଲେ।

ଆମ ଦୁଇଜଣଙ୍କ ନାମ ଓ ବାଦୀନାଚ ହେବାଶୁଣି ଦର୍ଶକ ଅସଂଖ୍ୟ ପରିମାଣ ହେବାର ପରିଲକ୍ଷିତ ହେଲା। ସ୍ଥାନ ଅଭାବ ମଧ୍ୟ ଘଟିଲା। ରାତ୍ରିକେ ଛଅଶତଟଙ୍କାରୁ ଆଠଶତଟଙ୍କା ପର୍ଯ୍ୟନ୍ତ ଟିକଟ ଆଦାୟ ହେଲା। ଅନ୍ତତଃ ଚାରିରାତି ନାଚ ଶେଷପରେ ପଞ୍ଚମରାତିକ ଦାଶେ ମହାଶୟ ଆଠକ ପଣିକିଆ ଗୀତ ସ୍ତ୍ରୀ ଲକ୍ଷଣାରେ ଗାଇଲେ। ପରିଶେଷରେ ସଭାସଦ୍‌ବୃନ୍ଦଙ୍କୁ ନଅକ ପଣିକିଆରେ ଗାଇବାକୁ (ବୈଷ୍ଣବ) ମୋ ଉପରେ ଲକ୍ଷଣା ରଖି ସଭାରେ ଜଣାଇଦେଲେ। ସକାଳ ହେଲାରୁ ମୁଁ ଦର୍ଶକବୃନ୍ଦଙ୍କୁ ନଅକ ଗାଇ ଆସନ୍ତା ରାତ୍ର ନାଚରେ ଶୁଣାଇବି ବୋଲି ଜଣାଇଦେଲି। ସମସ୍ତଙ୍କ ଉପସ୍ଥିତି ଏକାନ୍ତ ବାଞ୍ଛନୀୟ।

ଏହାହିଁ ମଧ୍ୟ ଅନୁନୟ ସହକାରେ ପ୍ରାର୍ଥନା କଲି। ନାଚ ଭାଙ୍ଗିଲା, ଦର୍ଶକଗଣ ସ୍ୱ ସ୍ୱ ବସାଭିମୁଖେ ଗଲେ। ମୁଁ ସେ ଦିନ ଖଡ଼ିରନ୍ ପଞ୍ଜିକା ଖେଳାଇ ଯୋଗ, ଲଗ୍ନ, କରଣ ନେଇ ସ୍ଥାନ ବିଶେଷରେ ଯାହା ଦରକାର, ତାହା ସ୍ଥିର କରି ଗୋଟିଏ ନଅକ ପଣକିଆର ନାରୀ ଲକ୍ଷଣାଗୀତ ରଚନା କରି ଶିଖିଥିଲି। କ୍ରମେ ରାତ୍ର ଆସି ଉପଗତ ହେଲା। ଦର୍ଶକଗଣ ସର୍ବାପେକ୍ଷା ଅଧିକ ହେଲେ।

ସମୟର ସୁବିଧା ନେଇ ଯଯାତି ରାଜାଙ୍କର ଉଦ୍ୟାନ ଭ୍ରମଣ ବେଳେ ଯୋଡ଼ିଏ ବେଶ୍ୟା ଠିଆ କରାଇ ନିଜେ ସେ ବେଶ୍ୟାଙ୍କୁ ଲକ୍ଷ୍ୟ କରି ନଅକ ପଣକିଆଟି ଗାଇଲି–

ନଅକେ ନଅ ଯଶାରେ, ରସାଳସା।
ପକାଇ କିପାଇଁ ଗୋରୀ କରାଇବୁ ଲୋକହଂସା।୧।
ନଅଦୁଣେ ଅଠରୁ ଦୁଇ, କାଟି ବିଚାରିବୁ ସହୀ।
ବୟସୀ ବସିଛି ଚାହିଁ ତୋ ଅଙ୍ଗେ ମୋ ଅଙ୍ଗ ମିଶା।୨।
ନଅତିରି ସତାଇଶ, ଈଶମୁଖୀ ବେଗେ ଆସ।
ନଅ ଚୌ ଛତିଶ ପାଟକେ ନ ଥିବେ ତୋ ପରି ଯୋଶା।୩।
ନଅପଞ୍ଚା ପଇଁଚାଳିଶର, ଚାଳିଶ କର ଅନ୍ତର।
ଶର ମାରି ବାର ବାର ନାଶେ ମୋ ଦମ୍ଭ ସହସା।୪।
ନଅଶୋ ଚଉବନ, ସଂଖ୍ୟାରୁ କାଟ ତେପନ!
ଆଶା ପୋଷିଛିରେ ଧନ ଘୋଷୁ ପଛେ ନିନ୍ଦା ରସା।୫।
ନଅ ସତା ତେ'ଷଠି, ତହିଁରୁ ତେପନ କାଟି।
ଅନ୍ଧାର ଦିଶୁଛି ମୋତେ ସରଣୀ ହରିଣୀଦୃଶା।୬।

ନଅ ଅଷ୍ଟା ବାଅସ୍ତରୀ, ତରିବି ମୁଁ ହେମଗୋରୀ।
ଦାନକର ପ୍ରେମ ତରୀ ତହିଁରେ ତୁ ନେଇ ବସା।୭।
ନଅନୁଆଁ ଏକାଅଶୀ, ଅସି-ଧରି ମଦାଳସୀ।
ମରମେ ନ ଦିଅ ଭୂଷି ନ ଭାଷ ଭାରତୀ କଷା।୮।
ନଅଦଶା ନବେ ହେଜ, ନବପ୍ରେମ ନ ବରଜ।
ଭାଷେ ବଇଷ୍ଣବ ଦ୍ୱିଜ ମୁଁ ତୋର ଚିରଦିନ ପୋଷା।୯।

ଏ ଗୀତଟିକୁ ଗାଇ ମୁଁ ସମସ୍ତଙ୍କୁ ବୁଝାଇଦେଲି। ଦାଶ ମହାଶୟଙ୍କ ଉପରେ ଦଶକ ପଣକିଆ ଗୀତ ଗାଇବା ପାଇଁ ଛାଡ଼ିଦେଲି। ପରପାତ୍ରକୁ ଦାଶେ ଦଶକ ଗାଇଲେ ନାହିଁ। ସଭାସଦ୍‌ବର୍ଗ ତରଫରୁ ମଲ୍ଲିଫୁଲ ଭିତରେ ସୁନାଘଣ୍ଟା ବାଜି ରହିଥିଲା। ଦାଶେ ଦଶକ ନ ଗାଇ ପାରିବାରୁ ମୋ ପକ୍ଷରେ ଭୋଟ ବେଶି ହେଲା।

ତେଣ୍ଟାକୁଡ଼ା ବାଲୁବିଶି ଗ୍ରାମର ଜନୈକ ମୁସଲମାନ ଗୁଣ୍ଡା ସରଦାର ଫୁଲତୋଡ଼ା ମଧ୍ୟରୁ ସ୍ୱର୍ଣ୍ଣ ନିର୍ମିତ ଘଣ୍ଟାଟି ବାହାର କରି ମୋର ବାମ ହାତରେ ବାନ୍ଧିଦେଲେ। ମୁଁ ତାହା ଗ୍ରହଣ ନକରି ରାଜା ହୋଇଥିବା ପିଲା ହସ୍ତେ ବାନ୍ଧିଦେବାକୁ ସଙ୍କେତ ଦେଲି। ଏହାଦେଖି ଦର୍ଶକଗଣ ଭାବିଲେ, ପ୍ରାଣୀଙ୍କର ଉପଯୁକ୍ତ ଉପହାର ନ ହେବାରୁ ତାହା ଗ୍ରହଣ କରୁ ନାହାନ୍ତି। ଏହାଭାବି ସେମାନଙ୍କ ମଧ୍ୟରୁ ଜଣେ ଯାଇଁ ବଜାରରୁ ଏକ ରାଜମୁକୁଟ କିଣିଆଣି ମୋତେ ଗୋଟିଏ ଚୌକିରେ ବସାଇ ମୁଣ୍ଡରେ ପିନ୍ଧାଇ ଦେଲେ।

ସଭାସ୍ଥଳ ତାଳି ଧ୍ୱନିରେ ଉଛୁଳିଲା। ଏଣେ ସିନା ଆନନ୍ଦ, ତେଣେ ନନାଙ୍କ ଛାତିରୁ କଲିଜା ଖସି ପଡୁଥାଏ। ରାତ୍ର ପ୍ରକାଶ ଅନ୍ତେ ତାଙ୍କ ସହ ମୋର ସାମାନ୍ୟ ବଚସା ହେଲା। ପୂର୍ବତ୍ ମନର ସୁଖ ରହିଲା ନାହିଁ।

ଏହାପରେ ଆଉ ଥରେ ବାଗ୍‌ବଜାରସ୍ଥ ନନ୍ଦଘୋଷ ବାଡ଼ିରେ ଉଭୟ ଦଳର ଯାତ୍ରା ହେବାର କଥା ହେଲା। ଦାଶେ ସେଠାରେ ଦୁଇରାତି ନାଚ କଲାପରେ ମୋତେ ନେଇ ଉପସ୍ଥିତ କରାଇଲେ। ମୁଁ ଏକାକୀ ମୋର ଦଳସହ ତିନିରାତି ନାଚ ଦେଖାଇଲି। କିନ୍ତୁ ଦାଶେ ଆଉ ବାଦୀନାଚ କରିବାକୁ ଅସମ୍ମତ ହେଲେ। ବରଂ ନାଚ ସ୍ଥଳକୁ ଆଦୌ ଗଲେ ନାହିଁ। କିଛିଦିନ ପରେ ମୋର ଗ୍ରାମକୁ ପ୍ରତ୍ୟାଗମନ କରିବାର ଜନରବ ତିନିରାତି ନାଚ ଦେଖାଇବାର ପ୍ରକାଶ କଲେ। ଏତେବେଳେ ମୁଁ ସଦଳେ ଅରଗଡ଼ାରେ ତିନିରାତି ନାଚ ଦେଖାଇବା ଉଦ୍ଦେଶ୍ୟରେ ବଇନା ଧରି ଅଭିନୟ ଦେଖାଉଥିଲି ଦର୍ଶକମାନଙ୍କ ମଧ୍ୟରୁ କେତେକ ଦାଶଙ୍କୁ ଆସି ଜଣାଇଲେ ଯେ ପାଣି ଅରଗଡ଼ାଠାରେ ନାଚ କରୁଅଛନ୍ତି। ଏହି ଦୁଇଦିନ ମଧ୍ୟରେ ଏଠାକୁ ପୁଣି ଫେରିବାର ସମ୍ଭାବନା। ଦାଶେ

ମାତ୍ର ଗୋଟିଏ ରାତ୍ର ନାଚ ଦେଖାଇ ପୋଥିରେ ଡୋର ବାନ୍ଧିଲେ। ସେତେବେଳେ ଜ୍ୟେଷ୍ଠ ମାସର ରୌଦ୍ର ତାପ ପ୍ରଖର ଓ ରଜ ନିକଟବର୍ତ୍ତୀ ହୋଇ ଆସୁଥିବାରୁ ପିଲାମାନେ ଗ୍ରାମକୁ ଫେରିଆସିବାକୁ ଉଦ୍‌ବିଗ୍ନ ହେଲେ। ତେଣୁ ମୁଁ ମଧ୍ୟ ପୋଥିରେ ଡୋର ଗୁଡ଼ାଇ ଦଳସହ ଗ୍ରାମକୁ ଆସିଲୁ। ଦାଶେ ମଧ୍ୟ ଦଳସହ ଗ୍ରାମକୁ ପ୍ରତ୍ୟାଗମନ କରିବାର ସମ୍ବାଦ ପାଇଲୁ। କିଛିଦିନ ପରେ ଦାଶେ ଇହଲୀଳା ସାଙ୍ଗ କଲେ।

ଆଠଗଡ଼ରୁ ତିଗିରିଆ ବାଟେ ବଡ଼ାମ୍ବାଯାତ୍ରା

ଗ୍ରାମରେ ରହି ଗୋଟିଏ ନାଚଦଳ ତତ୍‌କାଳୀନ ଗୋସ୍ୱାମୀଙ୍କ ନେତୃତ୍ୱରେ ତିଆରି କଲି। ନାଟକ କେତେଖଣ୍ଡି ମଧ୍ୟ ଲେଖି ଶିଖାଇଲି।

ଥରେ ତିଗିରିଆ ରାଜାଙ୍କ ପୁଷ୍ୟାଭିଷେକ ଉପଲକ୍ଷେ ନିମନ୍ତ୍ରଣ ପାଇ ଗ୍ରାମ୍ୟଦଳ ସହ ତିଗିରିଆ ଅଭିମୁଖେ ଯାତ୍ରାକଲୁ। ମୁଁ କଟକ ଦେଇ ଯିବାବେଳେ ଆଠଗଡ଼ରେ ସୁପରିଟେଣ୍ଡେଣ୍ଟ ଶ୍ରୀଯୁକ୍ତ ବୀରକିଶୋର ଦାସଙ୍କ ଅନୁରୋଧ କ୍ରମେ ଅଟକିବାକୁ ବାଧହେଲୁ।

ପାଠକେ। ବାଟରେ ଘଟଣାମାନ ଏଠାରେ କିଛି କିଛି ଭେଟଣା ନିତାନ୍ତ ଆବଶ୍ୟକ। ଚହଟାଘାଟରେ ଡଙ୍ଗା ପାରି ହେଲାବେଳେ ଆକସ୍ମିକ ବର୍ଷା ଆସିଗଲା। ଆମ୍ଭେମାନେ ଡଙ୍ଗାରେ ବସି ପ୍ରଥମଧାର ପାରିହୋଇ ମହାନଦୀ ପଠାରେ ପଡ଼ି ରହିଲୁ। ନାଉରୀ ବିଚାରା ରାତିରେ ଅପରଧାରକୁ ପାରି କଲାନାହିଁ। ତହିଁ ପରଦିନ ସକାଳେ ନୌକାରେ ପାରି ହୋଇ କଖଡ଼ି ବଜାରରେ ରୋଷାଇ କଲୁ। ଲାଉ ଓ ଚିଙ୍ଗୁଡ଼ି ତରକାରୀ କଲୁ। ଭାତ ରାନ୍ଧିବାକୁ ନଅଟି ହାଣ୍ଡି କିଣାଗଲା। ନଅଟିଯାକ ହାଣ୍ଡି ଆମ ଭାଗ୍ୟକୁ ଜଖମ ଘଟିଲା। ଏଣେ ଉଦର ଜ୍ୱାଳା ବେଳୁଁବେଳ ବଢ଼ିଲା। ଅତି କଷ୍ଟରେ ଦରଫୁଟା ଭାତଖାଇ ବଳଦ ଗାଡ଼ି ସାହାଯ୍ୟରେ ଆଠଗଡ଼ରେ ପହଞ୍ଚିଲୁ। ସେଠାରେ ବାବୁ ବୀରକିଶୋର ଦାସଙ୍କ କୋଠିରେ ନାଚ କରି ବାଟର ଅବସ୍ଥା ଗୁଡ଼ିକ ବାବୁଙ୍କୁ ଦୂତ ଦ୍ୱାରା ଶ୍ରୁତି ଗୋଚର କରାଇଥିଲି।

ଆଠଗଡ଼କୁ ଆସିଲୁ ଆମ୍ଭେ ଘର ଛାଡ଼ି।
ହେଲା କଟକରେ ରାତି ଦୁଇ ଘଡ଼ି। ଘୋଷା।
ଚହଟାଘାଟେ ପାର, ହେଲୁ ଜଣ ଅଠର।
ତେଣୁ ଆସିଲା ପାଣି ପବନ ଘଡ଼ଘଡ଼ି।୧।
ମହାନଦୀ ପଠାରେ ରାତିଗୋଟା ସେଠାରେ
ପଟା ପରି ଓପାସେ ରହିଲୁ ପଡ଼ି।୧।

ହେଲୁ ଯେତେ ହଟହଟା   ନ ମିଳିଲା ମୁଢ଼ି ମୁଠା
ଚୋରିଗଲା ଗତ ରାତ୍ରି ଛତା ଛଡ଼ି ।
ଆରଦିନ ଧାର୍ ପାର୍   ହୋଇ ମିଳିଲୁ ବଜାର
ଭଡ଼ା କଲୁ ତହୁଁ ଯୋଡ଼ା ଗୋରୁଗାଡ଼ି ।୨ ।
କଖଡ଼ଠାରେ ରୋଷାଇ   ଦେଲୁ ଚଞ୍ଚଳ ବସାଇ
ହାତରୁ ପଡ଼ିଲା ଭାତ ହାଣ୍ଡି ଛିଡ଼ି ।
ଲାଉ ଚିଙ୍ଗୁଡ଼ିକୁ ଘାଣ୍ଟି   ଦେଲୁ ପକାଇ ଏକାଠି
ଖାଇଣ ଛୁଟିଲୁ ତହିଁ ତଡ଼ବଡ଼ି ।୩ ।
ଗଡ଼ ଗୁଣ୍ଡିଚାମନ୍ଦିର   ଠାରେ ହୋଇଲୁ ହାଜର
ବୀର ବାବୁଙ୍କ ପାଦେ ପଡ଼ିଲୁ ଯୋଡ଼ି ଯୋଡ଼ି ।
ବାଜି ଯାନ୍ତେ ସାଢ଼େ ଆଠ୍   କୋଠିଠାରେ ହେଲା ନାଟ
ମନର କଷ୍ଟ ସବୁରି ଗଲା ପୋଡ଼ି ।୪ ।
କାଳେ କାଳେ ବାବୁଙ୍କର   ମଙ୍ଗଳ କରୁ ଈଶ୍ୱର
କରରେ କଲମ ରହିଥାଉ ଜଡ଼ି ।
ବଇଷ୍ଣବ ଗୀତେ କହି ।   ଯେତେଦିନ ଥିବ ମହୀ
ନାଇଥାନ୍ତୁ ବୋହୂଝିଅ ସୁନାଚୁଡ଼ି ।୫ ।

ବୀରବାବୁ ଏ କବିତା ଶୁଣି ଖଣ୍ଡିଏ ବିଷ୍ଣୁପୁରୀ ପାଟ ଓ ପଞ୍ଚ ରୌପ୍ୟମୁଦ୍ରା ଉପହାର ସ୍ୱରୂପ ପ୍ରେରଣ କଲେ । ତା ପରେ ଉଆସାଦିରେ ଆଉ କେତେରାତ୍ର ଯାତ୍ରାକରି ତିଗିରିଆରେ ପହଞ୍ଚିଲୁ । ସେଠାରେ ମଧ୍ୟ ରାଜାଙ୍କ ଛାମୁରେ ଯାତ୍ରା ହେଲା । ରାଜା ବଡ଼ ଦୟାଳୁ । ପ୍ରସନ୍ନ

ପୁରୁଷୋତ୍ତମ ଦେବଙ୍କର ପ୍ରଧାନ ଭକ୍ତ । ପ୍ରଥମ ରାତ୍ର ଖାଦ୍ୟ ପାନୀୟ ସମ୍ବନ୍ଧୀୟ ବିଶେଷ ଅସୁବିଧା ଘଟିବାରୁ ସହ୍ୟ କରି ନ ପାରି ରାଜା ମହୋଦୟ ନାଚ ଦେଖିବା ସମୟରେ ଗୋଟିଏ ଗୀତ ରଚନା କରି ଶୁଣାଇଲି । ସେ ଗୀତଟି ପୁଣି ଦୂତ ମୁଖ ନିସୃତ-

ପରପଞ୍ଚ ପର ଚାକିରୀ ପୋଡ଼ା,
ପ୍ରାଣ ଗଲା ତା ନାହିଁ ମୋର ଲୋଡ଼ା ।
ନିତି କେତେ ଖାଇବି କାନମୋଡ଼ା । ଘୋଷା ।
ତିଳେ ନାହିଁ ସୁଖ   ଛାତି ଦକ ଦକ

ସର୍ବଦା ପଡ଼େ ହାତଯୋଡ଼ା
ଥୋଡ଼ା ଯେବେ ଡେରି- ହେଲା ଆସିବାକୁ
ବସିଯିବ ଘୋଡ଼ା କୋରଡ଼ା,
ନିଶ ମୋଡ଼ି ଦେଖାନ୍ତି ଆଖିଯୋଡ଼ା।
କହୁଥାନ୍ତି ବଚନ କଡ଼ା କଡ଼ା।୧।
ଆଳୁ, ବାଇଗଣ, କଦଳୀ ତାଙ୍କର
ଆମ୍ଭ କପାଳେ ପଡ଼େ ଖଡ଼ା,
ସରୁ ଚାଉଳ ତ ବାବୁଙ୍କ ଆହାର
ଚାକରଙ୍କୁ ଦିଅ ବଗଡ଼ା।
ବାବୁ ସୁଆର ଆମେ ପୁଣି ଘୋଡ଼ା,
ଖରା ବରଷାରେ ପଡ଼େ ଦଉଡ଼ା।
ଦଣ୍ଡେ ଘଡ଼ିଏ କାହିଁ ନୋହୁ ଛିଡ଼ା।୨।
କାହାରି ଅଧୀନ ନହୋଇ ଏଣିକି
କିଣିବି ଦୁଇଗୋଟି ହଡ଼ା,
ହଳ ବୁଲାଇଣ କାଳ କଟାଇବି
ହେବି ପଛକେ ଭୂଇଁ ତଡ଼ା,
କର ବୁଝାଇ ଦେବି ଗଣ୍ଡା କଡ଼ା।
ସୁଖେ କରୁଥିବି ବଚା ବିହୁଡ଼ା,
ବଇଷ୍ଣବର ଲୋଡ଼ା ଦହି ଚୁଡ଼ା।୩।

ତହିଁ ପରଦିନ ସକାଳୁ ରାଜାସାହେବ ମଦନବାବୁ ମାହାଫିସାଙ୍କୁ ଡାକି ପଚାରିଲେ ନାଚଦଳଙ୍କୁ କିଏ ଖାଇବା ପିଇବାରେ ହଇରାଣ କରିଛି ? ନଚେତ୍ ପାଣୀପୁଅ କାହିଁକି ଏପରି ଗୀତ କାଲି ଗାଇଲେ ? ଏଣିକି ତାଙ୍କୁ ସିଧା ମୋ ସାମନାରେ ବଢ଼ାଯିବ। ପ୍ରଥମତଃ ମୋର ଦୃଷ୍ଟିଗୋଚର ହେଲେ ପରେ ତାଙ୍କ ପାଖକୁ ପଠାଯିବ। ଯାହାହେଉ ସେ ଦିନଠାରୁ ରାଜାସାହେବଙ୍କ ଦୃଷ୍ଟି ଗୋଚର ହୋଇ ପରେ ଆମ୍ଭମାନଙ୍କର ଜଠର ଗୋଚର ହୁଏ।

ସେ ସମୟରେ ରାମକୃଷ୍ଣବାବୁ ଦେୱାନ୍ ରାଜ୍ୟରୁ ବିତାଡ଼ିତ ହୋଇଥାନ୍ତି। ଦଣ୍ଡୀପର୍ବର ଗୋଟିଏ ଡୁଏଟ୍‌ଗୀତ ଦେୱାନଙ୍କ ଉପଲକ୍ଷେ ତିଆରି କରି ଗାଇଲି। ସେ ଗୀତରେ ଦେୱାନ୍ ସାହେବଙ୍କ ତହବିଲ ତୋଷରଫି ସମ୍ବନ୍ଧୀୟ ହେବାର କଥା ଥିଲା। ସେ ଗୀତଟିକୁ ରାଜାସାହେବ ଶୁଣି ଅତ୍ୟନ୍ତ ମୁଗ୍ଧ ହେଲେ ଓ ଦୁଇଟି ସ୍ୱର୍ଣ୍ଣନିର୍ମିତ ଫୁଲ

ମୋ କାନରେ ଛାମୁ ନିଜେ ପିନ୍ଧାଇଦେଲେ ସେ ଗୀତଟିରୁ କେତେକ ଅଂଶ ଏଠାରେ ଦିଆଗଲା ।

ଚାକର- କ'ଣ କହିବି ଚାନ୍ଦିଆ ମାଆଲୋ ।
ଶୀତେଇ ଉଠୁଛି ଆଜି ଦେହ ମୋହର ।୧ ।
ଚାକରାଣୀ- ଚିତଇେ ପଡୁଛୁ କିଆଁ ଚିଆଁଖିଆ ଚାତୁଆ ରେ,
ନ ମିଳିଲା ଖାଇବାକୁ ତୋତେ ଜହର ।
ଚାକର- କିଲୋ ! ଖାଇଥିଲେ ତହବିଲ, ହେଉଛନ୍ତି କଲବଲ,
ସଲୁଥିଲା ପିଠିରେ ବସୁଛି ପାହାର ।
ଚାକରାଣୀ-ଦେଓ୍ୱାନ ବୁଢ଼ାଟା ଆସି, ଆଖି ଦିଟା ଘଷି ଘଷି,
ଗଣ୍ଡିଲି ପତର ବାନ୍ଧୁଥିଲା ତାହାର ।୨ ।
ଚାକର- ଯେ କରିବ ମନ୍ଦକାମ, ନ ଆସିବ ବାପ ନାମ,
ନ ପାଇବ ପେଟକୁ ମୁଠିଏ ଆହାର ।
ଚାକରାଣୀ- ଦେଖିଲୁ ତ ସଙ୍ଗେ ସଙ୍ଗେ, କି ଘଟିଲା ତୋର ଆଗେ,
ରଜା ରାଇଜରୁ ହୋଇଗଲା ବାହାର ।୩ ।

ରାଜାସାହେବଙ୍କ ଆଗେ ଏହିପରି ନାନା ରକମର ଡୁଏଟଗୀତ, ଭାବଭଙ୍ଗୀ ଦୈନିକ ନୂଆ ନୂଆ ଦେଖାଏଁ । ଏକାଦିକ୍ରମେ ସାତରାତି ନାଚ କରିବା ପରେ ଦଳର ସୁନାମ ଚାରିଆଡ଼େ ବିଛୁଡ଼ିଗଲା । ଭଲ ନାଚ ମନେକରି ବଡ଼ାମ୍ବାରାଜା ବିଶ୍ୱମ୍ଭର ମଙ୍ଗରାଜ ଚିଠିସହ ଲୋକ ପଠାଇ ମୋତେ ତାଙ୍କରି ଉଆସକୁ ଯିବା ନିମନ୍ତେ ନିମନ୍ତ୍ରଣ କଲେ । ବଡ଼ାମ୍ବା ରାଜବାଟୀକୁ ଯିବାପୂର୍ବରୁ ସମସ୍ତ ଟଙ୍କା ପଇସା ଆଦାୟ କରି ତିଗିରିଆର ମାହାଫିସଙ୍କ ପାଖେ ରଖି ସଦଳେ ବଡ଼ାମ୍ବା ଉଆସ ଅଭିମୁଖେ ଯାତ୍ରାକଲି । ସେତେବେଳେ ସଫିରୁଦ୍ଦିନ୍ ମିଆଁ ବଡ଼ମ୍ବାର ମ୍ୟାନେଜର ଥିଲେ । ବଡ଼ାମ୍ବାରେ ଆଠରାତି ଅଭିନୟ ଦେଖାଇଲୁ । ଉକ୍ତ ଅଭିନୟ ଦର୍ଶାଇବା ସମୟରେ ଉଆସସ୍ଥ ନାରୀମଣ୍ଡଳୀ ତାମ୍ବୁଳ ପୋଟଳା ମଧ୍ୟରେ କେତକୀଫୁଲ ଅତରଶିଶି ସୁରକ୍ଷିତ କରି ଦ୍ୱିତଳ ପ୍ରସାଦ ଉପରୁ ମୋର ବସିବା ସ୍ଥାନକୁ ଲକ୍ଷ୍ୟକରି ନିକ୍ଷେପ କରନ୍ତି ।

ମୁଁ ସେ ସବୁକୁ ଦିନବେଳାରେ ତନ୍ନ ତନ୍ନ କରି ଖୋଲିଦେଖେଁ । ତନ୍ମଧ୍ୟରେ ସେମାନଙ୍କର ମନୋଗତଭାବ ଯାହା ଲେଖି ଜଣାଇଥାନ୍ତି, ଅଧିକାଂଶଲୋକ ବିଶ୍ୱାସ କରିଥିଲେ, 'ପାଣୀ ଏ ଦଳରେ ନାହାନ୍ତି । ଏ ସମ୍ବାଦ ମୁଁ ବହୁଲୋକଙ୍କ ମୁଖରୁ ଶୁଣି ସେମାନଙ୍କ ଭ୍ରମ ଦୂର କରିବା ନିମିତ୍ତ ଶେଷରାତ୍ରି ଅଭିନୟରେ ବଡ଼ମ୍ବାର ଉଆସ

ବର୍ଣ୍ଣନା ସମ୍ବନ୍ଧରେ କେତେପଦ ଗୀତ ରଚନା କରି ସଭାସଦ ବ୍ୟକ୍ତିଙ୍କୁ ଶୁଣାଇଲି। ସେତେବେଳେ ଲୋକଙ୍କର ପୂର୍ଣ୍ଣ ବିଶ୍ୱାସ ହେଲା ଯେ, ପାଣୀ ନିଜେ ବିଦ୍ୟମାନ ନଚେତ ଏ ନୂତନଗୀତ ଆସନ୍ତା କେଉଁଠୁ ?

(ରାଜବାଟୀ-ବର୍ଣ୍ଣନା)

ଆହା କି ଶୋଭା ଏ ବଡ଼ାମ୍ବା ରାଜବାଟୀ।
ବେଢ଼ିଛି ବେଢ଼ା ନଅର ଚାରିପିଠି।ଘୋଷା।
ନଅର ଭିତରେ ନାରୀ ଗଣେ ରହିଚନ୍ତି ପୁରି
ରାଜ ନିଯୋଗରେ ନିତି ଥାନ୍ତି ଖଟି।୧।
ତାର ନିକଟେ ସୁନ୍ଦର ଦିଶଇ ନାଟ୍ୟ-ମନ୍ଦିର
ଶ୍ରୀଛାମୁ ପାଖେ ପାଖୁଆ ଛନ୍ତି ଜୁଟି।୨।
ଉଆସ ଉତ୍ତର ପାର୍ଶ୍ୱ ଦେଶେ ଦିଅଁଙ୍କର ବାସ
ସଞ୍ଜହେଲେ ବାଜୁଥାଏ ଘଡ଼ି ଘଣ୍ଟି।୩।
ବଳିବାକୁ ଗାଏ ଗୀତ ଭୁଲାନ୍ତି ରାଜାଙ୍କ ଚିତ୍ତ
ବଜାଇ ବାଜା ନିଅନ୍ତି ମଜା ଲୁଟି।୪।
ବଇଷ୍ଣବର ଗୁହାରି ଅଙ୍ଗ କଳା-ମେଘ ପରି
ମୋ ଶିରେ ହେବ କି କୃପା ବାରି-ବୃଷ୍ଟି।୫।

ଏ ଗୀତଟି ଗାଇବାର ପରେ ପରେ ସଭାସ୍ଥ ବ୍ୟକ୍ତିମାନଙ୍କ ତରଫରୁ ତାଳିଧ୍ୱନି ଓ ହରିବୋଲ ଉଚ୍ଛୁଳିଲା। ପରଦିନ ସମସ୍ତ ଦେୟ ପାଉଣା ନିଷ୍ପତ୍ତି ପରେ ମୋର ଉପହାର ସ୍ୱରୂପ ବିଂଶଗୋଟି ମୁଦ୍ରା ପଞ୍ଚବସ୍ତ୍ର ଏକଯୋଡ଼ ରାଜାସାହେବଙ୍କ ତରଫରୁ ମିଳିଗଲା।

ପରନ୍ତୁ ଛାମୁଙ୍କ ଆଦେଶରେ ବଳଦଗାଡ଼ି ଦ୍ୱାରା ତିଗିରିଆ ପର୍ଯ୍ୟନ୍ତ ସଦଳେ ଆସି ପହଞ୍ଚିଲୁ। ସୂର୍ଯ୍ୟାସ୍ତ ସମୟର ଅବ୍ୟବହିତ ପୂର୍ବରୁ ମାଣିଆବନ୍ଧି କୋଠିରେ ବିଶ୍ରାମ ନେଲୁ। ସେତେବେଳେ ଜଣେ କେହି ଲୋକ ବଜାରରେ ମୋତେ ଅପେକ୍ଷା କରିଥିବାର କୌଣସି ଅପରିଚିତ ବ୍ୟକ୍ତିଙ୍କଠାରୁ ସମ୍ବାଦ ପାଇ ଘଟଣାଟି କେତେଦୂର ସତ୍ୟ ବୁଝିବା ନିମିତ୍ତ ବଜାର ଅଭିମୁଖେ ସମ୍ବାଦ ଦାତାଙ୍କ ସଙ୍କେତ ସ୍ଥଳକୁ ଉଦ୍‌ବିଗ୍ନ ହୋଇଚାଲିଲି। ଦେଖିଲି ତିନୋଟି ନୂତନ ଯୌବନାପ୍ରାପ୍ତା ପ୍ରୌଢ଼ା ଦଣ୍ଡାୟମାନ, ସେମାନଙ୍କର ରୂପଶ୍ରୀ ଅତୀବ ଚମତ୍କାର। କଥାବାର୍ତ୍ତାରୁ ଜଣାଗଲା, ସେମାନେ କୌଣସି ଉଚ୍ଚବଂଶୀୟା ସୁଶକ୍ଷିତା।

କିଛିକ୍ଷଣ ସେମାନଙ୍କ ସଙ୍ଗେ ଆଳାପ କରିବାରେ ଜଣାପଡ଼ିଲା ଯେ, ସେମାନେ

ମୋ ସଙ୍ଗେ ଚିରସଙ୍ଗିନୀ ହେବା ଉଦ୍ଦେଶ୍ୟରେ ଆଶା ପୋଷଣ କରି ବହୁପଥ ଅତିକ୍ରମ କରି ଆସି ଅଛନ୍ତି।

ପରନ୍ତୁ ବଡ଼ାମ୍ବା ରାଜବାଟୀର ଅଭିନୟବେଳେ ଏହିମାନେ କେତକୀଫୁଲ ସାହାଯ୍ୟରେ ଚିଠି ଲେଖି ପ୍ରାସାଦ ଉପରୁ ଫିଙ୍ଗୁଥିବାର ଜଣାଇଲେ। ପ୍ରଥମତଃ ଏ ସବୁ ମୁଁ ଶୁଣି ଆଶ୍ଚର୍ଯ୍ୟ ହେବା ସଙ୍ଗେ ସଙ୍ଗେ କିଂକର୍ତ୍ତବ୍ୟ ବିମୂଢ଼ ହେଲି, - (ମାଳିକୁ ଛେଳି ଅଡୁଆ) ପରି ଏ ପ୍ରୌଢ଼ାତ୍ରୟଙ୍କୁ କୁଆଡ଼େ ନେଇ କ'ଣ କରିବି ମନେ ମନେ ଗଭୀର ଚିନ୍ତାକଲି। ଆଉମଧ୍ୟ ସେ ଦିନ ରାତିଟା ତାଙ୍କର ପାଖେ ମୋର ଅନିଦ୍ରା ଭାବେ କଟିଲା।

ନାଚଦଳୀୟ ପିଲାମାନେ ରୋଷାଇ କରି ଖାଇଲେ। କିନ୍ତୁ, ମୁଁ ଦଳର ପିଲାମାନଙ୍କ ରୋଷାଇରେ ନ ଖାଇ ଆଗନ୍ତୁକ ଭଦ୍ରାମାନଙ୍କ ଅନୁରୋଧ ଭାଙ୍ଗି ନ ପାରି ସେମାନଙ୍କ ରୋଷାଇରେ ଖାଇଲି। କ୍ରମେ କ୍ରମେ ରାତ୍ର ପ୍ରକାଶ ହେବା ପୂର୍ବରୁ ଅର୍ଥାତ୍ ବ୍ରହ୍ମମୁହୂର୍ତ୍ତରୁ ଦଳର ସମସ୍ତ ଛାତ୍ରଙ୍କୁ ତିଗିରିଆ ପଠାଇ ଦେଲି। ପରେ ମୁଁ ଉକ୍ତ ନାରୀତ୍ରୟଙ୍କ ଗହଣରେ ଆସି ସନ୍ଧ୍ୟା ସମୟରେ ନିର୍ଦ୍ଦିଷ୍ଟ ସ୍ଥାନରେ ପହଞ୍ଚିଲି। ପୂର୍ବ ପରିଚିତ ମାହାଫିସ୍ ବାବୁଙ୍କୁ ଏ ସମ୍ବନ୍ଧିୟ ସମସ୍ତ ଦୁଃଖ ବର୍ଣ୍ଣନା କରିବାରୁ ସେ ଦୟା ପରବଶ ହୋଇ ଅସ୍ଥାୟୀ ସମୟ ପର୍ଯ୍ୟନ୍ତ ପ୍ରୌଢ଼ା ତ୍ରୟଙ୍କୁ ତାଙ୍କ ବସାରେ ସ୍ଥାନଦେଲେ।

ସେ ତିନୋଟି ରମଣୀଙ୍କ ଜାତି ପରିଚିତ ନିଅନ୍ତୁ- ତନ୍ମଧ୍ୟରୁ ଜଣେ ବ୍ରାହ୍ମଣୀ, ଜଣେ ଆଭୀରି ଓ ଅନ୍ୟଟି କ୍ଷତ୍ରିୟଜାତୀୟା ସ୍ତ୍ରୀ। ସେମାନଙ୍କ ନାମ ଯଥାକ୍ରମେ ସୁବାଣୀ, ମଲ୍ଲୀ ଓ ଅତର। ମଲ୍ଲୀ ଅତର ଦୁହିଁଙ୍କୁ ଯୁବରାଜଙ୍କ ସ୍ତ୍ରୀ ରାଜାଜେମାଙ୍କ ସହଚରୀ ଭାବେ ରଖାଇଲି। ମାତ୍ର ସୁବାଣୀ ମୋତେ ଏକାବେଳକେ ଛାଡ଼ିବାକୁ ନାରାଜ। ଏପରିକି ମୋର ଗତି ବିଧିକୁ ସର୍ବଦା ଲକ୍ଷ୍ୟ କରୁଥିଲା। ମୁଁ ତାକୁ ତିଗିରିଆରେ ରଖାଇ ପଳାଇ ଆସିବାକୁ ଶତଚେଷ୍ଟା କରିଥିଲେ ସୁଦ୍ଧା ତହିଁରୁ ବଞ୍ଚିତ ଥିଲି। ତେଣୁ ବାଧ୍ୟ ହୋଇ ନାଚଦଳ ସହ ସୁବାଣୀକୁ ଆଠଗଡ଼ ପର୍ଯ୍ୟନ୍ତ ନେଇ ଆସିଲି। ଆଠଗଡ଼ର ସୁପରିଟେଣ୍ଡେଣ୍ଟ ପୂର୍ବ ପରିଚିତ ବୀରବାବୁଙ୍କ ନିକଟରେ ସତ୍ୟଗୋପନ ନ କରି ପୂର୍ବପରି ସମସ୍ତ ବିଷୟ ପ୍ରକାଶକଲି। ଉଭୟଙ୍କ ମଧ୍ୟରେ ତତ୍‌ସମ୍ବନ୍ଧେ ପରାମର୍ଶକଲୁଁ। ଆଉମଧ୍ୟ ସୁବାଣୀକୁ ଜଣେ ଭଦ୍ରଲୋକଙ୍କ ଘରେ କେତେଘଣ୍ଟା ପାଇଁ ରଖାଇଦେଲି। ପରେ ମୋତେ ଏହି ଉପଦେଶ ଦେଲେ "ତୁମ୍ଭେ ସୁବାଣୀକୁ କୁହ" ସେ ବର୍ତ୍ତମାନ ହସ୍ତୀ ଉପରେ ବସି ଢେଙ୍କାନାଳ ଉଆସ ପର୍ଯ୍ୟନ୍ତ ଯାଉ। ସେହିଠାରେ ଉଭୟଙ୍କର ଦେଖାସାକ୍ଷାତ ହେବ। ମୋର ଘର ଠିକ୍ ଉଆସରେ ସନ୍ନିକଟରେ। ମୁଁ ସୁପରିଟେଣ୍ଡେଣ୍ଟ ସାହେବଙ୍କ ସଙ୍ଗେ ପଛ ହାତୀରେ ଯାଉଛି। ଏଥିରେ ସୁବାଣୀ ସମ୍ମତ ହେଲା। ସୁପରିଟେଣ୍ଡେଣ୍ଟ ସାହେବ ହସ୍ତୀପକ ଜିମାକରି ସୁବାଣୀକୁ ହସ୍ତୀ ପୃଷ୍ଠରେ ବସାଇ ଢେଙ୍କାନାଳରେ ଉଆସ ପାଞ୍ଜିଆ ନିକଟକୁ ଏକପତ୍ର

ଲେଖିଲେ ଯେ, ଏ ପୌଢ଼ାଟିକୁ ଆପଣଙ୍କ ଉଆସରେ ସ୍ଥାନ ଦେବେ। ସୁବାଣୀ ଢେଙ୍କାନାଳ ଅଭିମୁଖେ ଓ ମୁଁ ସଦଳେ ଗୃହାଭିମୁଖେ ପ୍ରତ୍ୟାବର୍ତ୍ତନ କଲି।

କିନ୍ତୁ ଘରେ ପହଞ୍ଚିବା ପର୍ଯ୍ୟନ୍ତ ବାରମ୍ବାର ପଶ୍ଚାତ୍ ଭାଗକୁ ଦୃଷ୍ଟି ପକାଇ ଭାବୁଥାଏ ସୁବାଣୀ ଆସିଲା କି ? ଏପରି ଗ୍ରାମରେ ମଧ୍ୟ ସେହି ଭାବନା ହୃଦୟକୁ ସ୍ପର୍ଶ କରିଥିଲା ଏବଂ ନିଦ୍ରାବେଶେ ମଧ୍ୟ ସୁବାଣୀ ଆସିବା ବିଷୟ ଚିନ୍ତାକରି ସାମୟିକ ସ୍ୱପ୍ନ ଦେଖେଁ। ସତେ ଯେପରି ସୁବାଣୀ ମୋ ପଛେ ପଛେ ସାବିତ୍ରୀ ଯମରାଜାଙ୍କ ଗତିପଥକୁ ଅନୁସରଣ କଲା ପରି ଗତି କରୁଛି। ଯାହାହେଉ ଈଶ୍ୱରାନୁଗ୍ରହରୁ ସେ ମୋର ବାସଭବନ ପର୍ଯ୍ୟନ୍ତ ଆସିନଥିଲା।

ନାଜରଙ୍କ ନାଚରେ ହାଜତରେ ଜବତ୍

ଯାଜପୁର କୋର୍ଟରେ ହରେକୃଷ୍ଣ ବାବୁ ନାଜର ଥିବା ଅବସ୍ଥାରେ ତାଙ୍କ ଝିଅର ଖୁଦୁରୁକୁଣୀ ଓଷା ଉପଲକ୍ଷେ ନିମନ୍ତ୍ରଣ ପାଇ କୋଠପଦା ଯାତ୍ରାଦଳ ସଙ୍ଗେ ତାଙ୍କ ଘରକୁ ଯାତ୍ରା କରିବାକୁ ଯାଇଥିଲି। ସେ ମୋତେ ଦେଖିଲା ମାତ୍ରକେ ସାଦରେ ଗ୍ରହଣ କରି ଯଥୋଚିତ ସମ୍ମାନ ଦେଖାଇଥିଲେ। ତାଙ୍କ ଅଗଣାରେ ତିନିରାତି ନାଚ ହେଲା। ହରି ଅନ୍ୱେଷଣ (ବା) ନିଷାଦ ହରିପଦଲାଭ, ନାମକ ନାଟକଟି ଦେଖାଇ ବିପୁଳ ପ୍ରଶଂସାଲାଭ କରିଥିଲୁ।

ସେତେବେଳେ ନାଚର ଦୂତକୁ ବିଶେଷଭାବେ ଦୁଆରୀ ଆଖ୍ୟା ଦେଉଥିଲେ। ଗୋଟିଏ ରାତିରେ ଦୁଆରୀ ବାହାରି (ମେଣ୍ଟେନ୍‌ସ ରେକର୍ଡ଼) ସମ୍ବନ୍ଧୀୟ ଏକ ଗୀତ ଗାଇଥିଲା।

ସେ ଗୀତକୁ ପୋଲିସ ନୋଟକରି ପରଦିନ ସକାଳେ ମୋତେ ହାଜତ୍‌ରେ ନେଇ ହାଜର କଲେ। ହାଜତରେ ହାଜର ଥିବା ସମୟରେ ପୁଙ୍ଖାନୁପୁଙ୍ଖ ରୂପେ ଜାଣିବାପାଇଁ କୌଣସି ଏକ ଅପରିଚିତ କର୍ମଚାରୀଙ୍କୁ ସେ ଗୀତଟି ସମୁଦାୟ ଲେଖି ନେବାକୁ ମୋ ନିକଟକୁ ପ୍ରେରଣ କଲେ। କର୍ମଚାରୀଟି ମୋର ଏକାନ୍ତ ବିଶ୍ୱସ୍ତ ହେବାରୁ ମୁଁ ଗୀତଟି ଶେଷ ଅଂଶର ରୂପଲେଖ ବଦଳାଇ ଲେଖି ପଠାଇଦେଲି। ମାନନୀୟ ମ୍ୟାଜିଷ୍ଟ୍ରେଟ ସେ ଗୀତଟିକୁ ଦେଖି ନିର୍ଦ୍ଦୋଷରେ ମୋତେ ଖଲାସଦେଲେ। ସମୁଦାୟ ଗୀତଟିରେ ସରକାରଙ୍କ ଧରିବାଭଳି କିଛି ଦୋଷାବହ ନଥିଲା। କେବଳ ଶେଷାଂଶରେ ସରକାରଙ୍କର ନିନ୍ଦାପଦ ଥିଲା। ସେତିକି ବଦଳାଇ ଦେବାରୁ ମୁଁ ହାଜତର ଜବତରୁ ବଞ୍ଚିତ ହେଲି। ଏ ଘଟଣା ପ୍ରାୟ ୧୯୩୦ ମସିହାର ସନ୍ନିକଟବର୍ତ୍ତି କାରଣ ବନ୍ଦୋବସ୍ତ ଓଡ଼ିଶାରେ ହେଉଥିଲା ଓ ଏହି ବନ୍ଦୋବସ୍ତ ସମ୍ପର୍କୀୟ ଲେଖାଟି ଦୂତ ବୋଲିଥିଲା।

ଓଡ଼ିଶାକୁ ସାରିଦେଲା ବନ୍ଦୋବସ୍ତ ।

ଗୋଚର ଅନାବାଦି, ହୋଇଲା ଜମାବନ୍ଦି,

ପଡ଼ିଆ ଦଣ୍ଡା ତାଡ଼ି କଲେ କ୍ଷେତ ।ଘୋଷା ।

ମରିଲେ ଗୋରୁପଲ ହୋଇଲ କଲବଲ

କାହୁଁ ପାଇବେ ଘାସ ସବୁ ହେଲା ଫସଲ ।

ହୋଇଲା ମହରଗ ଚାଉଳ, ଲୁଣ ତେଲ

ପେଟପୁରା ନ ମିଳଇ ତୁଚ୍ଛା ଭାତ ।୧ ।

ଯେ ଯାହା ଜମିବାଡ଼ି ଦେଇ ଟଙ୍କା କଉଡ଼ି

କିଣିଥାନ୍ତି ପୁଣି ଚହଳ ଯାଏ ପଡ଼ି ।

ଜମିଦାର ମଞ୍ଜୁର ସକାଶେ ତର ତର

କରଯୋଡ଼ି କରୁଥାନ୍ତି ଖୁସାମତ ।୨ ।

ଜମିଦାରଙ୍କ ପେଷା- ଗଲା ମରିଲେ ଚଷା

ଅମଲାମାନେ ଏବେ ମାଗିଲେ ଅଣ୍ଡା ଖୋଷା ।

ସତେ ଫେରିବ ଦଶା ବଇଷ୍ଣବର ଆଶା

ସରକାର ହୋଇବେ ଦୟାବନ୍ତ ।୩ ।

ବିରୋଜା କ୍ଷେତ୍ରରେ ନାଜରଙ୍କ ଅଗଣା ନାଚରେ ଗୀତ ଗାଇ ହାଜତର କବଳରୁ ଖସିଲି । ଯାହା କିଛି ପାଉଣା ପାଇ କଟକ ପଳାଇଗଲି । ଏଣେ ବନ୍ଦୋବସ୍ତ ସମୟ, ଅମିନମାନଙ୍କ ଜୁଲମଜବର କଟକସ୍ଥ ହରିବଲ୍ଲଭ ବାବୁ ଓକିଲଙ୍କ କୋଠାରେ ଅମିନମାନଙ୍କ ଆଟେସନ୍‌ର କଚେରୀ ହେଉଥାଏ । ସେଠାରେ ଅଭିନୟ ତିନିରାତି ଦେଖାଇଲି । ଶେଷ ତ୍ରୟ ରାତ୍ରରେ ଅଟେସନ ସମ୍ବନ୍ଧରେ ଏକ ଗୀତ ରଚନାକରି ଦୁଆରୀକୁ ଶିଖାଇ ସଭାରେ ବୋଲାଇଲି । ଗୀତଟିକୁ ଶୁଣି ଅମିନଗଣ ମୋତେ ମାରିବାକୁ ଷଡ଼ଯନ୍ତ୍ର କଲେ । ପରନ୍ତୁ ରାସ୍ତାରେ କାହାର ଦ୍ୱାରା ଅପମାନିତ କରିବାକୁ ଚେଷ୍ଟାକଲେ । ଏ ଦୁଃସମ୍ବାଦ ପାଇ ଓକିଲ ରାମଶଙ୍କର ବାବୁଙ୍କ ଶରଣ ଗ୍ରହଣ କଲି । ନୂଆଗାଁ ଶୁକ୍ଳେଶ୍ୱର ନିବାସୀ ରାଧାଚରଣ ବାବୁ ଡିପୋଟି ଥିଲେ । ସେ ମହାଶୟ ଏ ବିଷୟ ଶୁଣି ମୋତେ ତାଙ୍କ ଖଟ୍‌ବିନ୍‌ସାହି ବସାକୁ ଡକାଇ ନେଇ ଆଶ୍ରୟ ଦେଲେ । ପରନ୍ତୁ ଉକ୍ତ ଗୀତଟିକୁ ସମୁଦାୟ ଲେଖାଇ ନେଇ ପ୍ରିଣ୍ଟିଂ କମ୍ପାନରୀ ଛପାଇ କଟକ ସହରର ଛକ ସ୍ଥାନମାନଙ୍କରେ ମରାଇ ପ୍ରଚାର କରାଇଲେ । ଅମିନମାନେ ଏ ସବୁ ରହସ୍ୟ ଜାଣି ଓ ଛକମାନଙ୍କରୁ ପାଠକରି ନୀରବ ରହିଲେ । ମୋ ସହିତ ସେମାନେ ଆଉକିଛି ବିବାଦ କରିନଥିଲେ, ଉକ୍ତ ଗୀତଟି ଆପଣମାନଙ୍କ ଗୋଚରାର୍ଥ କଲି ।

କି କହିବି ଅଟେସନର କଥା।
ଦେଖି ଅମଲାଙ୍କ ତେଜ, ଆରେ ଭାଇ।
ପାଷାଣ ହେଲେଣି ଦିଅଁ ଦେବତା।ପଦ।
ଘରୁ ଯେତେବେଳେ ଅଇଲେ ବାହାରି,
ଗୋଡ଼େ ମାଡୁଥିଲେ ଖଣ୍ଡିଆ ଜୋତା,
କଣ ଭୁଆଶୁଣୀ ଦିନ ଗଣୁଥିଲେ,
କେମନ୍ତେ ହାତରୁ ଫିଟିବ ସୁତା।୧।

ଯହୁଁ ସରକାର ଖାଲି ଦେଲେ ଘର,
ହାତରେ ପଡ଼ିଲା ଖସଡ଼ା ଖାତା।
ବଡ଼ ବଡ଼ ଆଖି ହୋଇଗଲା ତହୁଁ
ସୁଉକି, ଦୋଓଣୀ ଲାଗିଲା ପିତା।୨।

ଅମିନଙ୍କ ଠାରୁ ଚପରାଶି ଯାଏ
ହାତରେ ଧଇଲେ ସ୍ପିରିଙ୍ଗି ଛତା,
କମିଜ କନାକୁ ମହରଗ କଲେ,
ମୋଜାରେ ବାନ୍ଧିଲେ ରବର ଫିତା।୩।

ଚଦରର କେତେ କଦର ବଢ଼ିଲା,
ସଦର ଦିପୋଟି କଲେ ବ୍ୟବସ୍ଥା
ରାଣ୍ଡୀ ଖଣ୍ଡୀଙ୍କର ଧନ ନ ଅଣ୍ଟିଲା,
ଜମିଦାରଙ୍କର ହୋଇଲା ଜିତା।୪।

ଗୋରାମାନେ ଯେବେ ଖରାକୁ ବୁଝିବେ,
ପରଜା ମାନଙ୍କ ରହିବ ପତା।
ସରକାର ଯଦି ସୁଦୟା ହୋଇବେ
ବଇ କୁଡ଼ିଆରେ ଭିଡ଼ିବ ବତା।୫।

ମୋ ଉପରେ ଅମିନଗଣଙ୍କର ସିନା ସରାଗ ଆସିଥିଲା। କିନ୍ତୁ, ଦିପୋଟି ବାବୁଙ୍କର, କ'ଣ କରିବେ। ତେଣୁ ଚୁପ୍‌ହେଲେ। ମୁଁ ନାଚ ଶେଷକରି ସଦଳେ ଗୃହକୁ ପ୍ରତ୍ୟାଗମନ କଲି।

ଏ ଦଳର ମାଲିକ ତୁମ୍ଭ ମାଇପଙ୍କ ପାଖରେ-

ଏଣେ ଘରକୁ ଆସି ହାରାମଣୀଙ୍କ ଜନ୍ମିତ ବାସଭବନ ସଂଲଗ୍ନ ବିରୂପା ବେଳାଭୂମିରେ ଏକ ହର୍ମ୍ୟ ସଦନ ନିର୍ମାଣ କରି ତନ୍ମଧ୍ୟରେ ଉଭୟେ ବସବାସ କଲୁ। ସେତେବେଳେ ଆମ୍ଭ ହିନ୍ଦୁ ସମାଜରେ ବହୁ ବାଧାବିଘ୍ନ ଥିଲା ଓ ସାମାନ୍ୟ ଦୋଷରେ ସମାଜରେ ବାଛନ୍ଦ ରହିଥିଲା। ଏହିସବୁ କାରଣରୁ ଆମ୍ଭ ଦୁହିଁଙ୍କର ସମାଜରେ ସ୍ଥାନ ନଥିବାର ନିଶ୍ଚିତଭାବେ ଜାଣିଥିଲୁ। ତେଣୁ ଭବିଷ୍ୟତ୍ କଳ୍ପନା ସ୍ଥିର କରି ହର୍ମ୍ୟ ନିର୍ମାଣକଲୁ। ଉଭୟଙ୍କ ମଧ୍ୟରେ ଯେ ପ୍ରଥମେ ପରଲୋକ ହେବ, ଇହଲୋକ ବ୍ୟକ୍ତି ପରଲୋକ ବ୍ୟକ୍ତିର ସମାଧି ଦେବ ଏବଂ ଶେଷବ୍ୟକ୍ତିର ଶେଷ ସମୟ ଉକ୍ତ ନିର୍ମିତ ହର୍ମ୍ୟ ସମାଧିସ୍ୱରୂପ ହେବ, ଏତଦ୍‌ବ୍ୟତୀତ ଅନ୍ୟ ଗତି କିଛି ନ ଥିଲା କି ସେ ସମୟର ସମାଜ ଆଜିକାଲିର ସମାଜ ପରି ଆକାଶ ପାତାଳ ପ୍ରଭେଦ ଦେଖାଯାଉ ନଥିଲା। ଈଶ୍ୱରଙ୍କ ସୁଦୟାରୁ ଭାରତ ସ୍ୱାଧୀନତା ପାଇବାରୁ ସମାଜର ଗତି ଏକପ୍ରକାର ବଦଳିଗଲା।

ଇତି ମଧ୍ୟରେ ମୁଁ କୋଠପଦାସ୍ଥ ରାମନାଥପୁରୀ ଗୋସ୍ୱାମୀଙ୍କ ଶିଷ୍ୟ ଗୋରଖନାଥ ପୁରୀଙ୍କ ତତ୍ତ୍ୱାବଧାନରେ ଗୋଟିଏ ନୂତନ ନାଚଦଳ ଗଠନ କରି ନିକଟସ୍ଥ ମୌଜା ମାନଙ୍କରେ ଅଭିନୟ ଦେଖାଇଲି। ପିଲାମାନଙ୍କର ଅଭିନୟ ଦେଖାଇବାରେ ଦକ୍ଷତା ଆସିବାରୁ ବିଦେଶଯାତ୍ରା ଉଦ୍ଦେଶ୍ୟ ମୟୂରଭଞ୍ଜ ବାହାରିଲୁ। ପଥ ମଧ୍ୟରେ ପ୍ରଥମତଃ ଇନାମ୍ ନଗରଠାରେ ଅଭିନୟ ଦେଖାଇଥିଲୁ।

ଦ୍ୱିତୀୟରେ ଚୌଷଠିପଡ଼ା ଗଡ଼ରେ ନାଚହେଲା। ଯିବାବେଳେ ସୁକିନ୍ଦା ଅନ୍ତର୍ଗତ ବ୍ରାହ୍ମଣୀନଦୀ ତଟସ୍ଥ ହାତୀବାରୀଠାରେ ସନ୍ଧ୍ୟାହେବାରୁ ଅନ୍ୟୋନ୍ୟପାୟ ନ ଦେଖି ସେଠାର ବାସିନ୍ଦାମାନଙ୍କୁ ରାତିକପାଇଁ ସ୍ଥାନ ମାଗିବାରୁ ସେମାନେ ତିଳେମାତ୍ର ଆମ୍ଭମାନଙ୍କ କଥା ପ୍ରତି ଶ୍ରୁତିପାତ ନ କରି ବରଂ ବ୍ୟଙ୍ଗୋକ୍ତି ଭାବେ ଆମର ପରିଚୟ ଖୋଜିଲେ, ଓ ଦଳର ମାଲିକ କିଏ ? ଚାହିଁବାରୁ ମୁଁ ତାଙ୍କୁ କହିଲି; "ଏ ଦଳର ମାଲିକ ତୁମ୍ଭ ମାଇପଙ୍କ ପାଖରେ" ଅଛନ୍ତି। ଏଥିରେ କେତେକ ଯୁବକ ଉତ୍ତ୍ୟକ୍ତ ହୋଇ ଆମ୍ଭମାନଙ୍କ ଉପରେ ଚଢ଼ାଉକଲେ ଏବଂ କର୍କଶଭାବେ ନାନା ବାଗ୍‌ବାଣ ବର୍ଷଣ କଲେ।

ତନ୍ମଧ୍ୟରୁ ଜଣେ ବୟୋଜ୍ୟେଷ୍ଠ ବ୍ୟକ୍ତି ହଠାତ୍ ଆଗେଇ ଆସି ସେମାନଙ୍କୁ ଅବରୋଧ କଲେ, ପରିଶେଷରେ ସେମାନଙ୍କୁ କ୍ଷାନ୍ତକରାଇ ମୋତେ ରକ୍ଷ ସ୍ୱରରେ କହିଲେ, ଆପଣ ଏଡ଼େବଡ଼ କଥାଟା କିପରି ସାହାସ କରି ଉତ୍ତରଦେଲେ। ତୁମ୍ଭଦଳର ମାଲିକ ଆମ ମାଇପଙ୍କ ପାଖରେ। ମୁଁ ମଧ୍ୟ ତହିଁରେ ଅଙ୍ଗିକାର କଲି। କିୟତ୍‌କ୍ଷଣ ପରେ ପଚାରିଲି, ଆଚ୍ଛା। ବୈଷ୍ଣବପାଣୀଙ୍କ ଛପା ନାଟକ, ଅଭିନୟ ବହି ଆପଣମାନଙ୍କ

ଘରେ ବା ଗ୍ରାମରେ ଥିବ ? ବୃଦ୍ଧଟି ଉତ୍ତର ଦେଲା ହଜାରେ ଛପାବହି ବାହାରି ପାରିବ। ସଙ୍ଗେ ସଙ୍ଗେ ମୁଁ ଖଣ୍ଡିଏ ବହି ହସ୍ତଗତ କରିବାକୁ ମାଗିଲି। ଯୁବକମାନଙ୍କ ଉପସ୍ଥିତିରେ ବୃଦ୍ଧଟି ଉତ୍ତର ଦେଲା, 'ବହି' ଘରେ ମିଳିବ। ଏତିକି ଉତ୍ତର ପାଇ ମୁଁ ପଚାରିଲି ଘରେ ଥାଆନ୍ତି କିଏ ? ସେମାନେ କର୍କଶଭାବେ କହିଲେ, ଘରେ ସ୍ତ୍ରୀ ବାଳକ ଥାଆନ୍ତି। ମୁଁ ପୁଣି କହିଲି, ବହି ତେବେ ଘରୁ କାହାଠାରୁ ପାଇବେ ? ଏତିକି କହି ଦରହସିତ ବଦନରେ ନୀରବ ରହିଲି। ବୃଦ୍ଧଟି ଅଳ୍ପସମୟ ପାଇଁ ନିସ୍ତବ୍ଧ ହୋଇ କହିଲେ ପାଣୀ ଏଥିମଧ୍ୟରୁ କିଏ ?

ମୋର ଦଳୀୟ ଜନୈକବ୍ୟକ୍ତି କହିଲା, ଯାହାସଙ୍ଗେ କଥୋପକଥନ କରୁଛନ୍ତି, ସେ ସ୍ୱୟଂ ପାଣୀ। ସଙ୍ଗେ ସଙ୍ଗେ ବୃଦ୍ଧଟି ଉତ୍ୟକ୍ତ ଯୁବକମାନଙ୍କୁ ଅଣାଇ ମୋର ପଦତଳେ ସାଷ୍ଟାଙ୍ଗ ପ୍ରଣିପାତ କରିବାକୁ ଆଦେଶ ଦେଲେ ଓ ପ୍ରତ୍ୟେକ ଚରଣାମୃତ ନେଇ କ୍ଷମା ପ୍ରାର୍ଥନା କଲେ।

ତତ୍‌ପରେ ଉତ୍ୟକ୍ତ ଯୁବକଗଣ ପ୍ରକୃତିକୁ ବଦଳାଇ ସଙ୍ଗେ ସଙ୍ଗେ ଲକ୍ଷ୍ମୀଙ୍କମନ୍ଦିର ପରିଷ୍କାର କରାଇ ବିଛଣାଦି ଯୋଗାଇଦେଲେ, ଏବଂ ପାଦଧୌତ ପାଇଁ ପାଣି ଆଣିଦେଲେ ଓ ପାଣୀଙ୍କୁ ମଧ୍ୟ ସ୍ୱତନ୍ତ୍ର ଭାବେ ପାଣି, ପାଣିରେ ଦେଲେ। କିଛିକ୍ଷଣ ପରେ ଆମ୍ଭମାନଙ୍କ ପାଇଁ ଜଳଯୋଗର ବ୍ୟବସ୍ଥା କରାଇଲେ। ଜଳଯୋଗର ବ୍ୟବସ୍ଥା ପରେ କିଛି ସମୟ ମିଷ୍ଟାଳାପ କରି ସ୍ୱ ସ୍ୱ ପୁରକୁ ପ୍ରତ୍ୟାଗମନ କଲେ। ପ୍ରଭାତ ହେଲାରୁ ପୂର୍ଣ୍ଣ ଜଳଘଟ, ଗୁଡ଼ାଖୁ ଓ ଦନ୍ତମାର୍ଜନୀ ମାନ ଆଣି ଯୋଗାଇଲେ। ନିତ୍ୟକର୍ମମାନ ସମାପନ କରି ବିଦାୟ ନେବାରେ କେତେକ ଯୁବକ ଆମ୍ଭମାନଙ୍କ ସହ ମହୁଲପାଳ ପର୍ଯ୍ୟନ୍ତ ଆସିଥିଲେ।

ଉକ୍ତ ମହୁଲପାଳରେ ଆମ୍ଭେମାନେ ଚାରିଦିନ ମାତ୍ରହି ଅଭିନୟ କରିଥିଲୁ। ଏହାପର ସୁକିନ୍ଦାଗଡ଼କୁ ଅଗ୍ରସର ହେଲୁ। ସୁକିନ୍ଦାଗଡ଼ରେ ତିନିରାତି ଅଭିନୟ ଦର୍ଶାଇ ଅରଣ୍ୟପଥ ମଧ୍ୟ ଦେଇ ଓଡ଼ିଶାର ବିପଦଶଙ୍କୁଳ ଅରଣ୍ୟାନୀ ବେଷ୍ଟିତ, ଦୁର୍ଗମ ପାର୍ବତ୍ୟାଞ୍ଚଳର କିୟତ୍‌ଅଂଶ ଅତିକ୍ରମ କରି କେନ୍ଦୁଝରର କୁଶଭଦ୍ରା ନଦୀତଟସ୍ଥ ସଂହାରକାରୀ କୁଶଳେଶ୍ୱର ମହାଦେବଙ୍କ ମନ୍ଦିରରେ ଉପସ୍ଥିତ ହେଲୁ। ପୂର୍ବରୁ ସେଠାର ବାସିନ୍ଦାଗଣ ମୋ ନାମ ଶ୍ରବଣ କରିଥିଲେ। ଉପସ୍ଥିତ ହେବାମାତ୍ରେ ସେମାନେ ଆମ୍ଭମାନଙ୍କର ସମସ୍ତ ପ୍ରକାର ସୁବିଧା କରାଇଥିଲେ। ତିନିରାତି ଯାତ୍ରା ହେଲା। ପ୍ରଥମ ରାତ୍ର ଦିଅଁଙ୍କ ସମ୍ମୁଖରେ, ଦ୍ୱିତୀୟ ରାତ୍ର ଯାତ୍ରା ବ୍ରାହ୍ମଣ ଶାସନରେ ଓ ଶେଷରାତ୍ରି ପ୍ରାଣନାଥ ବାବୁଙ୍କ କନ୍ୟାଜନ୍ମ ଉପଲକ୍ଷେ ଅଭିନୟ ଦର୍ଶାଇଥିଲୁ। ଉକ୍ତ ଅଭିନୟର ପୂର୍ବରୁ ପ୍ରଥମତଃ ଆନନ୍ଦପୁର ଯାଇଥିଲୁ। ଏହା କେନ୍ଦୁଝର ରାଜ୍ୟର ଅନ୍ୟ ଏକ ସବ୍‌ଡିଭିଜନ। ସେଠାରେ

ପହଞ୍ଚି ଦେଖିଲୁ ଯେ ଲୋକଗୁଡ଼ିକ ଅଶିକ୍ଷିତ। ଅତିଥିଗଣଙ୍କ ପ୍ରତି ଆତିଥେୟତା ସମ୍ବନ୍ଧେ ସେମାନେ ଅନଭିଜ୍ଞ।

ପରନ୍ତୁ ଯାତ୍ରା ଦେଖିବାରେ ସେମାନଙ୍କର ସ୍ପୃହା ଥିବାର ଜଣା ନଥିବାରୁ ଆମ୍ଭେମାନେ ପ୍ରତ୍ୟାବର୍ତ୍ତନ ନ କରି ଉପରୋକ୍ତ ସ୍ଥାନମାନଙ୍କରେ ଉପସ୍ଥିତ ହୋଇ ଅଭିନୟ କରିଥିଲୁ। ଏହି ସମୟରେ ଓଡ଼ିଶାର ସୁପରିଚିତ ବିଦ୍ୟାନୁରାଗୀ, ତରୁଣକବି ଯାଜପୁର ନିବାସୀ କୃଷ୍ଣବାବୁଙ୍କ ସଙ୍ଗେ ସାକ୍ଷାତ୍ ହେଲା।

କେନ୍ଦୁଝର ଗଡ଼ରେ କୃଷ୍ଣବାବୁଙ୍କ ସଙ୍ଗେ ବାଦୀଯାତ୍ରା

ଅଭିଜ୍ଞପାଠକେ! ମୁଁ ପୂର୍ବରୁ କହି ଆସୁଛି କେନ୍ଦୁଝର ଗଡ଼ରେ ରହି ପ୍ରାଣନାଥ ବାବୁଙ୍କ କନ୍ୟା ଜନ୍ମ ଉପଲକ୍ଷେ ଅର୍ଥାତ୍ ତୃତୀୟ ରାତ୍ର ଅଭିନୟ ଦିନ ମଧ୍ୟାହ୍ନ ସମୟର ଯାଜପୁରର ଖ୍ୟାତନାମା ବିଶିଷ୍ଟ କବି ଶ୍ରୀଯୁକ୍ତ କୃଷ୍ଣଚନ୍ଦ୍ର ବୋଷଙ୍କ ଉପସ୍ଥିତ ହେଲେ, କୃଷ୍ଣବାବୁ 'ଭୂୟାଁପୀଢ଼ ନାଟକ" ଦେଖାଇବା ଉଦ୍ଦେଶ୍ୟେ କଲିକତାକୁ ପୋଷାକ ଆଣିବାକୁ ଯାଇଥିଲେ। ମୁଁ ସେଠାରେ ଯାତ୍ରା କରୁଥିବାର ସମ୍ବାଦ ଶ୍ରବଣ କରି ବାଦୀନାଚ କରିବା ଉଦ୍ଦେଶ୍ୟରେ ହେଉ କିମ୍ବା ପୂର୍ବରୁ ନାଚ ଦେଖାଇବାକୁ ମନସ୍ଥ କରିଥିବାର ହେଉ ସେ ମହାଶୟ ସଦଳେ ପହଞ୍ଚି ତୃତୀୟ ଦିବସର ଅପରାହ୍ନରେ ଷ୍ଟେଜ୍ ତିଆରି କଲେ।

କୃଷ୍ଣବାବୁ ବଡ଼ ଅମାୟିକ ସେ କଲିକତାରୁ ମୂଲ୍ୟବାନ୍ ବ୍ରାଣ୍ଡି ସଙ୍ଗରେ ଆଣିଥିଲେ। ତାଙ୍କ ସଙ୍ଗେ ପୂର୍ବରୁ ମୋର ପରିଚିତ ଥିଲା। ସେ ଦିନ ସନ୍ଧ୍ୟାବେଳେ ମୋତେ ବ୍ରାଣ୍ଡି ଖୁଆଇବାକୁ ଡାକିନେଲେ। ପୂର୍ବରୁ ଉଭୟେ ବ୍ରାଣ୍ଡି ଖାଇବାରେ ନିପୁଣତାଲାଭ କରିଥିଲୁ। ବିଧିବଦ୍ଧଭାବେ ବ୍ରାଣ୍ଡି ଓ ତାର ଉପଯୋଗୀ ଉପକରଣ ମାନ ଖିଆଗଲା। ସେହି ସୁରାପାନ ଦ୍ୱାରା ମୁଁ ଅତ୍ୟଳ୍ପକ୍ଷଣ ପରେ ଚେତନା ଶୂନ୍ୟହେଲି। ଦଳର ସଙ୍ଗୀତପିଲାମାନେ ମୋତେ ନେଇ ଆସି ବସାରେ ଶୋଇ ପକାଇଲେ ସେ ଦିନ ବାବୁ, 'ଭୂୟାଁପୀଢ଼' ନାଟକ ନ କରି କଲେ 'ଧ୍ରୁବ'।

ଉତ୍ତାନପାଦ ରାଜାପାର୍ଟ ନିଜେ ବାବୁ ସଭାସ୍ଥଳକୁ ଦର୍ଶାଇବାକୁ ଯାଇ ସୁରୁଚୀଙ୍କ ନିକଟରେ କେବଳ 'ପ୍ରିୟେ'। ଏତିକି ମାତ୍ର ସମ୍ବୋଧନ କଲେ। ତା ପରେ ବାକ୍ୟରୁଦ୍ଧ କଣ୍ଠ।

ପାଠକେ। ଜାଣନ୍ତି କି ଏହା କାହାର କ୍ଷମତା ?
ସେହି ସୁରା ଦେବୀଙ୍କର, କଥାରେ ଅଛି-
"ସୁରାଦ୍ରବ୍ୟମୟୀ ତାରା ଜୀବନିସ୍ତାର କାରିଣୀ"
ତାର ମହିମା ପଦ୍ରେ ପଦ୍ରେ ଦେଖାଗଲା, 'ଡ୍ରପ ପଡ଼ିଗଲା'।

ଅନ୍ୟ କେହି ଜଣେ ତାଙ୍କ ପ୍ରତିନିଧି ସ୍ୱରୂପ ରାଜାପାର୍ଟ ଚଳାଇଲେ।

ଏଣେ ବାବୁ ଶଯ୍ୟାମୟୀ ଓ ମୁଁ ମଧ୍ୟ ତଦ୍ରୂପ ଭୂତଳଶାୟୀ। କୃଷ୍ଣ ବାବୁଙ୍କର ସେହି ରାତ୍ରରେ ଅଭିନୟ ସଭାସଦ ଗଣଙ୍କର ଆଦୌ ଚିତାକର୍ଷକ ହେଲା ନାହିଁ। ପରଦିନ ପୂର୍ବାହ୍ନ ସମୟରେ ଶୁଣିବାକୁ ପାଇଲି ସ୍ନାନଘାଟରେ ତରୁଣୀ ଓ ବୃଦ୍ଧାମାନେ ସ୍ନାନ କରୁଥିବା ସମୟରେ ପରସ୍ପର ମଧ୍ୟରେ କଥା ପ୍ରସଙ୍ଗରେ କଥାଭାଷା ହେଉଥିଲେ "ନାନି ବଇଷିମପାଣି ଯାତରା କାଲି ଭଲ କଲା। ଯାଜପୁରିଆ ବାବୁ ଏତେ ଚକଚକିଆ ନୂଆକନା ବାନ୍ଧି କିଛିତ ଭଲ କଲାନାହିଁ। ଏ ପୁଣି ବଇଷିମ ପାଣିଠାରୁ ବେଶୀଟଙ୍କା ନବ।" ଆଉ ଜଣେ ବାହାରିପଡ଼ି କହିଲା, "ହଁ ଆମଘରେ ସେହିକଥା ପଡ଼ିଥିଲା। ଆଉ ବାବୁଦଳ ନାଟ କରିବେ ନାହିଁ।" ସତକୁ ସତ କୃଷ୍ଣବାବୁଙ୍କ ଯାତ୍ରା ଆଉ ହେଲା ନାହିଁ।

ସେମାନଙ୍କୁ ସେଦିନ ରୋଷାଇ ଉପକରଣମାନ ଦେବାରେ ବହୁ ବିଳମ୍ବ ଘଟିଲା। ମୁଁ ଏ କଥା ପ୍ରତ୍ୟେକ୍ଷ ଭାବେ ହୃଦୟଙ୍ଗମ କରି ଆମ୍ଭମାନଙ୍କର ରୋଷାଇ ଶେଷରେ ନିଜେ ବାବୁଙ୍କୁ ଡାକିଆଣି ସଙ୍ଗରେ ଖୁଆଇଲି। ଏଠାରେ ଯାତ୍ରା କାମ ଇତିଶ୍ରୀ ହେଲା।

ଉଭୟଦଳ ମୟୂରଭଞ୍ଜ ଗଲୁ। ମୟୂରଭଞ୍ଜରେ ପହଞ୍ଚି କୌଣସି ଏକ ସ୍ଥାନରେ ସ୍ନାନାଦି କାମ ସମାପନ କରି ଉକ୍ତ ରାଜ୍ୟର ଅନ୍ୟ ଏକ ସବ୍‌ଡିଭିଜନ କରଞ୍ଜିଆ ଅଭିମୁଖେ ଆଗମନ କଲୁ। ଯାହାହେଉ କରଞ୍ଜିଆରେ ପହଞ୍ଚି ଆଶ୍ରୟ ନେବାପାଇଁ ସ୍ଥାନ ଅନ୍ୱେଷଣ କଲୁଁ। ଉକ୍ତ କରଞ୍ଜିଆରେ ଜନୈକ ଧନୀ ଓ ଶିକ୍ଷିତ ବ୍ରାହ୍ମଣ ଘରଟିଏ ଦୃଷ୍ଟି ପଥାରୂଢ଼ ହେଲା।

ପରନ୍ତୁ ଉକ୍ତ ଗୃହର ଗୃହକର୍ତ୍ତା ଅତ୍ୟାଦାରରେ ସ୍ଥାନଦେଲେ। ଏବଂ ପାଞ୍ଚରାତି ଅଭିନୟ କରାଇଲେ। ଦର୍ଶକମାନେ ବହୁ ପରିମାଣରେ ଅଭିନୟ ଦେଖିବାକୁ ଉପସ୍ଥିତ ହେଉଥିଲେ। ତନ୍ମଧ୍ୟରେ ସେଠାକାର ଅଧିବାସୀ କନ୍ଧ, କୋହ୍ଲ, ସାନ୍ତାଳ ଇତ୍ୟାଦି। ଏହା ତାଙ୍କର ଆବହମାନ କାଳରୁ ପୁରୁଷାନୁକ୍ରମିକ 'ଲୀଳାଭୂମି'। ସେମାନଙ୍କର ବେଶଭୂଷା, ପରିପାଟୀ, ଖାଦ୍ୟ, ପେୟ ଅତ୍ୟନ୍ତ କଦର୍ଯ୍ୟ। ଉକ୍ତ ଗ୍ରାମ ସୀମାନ୍ତସ୍ଥ ଏକ ପ୍ରକାଣ୍ଡ ବଟବୃକ୍ଷର ମୂଳଭାଗରେ ଉପରୋକ୍ତ ଜଙ୍ଗଲୀସାହେବ ସେମାନଙ୍କ ମେମ୍‌ମାନଙ୍କୁ ଧରି ନୃତ୍ୟ, ଗୀତାଦି ରତଥିବା ଅବସ୍ଥାରେ ମୁଁ ଲୁକ୍‌କାୟିତ ଭାବେ ତାହା ଦର୍ଶନ କରି କେତେକ ଉପାଦେୟ ବିଷୟ ଶିକ୍ଷାକରି ପରେ ସେ ସବୁକୁ ଅଭିନୟର ଉପକରଣ ହିସାବରେ କଟକ ପୁରୀ କଲିକତା ଇତ୍ୟାଦିରେ ଦର୍ଶାଇ ପ୍ରଶଂସିତ ହୋଇଥିଲି।

ହାଣ୍ଡିଆ ସେମାନଙ୍କର ପ୍ରଧାନ ଖାଦ୍ୟ, ସେମାନେ ହାଣ୍ଡିଆ ପିଇ ପର୍ବତାକାରରେ

ବରପତ୍ର ଜମା କରିଥାନ୍ତି। ଉକ୍ତ ଜଙ୍ଗଲୀ ସାହେବଙ୍କ ଲୀଳାଭୂମିର ଅତ୍ୟନ୍ତ ଦୂରର ଏକ ସ୍ଥାନରେ ନାଚ କରୁଥିଲି। ଏଣେ ଯାଜପୁରର କୃଷ୍ଣବାବୁ ମୋର ନାଚ ସ୍ଥଳର ଅନତିଦୂରରେ କୌଣସି ଏକସ୍ଥାନରେ ନାଚ ଦେଖାଉଥିଲେ। ଏହାହିଁ ହେଲା ବାଦୀ ନାଚ।

ବାବୁଙ୍କ ଲେଖାଗୁଡ଼ିକ ଗରଳ। ତା' ତୁଳନାରେ ମୋ ଲେଖା ତରଳ ଓ ସରଳ। ଦର୍ଶକଗଣ ନିତ୍ୟାନ୍ତ ଅଶିକ୍ଷିତ। ତେଣୁ ମୋର ସରଳଭାଷାକୁ ବୁଝି ଓ ଭାବ ଭଙ୍ଗୀରେ ମୁଗ୍ଧହୋଇ ମୋରି ଅଭିନୟକୁ ଦେଖିବା ଆଶାରେ ବହୁ ପରିମାଣରେ ଆର୍ଯ୍ୟ ଓ ଅନାର୍ଯ୍ୟ ଯାତ୍ରୀ ଉପସ୍ଥିତ ହେଲେ କୃଷ୍ଣବାବୁଙ୍କର ନାଚର ଯାତ୍ରୀ ସଂଖ୍ୟା ଆମ ଦର୍ଶକଙ୍କ ତୁଳନାରେ ଯଥେଷ୍ଟ ଊଣା। ଏହିପରି ଦୁଇ, ତିନିରାତି ହେବାରୁ କୃଷ୍ଣବାବୁ ନିଜେ ମୋ ନିକଟ ଆସିଲେ ଉଭୟଙ୍କ ପରାମର୍ଶରେ ଗୋଟାଏ ସନ୍ଧିହେଲା। ସନ୍ଧିରେ ସ୍ଥିରହେଲା ଉଭୟ ଦଳ କୌଣସି ଏକ ସ୍ଥାନରେ ଅଭିନୟ ଦର୍ଶାଇବା ଅନୁଚିତ। କାରଣ ବାବୁଙ୍କର ବହୁତ କ୍ଷତିହେଲା। ସର୍ବଶେଷରେ କୃଷ୍ଣବାବୁ ଜଣାଇଲେ, ତୁମ୍ଭେ ନାଚଦଳ ସହ ଚାଲିଯାଅ, ନଚେତ ମୁଁ ସଦଳେ ବିଦାୟ ନେଉଛି। ମୁଁ ମଧ୍ୟ ସମ୍ମତି ହେଲି। କିନ୍ତୁ; ଉଭୟଙ୍କର ଉଦ୍ଦେଶ୍ୟ ଥିଲା 'ଟାଟା'। ବିଜୟ ଭୂମିରେ ରହିବାଟା ଅନୁଚିତ ମନେ କରି ବିଦାୟ ଗ୍ରହଣ କଲି।

ଟାଟା ଓ ବାଦାମ ପାହାଡ଼ରେ ଯାତ୍ରା

କୃଷ୍ଣବାବୁ ସଦଳେ କରଞ୍ଜିଆରେ ରହିଲେ। ମୁଁ ଦଳସହ ଟାଟା ଅଭିମୁଖେରେ ବାହାରି ଆସିଲି, ପ୍ରଥମତଃ ମୁଁ ଯୋଶୀପୁର ଗଲି। ଯୋଶୀପୁର ଗୋଟିଏ ସବ୍‌ଡିଭିଜନ। ସେଠାରେ ଅନେକ ଧନୀ ମାରୱାଡ଼ି ଗୋଦାମ କରିଥିଲେ। ପୋଲିସ୍‌ଥାନା ଓ ଡାକ୍ତରଖାନା ମଧ୍ୟ ଅଛି। ପ୍ରଥମରାତ୍ର ଥାନରେ ଅଭିନୟ କରି ପର ରାତ୍ରମାନ ବଜାରର ନାନାସ୍ଥାନରେ ଅଭିନୟ କଲୁ।

ଅଗଣିତ ଦର୍ଶକମାନଙ୍କଠାରୁ ପ୍ରଶଂସାସହ ରୀତିମତ ପୁରସ୍କାର ମାନ ଆଦାୟ କଲୁ। ଦଳର ସୁନାମ ସଙ୍ଗେସଙ୍ଗେ ମୋର ସୁନାମ ମଧ୍ୟ ଚାରିଆଡ଼େ ଖେଳିଗଲା। ଏହା ଜାଣି ପଦ୍ମପୁର ନିବାସୀ ଜନୈକ କରଣ ଆମ୍ଭମାନଙ୍କୁ ଡକାଇ ତାଙ୍କ ଅଗଣାରେ ନାଚ କରାଇଲେ। ନାଚ ଶେଷରେ ବିଦାୟ ଗ୍ରହଣ କରି ମଟର ସାହାଯ୍ୟରେ ଭଣ୍ଡା ଗଲି। ସେଠାରେ କେବଳ ମାତ୍ର ଫରେଷ୍ଟର ଅଫିସ୍ ଥିଲା। ସେଠାରେ ଦୁଇରାତି ନାଚ ଦେଖାଇଲି। ଫରେଷ୍ଟର ବାବୁ ଆମ୍ଭମାନଙ୍କୁ ଆଦରସହ ଖିଆ ପିଆର ଦାୟିତ୍ୱ ସମସ୍ତ ବହନକରି ନାଚ ଶେଷରେ ଆମ୍ଭର ଯାହା କି ପ୍ରାପ୍ୟ ସମୁଦାୟ ପ୍ରଦାନ କରି ମୋଟର ସାହାଯ୍ୟରେ ବାଦାମ ପାହାଡ଼କୁ ନେଇ ବିଦାୟ ଦେଇ ଆସିଲେ।

ବାଦାମପାହାଡ଼ର ପ୍ରାକୃତିକ ଦୃଶ୍ୟ ଅତୀବ ମନୋହର। ପାହାଡ଼ିଆ ଝରଣାର ଜଳ ଅତ୍ୟନ୍ତ ଥଣ୍ଡା ଏହା ଲୌହ ଝର ବିଶିଷ୍ଟ। ନୂତନ ଦାର୍ଶନିକ ପକ୍ଷେ ଏହାର ଜଳବାୟୁ ଚଳିବା ପୂର୍ଣ୍ଣ ଅସମ୍ଭବ। କିନ୍ତୁ, ଆମ୍ଭେମାନେ ସେଠାର ଜଳ ଗରମ କରି ସଦ୍‌ବ୍ୟବହାର କରୁ। ମୋର ବାସଭୂମି କୋଠପଦା ନିକଟବର୍ତ୍ତୀ ନାନପୁର ନିବାସୀ ବିପ୍ରଚରଣ ବାବୁ ମୋର ନାଚଦଳ ଯାଇଥିବାର ଶୁଣି, ସମ୍ବାଦ ବାହକ ଦ୍ୱାରା ସମ୍ବାଦ ପଠାଇବାରୁ ଆମ୍ଭେ ତାଙ୍କ ନିକଟରେ ଯାଇଁ ଆଶ୍ରୟ ନେଲୁ। ନାଚ ମଧ୍ୟ ସେଠାରେ ଚାଲିଲା। ନାଚ ହେବାର ଚାରିଦିନ ପରେ ମୋର ଦଳର ଏକ ପିଲାକୁ ସାମାନ୍ୟ ଜ୍ୱର ହେଲା। ଏପରିକି ତା ଉପରେ ଥିବା ଅଭିନୟର କାର୍ଯ୍ୟଗୁଡ଼ିକୁ ଦେଖାଇବାରେ ଅସମର୍ଥ ହେଲା। ଇତିମଧ୍ୟରେ ମୁଁ ଦଳସହ ସେଠାରୁ ପାତି ରେଳରେ ରାୟ ରଙ୍ଗପୁର ଚାଲିଗଲି। ସେଠାରେ ରହିବାର ସ୍ଥାନ ମଧ୍ୟ ସହଜରେ ମିଳିଲା। ସେଠାକାର ପ୍ରଫେସର ଆର୍ତ୍ତବଲ୍ଲଭ ବାବୁଙ୍କ ଭାଇ କୌଣସି ଏକ ବଡ଼ହାକିମ ଥିଲେ। ସେ ମହାଶୟ ତାଙ୍କର ତତ୍ତ୍ୱାବଧାନରେ ଆମ୍ଭମାନଙ୍କୁ ରଖାଇଲେ। ଜ୍ୱର ରୋଗାକ୍ରାନ୍ତ ପିଲାଟି ଟାଇଫଏଡ୍ ରୋଗରେ ପରିଣତ ହେଲା। ଅତି କଷ୍ଟରେ ଦୁଇରାତି ଅଭିନୟ ଦେଖାଇଲୁ। ଆନନ୍ଦ ପରେ ପରେ ନିରାନନ୍ଦ ଆସିଗଲା। ମୁଁ କିଂକର୍ତ୍ତବ୍ୟ ବିମୂଢ଼ ହେବା ଜାଣି ସଙ୍ଗୀତଦଳଗଣ ବିଚଳିତ ହୋଇ ପଡ଼ିଲେ। ଏହି ସମୟରେ ମୋର ନାମ ଓ ସଙ୍ଗୀତଦଳ ନେଇଥିବା ଶୁଣି ଗୋରୁ ମହିଷାଣୀରୁ ଲୋକ ଆସି ବଇନା ସଙ୍ଗେ ସଙ୍ଗେ ଦେବାକୁ ସ୍ଥିର କଲେ। କିନ୍ତୁ ଶଯ୍ୟାଶାୟୀ ଟାଇଫଡ଼ ରୋଗୀର ଅବସ୍ଥା ଦେଖି ଯିବାକୁ ଅସମ୍ମତ ହେଲୁ। ସଙ୍ଗୀତ ଦଳଙ୍କର ମତାନୁସାରେ ଅଗ୍ରସର ନହୋଇ ପଶ୍ଚାତପଦ ହୋଇ ବାରିପଦା ବାହାରିଆସିଲୁ। ଟାଇଫଡ଼ ପିଲାଙ୍କୁ ମୟୂରଭଞ୍ଜ ରାଜଧାନୀ ବାରିପଦା ମେଡ଼ିକାଲରେ ରଖାଇଲି। ସଙ୍ଗୀତଦଳରୁ ଦୁଇଜଣଙ୍କୁ ମଧ୍ୟ ପିଲାଟି ପାଖରେ ରଖି ସୁଶ୍ରୁଷା କରିବାକୁ ବନ୍ଦୋବସ୍ତ କଲି। ଆମ୍ଭେମାନେ ସଦଳେ ଭୂତପୂର୍ବ ମହାରାଜା ରାମଚନ୍ଦ୍ରଦେବଙ୍କ ଧର୍ମଶାଳାରେ ରହିଲୁ। ଯାତ୍ରୀମାନେ ଉକ୍ତ ଧର୍ମଶାଳାରେ ତ୍ରୟଦିବସା ରହିବାର ପୂର୍ବରୁ ନିୟମମାନ ଚଳି ଆସୁଥିଲା। ପରନ୍ତୁ ଧର୍ମଶାଳାର ଆଶ୍ରୟିମାନଙ୍କ ନିମନ୍ତେ ଦୈନିକ ତିନିଅଣା କରି ମହାରାଜାଙ୍କ ତରଫରୁ ଖୋରାକି ମିଳୁଥିଲା। ଏହି ହିସାବରେ ଆମ୍ଭେମାନେ ତିନିଦିନ କଟାଇଲୁ। ଶେଷରେ ମୋ ସହିତ ଧର୍ମଶାଳାର ଆଶ୍ରୟିମାନେ ଗ୍ରାମକୁ ପ୍ରତ୍ୟାବର୍ତ୍ତନ କଲେ। ଠିକ୍ ଦୁଇଦିନ ପରେ ପୂର୍ବୋକ୍ତ ରୋଗୀ ପିଲାର ଜଗୁଆଳି କାର୍ଯ୍ୟରେ ନିଯୁକ୍ତ ଥିବା ଯୁବକଦ୍ୱୟ ଆସି ଦୁଃସମ୍ବାଦ ଦେଲେ ଯେ, ପିଲାଟି ଯମରାଷ୍ଟ୍ର ଯାତ୍ରାକଲା। ଉକ୍ତ ନିଦାରୁଣ ଦୁର୍ଘଟଣାରେ ମୁଁ ଅତ୍ୟନ୍ତ ଶୋକାତୁରା ଓ ଅସ୍ଥିର ହୋଇ ପଡ଼ିଲି। କାରଣ ବାଳକଟିର ଭାବ, ଭଙ୍ଗୀ, ଗୀତ ଗାଇବା, କଥା କହିବାର ଚାତୁରୀ ସର୍ବାପେକ୍ଷା ଉତ୍କୃଷ୍ଟ

ଥିଲା, ଏହାକୁ ହରାଇବା ଦ୍ୱାରା ଦଳଟି ତିଷ୍ଠିବାରଆଶା ବିସର୍ଜନ କଲି।

ଏତଦ୍‌ବ୍ୟତୀତ ତାର ପିତା ମାତାଦି କୁଟୁମ୍ବବର୍ଗ ଏହି ଦୁଃସମ୍ବାଦ ପ୍ରାପ୍ତ ହୋଇ ଶୋକାଭିଭୂତ ହେଲେ। ସତକୁ ସତ ପିଲାଟିକୁ ହରାଇବାରୁ ଦଳଟି ବିନଷ୍ଟ ହେଲା।

ପଞ୍ଚିକୋଟ, ମଧୁପୁର ଯାତ୍ରା

ଏହାପରେ ମୁଁ ଚୌଷଠି ପଡ଼ାରେ ଗୋଟିଏ ଯାତ୍ରାଦଳ ତିଆରି କଲି। ତିନିମାସ ମଧ୍ୟରେ ଦଳଟି ଅଭିନୟ ଦେଖାଇ ପାରିଥିଲେ। ଉକ୍ତ ଦଳକୁ ନେଇ ଝୁଲଣଯାତ୍ରା ଉପଲକ୍ଷେ ପଞ୍ଚିକୋଟ ଗଲି। ଅପରିଚିତ ଭାବେ ଗ୍ରାମ ସୀମାନ୍ତର କୌଣସି ଏକ ଆମ୍ବ ତୋଟାରେ ପାଣିକଖାରୁ ସହ ବିରିଡ଼ାଲି ଖାଇ ରାତିଟି କଟାଇଲୁ। ପ୍ରଭାତ ହେଲାରୁ ରାଜାସାହେବଙ୍କୁ ଜଣାଇବାରେ ସେ କହିଲେ, ଥରେ କୌଣସି ଏକ ଦଳଆସି ବୈଷ୍ଣବପାଣି ନାମ କହି ଆମକୁ ଠକି ଚାଲିଗଲେ। ଏ ଦଳ ବୈଷ୍ଣବପାଣୀଙ୍କର ବୋଲି ଆମ୍ଭେ କିପରି ଜାଣିବୁ? ରାଣୀସାହେବ ଏ ସମ୍ବାଦ ପାଇ ଡକାଇଲେ ଏବଂ ରାଜା ସାହେବଙ୍କୁ ବୁଝାଇ ଦେଲେ ଯେ, ପାଣୀ ବଡ଼ାମ୍ବା ରାଜବାଟୀକୁ ଯାଇ ଯାତ୍ରା କରିଥିଲେ। ସେଠାରେ ଗୋଟିଏ ବାନର ତାଙ୍କୁ ଫୋପାଡ଼ି ଦେଇଥିଲା। ତାର ଆଘାତରେ ପର୍ବଘରର ପକ୍କା ଦେଓ୍ୱାଲ କାନ୍ଥରେ ବାମ ଚକ୍ଷୁସ୍ଥିତ ଭ୍ରୁଲତା ବାଜି ଏପରି ବିକ୍ଷତ ହୋଇଥିଲା ଯେ, ବଡ଼ମ୍ବା ରାଜାସାହେବ ନିଜେ କନାପୋଡ଼ି କ୍ଷତ ସ୍ଥଳରେ ଲଗାଇ ଥିଲେ। ଅବଶ୍ୟ ସେ ସ୍ଥାନରେ ଚିହ୍ନଥିବ? ତାଙ୍କୁ ଏ ବିଷୟ ନେଇ ପଚାରିଲେ ଓ କ୍ଷତସ୍ଥଳ ପ୍ରତି ଦୃଷ୍ଟିପାତ କଲେ ବିଶ୍ୱାସ ହେବ।

ଉପରୋକ୍ତ ବିଚାରଟି ମୋର ଆଗୋଚରରେ ଘଟିଥିଲା। ରାଜାସାହେବ ମୋତେ ରାଜପ୍ରାସାଦ ମଧ୍ୟକୁ ଡକାଇ ନେଲେ। ମୁଁ ତାଙ୍କ ନିକଟରେ ପହଞ୍ଚିବା ମାତ୍ରେ କଥାବାର୍ତ୍ତା ସଙ୍ଗେ ସଙ୍ଗେ ମୋର ବାମଚକ୍ଷୁଭ୍ରୁଲତା ପ୍ରତି ଦୃଷ୍ଟିପାତ ହେଲା। କ୍ଷତସ୍ଥଳରେ ଶୁଷ୍କଚିହ୍ନ ଦର୍ଶନ କରି ହଠାତ୍ ମୋତେ କହି ପକାଇଲେ, "ମୁଁ ଭୁଲ କରିଛି ଆପଣଙ୍କ ସମ୍ମାନ ତ୍ରୁଟି କରିଛି। ମୋତେ କ୍ଷମାଦେବେ।" ଏତିକି ମାତ୍ର କହି ମୋର ହାତଧରି ଛାମୁଙ୍କ ଦକ୍ଷିଣ ପାଶ୍ୱସ୍ଥ କାଷ୍ଠାସନରେ ମୋତେ ବସାଇ ଦେଲେ। ସାମାନ୍ୟ କଥୋପକଥନ ପରେ ଆମ୍ବତୋଟା ମଧ୍ୟସ୍ଥିତ ଆଶ୍ରୟ ଗ୍ରହଣ କରିଥିବା ମୋର ସଙ୍ଗୀତଦଳଙ୍କୁ ଅଣାଇ ସ୍କୁଲରେ ଆଶ୍ରୟ ନେବା ପାଇଁ ଆଦେଶ ଦେଲେ। ତଦବଶରେ ପାନାହାରର ସୁବନ୍ଦୋବସ୍ତ କରାଗଲା। ଏହାପର ଚାରିରାତ୍ରି ଅଭିନୟ ହୋଇଥିଲା।

ରାଜାସାହେବ ଦିନେ ରାତିରେ ମୋତେ ସାଥିରେ ନେଇ ହାତୀରେ ବସାଇ ଶିକାର ଉଦ୍ଦେଶ୍ୟେ ଜଙ୍ଗଲ ଯାତ୍ରାକଲେ। କ୍ଷୁଦ୍ର ବ୍ୟାଘ୍ର ଭ୍ରମରେ ଦୁଇଟି ବୃହତ୍ କଟାଶ

ଆଗ୍ନେୟାସ୍ତ୍ର ଦ୍ୱାରା ବଧ କରି ଉଆସାଭିମୁଖେ ପ୍ରତ୍ୟାବର୍ତ୍ତନ କଲୁ। ବ୍ୟାଘ୍ର ବଧରେ ମୁଁ ଅନ୍ତରେ ଅନ୍ତରେ ଭୀତତ୍ରସ୍ତ ହୋଇଥିଲି। ଆମ ଅଞ୍ଚଳରେ ସାଧାରଣ ଲୋକ ବ୍ୟାଘ୍ର ଦେଖିବା ଦୂରର କଥା। କିନ୍ତୁ ଜଙ୍ଗଲ ଦେଖିବା କଷ୍ଟକର। ଯାହାହେଉ ବ୍ୟାଘ୍ର ପରିବର୍ତ୍ତେ ବ୍ୟାଘ୍ର ସଦୃଶ ଜୀବ ନିହତ ହେବା ବରଂ ଭଲ ହୋଇଥିଲା। ପ୍ରକୃତ ବ୍ୟାଘ୍ର ଆଗ୍ନେୟାସ୍ତ୍ର ଦ୍ୱାରା ଆଘାତ ହୋଇ ବିରାଗରେ ଆମ୍ଭମାନଙ୍କୁ ଆକ୍ରମଣ କରିଥାନ୍ତା। ତେବେ ମୁଁ ହସ୍ତୀପୃଷ୍ଠରେ ବିଦ୍ୟମାନ ଥାଇ ସୁଦ୍ଧା ଶମନ ଭବନ ଅତିଥି ହୋଇଥାନ୍ତି। କିନ୍ତୁ, ଈଶ୍ୱରଙ୍କ ଇଚ୍ଛା ଅନ୍ୟପ୍ରକାର। ଯାହାହେଉ ବ୍ୟାଘ୍ର ହେଉ ବା ବନ୍ୟବିଡ଼ାଳ ମାରୁ, ଖୁସିରେ ଫେରିଥିଲୁ।

ଏହାର ଦୁଇଦିନ ପରେ ରାକ୍ଷୀପୂର୍ଣ୍ଣିମାର ରାଜ୍ୟାଭିଷେକ ଉପଲକ୍ଷେ ଯାତ୍ରା ଓ 'ପଚ୍ଛିକୋଟ ଦୁର୍ଗବର୍ଣ୍ଣନା' ନାମକ କବିତାଟି ରାଜାଙ୍କୁ ଭେଟି କରିଥିଲି। ଉକ୍ତ ଭେଟିର ବିନିମୟରେ ଏକଯୋଡ଼ କ୍ଷୀରୋଦ୍ରୀ ଓ ଦୁଇଟି ମାତ୍ର ରୌପ୍ୟମୁଦ୍ରା ଉପହାର ସ୍ୱରୂପ ପ୍ରଦାନ କରିଥିଲେ। ବର୍ତ୍ତମାନ ପଚ୍ଛିକୋଟର କାର୍ଯ୍ୟ ସମାପ୍ତ କରି ରାମଚନ୍ଦ୍ରପୁର ଥାନାରେ ରାତ୍ରିଟି କଟାଇ ଆନନ୍ଦପୁର ସବ୍‌ଡିଭିଜନକୁ ସଦଳେ ଗଲୁ। ହଠାତ୍ ମୋତେ ସେଠାରେ ପ୍ରବଳ ଜ୍ୱର ଆକ୍ରମଣ କଲା। ସଙ୍ଗୀତଦଳ କାଳ ବିଳମ୍ବ ନକରି ମୋତେ ମଟର ଦ୍ୱାରା ଚୌଷଠିପଡ଼ା ପଠାଇଦେଲେ। ସ୍ୱୟଂ ରାଜାସାହେବ ମୋତେ ଚିକିତ୍ସା କଲେ। ଚୌଷଠିପଡ଼ାରେ ମୁଁ ପହଞ୍ଚିବା ପରେ ସଙ୍ଗୀତ ଦଳ ଆସି ପହଞ୍ଚିଲେ।

କିଛିଦିନ ପରେ ମୁଁ ଆରୋଗ୍ୟଲାଭ କଲି। ପୂର୍ଣ୍ଣସ୍ୱାସ୍ଥ୍ୟ ପାଇବା ପରେ ଦଳସହ ମଧୁପୁର ଗଡ଼କୁ ଗଲି। ସେଠାରେ ପହଞ୍ଚି ସର୍ବାଭୀଷ୍ଟ ସିଦ୍ଧକାରୀ ଶ୍ରୀ ଶ୍ରୀ ଗଣନାଥଙ୍କ ପୂଜୋପଲକ୍ଷେ ଚାରିରାତ୍ରି ଅଭିନୟ ଦର୍ଶାଇଲି। ଏହାପୂର୍ବରୁ ରାଣୀସାହେବ ତାଙ୍କର ଅମଲାମାନଙ୍କଠାରୁ ମୋର ଦେହତ୍ୟାଗର ଦୁର୍ନାମ ସମ୍ବାଦ ଶୁଣି ପାରିଥିଲେ। ଉକ୍ତ ନାଚରେ ମୋର ପ୍ରତ୍ୟକ୍ଷ ଶରୀର ଦର୍ଶନ କରି ଉଆସ ମଧ୍ୟକୁ ଡକାଇନେଲେ। ଆଶ୍ଚର୍ଯ୍ୟାନ୍ୱିତ ହୋଇ ମୋତେ ଦରହସିତ ବଦନରେ ପଚାରିଲେ, "ପାଣି, ଦେହତ୍ୟାଗର ଦୁଃସମ୍ବାଦ ଉଠିଲା କିପରି ?" ଉତ୍ତରରେ ମୁଁ ତାହାର ସମସ୍ତ ବିବରଣୀ ଜଣାଇଲି।

ମଣିମା ! ଆପଣଙ୍କ ଜେମା ଭାଲୁକୁଣୀ ଓଷା କରିବାବେଳେ ମୁଁ ପ୍ରତିବର୍ଷ ଯାତ୍ରା କରିବାକୁ ଆସିଥିଲି। ଶେଷଥର ଛାମୁ ମୋତେ ଡାକରା ଦେଇ ଅଣାଇଲେ। ସେତେବେଳେ ଆପଣଙ୍କ ପେସ୍କାର ଜନୈକ ଗୋରଦା ଗୋପିନାଥପୁର ନିବାସୀ। ଉକ୍ତ ପେସ୍କାରଙ୍କ ଦାଦି ଗଙ୍ଗାଧର ମହାନ୍ତି ସରଘରର ମାଲିକ ଥିଲେ। ସେ ମହାଶୟ ନାଚଦଳକୁ ଖାଇବାକୁ ଦେବାରେ ବଡ଼ ରିକ୍ତହସ୍ତ। ମୁଁ କୌଣସି ପ୍ରକାରେ ଛାମୁଙ୍କୁ ଜଣାଇବା ପାଇଁ ଅବସର ପାଇଲି ନାହିଁ। ଶେଷରେ ଗୋଟିଏ କବିତା ଲେଖି ଅଭିନୟରେ

ଦେଖାଉଥିବା ଜଣେ ଦରୱାନକୁ କଣ୍ଠସ୍ଥ କରାଇ ଦେଲି। ନିଜେ ମୁଁ କାର୍ତ୍ତବୀର୍ଯ୍ୟ ରାଜାହୋଇ ସଭାରେ କାର୍ଯ୍ୟ କରୁଥିବା ବେଳେ ବାହାରୁ ରାଜ ଅପବାଦ ଶୁଣାଗଲା। ସେ କଥାକୁ ମୁଁ ନିଜ ଉପରେ ପକାଇ ମନ୍ତ୍ରୀଙ୍କ ଆଦେଶ ଦେଲି ଦରୱାନ୍‌କୁ ଜଣାଅ, ଏକଥା କାଲି ସକାଳେ ପ୍ରଥମ ବିଚାର ହେବ। କିଏ ସେମାନଙ୍କୁ ଏପରି ଖାଦ୍ୟପେୟରେ ତ୍ରୁଟି କଲା ? ସେ ଗୀତଟି ଏହି-

ମରିଗଲୁ ପେଟ କଷ୍ଟ ସହି ସହି ରେ।
ଚାଉଳ ମିଳିଲେ ମିଳୁନାହିଁ ଜାଇ ରେ।ଘୋଷା।
ଫାଳକରୁ ଅଧଫାଳେ   କଖାରୁ ଆମ୍ବକପାଳେ
କେମନ୍ତେ ବାଣ୍ଟି ଖାଇବୁ ଷୋଳଭାଇ ରେ।୧।
ସରଘର ଗଙ୍ଗାଧର   କଲେ ଯେତେ ହରବର
ଯାହାମାଗିବୁ ବୋଲିବ କିଛି କାହିଁ ରେ।୨।
ଅଚଳାଚଳ ସମ୍ପତ୍ତି   ଅର୍ଜିଛନ୍ତି ନରପତି
ବସି ଖାଇଲେ ତ ଯୁଗ ଯିବ ବହି ରେ।୩।
ଆସିଥିଲି କରି ଆଶା   ନ ଫେରିଲା ମୋର ଯଶା
ବଇଷ୍ଣବ ମଲା ଗୀତ ଗାଇ ଗାଇ ରେ।୪।

ରାତ୍ର ପ୍ରକାଶାନ୍ତେ ଛାମୁ ମୋତେ ଡକାଇ ଗଙ୍ଗାଧରଙ୍କ ଉପରେ ଦଶଟଙ୍କା ଜରିମନା ସହ ପନ୍ଦରଦିନ ପାଇଁ ସରଘରୁ ବରଖାସ୍ତ କରିଦେଲେ। ମୁଁ ଜାଣି ନ ଥିଲି, ଗଙ୍ଗାଧରବାବୁ ପେସ୍କାରବାବୁଙ୍କ ଦାଦି। ବିଦାୟ ସମୟରେ ମୋର ଓଜରାରୁ ଚାରିଟଙ୍କା ଲେଖାଏଁ ରାତିରାତିରେ ଷୋଳଟଙ୍କା ଊଣା କରି ରାଜାସାହେବଙ୍କ ଦ୍ୱାରା ବିଲପାଶ୍ କରାଇ ଅବଶିଷ୍ଟ ଅଠଚାଳିଶଟି ମୁଦ୍ରା ମୋତେ ଦେବାରେ ମୁଁ ତାହା ଗ୍ରହଣ ନକରି ୱାପସ୍ କଲି। ଏଣେ ରାଜାସାହେବ ପାଠଶାଳାର ପୁଷ୍କରିଣୀ ଘାଟରେ ବିଜେ ହେଲାବେଳେ ଦୁଇଟି ନାଚପିଲା ନେଇ ମୋ ରଚିତ ଗୋଟିଏ ମେଲାଣି ଗୀତ ଶୁଣାଇଲି ଗୀତଟି ନିମ୍ନରେ ଦିଆଗଲା।

ବିଦା ହେଉଛି ନରେଶ ହେ। ପୁଣି ବରଷକେ ଦେଖାହେବ।
ସରସ ସ୍ନେହ ଘନରସ ବରଷ ମୋ ଅଙ୍ଗ ଦେଶରେ ଦେବ। ଘୋଷା।
ଆହେ ନରଇନ୍ଦ୍ର ଛାମୁପରା ଚନ୍ଦ୍ର ମୁଁ ଚକୋର କରି ଲୋଭ।
ବସିଛି ଅନାଇଁ କହୁଛି ଘେନାଇଁ କୃପା କିରଣେ ତୋଷିବ।୧।
ନୀରଦ ନିରେଖି ନାଚେ ସିନା କେକୀ କୁକୁଟ କାହିଁ ନାଚିବ।
ନିକଟରେ ଥିଲା ପରି ଅଛି ମୁହିଁ ଯେହ୍ନେ ସୂର୍ଯ୍ୟ ପଦ୍ମ ଭାବ।୨।

ନିତ୍ୟଲକ୍ଷ ପ୍ରାଣୀ ଅନ୍ନବସ୍ତ୍ର ପାଣି ଯୋଗାଇ ଦେଇଛ ଠାବ।
ମୁଁ ଅତି ଦରିଦ୍ର କ୍ଷୁଦ୍ର ଠାରୁ କ୍ଷୁଦ୍ର ମୁଁ ନେଲେ କି ସରିଯିବ।୩।
ହୋଇ ତୃଷାତୁର ତଟିନି ତଟରେ ମିଳେ ଯାଇଁ ଯେବେ ଜୀବ।
ସେ କି କରେ ନାହିଁ କହ ଧରାସାଇଁ ରସେ ଭାଷେ ବଇଷ୍ଣବ।୪।

ରାଜାସାହେବ ଗୀତଟିକୁ ହୃଦୟଙ୍ଗମ କରି ପାଞ୍ଚୋଟି ରୌପ୍ୟମୁଦ୍ରା ପିଲାଦ୍ୱୟଙ୍କ ହସ୍ତେ ପ୍ରଦାନ କରିବା ପରେ ବିଲ୍ ଦସ୍ତଖତ କରି ମୋତେ ବିଦାୟ ଦେଇଥିବାର ଜଣାଇବାରୁ ମୁଁ ମୋର ପ୍ରାପ୍ୟଟଙ୍କା ଆଦୌ ପାଇନାହିଁ ବୋଲି ଜଣାଇଲି। ଏଥିରେ ବିସ୍ମିତ ହୋଇ ସଙ୍ଗେ ସଙ୍ଗେ ପେସ୍କାରଙ୍କୁ ଡକାଇ କହିଲେ ଏମାନେ ଟଙ୍କା ପାଇ ନାହାନ୍ତି ? ବିଲ୍ ଦସ୍ତଖତ୍ ହେଲା କିପରି ? ପେସ୍କାର କହିଲେ ସେମାନେ ଟଙ୍କା ନେଉ ନାହାନ୍ତି। ରାଜାସାହେବ କାରଣ ପଚାରନ୍ତେ ମୁଁ ପୂର୍ବରୁ ଷୋଳଟଙ୍କା ଲେଖାଏଁ ନେଇ ଆସୁଥିବା ସ୍ଥଳେ ବାରଟଙ୍କା ଲେଖାଏଁ ନେବି କିପରି ? ଅନୁଗ୍ରହ ପୂର୍ବକ ଛାମୁ ପୂର୍ବ ରେକର୍ଡ଼ ମଗାଇ ଦେଖନ୍ତୁ ? ରାଜାସାହେବ କ୍ଷଣକାଳ ବିଳମ୍ବ ନ କରି ପୂର୍ବରେକର୍ଡ଼ ଦେଖି ଷୋଳଟଙ୍କା ହାରରେ ଯାହାକି ପ୍ରାପ୍ୟ, ତାହା ଦେବାକୁ ସଙ୍ଗେ ସଙ୍ଗେ ଆଦେଶ ଦେଲେ। ପେସ୍କାର ବାବୁ ଜର୍ଜରିତ ହୃଦୟରେ ସମୁଦାୟ ଟଙ୍କା ପ୍ରଦାନ କରି ବାହାର ବାରଣ୍ଡାରୋ ଶୁଣାଇ କହିଲେ, "ନାଚଦଳ ଗୁଡ଼ାକ କୁକୁର"। ଏ ବିଷୟ ମଧ୍ୟ ରାଜାଙ୍କୁ ଜଣାଇଲି। ଶେଷରେ ପେସ୍କାରଙ୍କୁ କହିଲି 'ହଁ' ଆମେ କୁକୁର ତୁମ୍ଭକୁ କାମୁଡ଼ି ପକାଇଲୁ। ତୁମ୍ଭେ ମନୁଷ୍ୟ ହୋଇ ଆମ୍ଭଙ୍କୁ କାମୁଡ଼ିଲ କିପରି ? ଏତିକି କହି ଆମ୍ଭେ ବିଦାୟ ନେଲୁ। ମୋ ଯିବାପରେ ଅମଲାତନ୍ତ୍ର ପରାମର୍ଶ କଲେ 'ପାଣୀକୁ' ଏଠାକୁ ଆଣିବା ନାହିଁ। ରାଜା ପରବର୍ଷ ମୋତେ ଖୋଜିବାରେ ଅମଲାତନ୍ତ୍ର ଜଣାଇଛନ୍ତି, 'ପାଣୀ ଗତାଶୁ' ଏ ବିଷୟ ଶୁଣି ରାଣୀ ହସିଲେ ଏବଂ ଯାତ୍ରା କରିବାକୁ ଅନୁମତି ଦେଲେ। ସେଠାରୁ ଯାତ୍ରା କାର୍ଯ୍ୟ ଶେଷକରି ଚୌଷଠିପଡ଼ା ଫେରିଲୁ। କିଛିଦିନ ପରେ ଚୌଷଠିପଡ଼ାର ଓସ୍ତାତି କାର୍ଯ୍ୟରୁ ବିଦାୟ ନେଇ ଘରକୁ ଆସିଲି।

ଭେଣ୍ଡିଆ ଗୃହେ ରହଣି ନାସ୍ତି

ଇତିମଧ୍ୟରେ ମୁଁ ଚୌଷଠିପଡ଼ାରୁ ଅନ୍ତର ହୋଇ କିଛିଦିନ ଗ୍ରାମରେ ରହି ଭଜନ, ଜଣାଣ ପ୍ରଭୃତି କେତେଖଣ୍ଡି ବହି ଲେଖିଲି। ସେତେବେଳେ ଏ ଦେଶରୁ ଇଂରେଜ ସରକାରଙ୍କୁ ଚିରଦିନ ବିଦାୟ ଦେବାରେ ସ୍ୱାଧୀନ ପ୍ରେମୀ ଭାରତୀୟମାନେ ଗାନ୍ଧିଙ୍କ ଅହିଂସାସ୍ତ୍ରକୁ ଧାରଣ କରି ହଜାର ହଜାର ସଂଖ୍ୟାରେ କାରାବରଣ କରୁଥାନ୍ତି। ଆମ ଓଲିଶା ପ୍ରଦେଶରେ ମଧ୍ୟ ସେହି ଲୀଳା ଚାଲିଥାଏ। ମୁଁ ଏତେବେଳେ କେତେଗୋଟି

କବିତା ରଚନା କରି ପୋଲିସମାନଙ୍କର ଉତ୍ତମ ମଧ୍ୟମ ସହ କାରାବରଣ ଭୟରେ ଛପାଇ ନଥିଲି ସତ୍ୟ, କିନ୍ତୁ ଗୁପ୍ତଭାବରେ କେତୋଟି କବିତା କରି ପ୍ରଚାର ଚଳାଇଥିଲି। ପରନ୍ତୁ ପଡ଼ୋଶୀମାନଙ୍କ ମତାନୁଯାୟୀ ମହନ୍ତ ଗୋରଖନାଥପୁରୀଙ୍କ ତତ୍ତ୍ୱାବଧାନରେ ଗୋଟିଏ ସଙ୍ଗୀତଦଳ କଲି। ଅଳ୍ପଦିନ ପରେ ଦଳଟି ଅଭିନୟ ଦେଖାଇବାରେ ପାରଦର୍ଶିତା ଲାଭ କଲା। ଉକ୍ତ ଦଳକୁ ନେଇ ଯାଜପୁରର କେତେକ ସ୍ଥାନରେ ଯାତ୍ରା ଦେଖାଇ ପ୍ରଶଂସିତ ହୋଇ ପାରିଥିଲୁ। ପରେ ଦଳସହ କେଉଁଝର-ଆନନ୍ଦପୁରକୁ ଗଲି କିନ୍ତୁ ଆନନ୍ଦପୁର ଯିବାର ମୋର ଆଦୌ ଇଚ୍ଛା ନଥିଲା। ଇତିପୂର୍ବ ଆନନ୍ଦପୁରକୁ ଯାଇଁ ରିକ୍ତହସ୍ତେ ପ୍ରତ୍ୟାବର୍ତ୍ତନ କରିଥିଲୁ। ପଥ ମଧ୍ୟରେ ଲୋକମୁଖ ଶ୍ରୁତ ଯେ, ଜୟପୁର ନିବାସୀ ଶ୍ରୀଯୁକ୍ତ ବୀରକିଶୋର ଦାସ ଆନନ୍ଦପୁର ସବ୍‌ଡିଭିଜନର ସବ୍‌ଡିଭିଜନାଲ ଅଫିସର ହୋଇଅଛନ୍ତି। ଏହି ଉଦ୍ଦେଶ୍ୟରେ ଆମ୍ଭେମାନେ ଗନ୍ତବ୍ୟ ମାର୍ଗ ଧରିଲୁ। ନିବିଡ଼ ଅରଣ୍ୟ ମଧ୍ୟ ଦେଇ ଯାଉଁ ଯାଉଁ କୌଣସି ଏକ ପଲ୍ଲୀରେ ଉପସ୍ଥିତ ହେଲୁ। ସେତେବେଳେ ଅରୁଣଦେବ ବାରୁଣୀ ଆକାଶରେ ବିଦାୟ ଗ୍ରହଣ କରୁଥିଲେ। ଚତୁର୍ଦ୍ଦିଗ ପାର୍ବତ୍ୟମୟ ଓ ଅରଣ୍ୟାନୀ ବେଷ୍ଟିତ। ସଙ୍ଗୀତ ଦଳ ବହୁପଥ ପଦବ୍ରଜରେ ଅତିକ୍ରମ କରି ନିତ୍ୟାନ୍ତ କ୍ଲାନ୍ତ ହୋଇ ପଡ଼ିଥିଲେ। ଆମ୍ଭେମାନେ ପଲ୍ଲୀରେ ଉପସ୍ଥିତ ହୋଇ ଆଶ୍ରୟ ନେବାକୁ ପଲ୍ଲୀ ବାସିନ୍ଦାଙ୍କୁ ଅନୁରୋଧ କରନ୍ତେ, ସେମାନେ ଗ୍ରାମାନ୍ତରରେ ଏକ କୁଟୀର ଦେଖାଇ ଦେଲେ। ଉକ୍ତ ଘରଟି ନାମ "ଭେଣ୍ଡିଆଘର" ଦଳର କେତେକ ପିଲା ଆସି ମୋତେ କହିଲେ 'ଭେଣ୍ଡିଆ ଘରେ' ରାତ୍ରଟା ଯାପନ କରିବା। ପ୍ରଥମତଃ 'ଭେଣ୍ଡିଆଘର'ର ଏପରି ନାମକରଣ ସମ୍ବନ୍ଧେ ମୁଁ ବୁଝିଲି ଯେ, ଭେଣ୍ଡିଆ ଅର୍ଥାତ୍ ଅବିବାହିତ ଯୁବକ। ପଲ୍ଲୀଟିରେ ଥିବା ସମସ୍ତ ଅବିବାହିତ ଯୁବକ ନିଜ ନିଜ ଘରେ ନ ଶୋଇ ପଲ୍ଲୀର ଅଳ୍ପ ଦୂରରେ ଗୋଟିଏ କୁଡ଼ିଆ କରି ରାତ୍ରବେଳା ନିଦ୍ରା ଯାଆନ୍ତି। ପ୍ରଭାତ ହେବାରୁ ସେମାନେ ପଲ୍ଲୀକୁ ଫେରିଆସି ସ୍ୱ ସ୍ୱ କାର୍ଯ୍ୟ କରନ୍ତି। ଭେଣ୍ଡିଆ ଘର ସମ୍ବନ୍ଧେ ତନ୍ନ ତନ୍ନ ଭାବେ ସବୁ ବୁଝି ରାତ୍ରିଯାପନ କରିବାକୁ ମୁଁ ଅସଙ୍ଗତ ମନେକରି ଅସମ୍ମତ ହେଲି। କାରଣ ଇତି ପୂର୍ବୁ ଆନନ୍ଦପୁର ଆସି ବଣୁଆ ଲୋକଙ୍କର ଶିକ୍ଷା, ସଭ୍ୟତା ବୁଝିଥିଲି। ଦଳର ସଙ୍ଗୀତଗଣ ଭେଣ୍ଡିଆ ଘରେ ରହିବାକୁ ମନସ୍ଥ କରିଥିଲେ। କିନ୍ତୁ ମୋର ଭେଣ୍ଡିଆମାନଙ୍କ ପ୍ରତି ବିତୃଷ୍ଣାଭାବ ଆସିଥିଲା। ଦୈବାତ୍ ରାତିରେ ଭେଣ୍ଡିଆମାନେ ହାଣ୍ଡିଆ ଖାଇ ଆମ୍ଭମାନଙ୍କୁ ଆକ୍ରମଣ କରନ୍ତି, ତେବେ ଆମ୍ଭମାନଙ୍କ ଅବସ୍ଥା ଶୋଚନୀୟ ହେବା ସୁନିଶ୍ଚିତ। ଏହି ଉଦ୍ଦେଶ୍ୟରେ ମୁଁ ଦଳ ସହ ପଲ୍ଲିରେ କଷ୍ଟେମଷ୍ଟେ ରାତ୍ରଟା କଟାଇଲି। କିନ୍ତୁ "ଭେଣ୍ଡିଆ ଗୃହେ ରହଣୀ ନାସ୍ତି"। ପରଦିନ ଆନନ୍ଦପୁରର ଲକ୍ଷସ୍ଥଳରେ ପହଞ୍ଚି ବାବୁଙ୍କ ସଙ୍ଗେ ସାକ୍ଷାତ୍ କଲି। ବାବୁ ପିଲାମାନଙ୍କୁ

ଦେଖି ମୋତେ କହିଲେ, ଆରେ ବୈଷ୍ଣବ ! ଏ ଗୁଡ଼ାଙ୍କୁ କାହିଁକି ଆଣିଛୁ ? ଏ ସବୁ କି ଅଭିନୟ ଦେଖାଇବେ ? ମୁଁ କହିଲି, ଆଜି ରାତିଟା ଯାତ୍ରା କରେଁ। ମନକୁ ନ ପାଇଲେ ଫେରସ୍ତ କରାଇ ଦେବେ। ବାବୁ କହିଲେ, ତେବେ ତୁମ୍ଭେମାନେ (ମୋ ଗ୍ରାମ) ଜୟପୁରକୁ ଆସିଥିବାର କାହାରିକୁ କେବେ ସୁଦ୍ଧା କହିବ ନାହିଁ।

ରାତ୍ରକୁ ତାଙ୍କ କୋଠିରେ ଯାତ୍ରା ହେଲା। ମୋର ପିଲାଳିଆ ଲେଖା "ପ୍ରହ୍ଲାଦ" ଚରିତଟିକୁ କଲି। ସେ ଦିନର ଯାତ୍ରା ଶେଷ ହେଲା। ପରଦିନ ମୋର ପିଲା ପାଇଥିବା ମେଡ଼ାଲ ସବୁ ନିଜେ ଦେଖି କହିଲେ, "ତୁମ୍ଭେ ଏଠାରେ ଅନେକ ଦିନ ରହିବ। ରୀତିମତ ଯାତ୍ରା ପ୍ରତିରାତ୍ରି ଚାଲିଲା। ଦର୍ଶକ ଶତ ଶତ ସଂଖ୍ୟାରେ ଉପସ୍ଥିତ ହେଲେ। ସୁନାମ ବିଦ୍ୟୁତ୍‌ଭଳି ପ୍ରଚାରିତ ହେଲା। ବାବୁ ମଧ୍ୟ ଗ୍ରାମଦଳ ବୋଲି ଗର୍ବ ଅନୁଭବ କଲେ। ଏପରିଭାବେ ଶେଷକୁ ସନ୍ତୁଷ୍ଟ ହେଲେ ଯେ, ବାବୁଙ୍କ ବିନା ଆଦେଶରେ ବାହାରକୁ ବାହାରିଲୁ ନାହିଁ। ଚାରିଆଡ୍ରୁ ଯାତ୍ରା କରିବାପାଇଁ ବଇନା ଆସେ। ବାବୁ ବଇନା ଧରି ଆମ୍ଭମାନଙ୍କୁ ପ୍ରେରଣ କରାନ୍ତି।

ଇତିମଧ୍ୟରେ ବଡ଼ ବଡ଼ ନାମଯାଦା ଯାତ୍ରା ଦଳ ଉପସ୍ଥିତ ହୋଇ ବାଦୀନାଚ କଲେ। ତନ୍ମଧ୍ୟରେ ଶିବଘଡ଼େଇ, ବାଉରୀ ଘୋଷ, ହାଡ଼ିବନ୍ଧୁ ଦାସ, ସନାପାଳ, ଭୋବନି ମହାନ୍ତି, ତରାକୋଟ ଜଗୁଦାସ ନାମ ଉଲ୍ଲେଖଯୋଗ୍ୟ। ଏମାନଙ୍କ ସଙ୍ଗେ ବାଦୀଯାତ୍ରା କରି ଗୌରବାନ୍ୱିତ ହେଲୁ ଓ ସେମାନଙ୍କର ସେହିଦିନୁ ଗୌରବ କମିଲା।

ସୁପାଠକେ ! ଯେଉଁ ଆନନ୍ଦପୁରରୁ ରିକ୍ତ ହସ୍ତେ ପୂର୍ବବାର ଫେରିଥିଲୁ, ଯେଉଁ ଆନନ୍ଦପୁରାଞ୍ଚଳର ଜଙ୍ଗଲୀ ସାହେବଙ୍କୁ ଘୃଣା ଚକ୍ଷୁରେ ଦେଖି ଆସିଥିଲି, ସେହି ଆନନ୍ଦପୁରରେ ଅନେକ ନାମଯାଦା ଯାତ୍ରାଦଳ ସଙ୍ଗେ ନାଚ ଦେଖାଇ ଗୌରବାନ୍ୱିତ ହେଲି। ଏହା ଜୀବନ ମଧ୍ୟରେ ସ୍ମରଣୀୟ।

ଏହାପର ଘଷିପରା, କୁଶଳେଶ୍ୱର, ଫକୀରପୁର ଇଞ୍ଚୋଳ, ବ୍ରାହ୍ମଣୀକିଳା, ଯଷ୍ଟିଗିରି, ଆଖୁଆପଦା ସ୍ଥାନମାନଙ୍କରେ ଅଭିନୟ କରି ଦୀର୍ଘ ଅଢ଼ାଇମାସ ପରେ ଗ୍ରାମକୁ ଫେରିଲୁ।

ମୁଁ ଗତାଂଶୁକବିଙ୍କ ପ୍ରେତାତ୍ମା

ମୋର ୫୨ବର୍ଷ ବୟସରେ ସାଙ୍ଘାତିକ ଗ୍ରହପୀଡ଼ା ଥିବ କୋଷ୍ଠିରୁ ଜାଣି ଅର୍ଦ୍ଧାଙ୍ଗିନୀସ୍ୱରୂପା ହାରାମଣୀ ଦୈନିକ ସ୍ନାନପରେ ସ୍ୱହସ୍ତରେ କେତେ ଦୂର୍ବାଦଳ ସଂଗ୍ରହ କରି କୌଣସି ଦୈବଜ୍ଞଙ୍କ ମତାନୁସାରେ ଗୋମାତାଙ୍କର ସେବାରେ ବ୍ରତୀ ହେଉଥିଲେ ସେତେବେଳେ ମୋର ପୁନର୍ବାର ଗଡ଼ଜାତ ଯାତ୍ରା ଭ୍ରମଣ ପଡ଼ିଲା। ମାଘ ଶ୍ରୀପଞ୍ଚମୀ

ଦିନ କନକପୁରଠାରେ ସିଦ୍ଧଦେବୀ ଶାରଳାଙ୍କ ମନ୍ଦିରରେ ଯନ୍ତ୍ରାଦି ପୂଜାକାର୍ଯ୍ୟ ସମାପନ କରି ଗଡ଼ଜାତ ଯିବା ଅନୁକୂଳ କଲି। ମଟର ସାହାଯ୍ୟରେ କଟକରେ ପହଞ୍ଚି ରାଣୀହାଟ ଠାରେ ଗୋଟିଏ ରାତ୍ର ବିଶ୍ରାମ ନେଲୁ।

ପରଦିନ ଧବଳେଶ୍ୱରଙ୍କ ନିକଟ ଗଲୁ। ସେଠାରେ ଦୁଇରାତି ଅଭିନୟ ଦେଖାଇବା ପରେ ତୃତୀୟ ରାତ୍ରଟି ଗତାଂଶୁ କବିବର ରାଧାନାଥ ରାଏଙ୍କ ପୁତ୍ର ଶଶୀଭୂଷଣ ବାବୁଙ୍କ ନିମନ୍ତ୍ରଣ ରକ୍ଷା କରି ଉକ୍ତ ରାତ୍ର ଅଭିନୟ ଦେଖାଇଲୁ। ତାପର ମଞ୍ଚେଶ୍ୱର ବ୍ରାହ୍ମଣ ବସ୍ତିରେ ଯାତ୍ରାକଲୁ। ସେଠାରୁ ବିଦାୟ ଗ୍ରହଣ କରି କଖଡ଼ି ଗଲୁ। କଖଡ଼ିରେ ରନ୍ଧନ କରି ଭୋଜନ କଲୁ। ସେଠା ବାସିନ୍ଦାଙ୍କ ଅନୁରୋଧ ନ ଭାଙ୍ଗି ଦୁଇଘଣ୍ଟା ଯାତ୍ରା ମଧ୍ୟ କଲୁ। ଉକ୍ତ କଖଡ଼ି ବାସନ୍ଦାମାନେ ଯାତ୍ରାରଓଜରା ସ୍ୱରୂପ ଦୁଇଖଣ୍ଡି ଶଗଡ଼ଦ୍ୱାରା ଯନ୍ତ୍ର, ପୋଷାକାଦି ବହନକରି ଗଡ଼ ପର୍ଯ୍ୟନ୍ତ ସାଥିରେ ଗଲେ। ମୁଁ ଗଡ଼ରେ ପହଞ୍ଚିଲାବେଳକୁ ଗଡ଼ସ୍ଥ ବାସିନ୍ଦାମାନେ ନିଦ୍ରାଭିଭୂତ। ସୌଭାଗ୍ୟବଶତଃ କେବଳମାତ୍ର ପର୍ଶୁରାମ ନାୟକ ନାମକ ଜନୈକ ଯୁବକ ସଙ୍ଗେ ସାକ୍ଷାତ ହେଲା। ଯେନ କେନ ପ୍ରକାରେ ରାତ୍ରିଟି ଯାପନ କରିବାପାଇଁ ସ୍ଥାନର ସୁବିଧା କରାଇବାକୁ ସାହାଯ୍ୟ ମାଗିବାରୁ ସେ କହିଲେ, "ବର୍ତ୍ତମାନ ଛାମୁଙ୍କ ସାକ୍ଷାତ୍ ହେବା ଅସମ୍ଭବ।" ଛାମୁଙ୍କ ବିନାନୁମତିରେ କୌଣସିମତେ ସ୍ଥାନ ଦେଇପାରିବୁ ନାହିଁ। ମୋ ସହିତ ଉକ୍ତ ନାୟକଙ୍କର ପୂର୍ବରୁ ପରିଚିତ ଥିବା ଯୋଗେ ବେଶ୍ୟାପଡ଼ାର ଗୋଟିଏ ତ୍ୟଜ ଘରର ପ୍ରାଙ୍ଗଣରେ ଆମ୍ଭମାନଙ୍କୁ ସ୍ଥାନଦେଇ ଛାମୁଙ୍କ କର୍ଣ୍ଣଗୋଚର ନ ହେବା ନିମିତ୍ତ ସତର୍କ କରାଇଦେଲେ। କୌଣସି ପ୍ରକାରେ ରାତ୍ରିଟି ଅତିବାହିତ କଲୁ। ପ୍ରଭାତରୁ ସମସ୍ତେ ଉଠି ମୁଖ ପ୍ରକ୍ଷାଳନ କରିବା ସମୟରେ। ରାଜାସାହେବ ବିଶ୍ୱନାଥପୁର, ଜନୈକ ଘରୋଇ ଶିକ୍ଷକ ଏବଂ ବୃନ୍ଦାବନ ବାବୁ ସମେତ ଗୋଟିଏ ମଟରରେ ବସି ଉଆସକୁ ଫେରୁଥିବା ବେଳେ ମୁଁ ଦଳୀୟ ପିଲାମାନଙ୍କୁ ରାଜପଥରେ ଛିଡ଼ା କରାଇ ମଟର ଗତିକୁ ଅବରୋଧ କଲି। ମଟର ଅଟକିଯିବା ଦେଖଇ ପିଲାମାନେ ରାଜୋଚିତ ମାନ୍ୟବିଧି ପ୍ରଦର୍ଶନ କଲେ। ତା ପର ରାଜା ଆମ୍ଭମାନଙ୍କର ପରିଚୟ ଚାହିଁବାରୁ ରାଜାଙ୍କ ପାର୍ଶ୍ୱସ୍ଥ ଶିକ୍ଷକଦ୍ୱୟ ମୋର ପରିଚୟ ଦେଇ କହିଲେ, "ଏହି ବ୍ୟକ୍ତି କବି ବୈଷ୍ଣବ ପାଣୀ"। ଆପଣ କୈଶୋରାବସ୍ଥାରେ ଉକ୍ତ ଗଡ଼ ବ୍ରିଟିଶ୍ ଗଭର୍ଣ୍ଣମେଣ୍ଟଙ୍କ ଦ୍ୱାରା କୋର୍ଟଓ୍ୱାର୍ଡସ୍ ହୋଇଥିଲା। ସେତେବେଳେ ଏ ମହାଶୟ ଯାତ୍ରାଦଳ ସହ ଆସି ଏଠାରେ ବହୁରାତ୍ରି ଅଭିନୟ ଦେଖାଇଥିଲେ। ସେହି ସମୟରୁ ଉକ୍ତ କବିଙ୍କ ସଙ୍ଗେ ମୋର ପରିଚିତ ଥିଲା। ତାହାପର ରାଜାସାହେବ ବିସ୍ମିତଭାବେ ମୋତେ ପଚାରିଲେ ଯେ, ମୁଁ ପୂର୍ବରୁ ଶୁଣିଛି, କବି ବୈଷ୍ଣବ ପାଣୀ ଯେ ଗତାଂଶୁ? ମୁଁ ମଧ ଉତ୍ତର ଦେଲି, ଯଦିଓ କବି ଗତାଂଶୁ ହୋଇଥିବାରୁ ଛାମୁଙ୍କ ବିଶ୍ୱାସ,

ତେବେ ମୁଁ ବାଲ୍ୟାବସ୍ଥାରେ ମୁଁ ବହୁବାର କାଖକରି ରାଜଦାଣ୍ଡରେ ବୁଲାଇଥିଲି। ଛାମୁଙ୍କର କିପରି ମନେ ଥିବ ବା କାହିଁକି ମନେ କରିବେ? ଏ ବିଷୟ ଶୁଣି ରାଜ ଇଷଦ୍ଧାସ୍ୟ ସହକାରେ ପ୍ରଶ୍ନକଲେ, "କେତେବେଳେ ଗଡ଼ରେ ପହଞ୍ଚିଲ? ରହିଚ କେଉଁଠି? ଉତ୍ତରରେ ଜଣାଇଲି, ଗଡ଼ରେ ପ୍ରବେଶ ସମୟେ ରାତ୍ରାଧିକ ହୋଇଥିବାରୁ କେହି ସ୍ଥାନ ଦେଲେ ନାହିଁ। ବରଂ ଛାମୁଙ୍କ ବିନାନୁମତିରେ ବିଦେଶୀଙ୍କୁ ସ୍ଥାନ ନ ଦିଆଯିବାର ଜଣାଇଦେଲେ। ଆମ୍ଭେ ନିରାଶ୍ରୟ ଭାବେ ଉକ୍ତ ରାଜମାର୍ଗରେ ଉଭୟପାର୍ଶ୍ୱସ୍ଥ ତୃଣାଚ୍ଛାଦିତ ଭୂମିରେ ଆଶ୍ରୟ ନେଲୁ। ରାଜା ଏତିକି ମାତ୍ର ଶ୍ରବଣ କରି ଆଦର ସହ ମୋତେ ମଟରରେ ବସାଇ ଉଆସକୁ ନେଇଗଲେ। ଉଆସରେ ଦଳର ଜନସଂଖ୍ୟାନୁପାତରେ ଦୈନିକ ଖରଚ ହିସାବ କରି ଆମ୍ଭମାନଙ୍କର ଖାଦ୍ୟ, ପେୟର ବିଧିମତ ଯୋଗାଡ଼ ପୂର୍ବକ ମୃତ୍ତିକା ପାତ୍ର ରନ୍ଧନାଦି ଦେବାକୁ ପରିଛାଙ୍କୁ ଆଦେଶ କଲେ। ଆମ୍ଭେମାନେ ପୂର୍ବରୁ ଯେଉଁ ବାରାଙ୍ଗନା ପଲ୍ଲୀରେ ଆଶ୍ରୟ ଗ୍ରହଣ କରିଥିଲୁ ତନ୍ମଧ୍ୟସ୍ଥିତ କୌଣସି ଏକ ପ୍ରକୋଷ୍ଠଟିକୁ ଆଶ୍ରୟ ପାଇଁ ଆଦେଶ ଦେଲେ। ରାତ୍ରକୁ ଯାତ୍ରାର ଆୟୋଜନ ଚାଲିଲା। ଚାରିରାତ୍ରି ଯାତ୍ରା ପରେ ପଲିଟିକାଲଏଜେଣ୍ଟ ଆସିବାର ସମ୍ବାଦ ପହଞ୍ଚିଲା। ରାଜା ଜରସମନ ସହ ଆନନ୍ଦରେ ବିଦାୟ ଦେଲେ। କାଶୀଦାସ ନାମକ ଏକ ଯୁବକ ଜାଗରଯାତ୍ରା ଉପଲକ୍ଷେ ମହାନଦୀ ଗର୍ଭସ୍ଥ କନ୍ଦରପୁର ମହାଦେବଙ୍କ ନିକଟରେ ଆମ୍ଭମାନଙ୍କୁ ପହଞ୍ଚାଇଲେ। ସେଠାରେ ଦୁଇଦିନ ଅଭିନୟ ହେଲା। ଏ କଥା ଡମ୍‌ପଡ଼ା ରାଜାଙ୍କର ବିଧବା ରାଣୀ ଶୁଣି ଡମପଡ଼ା ରାଜ୍ୟସ୍ଥ କାଳିକାପ୍ରସାଦ ନାମକ କୌଣସି ଏକ ସ୍ଥାନକୁ ବଳଦଗାଡ଼ି ପଠାଇ ନେଇଗଲେ। ସେଠାରେ ତିନିରାତ୍ରି ଯାତ୍ରା ହେଲା ପରେ ବାଙ୍କିର ଏକ ଅବକାରୀ ଦୋକାନରୁ ତିନିରାତ୍ରର ଜରସମନ ଟଙ୍କା ପାଇଲୁ। ଆଉ ମଧ୍ୟ ସେହି ବାଙ୍କିର ନାବିକ ଅର୍ଚ୍ଚିତ ଚର୍ଚ୍ଚିକାଦେଶ ସନ୍ନିକଟବର୍ତ୍ତୀ ହାଟରେ ଦୁଇରାତ୍ରି ଅଭିନୟ ଦେଖାଇଲି। ତହୁଁ ମେଲାଣି ହୋଇ ମହାନଦୀର ଅପରପାରରେ ନନ୍ଦପୁର ଗ୍ରାମରେ ପହଞ୍ଚି ଆହାରାଦିକାର୍ଯ୍ୟ ସମାପନାନ୍ତେ ଗୋଟିଏ ଘରେ ବିଶ୍ରାମ ନେଲୁ। ପରଦିନ ସକାଳେ ପୂର୍ବ ପରିଚିତ ତିଗିରିଆ ଗଡ଼କୁ ଯାତ୍ରା କଲି। ସେଠାରେ ମଧ୍ୟ ଅଭିନୟ ହୋଇଥିଲା। ତିଗିରିଆରେ ତିନିରାତ୍ରି ଅଭିନୟ ଶେଷକରି ଦେଖିଲି, "ପୂର୍ବ ତିଗିରିଆ" ଆଉ ନାହିଁ। ଅନେକ ପରିବର୍ତ୍ତନ ହୋଇଛି। ପରନ୍ତୁ ତିଗିରିଆର ଅଧିଷ୍ଠିତ ଦେବତା ପ୍ରସନ୍ନ ପୁରୁଷୋତ୍ତମ ଦେବଙ୍କ ସେବକ ବୃଦ୍ଧରାଜା ଗତାଂଶୁ। ସେତେବେଳକୁ ରାଜା ଗମ୍ଭୀରୀସାମନ୍ତ, ଯେ କି ବୌଦରାଜାଙ୍କର ମଧ୍ୟମଭ୍ରାତା ପୋଷ୍ୟପୁତ୍ର ସ୍ୱରୂପ ଏଠାକୁ ଆସିଥିଲେ। ତାଙ୍କଠାରୁ ମେଲାଣି ହୋଇ ପୁଣି ପୂର୍ବ ସୁପରିଚିତ ବଡ଼ାମ୍ବା ଯାତ୍ରା କଲୁ।

ନୃଶଂସ ମନ୍ଦର ବିଶ୍ୱାଳ ହାତେ ବଡ଼ମ୍ବା

ପାଠକବର୍ଗ ! ଆମ୍ଭେମାନେ ବିରଶ ବଦନରେ ତିଗିରିଆରୁ ଆସି ବଡ଼ାମ୍ବା ଗଲୁ । ପୂର୍ବରୁ ରାଜା, ପ୍ରଜାଙ୍କଠାରୁ ମାନ, ସମ୍ମାନ ସହ କିଛିଦିନ ରହି ଅଭିନୟ ଦେଖାଇ ପ୍ରଶଂସିତ ହୋଇଥିଲୁ । ସମ୍ପ୍ରତି ବଡ଼ମ୍ବାରେ ପହଞ୍ଚି ରାଜ୍ୟର ଅଦ୍ଭୁତ ପରିବର୍ତ୍ତନ ଘଟିଥିବାର ବୁଝିନେଲୁ । ପୂର୍ବ ବିଶ୍ୱମ୍ଭର ମଙ୍ଗରାଜ ରାଜା ଓ ସଫିରୁଦ୍ଦିନ ମିଆଁ ମ୍ୟାନେଜର କାଳର କରାଳ କବଳରେ ନିପତିତ । ବ୍ରିଟିଶ୍ ଗଭର୍ଣ୍ଣମେଣ୍ଟଙ୍କ ଜନୈକ ଭୃତ୍ୟ, ନୃଶଂସ ଶିରୋମଣି ମନ୍ଦରଧର ବିଶ୍ୱାଳଙ୍କ ଦ୍ୱାରା ବଡ଼ାମ୍ବା ରାଜ୍ୟ ଶାସିତ ହେଉଥିଲା । ଅଭିନୟ କରିବା ଉଦ୍ଦେଶ୍ୟେ ଅନୁରୋଧ କଲୁ । ସେ ସଦୟ ହୃଦୟରେ ଆମ୍ଭମାନଙ୍କ ପ୍ରତି ତାଙ୍କର ତୁଣ୍ଡ ଗହର ନିଃସୃତ କରି ତୀବ୍ରଭାବେ ଜଣାଇଲେ "ଆମ୍ଭେ ଓଡ଼ିଶା ଯାତ୍ରା ଦେଖୁନା କି ଚାହୁଁନା । ଯାତ୍ରା କଲେ ପଇସା ଦେବ କିଏ ? ମୁଁ ନିରାଶ ହୋଇ ରାଜ ଉଆସକୁ ଏକାକୀ ଗଲି ।

କୌଣସି ଏକ ବ୍ୟକ୍ତିଙ୍କ ଦ୍ୱାରା ରାଣୀ ସାହେବଙ୍କ ନିକଟକୁ ସମ୍ବାଦ ଦେବାରେ ଉକ୍ତ ସମ୍ବାଦ ବାହାକ ମୋର ନାମ ସମେତ ରାଣୀଙ୍କୁ ଅବଗତ କରାଇଲା । ସେ ପୂର୍ବରୁ ମୋର ଅଭିନୟ ଦେଖିଥିଲେ ଓ ଜାଣିଥିଲେ । ହଠାତ୍ ମୋର ଯିବା ସମ୍ବାଦପାଇ ରାଜା ସୌଧର ଏକ ଉନ୍ମୁକ୍ତ ବାତାୟନରେ ମୋତେ ଲକ୍ଷ୍ୟ କରି ଶୁଣାଇ କହିଲେ, "ପୂର୍ବ ବିଶ୍ୱମ୍ଭର ମଙ୍ଗରାଜ ନାହାନ୍ତି । ବର୍ତ୍ତମାନ ନୃଶଂସ ମନ୍ଦର ବିଶ୍ୱାଳ ଠାରୁ ପଡ଼ି ଖାଉଛି । ପୁତ୍ରର ମଙ୍ଗଳକୃତ୍ୟ ଆସନ୍ତା ବୈଶାଖ ମାସକୁ ହେବ । ଆପଣ ସେ ସମୟରେ ଉପସ୍ଥିତ ହେବେ ।" ଏତକ ଶୁଣି ମୁଁ ସାନ୍ତ୍ୱନା ଦେଇ ଜଣାଇଲି ସେତ ଦୈବାଧୀନ । ତହିଁରେ ହାତ କାହାର ଅଛି ? ଛାମୁ ସିନା ଯାଇଛନ୍ତି । ତାଙ୍କର ଅର୍ଦ୍ଧକ ଅଛନ୍ତି । ସେହି ଅନୁପାତରେ ସ୍ଥାନ ଦିଆଯାଉ । ଓଡ଼ିଶାର ସୁନାମଧନ୍ୟ ନାଚଦଳ ବହୁଦୂରରୁ ଆସି ବଡ଼ମ୍ବାରୁ ନୈରାଶ୍ୟ ଅନ୍ତରରେ ଫେରିଯିବେ ? ଏହାହିଁ ମୋର ମନରେ ଦାରୁଣ ବ୍ୟଥା ଜନ୍ମାଉଛି । ଉପସ୍ଥିତ ମହାରାଜାଙ୍କ ମାତା କହିଲେ, "ଯାଅ, ଠାକୁରଙ୍କ ମନ୍ଦିରରେ ଦଳସହ ବିଶ୍ରାମ ନେବ । ସମୟ ବର୍ତ୍ତମାନ ଚାରିଟା । ସମ୍ଭବତଃ, ପିଲାମାନେ ସ୍ନାନ, ମାର୍ଜନାଦି କରିନାହାନ୍ତି । ମୁଁ ଖାଦ୍ୟାପକରଣ ସହ ଜଳଯୋଗ କରିବାର ଦ୍ରବ୍ୟମାନ ପଠାଉଛି ।" ମୁଁ ଏ ବିଷୟ ଶୁଣି ସଙ୍ଗୀତମାନଙ୍କ ପାଖରେ ପହଞ୍ଚି ସେମାନଙ୍କ ସହ ଦିଅଁଙ୍କ ମନ୍ଦିରକୁ ଗମନ କଲି । ମୋର ପଛେ ପଛେ ସମସ୍ତ ପଦାର୍ଥ ପହଞ୍ଚିଲା । ଯଥା ଦହିମାନ ପିଲାମାନେ ଅଙ୍ଗଲେପନ ଏକ ଦୀର୍ଘ ଦୀର୍ଘିକାକୁ ସ୍ନାନାର୍ଥେ ଗମନ କଲେ । ସ୍ନାନ ପରେ ବାହୁଡ଼ି ଆସି ଆର୍ଦ୍ରବସନ ତ୍ୟାଗକରି ଶୁଷ୍କ ବସନ ପରିଧାନ କଲେ । ପରେ ଜଳଯୋଗ କରିବାର ଉଦ୍ୟମ ଲାଗିଲା । ତତ୍‌ପରେ ଅନ୍ନପାକର

ସୁବନ୍ଦୋବସ୍ତ ମଧ୍ୟ ଚାଲିଲା । ଅନ୍ନଭୋଜନ ବେଳକୁ ବାରୁଣୀ ଶୈଳଶିଖରୀ ଶିଖରେ ଅରୁଣଦେବଙ୍କ ତିରୋଭାବ ହେଲା ।

ଉକ୍ତରାତ୍ରର ପ୍ରଥମ ପ୍ରହରରୁ ଉଆସ ମଧ୍ୟରେ ଯାତ୍ରାରମ୍ଭ ହେଲା । ସେ ରାତ୍ରରେ ପାଞ୍ଚନକୁମାରୀ ନାଟକର ଅଭିନୟ ଦେଖାଇଲୁ । ପର ରାତ୍ରକୁ "ଦାନବୀର ସୁରସେନ" ଅଭିନୟ ଦର୍ଶାଇ ସ୍ନାନ ମାର୍ଜନାଦି ଶେଷକରି ରାଣୀଙ୍କଠାରୁ ଷଷ୍ଠିତମ ମୁଦ୍ରା ଯାତ୍ରାର ଉପହାର ସ୍ୱରୂପ ପାଇ ସେଠାରେ ଦିନଟିଏ ବିଶ୍ରାମ ଗ୍ରହଣ କଲୁ । ପରଦିନ ନରସିଂହପୁର ରାଜବାଟୀ ଯିବାକୁ ଆକାଂକ୍ଷିତ ହେଲୁ ।

ନରସିଂହପୁର ରାଜବାଟିରେ ଯାତ୍ରା

ଆମ୍ଭେମାନେ ବଡ଼ାମ୍ବା ଯାତ୍ରା ଶେଷକରି ନରସିଂହପୁରରେ ପହଞ୍ଚିଗଲୁ । ସେଠାରେ ଆମ୍ଭମାନଙ୍କର ପୂର୍ବ ପରିଚିତ ଶ୍ରୀଯୁକ୍ତ ବୀରକିଶୋର ଦାଶ ସୁପରିଟେଣ୍ଡେଣ୍ଟ ପଦରେ ଅଧିଷ୍ଠିତ । ସେ ମୋତେ ଦେଖି ଅତ୍ୟନ୍ତ ଖୁସି ହେଲେ । ମୁଁ ଜଣେ ଖାଣ୍ଟି ଆମିଷାଶୀ । ପର୍ବଘରେ ମୋର ସ୍ଥାନ ନଥିବାର ଜାଣି ଦଳ ସମେତ ହରି ଅମିନ ନାମକ ଅମଲାଙ୍କ ବସାରେ ସ୍ଥାନ ନିଯୁକ୍ତ କରିଦେଲେ । ଆମ୍ଭେମାନେ ଆନନ୍ଦରେ ସେଠାରେ ରହିଲୁ । ରାଜବାଟୀରେ ଚାରିରାତି ଯାତ୍ରା ଦେଖାଇ ପରେ ଦୋଳ ମଣ୍ଡପରେ ଅଭିନୟ ଦେଖାଇବାକୁ ପଡ଼ିଲା । ଉକ୍ତ ଦୋଳମଣ୍ଡପ ଯାତ୍ରା ରାତ୍ରରେ ତାଙ୍କ ବସାରେ ରାତ୍ରି ଭୋଜନ ପାଇଁ ନିମନ୍ତ୍ରଣ କଲେ । ସେ ସମୟରେ ଜୟପୁର ଗ୍ରାମସ୍ଥିତ ନବକିଶୋର ପଣ୍ଡା ତାଙ୍କର ପୁଝାରୀ କାର୍ଯ୍ୟ ଚଳାଉଥିଲେ ।

ଖାଦ୍ୟ ସମ୍ପର୍କରେ ମୋତେ ପଚାରିଲେ, "ପାଣିଏ ! ରାତିରେ ତୁମ୍ଭେ ଅନ୍ନ, ବ୍ୟଞ୍ଜନାଦିରେ ସନ୍ତୁଷ୍ଟ ହେବ କି ଜଳଖିଆ ଖାଇବାରେ ସନ୍ତୁଷ୍ଟ ହେବ ?"

ମୁଁ କହିଲି, "ଆପଣ ଯାହା ବରାଦ କରିବେ । ଯୋଗୀ ଥାଳରେ ଉଆ ଉଷୁନା କିଛି ବାରଣ ନାହିଁ ।" ସେ କହିଲେ ତୁ ଜଳଖିଆ ଖା । ମୁଁ ତୋ ପାଇଁ ଗୋଟିଏ ଭଲ ଜିନିଷ ଆଣି ରଖିଛି । ଖାଇବାକୁ ଦେବି, ଭୋଜନ ସମୟ ଉପସ୍ଥିତ ହେଲା । ଉଭୟେ ଏକ ସ୍ଥାନରେ ଖାଦ୍ୟାର୍ଥେ ଉପବେଶନ କଲୁ । ବାବୁଙ୍କ ପାଇଁ ଗୋଟିଏ ଥାଳୀରେ ଅନ୍ନ ଆସିଲା । ଅନ୍ୟଟିରେ ଲୁଚି, ନିମିକି, ଶ୍ଳେଟ୍ କମଳା, ସେଓ ଇତ୍ୟାଦି ଆସି ମୋତେ ଦିଆଗଲା । ପୁଝାରୀକୁ କହିଲେ, ଆଲମାରୀରୁ ତାରଛନ୍ଦା ବୋତଲ ନେଇଆ । ତାହାସଙ୍ଗେ କାଚ ଗ୍ଲାସ୍ ଆଣିବୁ । ତତ୍କ୍ଷଣାତ୍ ସେ ତାଙ୍କର ଆଦେଶ ପାଳନ କଲା । ପୁଝାରୀ ଆଣି ମୋ ପାଖେ ରଖିଦେବା ସମୟେ ବାବୁ କହିଲେ କାଚପାତ୍ରରେ ଶିଶିରୁ ଢାଳି ତାଙ୍କୁ ଦେ । ସେ ମଧ୍ୟ ତାହାହିଁ କଲା । ମୁଁ ପାନ କଲାବେଳେ ମୋର ମୁଖ ପ୍ରତି

ପୁଝାରୀ ଏକ ଦୃଷ୍ଟିରେ ଅନାଇଁ ରହିଲା। ବାବୁ ତାକୁ କହିଲେ, ତୁ ବ୍ରାହ୍ମଣ। ତାକୁ ପିଇ ଜୀର୍ଣ୍ଣ କରିବୁ? ତୋର ଜାତି ଚାଲିଯିବ। ତୁ ତାଙ୍କ ମୁହଁକୁ ନୀରିକ୍ଷଣ କରୁଛୁ। ଯାର ମୁଖରୁ ଭକ୍ତିସଙ୍ଗୀତ ଶତଶତ ନିଃସୃତ ହେଉଛି ତାର ଠାରେ ପାପ ଅବସ୍ଥାନ କରିବାର ସ୍ଥାନ ନାହିଁ? ବୈଷ୍ଣବ! ତୋର ନିଶ୍ଚୟ ମନେ ଥିବ ତୋର ଲେଖା ଦଣ୍ଡିପର୍ବ ବା ଅଷ୍ଟବଜ୍ର ମିଳନରେ ଅର୍ଜୁନ କୃଷ୍ଣଙ୍କୁ ଯୁଦ୍ଧ ସମୟରେ କ'ଣ କହିଛି? ସେ ଗୀତ କେତେପଦ ଗାଇଲୁ। ମନେ ଅଛି ତ?

ସୁପାଠକେ! ଅନେକ ସମୟରୁ ମୋ ରଚିତ ଗୀତ ଶୁଣି ନାହାଁନ୍ତି। ଏହିଠାରେ ଗୋଟିଏ ଶୁଣନ୍ତୁ।

ଭକ୍ତି ଅସ୍ତ୍ରଠାରୁ ଅସ୍ତ୍ର ନାହିଁ ଏ ଜଗତେ କିଛି।
କହ ହରିଭକ୍ତ ପ୍ରାଣ ପ୍ରଭୁ କି କେବେ ହରିଛି। ଘୋଷା।
ପେଷିଲେ ଭକତ ବାଣ ବଞ୍ଚିବୁ କି ନାରାୟଣ
ପ୍ରାଣ ଥାଉଁ ପିଣ୍ଡେ ରଣ ନ ଭୁଲିବ ସବ୍ୟସାଚୀ।୧।
ପୟରେ ଦଂଶିଲା କାଳୀ କିସ କଲୁ ବନମାଳୀ
ନନ୍ଦ ପିଟିଲା ଛାଟରେ ପୃଷ୍ଟେ ଚିହ୍ନ ତୋର ଅଛି।୨।
ଭକ୍ତି ନାଗଫାଶେ ବାନ୍ଧି ହରି ତୋତେ କରି ବନ୍ଦି
ରଖିବି ହୃଦ ମନ୍ଦିରେ କି କରିବୁ ଶିରୀବତ୍ସି।୩।
ଯଶୋଦା ବାନ୍ଧିଲା ରୋଳେ କୃଷ୍ଣ ତୋତେ ବାଳ କାଳେ
ବିପ୍ର ବଇଷ୍ଣବ ଭାଳେ ଆଜି ମୋ ପାଳି ପଡ଼ିଛି।୪।

ମୁଁ ସିନା ଗୀତ ଗାଉଥାଏ; କିନ୍ତୁ ଚାହୁଁଥାଏ ବାବୁଙ୍କ ଅନ୍ନଥାଳିରେ ଦୁଇ ନୟନର ଲୋତକ ବର୍ଷଣ। କ୍ରମେ ଭୋଜନ କାର୍ଯ୍ୟ ସମାପ୍ତି ଘଟିଲା। ବାବୁ ମୋ ସଙ୍ଗରେ ଦୁଇଜଣ ନିମ୍ନସ୍ତରର କର୍ମଚାରୀଙ୍କୁ ନାଚସ୍ଥଳରେ ଦଳସହ ଭେଟ କରିବାକୁ ପଠାଇଲେ। ଉକ୍ତ ବ୍ୟକ୍ତିଦ୍ୱୟ ବାବୁଙ୍କ ଇଙ୍ଗିତରେ ନାଚଦଳମାନଙ୍କୁ କହି ଆସିଲେ, ଓସ୍ତାତ୍ ମହାଶୟଙ୍କୁ ଆଜିକାଲି ଅଭିନୟରେ କେହି ଛିଡ଼ା କରାଇବେ ନାହିଁ। ସେ କେବଳ ଶୋଇ ରହିବେ। ସେ ରାତ୍ରରେ ଅଭିନୟ ସୁରୁଖୁରୁରେ ଶେଷହେଲା। ନାଟକଟି ଦେଖି ସମସ୍ତେ ସନ୍ତୁଷ୍ଟ ହେଲେ। ଠିକ୍ ସେହିଦିନ ସନ୍ଧ୍ୟାବେଳକୁ ମୁଁ ବାବୁଙ୍କ ସହ ରାଜବାଟୀକୁ ଯାଇଥିଲି। ରାଜାସାହେବ ମୋର ସାକ୍ଷାତ୍ ସଙ୍ଗେ ସଙ୍ଗେ ପରିଚୟ ନେଇ ନମସ୍କାର କଲେ। ରାଜାସାହେବଙ୍କ ଭକ୍ତିପୂର୍ଣ୍ଣ ନମସ୍କାର ଦେଖି ମୁଁ କୃତାଞ୍ଜଳିପୁଟେ ଦୁଇଟି ମାତ୍ର ଆଶୀର୍ବାଦାତ୍ମକ ଶ୍ଳୋକ ପାଠକଲି। ତତ୍କ୍ଷଣାତ୍ ବୀରବାବୁ କହିଲେ, "ଅର୍ଥକରି

ରାଜାସାହେବଙ୍କୁ ବୁଝାଇ ଦିଅ ?" ମୋତେ ଯାହା ପ୍ରଚ୍ଛନ୍ନ ଭାବେ ବୁଝାଇବାକୁ ପଡ଼ିଲା। ଶ୍ଳୋକଟିକୁ ହୃଦୟଙ୍ଗମ କରି ରାଜାସାହେବ ପୁରସ୍କାର ସ୍ୱରୂପ ମୋତେ ଯୋଡ଼ିଏ ନବବସ୍ତ୍ର ପ୍ରଦାନ କରିବାପାଇଁ ପ୍ରତିହାରୀକୁ ଜଣାଇଲେ। ଉକ୍ତ ପ୍ରତିହାରୀ ରାଜାଜ୍ଞା ପାଳନ କରି ନବ ବସ୍ତ୍ର ଦ୍ୱୟ କୋଷାଧ୍ୟକ୍ଷଙ୍କଠାରୁ ଆଣି ଛାମୁଙ୍କ ସାମନାରେ ମୋତେ ଅର୍ପଣ କଲା। ତା ପରେ ମୁଁ ବାବୁଙ୍କ ଅନୁମତି କ୍ରମେ ବସାକୁ ଫେରିଆସିଲି। ସେଠାରେ ଏକାଦିକ୍ରମେ କେତେକରାତ୍ରି ଯାତ୍ରା କରି ଛାମୁଙ୍କଠାରୁ ମେଲାଣି ହୋଇ ମହାନଦୀ କଠୋର ଜଠର ଲଙ୍ଘନ କରି ଦଶପଲ୍ଲା ରାଜ୍ୟରେ ପଦାର୍ପଣ କଲି।

ଦଶପଲ୍ଲା ଓ ବୌଦ୍ଧଯାତ୍ରା

ବର୍ତ୍ତମାନ ମୁଁ ସଦଳେ ଦୁର୍ଗମମୟ ରାସ୍ତା ଅତିକ୍ରମ କରି ଅଣ୍ଡଜରାଜା ଦଶପଲ୍ଲାସ୍ଥ ଗଣିଆଁ ନାମକ ସ୍ଥାନରେ ଉପସ୍ଥିତ ହେଲି। ଗଣିଆଁରେ ଗୋଟିଏ ପୋଲିସ୍‌ଥାନା, ଥାନା ସନ୍ନିକଟବର୍ତ୍ତି ଏକ ସୁଦୀର୍ଘ ଦୀର୍ଘିକା। ଦୀର୍ଘିକାର ଉପରିଭାଗରେ ଗୋଟିଏ ସୁରମ୍ୟ ପାନ୍ଥଶାଳା ଦେଖିଲୁ। ଉକ୍ତ ସ୍ଥାନରେ ସଦଳେ ବିଶ୍ରାମ ନେଲୁ। ସ୍ୱହସ୍ତରୁ ଖାଦ୍ୟପାନାଦି କାର୍ଯ୍ୟ ଶେଷକଲୁ। ଥାନା ବାବୁଙ୍କ ଆଗ୍ରହରୁ ରାତିରେ ଥାନାରେ ଅଭିନୟ ହେଲା। ଉକ୍ତ ଥାନାବାବୁ ଆମ୍ଭମାନଙ୍କ ପ୍ରତି ଯଥେଷ୍ଟ ସମ୍ମାନ ଦେଖାଇଥିଲେ। ଦୀର୍ଘିକା ତୀରସ୍ଥ ପାନ୍ଥଶାଳରୁ ଛାଡ଼ିଯିବା ପାଇଁ ଆଦୌ ସ୍ପୃହା ଆସିଲା ନାହିଁ। ବାସ୍ତବିକ୍ ସ୍ଥାନଟି ବଡ଼ ହୃଦୟସ୍ପର୍ଶୀ।

ସେଠାରେ ଛାଗାଦିଙ୍କର ମୂଲ୍ୟ ଅତି ସ୍ୱଳ୍ପ। ରାଜ୍ୟଟିର ବାସିନ୍ଦା ଅଧିକାଂଶ କନ୍ଧ, କୋହ୍ଲ। ଉକ୍ତ କନ୍ଧ, କୋହ୍ଲଙ୍କଠାରୁ ଦୁଇଗୋଟି ଛାଗ କ୍ରୟ କରିଲୁ। ପିଲାମାନେ ସାନନ୍ଦିତ ମନରେ ତାର ଗଳ ଛେଦନ କରି ପଳ ଭୋଜନରେ ଆପ୍ୟାୟିତ ହେଲେ। ରାଜା ଓ ରାଜାବାଟୀ ସମ୍ବନ୍ଧରେ ତଥ୍ୟ ସଂଗ୍ରହ କରିବାରେ ଶୁଣିଲି ରାଜାଙ୍କ ପୂର୍ବ ପୁରୁଷ କେହି ଜଣେ ମୟୂର ଅଣ୍ଡାରୁ ଜାତ ହୋଇଥିଲେ। ଏଣୁ ପୂର୍ବ ପୁରୁଷ ରାଜା ଅଣ୍ଡଜ। ପରନ୍ତୁ ଉକ୍ତ ରାଜବାଟୀରେ ରାମନବମୀ ଯାତ୍ରା ହେବାକୁ କିଛିଦିନ ବିଳମ୍ବ ଥିଲା। ତେଣୁ ରାଜବାଟୀ ଉଦ୍ଦେଶ୍ୟରେ ସମୟ ଅତିବାହିତ ନ କରି ମଣିଭଦ୍ରା ପର୍ବତର ଅଧିତ୍ୟକା ପ୍ରଦେଶ ପାରହୋଇ ଦିନାବସ୍ଥାନରେ 'ଛାମୁଡ଼ିଆ' ନାମକ ଏକ କନ୍ଧ ପଲ୍ଲୀରେ ଯାନ ବାହାନ ସହ ଆଶ୍ରୟ ନେବାକୁ ବାଧ ହେଲି। ମହାନଦୀର ସୁନିର୍ମଳଜଳ ଆଣି ପାକ କ୍ରିୟାଦି କଲୁ। ତରକାରୀରେ ଜିରାବାଟି ଦେଲାବେଳେ ଗୋଟିଏ ଆଦିମବାସୀ କନ୍ଧ ଉପସ୍ଥିତ ଥିଲା। ଜିରା ବାସନାକୁ ଆଘ୍ରାଣ କରି ପ୍ରୀତ ହୋଇ କହିଲା, କିସ ଖାଉଛ କି ସାଆନ୍ତେ? ଏତ କ'ଣ ଭଲ ବାସୁଛି? ଆମ୍ଭେମାନେ

ଜିରାର ପରିଚୟ ଦେବାରୁ ସେ କହିଲେ, "ଆମ୍ଭେ କାହୁଁ ପାଇବୁ। ଗନ୍ଧ ତେଲ (କିରୋସିନୀ) ଏଠି ମିଳେ ନା। କାଠ ନିଆଁରେ ଭାତ ଗୁଣ୍ଡା ଖାଉଁ। ଯେତେ ଜାତି ଜିନିଷ ତରକାରୀରେ ପକାଉଛ, ସେଥିରୁ କେତେ ଜିନିଷ ମୁଁ ନୂଆ ଦେଖୁଛି। ସେଥିପାଇଁ ଏଠି ବସିଛି। କନ୍ଧଟି ମୁଖରୁ ଏତକ ପ୍ରବନ୍ଧ ଶୁଣି ସେଦିନ ଆମ ରୋଷାଇରେ ଖାଇବାକୁ ନିମନ୍ତ୍ରଣ କଲି। ସେ ମଧ୍ୟ ଖୁସି ହେଲା। ପଲ୍ଲୀକୁ ଯାଇ କିଛି ବଡ଼ ମାଛ ଆଣି ରାନ୍ଧିବାକୁ ଦେଲା। ଆମେ ତାକୁ ତନ୍ନ ତନ୍ନ କରି ଦେଖିଲୁ ଯେ, କେତେଖଣ୍ଡ ଶୁଖିଲା ବଡ଼ମାଛ। ପରେ ତା'ଠାରୁ ବୁଝିଲୁ ଯେ ସେମାନେ ବଡ଼ ମାଛକୁ କାଟି ନିଆଁ ଉପରେ ଶୁଖାଇ ରଖନ୍ତି। ତାର ଶୁଖିଲା ମାଛ ଆମ୍ଭର ବ୍ୟଞ୍ଜନର କାମ ଚଳାଇଲା।

ଭୋଜନାନ୍ତେ କର ପ୍ରକ୍ଷାଳନ କରିବାକୁ ଯିବା ସମୟେ, ଦେଖିଲୁ, କାରବାରୀୟ ଜଳ ପାତ୍ରରେ ଜଳଶୂନ୍ୟ। ନିକଟରେ ପାଣି ପାଇବାର କିଛି ସୁବିଧା ନଥିଲା। ମହାନଦୀର ଜଳ ଆସିଲେ ସମସ୍ତଙ୍କର ହାତ ଧୁଆଯିବ। ଦୁଇ ତିନିଜଣ ଜଳ ଆଣିବାପାଇଁ ବାହାରିଲେ। ଠିକ୍ ସେତିକିବେଳେ ପାହାଡ଼ ମୁଣ୍ଡିଆରୁ ପ୍ରକାଣ୍ଡ ମେଘ ଘଡ଼ଘଡ଼ି ପରି ଏକ ବଜ୍ରଗମ୍ଭୀର ଧ୍ୱନି ଶୁଣାଗଲା। ବିସ୍ମିତ ହୋଇ କନ୍ଧଟିକୁ ପଚାରିଲୁ, ଏ କ'ଣ? ଗୋଟିଏ ଜନ୍ତୁ ପାଣି ଖାଇବାକୁ ମୁଣ୍ଡିଆରେ ଗଡ଼ବାର ଜଣାଇଲା। ଏକଥାଟି ଶୁଣି ସମସ୍ତେ ଭୀତତ୍ରସ୍ତ ହେଲୁ। କିପରି ହାତ ଧୁଆହେବ? କିଏ ପାଣି ଆଣିବାପାଇଁ ଯିବ? ଏହିପରି କେତେ ସମୟ ସ୍ଥିର ହୋଇବା ପରେ ବିଚାର କଲୁ ଆସ କନ୍ଧ ସହ ସମସ୍ତେ ଯିବା। କନ୍ଧଟି ଆଗରେ ଗଲେ ଆମ୍ଭେମାନେ ଗୋଟି ଗୋଟି ହୋଇ କନ୍ଧ ପିଛାଧରି ଯିବା। କନ୍ଧଟି ଏ ବିଚାର ଶୁଣି କହିଲା, ଆଁ ସାଆଁନ୍ତେ। ସେତ ଗୋଟିଏ ନବ। ଆମେ ଏତେସେତେ ଥାଇଁ ତାର କିସ କରିବାହେଁ। ଏତିକି କଥାରେ ଆମ୍ଭମାନେ ପୂର୍ବପେକ୍ଷା ଅତ୍ୟଧିକ ଭୀତତ୍ରସ୍ତ ହୋଇ କେହି ଶକଟ ତଳେ, କେହି ମହାନଦୀର ମତ୍ସଜୀବି ନୋଳିଆଙ୍କ ପ୍ରାଙ୍ଗଣରେ ଏବଂ ଆଉ କେହି ଯାତ୍ରାର ଯନ୍ତ୍ରାଦି ଏକତ୍ର କରି ତାର ମଧ୍ୟବର୍ତ୍ତି ଖୋଲ ସ୍ଥାନମାନଙ୍କରେ ଆଶ୍ରୟ ନେଲେ ଓ ଶେଷରେ ମୁଁ କନ୍ଧଟିର ଆଶ୍ରୟି ହୋଇ ନୀଳାଚଳନାଥଙ୍କୁ ସ୍ମରଣ କରି ଉଜାଗର ଭାବେ ରାତ୍ର ଯାପନ କଲି। କିନ୍ତୁ ସମସ୍ତେ ଉଚ୍ଛିଷ୍ଟ ହସ୍ତ ଉର୍ଦ୍ଧ୍ୱକୁ ଉତ୍ତୋଳନ କରି ଶାନ୍ତିମୟୀ ନିଦ୍ରାଦେବୀଙ୍କ କୋଳରେ ତନ୍ଦ୍ରାଭିଭୂତ ହୋଇ ନିସ୍ତେଜ ଭାବେ ପଡ଼ି ରହିଲୁଁ।

କ୍ରମଶଃ ରାତ୍ର ପ୍ରକାଶ ହେଲା। ଅରୁଣଦେବ ତରୁଣ କଳେବର ପୂର୍ବାକାଶ ଆରକ୍ତ ରଞ୍ଜିତ କରି ଦରଶନ ଦେଲେ। ଆମ୍ଭେମାନେ ମହାନଦୀ ଜଳରେ ଶୁଷ୍କ ଉଚ୍ଛିଷ୍ଟ ହସ୍ତ ପ୍ରକ୍ଷାଳନ ପୂର୍ବକ୍ ଦନ୍ତଧାବନାଦି ନିତ୍ୟକର୍ମମାନ ସମାପନ କରି ଗନ୍ତବ୍ୟ ମାର୍ଗ

ଅନୁସରଣ କଲୁ। ଅନତିଦୂର ଯିବାପରେ ୮/୧୦ ଜଣ ପଥିକ ପଥମଧ୍ୟରେ ଏକତ୍ରିଭୂତଭାବେ ଆସୀନ ହୋଇ କାହାରିକୁ ଉପେକ୍ଷା କରିବା ପରି ଅନୁମାନ କଲୁ। ଆମ୍ଭେମାନେ ତାଙ୍କ ସନ୍ନିକଟବର୍ତ୍ତୀ ହୋଇ ଆଗମନର କାରଣ ପଚାରିବାରେ ସେମାନେ ସଂଖ୍ୟାରେ ମୁଷ୍ଟିମେୟ ଥିବାରୁ ସୁଦୀର୍ଘ ବନାଞ୍ଚଳ ମଧ୍ୟସ୍ଥିତ ଅଭେଦ୍ୟ ରାସ୍ତା ଅତିକ୍ରମ ହେବା ଅସମ୍ଭବ ଜାଣି ଅନ୍ୟମାନଙ୍କୁ ଉପେକ୍ଷା କରିଥିଲେ। ଆମ୍ଭେମାନେ ସାଥିହୋଇ ପଥ ଗମନରେ ନ୍ୟସ୍ତ ହେଲୁ। ବାମ ପାର୍ଶ୍ୱରେ ବିପଦ ସଙ୍କୁଳ ଉଚ୍ଚାବଚ ପାର୍ବତ୍ୟମୟ ମଣିଭଦ୍ରା, ଦକ୍ଷିଣ ପାର୍ଶ୍ୱରେ ଓଡ଼ିଶାର ଦୂରପ୍ରସାରୀ, ପ୍ରବଳପ୍ରଖରା ବୃହତ୍ତମ ମହାନଦୀର ଗଣ୍ଡଜଳରେ ଯଥାକ୍ରମେ ବ୍ୟାଘ୍ର ଓ ନକ୍ରଭୟ। ଆମ୍ଭେମାନେ ସୁଦୀର୍ଘ ଦ୍ୱାଦଶ କ୍ରୋଶ ବିସ୍ତୃତ ମଣିଭଦ୍ରା ପର୍ବତର ପାଦଦେଶ ଦେଇ ବୌଦାଭିମୁଖେ ଚାଲିଲୁ। ପଥମଧ୍ୟରେ ଖଣ୍ଡ କନ୍ଧପଲ୍ଲୀ ସ୍ଥାନେ ସ୍ଥାନେ ଦେଖିବାକୁ ପାଇଥିଲୁ। ବହୁପଥ ଯିବାପରେ କ୍ଷୁଧା ଦେବୀଙ୍କର ପୀଡ଼ା ସହ୍ୟକରି ନପାରି ସେହି ମହାନଦୀ ତଟସ୍ଥ ଗୋଟିଏ ତେନ୍ତୁଳୀ ବୀଟପ ଛାୟାରେ ରୋଷେଇ କରିବାର ଉଦ୍‌ଯୋଗ କଲୁ। ଅଠରଟି ତାମ୍ରମୁଦ୍ରା ମୂଲ୍ୟରେ ଗୋଟିଏ ବଡ଼ ରୋହିତ ମତ୍ସ୍ୟ କ୍ରୟ କରି ବ୍ୟଞ୍ଜନାଦି କର୍ମ ବଢ଼ାଇଲୁ। ଅଳ୍ପ ସମୟ ବିଶ୍ରାମ ନେଇ ପୂର୍ବପଥ ଅନୁସରଣ କଲୁ। ଯାଉଁ ଯାଉଁ ବନ୍ୟପ୍ରଦେଶର ପଥମଧ୍ୟରେ ପାହାଡ଼ର ତଳଭାଗରେ ଦୁଇ, ତିନିଦଳ ବଳିଆ କୁକୁର, ସ୍ଥାନେ ସ୍ଥାନେ ବନ୍ୟକୁକୁଟଙ୍କ ରବ ମୃଗମାନଙ୍କର କୁହାଟ, ମୟୂରଙ୍କର କେକାରବ, ଗଜାଦିଙ୍କର ବୃହିଁ ଶବ୍ଦ ଶୁଣିବାକୁ ପାଇଥିଲୁ। ବହୁରାସ୍ତା ଗଲା ପରେ ସୂର୍ଯ୍ୟାସ୍ତ ସମୟକୁ ବୌଦରାଜ୍ୟର ସବ୍‌ଡିଭିଜନ ହରଭଙ୍ଗାଠାରେ ଉପସ୍ଥିତ ହୋଇ ସେହି ରାତ୍ର ସେଠାରେ ବିଶ୍ରାମ କଲୁ। ସେଠାରେ ପୋଲିସ୍ ଥାନା, ବିଦ୍ୟାଳୟ ଥିବାର ଦେଖିଲୁ। ପୋଲିସ୍ ଦାରୋଗାଙ୍କ ତତ୍ତ୍ୱାବଧାନରେ ସେଠାରେ ୪/୫ ରାତି ଅଭିନୟ ଦେଖାଇଥିଲୁ।

ଅଷ୍ଟମଲ୍ଲୀକାଧିଶ୍ୱରଙ୍କୁ 'ଗଙ୍ଗେଶ୍ୱର' ନାଟକ ନ କରିବା ପାଇଁ ପ୍ରତିଶ୍ରୁତି ପ୍ରଦାନ

ବୌଦସ୍ଥ ହରଭଙ୍ଗାଠାରେ ୪/୫ରାତି ଅଭିନୟ ଦେଖାଇ ବୌଦ ରାଜବାଟୀକୁ ନ ଯାଇ ଉକ୍ତ ସ୍ଥାନରେ ମହାନଦୀ ପାର ହୋଇ ଅହିଡ଼ା ନାମକ ସ୍ଥାନରେ ପହଞ୍ଚିଲୁ। ଏହା ଅଷ୍ଟମଲ୍ଲିକ ରାଜ୍ୟର ଅନ୍ତର୍ଭୁକ୍ତ। ଏଠାରେ ଥିବା ଗୋଟିଏ ପ୍ରାରିମେରୀ ବିଦ୍ୟାଳୟରେ ଆଶ୍ରୟ ନେଲୁ। ରାତ୍ରକୁ ଯାତ୍ରା ହେଲା। ପରଦିନ ବିଦାୟ ନେଇ ଅଷ୍ଟମଲ୍ଲିକ ଦୁର୍ଗରେ ଉପସ୍ଥିତ ହୋଇ ରାଜାସାହେବଙ୍କ ଆଦେଶରେ ବଙ୍ଗଳାଘରେ

ବିଶ୍ରାମ ନେଲୁ। କ୍ରମେ ସେଠାରେ ପନ୍ଦର ଦିନ କାଳ ରହି ଉଆସରେ ଓ ବଜାରାଦିରେ ଅଭିନୟ ଦେଖାଇଲୁ। ରାଜା ଆଗ୍ନେୟାସ୍ତ୍ର ଚାଳନାରେ ସୁଦକ୍ଷ, ଛାମୁଙ୍କ କୃତିତ୍ୱରୁ ଅନେକ ବାର ମୃଗ, ସମ୍ବର ମାଂସ ଖାଇବାକୁ ପାଇଥିଲୁ ରାଜବାଟୀରେ ମୁଁ ଗତାଂଶୁକବି, କବିବର ରାଧାନାଥ ଗ୍ରନ୍ଥାବଳୀରୁ ପାର୍ବତୀ କାବ୍ୟର ଗଙ୍ଗେଶ୍ୱର ନାଟକଟିକୁ ରଚନା କରି ଅଭିନୟ ଦେଖାଇଥିଲି। ଉକ୍ତ ଅଭିନୟଟିକୁ ଦର୍ଶନକରି ରାଜାସାହେବ ମୋତେ ତାଙ୍କ ନିକଟକୁ ଡାକି କହିଲେ, "ଗଙ୍ଗେଶ୍ୱର" ନାଟକଟି ଦେଶରେ ପ୍ରଚାର କରନାହିଁ। ଏହା ଓଡ଼ିଶା, ତଥା ଓ ଓଡ଼ିଆଜାତିର ଗୋଟାଏ ଦୁର୍ନାମ ମାତ୍ର। ଏହା ରାଧାନାଥଗ୍ରନ୍ଥାବଳିର ପ୍ରଚାର ବୋଲି ରାଜାଙ୍କୁ ଜଣାଇଲି। ସେ ମୋତେ ଜଣାଇଲେ ରାଧାନାଥ ଗ୍ରନ୍ଥାବଳୀକୁ ଓଡ଼ିଶାରେ କେତେଜଣ ପଢ଼ନ୍ତି, ବୁଝନ୍ତି? ଆଜିକାର ଅଭିନୟରେ କେତେଲୋକ ଏକତ୍ର ହୋଇ ଆପଣଙ୍କ ନାଟକ ଦେଖିଗଲେ? ଏହି ଦୁଇଟି ମଧ୍ୟରେ କେଉଁଟି ଗୁରୁତର ଓ କେଉଁଟି ଲଘୁତର? ଆପଣ ତାହା ଭାବି ସ୍ଥିର କରନ୍ତୁ? ଆଜି ଆପଣ ଅଷ୍ଟମଲ୍ଲିକ ଦୁର୍ଗାଧୀଶ୍ୱରଙ୍କ ସମ୍ମୁଖେ ପ୍ରତିଶ୍ରୁତି ହୁଅନ୍ତୁ, କଦାପି, କୌଣସି ସ୍ଥାନରେ ଏହା ଦର୍ଶକମାନଙ୍କୁ ଦେଖାଇବେ ନାହିଁ। ମୁଁ ତାହା ସ୍ୱୀକାର କଲି।

କ୍ରମେ ଯାତ୍ରାକାର୍ଯ୍ୟ ଚାଲିଥାଏ। ଆଉଦିନେ ରାତ୍ରିରେ ଯାତ୍ରା କରୁଥିବା ସମୟରେ ଏଗାରଦୂତୀ ଲକ୍ଷଣା ଗୀତଟିଏ ଗାଇଥିଲି। ରାଜାସାହେବ ମୋତେ ପଚାରିଲେ ରାଜନବରେ ଏଗାର ଦୂତୀଙ୍କର ଗତାଗତ ଅବାରିତ। ଏହା କିପରି ଜାଣିଲ? ମୁଁ ଉତ୍ତର ଦେଲି ତାହା ଆପଣଙ୍କ ରାଜବଂଶୀୟ ସରସ୍ୱତୀଙ୍କ ବରପୁତ୍ର କବି ସମ୍ରାଟ ଭଞ୍ଜଙ୍କ ଲେଖା। ଏତକ ଶୁଣି କିପରି, କେଉଁଠି ଲେଖିଛନ୍ତି ପ୍ରମାଣ ପାଇବା ପାଇଁ ମୋତେ ଅନୁରୋଧ କଲେ। ମୁଁ ସେଠାରେ ଗୀତ ଦୁଇପଦୀ ଗାଇଲି। କିନ୍ତୁ ସେ ମୋ ରଚିତ ଗୀତ ଶୁଣିବାକୁ ଚାହିଁଲେ। ମୁଁ ତାଙ୍କୁ ନିମ୍ନଲିଖିତ ଗୀତଟି ଶୁଣାଇଥିଲି।

ପ୍ରଥମେ ରଜକୀ ନାରୀ,   ବାସ ଘେନିଯାଏ ଭିତର ପୁରି
କି ଆଗୋ ସଙ୍ଗାତ,
ତାକୁ କେହି ନ ପାରନ୍ତି ବାରି।୧।
ମାଳିନୀ କୁସୁମ ହାର, ନିତି ନିଏ ଦେଇ ଜେମାଙ୍କ ପୁର
ଆଗୋ ସଙ୍ଗାତ, ତାର ଅଛି ତହିଁ ଅଧିକାର।୨।
ଦାସୀ ହାତେ ଯାଏ ଲେଖା, ନାପିତ ଜେମାଙ୍କ ଅଟେ ସେବିକା
ଆଗୋ ସଙ୍ଗାତ, ବେଶକାରିଣୀ ତା ତୁଲେ ଲେଖା।୩।
ଧାଇ, ବିଧବା, ବ୍ରାହ୍ମଣୀ, ଚିତା କୁଟିବାକୁ ଯାଏ କେଳୁଣୀ

ଆଗୋ ସଙ୍ଗାତ, ନେଇ ଦିଅନ୍ତି ଖବର ଆଣି।୪।
ସୁପକାରର ଘରଣୀ, ନଟୀ କୁମାରୀ କନ୍ୟା ଥାଅ ଜାଣି।
ଆଗୋ ସଙ୍ଗାତ, ଏ ଯେ ଅନ୍ତଃପୁର ସଞ୍ଚରିଣୀ।୫।
ଏମନ୍ତ ଏଗାର ଦୂତୀ, ହେଜିମନେ ରଖ ସୁରସବତୀ।
ଆଗୋ ସଙ୍ଗାତ, ଅସାଧନେ ସାଧନ କରନ୍ତି।୬।

ତହୁଁ ରାଜା ନିରବ ହେଲେ। ସେଦିନ ମୋତେ ଆଶୁବ୍ୟାଘ୍ର ବିନାଶର ଚର୍ମ ଖଣ୍ଡିକ, ତାର ଦୁଇଟି ଶ୍ମଶ୍ରୁ ଏବଂ ପୁରସ୍କାର ସ୍ୱରୂପ ଦଶଗୋଟି ରୌପ୍ୟମୁଦ୍ରା ପ୍ରଦାନ କଲେ। ମୁଁ ଉକ୍ତ ମୁଦ୍ରା ସଙ୍ଗେ ଆଉ କିଛି ମୁଦ୍ରା ମିଶ୍ରିତ କରି ମୋର ପ୍ରତିରକ୍ଷିଣୀ ନାମରେ ଆଠମଲ୍ଲିକ ଡାକଘରୁ ପ୍ରେରଣ କଲି। ଏଠାରୁ ଆଠମଲ୍ଲିକ ଅଭିନୟ ସମାପ୍ତି ହେଲା। ରାଜାସାହେବ ଗୋଟିଏ ଲରୀରେ ମୋତେ ବସାଇ ବୌଦ୍ଧ ରାଜବାଟୀକୁ ପ୍ରେରଣ କଲେ। ମୁଁ କିଆକେଣ୍ଟାଠାରେ ମହାନଦୀକୁ ପାରହୋଇ ପୁଣି ବୌଦ୍ଧରେ ଉପସ୍ଥିତ ହେଲି। ଆଠମଲ୍ଲିକରେ ଗୋଟିଏ ପତି ବିରହିଣୀ ବାଳୀଶ ସହ ମୋର ଅନେକ ବାର ସହଯୋଗ ଘଟିଥିଲା। ମୋର ବିଦାୟବେଳେ ସେ ମୋସଙ୍ଗେ ମୋର ଅନୁଗାମିନୀ ହେବାକୁ ଉଦ୍‌ବିଗ୍ନ ଥିଲା। କିନ୍ତୁ କୌଶଳକ୍ରମେ ସେ ଦାଉରୁ ମୁଁ ଖସି ଆସିଲି। ବୌଦ୍ଧରାଜବାଟୀରେ ତିନିରାତି ଯାତ୍ରା କଲି। ବୌଦ୍ଧରାଜ୍ୟରେ ନାରୀ ଜାତିର ଅପଭାଷା ଯାହା ଶୁଣିଲି ତାହା ଅବକ୍ତବ୍ୟ ଓ ଅଶ୍ରୁତ। ବୌଦ୍ଧବାସୀ ନିକୃଷ୍ଟ ଜାତିମାନଙ୍କର କାଇଡ଼ିମ୍ବ ଅତି ପ୍ରିୟ ଭୋଜନ। ସ୍ଥୁଳରେ କହିଲେ ବୌଦ୍ଧବାସିନ୍ଦା ମାନଙ୍କର ଚାଲିଚଳନ, ବେଶଭୂଷା, କଥାଭାଷା ଅତ୍ୟନ୍ତ ଜଘନ୍ୟ।

ସୋନପୁର ଯାତ୍ରା

ବୌଦ୍ଧରାଜ୍ୟ ଓ ରାଜବାଟୀରେ ଯାତ୍ରାକାର୍ଯ୍ୟ ଶେଷକରି ସୋନପୁର ରାଜବାଟୀ ଉଦ୍ଦେଶ୍ୟରେ ବାହାରିଲି। ସୋନପୁର ଯିବା ରାସ୍ତାରେ ତୈଳ ଅଭାବରୁ ରୁକ୍ଷଭାବେ ସ୍ନାନ କରିଥିଲି। ସ୍ନାନ ପରେ ଅଭାବ ଅସୁବିଧା ବଶତଃ ଭୋଜନ କରିପାରି ନଥିଲି। ଏପରିକି ପଥମଧ୍ୟରେ କାଣ୍ଡିଟିଏ ସୁଦ୍ଧା ଦୃଷ୍ଟି ଗୋଚର ହୋଇ ପାରିଲା ନାହିଁ। ତେଣୁ ଜଠର ଯନ୍ତ୍ରଣାକୁ କଠୋର ମନେ ନକରି ବେଗେ ବେଗେ କୌଣସି ଏକ ପଲ୍ଲୀରେ ପହଞ୍ଚିବା ପର୍ଯ୍ୟନ୍ତ ଅବିରାମ ଭାବେ ଅଗ୍ରସର ହେଲୁ। ଏଣେ ସୂର୍ଯ୍ୟଙ୍କ କିରଣ ପୁଣି ପାହାଡ଼ିଆ ଝରଣାରେ ରକ୍ଷସ୍ନାନ ଓ ସ୍ନାନ ପରେ ଅନଶନ ଏ ସବୁ ମୋ ପକ୍ଷରେ

କଣ୍ଟକ ସ୍ୱରୂପ। ଯେତେବେଳେ ମୁଁ ସୋନପୁର ରାଜ୍ୟର ସୁବଳୟାରେ ପହଞ୍ଚିଲି, ସେତେବେଳେ ମୋତେ ହଠାତ୍ ଜ୍ୱର ଆକ୍ରମଣ କଲା। ସେଠାରେ ଭୂତପୂର୍ବ ସ୍ୱର୍ଗୀୟ କବି ଗଙ୍ଗାଧର ମେହେରଙ୍କ ଠାକୁର ମନ୍ଦିରରେ ମୋତେ ବିଶ୍ରାମ ନେବାପାଇଁ ସ୍ଥାନ କରିଦେଲେ। ମୋର ଯାତ୍ରାଦଳ ସେଠାରେ ନବରାତ୍ର ଅଭିନୟ ଦେଖାଇଲେ। କିନ୍ତୁ ମୁଁ ଜ୍ୱର ପ୍ରପୀଡ଼ିତ। ଅବସ୍ଥା ସାଙ୍ଘାତିକ ହେଲା। କ୍ରମେ କ୍ରମେ ମୋତେ ନିମୋନିଆ ଆକ୍ରମଣ କଲା। ସେହି ଅବସ୍ଥାରେ ମୁଁ ସୋନପୁର ଗଡ଼କୁ ଯାତ୍ରା କରିବାକୁ ସଦଳେ ଗଲି। ଗଡ଼ରେ ମଧ୍ୟ ଅବସ୍ଥା ପୂର୍ବବତ୍ ଥିଲା। ଏତେବେଳେ ମୋର ୫୨ବର୍ଷ ଗ୍ରହପୀଡ଼ା ଥିବା କୋଷ୍ଠିର ପ୍ରମାଣ ମିଳିଲା। ସୋନପୁର ଗଡ଼ରେ ପହଞ୍ଚି ପୋଲିସ ସାହେବଙ୍କ ତତ୍ତ୍ୱାବଧାନରେ କାଳିନ୍ଦି ମହାନ୍ତି ନାମକ ବୃଦ୍ଧ ଅମଲାଙ୍କ ବସାରେ ବାସକଲି। ସୋନପୁର ରାଜବାଟୀ ଇତ୍ୟାଦିରେ ପିଲାମାନେ ୧୨/୧୪ରାତ୍ରି ରହି ଅଭିନୟ ଦେଖାଇ ଦର୍ଶକଙ୍କ ଦ୍ୱାରା ପ୍ରଶଂସିତ ହୋଇଥିଲୁ। ମୋର ବେଳୁବେଳ ଶରୀର ଖରାପ ଦିଗକୁ ଗତି କରୁଥିଲା। ପିଲାମାନେ ଅବସ୍ଥାକୁ ପୁଙ୍ଖାନୁପୁଙ୍ଖ ଭାବେ ନିରୀକ୍ଷଣ କରି ଗୃହକୁ ପ୍ରତ୍ୟାବର୍ତ୍ତନର ସୁବ୍ୟବସ୍ଥା ଦେଲେ। ମୁଁ ନିରାଶ ଭାବେ ସେଠାରେ ଏକ ଅପୂଜା ଚଣ୍ଡୀମନ୍ଦିର ଦେଖି ସେହି ଦେବୀଙ୍କ, ଆରାଧନାରେ ରହିଲି। ସେହିଦିନ ରାତ୍ରିରେ "ମା ଚଣ୍ଡୀଦେବୀ" ସ୍ୱପ୍ନରେ ଆବିର୍ଭୁତା ହୋଇ କହିଲେ, "ନା ତୁ ଘରକୁ ଯାଆନା। ମୁଁ ତୋତେ ରକ୍ଷାକରିବି, ଏବଂ କରିଛି। ତୋର କିଛି କ୍ଷତି ହେବ ନାହିଁ।" ସ୍ୱପ୍ନ ଭାଙ୍ଗିଲା ପରେ କେହି ନ ଥିବାର ଦେଖିଲି। ସେକ୍ଷଣି ପ୍ରଭାତ ହେଲା। ମୋତେ ଆଉ ନିଦ ହେଲାନାହିଁ। ପିଲାମାନେ ନାଚ ଶେଷ କରି ଆସି ପହଞ୍ଚିଗଲେ। ମୁଁ ସେମାନଙ୍କ ସମ୍ମୁଖରେ ରାତ୍ରରେ ସ୍ୱପ୍ନ ସମ୍ବନ୍ଧୀୟ ସମସ୍ତ ଘଟଣା ବ୍ୟକ୍ତ କଲି। ସେମାନେ ମୋ କଥାରେ ବିଶ୍ୱାସ କରି ମୌଖିକ ଭାବେ ଚଣ୍ଡୀଠାକୁରାଣୀଙ୍କ ଆଶ୍ରୟ ନେଲେ।

ବର୍ତ୍ତମାନ ସୋନପୁର ରାଜବାଟୀରୁ ଯାତ୍ରା କାର୍ଯ୍ୟ ଶେଷକରି ତରଭା, ବଲାଙ୍ଗିର ଯିବାର ଆଶା ପୋଷଣ କଲି। କିନ୍ତୁ ଗ୍ରୀଷ୍ମକାଳର ଗରମ ସହ୍ୟ କରିନପାରିବାରୁ ପିଲାମାନେ ଯିବାପାଇଁ କୁଣ୍ଠିତ ହେଲେ। ମୁଁ ବଲାଙ୍ଗିର ପଥେ ଅଗ୍ରସର ନ ହୋଇ ମହାନଦୀ ଜଳ ଗର୍ଭଦେଇ ନୌକାଦ୍ୱାରା ସଦଳେ ପ୍ରତ୍ୟାବର୍ତ୍ତନ କଲୁ। ମହାନଦୀ ଗର୍ଭସ୍ଥିତ ନୌକାରେ ଫେରୁଥିବା ବେଳେ ସମୟାନୁସାରେ ନଦୀକୂଳ ସ୍ଥିତ ବାଲୁକାପୀଠରେ ପାକକାର୍ଯ୍ୟ ସମ୍ପାଦନ କରୁଥିଲୁ।

ଖାଦ୍ୟୋପକରଣର ଅଭାବ ଥିବାରୁ ପୁଣି ବାଂଶମୂଳୀ ନାମକ ସ୍ଥାନରେ ପହଞ୍ଚି ପୁନର୍ବାର ପାକାରମ୍ଭ କଲୁ। ସେଠାରେ ପାକକାର୍ଯ୍ୟ ଶେଷକରି ଦଳସହ ଭୋଜନର ପ୍ରାରମ୍ଭରେ ଉପନୀତ ହେଲୁ। ସେତେବେଳେ କାହୁଁ ଏକ ପ୍ରବଳ ଝଞ୍ଜା ଆସିଲା। ଉକ୍ତ

ଝଞ୍ଜା ଦ୍ୱାରା ନିକଟସ୍ଥ ମହିଷଗୋଠରୁ ଶୁଷ୍କ ଗୋମୟ ଧୂଳି ଖଣ୍ଡମାନ ଓ ନଦୀଶଯ୍ୟାସ୍ଥ ଶୁଷ୍କବାଲି ସମୂହ ଧୂମ ଆକାରରେ ଉଡ଼ି ଆସି ଆମ୍ଭମାନଙ୍କ ଖାଦ୍ୟପତ୍ର ମଣ୍ଡନ କରିବାରୁ ଗାତ୍ର ମାର୍ଜନୀରେ ଭାତପତ୍ର ସହ ଭର୍ତ୍ତିକରି ଦଣ୍ଡାୟମାନ ହେଲୁ। ଉକ୍ତ ଦଣ୍ଡାୟମାନ ଅବସ୍ଥାରେ ପୁନଃର୍ଭୋଜନ କଲୁଁ।

ତା ପରେ ହସ୍ତମୁଖାଦି ନଦୀ ଜଳରେ ପ୍ରକ୍ଷାଳନ କରି ନୌକା ଯାତ୍ରାକଲୁ। ଗ୍ରୀଷ୍ମକାଳ ଏଣେ ନଦୀମଧ୍ୟସ୍ଥ ସ୍ଥାନେ ସ୍ଥାନେ କ୍ଷୁଦ୍ର ଶୈଳଖଣ୍ଡ ଅଗୋଚରରେ ଥିବାରୁ ସାବଧାନ ସହକାରେ ନୌକା ଚଳାଇବାବେଳେ କେତେବେଳେ ନୌକାଟି ବାଲିଚଡ଼ା ଉପରକୁ ଚଢ଼ି ଯାଉଥିଲା। ସେତେବେଳେ ନୌକାରୁ ସମସ୍ତେ ଓହ୍ଲାଇ ନୌକା ଚଳାଇବା ପାଇଁ ବାହୁବଳ ପ୍ରୟୋଗ କରିଥିଲୁ।

ଏହିପରି ଆସ୍ତେ ଆସ୍ତେ ଆସିଲାବେଳେ ମୋର ପୂର୍ବ ପରିଚିତ ଅଷ୍ଟମଲ୍ଲିକସ୍ଥିତ ଉଷ୍ଣପ୍ରସବଣ ପାର୍ଶ୍ୱସ୍ଥ ଅନତିଦୂର ଠାକୁର ଡିହ ଠାରେ ରାଜାସାହେବଙ୍କର, ଦର୍ଶନ ହେଲା। ଉକ୍ତ ରାତ୍ର ରାଜାସାହେବ ଦୟାପରବଶ ହୋଇ ଆମ୍ଭମାନଙ୍କର ଖାଦ୍ୟପେୟର ସମସ୍ତ ସୁବନ୍ଦୋବସ୍ତ କରାଇ ସୁବିଧା ସ୍ଥାନରେ ରଖାଇଦେଲେ। ଏହିଦିନ ଦିବାଭାଗରେ ଆଠମଲ୍ଲିକ ରାଜ୍ୟସ୍ଥ ସଡ଼କ ଉପରେ ଶଗଡ଼ ବିନା ଆଦେଶରେ ଆଣିଥିବାରୁ ତତ୍‌କାଳୀନ ଦେୱାନ୍ ସାହେବ ରାୟ ବାହାଦୁର ଶ୍ରୀଯୁକ୍ତ ବାମଦେବ ମିଶ୍ର ଆମ୍ଭମାନଙ୍କୁ ପାଞ୍ଚଆଇନରେ ପକାଇଥିଲେ।

ଏ ବିଷୟ ଠାକୁର ଡିହଠାରେ ରାଜାସାହେବଙ୍କୁ ଜଣାଇଥିଲି। ରାଜାସାହେବ ଦେୱାନ ସାହେବଙ୍କ ଠାରୁ ଉକ୍ତ ପାଞ୍ଚଆଇନର ରିପୋଟଟି ଅଣାଇ ଦୀପଶଳାକା ସାହାଯ୍ୟରେ ମୋର ଉପସ୍ଥିତିରେ ସ୍ୱହସ୍ତରେ ଦଗ୍ଧୀଭୂତ କରିଥିଲେ। ପରଦିନ ବିଦାୟ ହୋଇଆସିଲୁ। ପଥ ମଧ୍ୟରେ ସନ୍ଧ୍ୟା ହେବାରୁ ଗୋଟିଏ ପାଠଶାଳା ଦୃଷ୍ଟିଗୋଚର ହେଲା। ପାଠଶାଳାର ଶିକ୍ଷକଙ୍କୁ କିରୋସିନୀ ଓ ଖାଦ୍ୟ ତୈଳ ସମ୍ବନ୍ଧରେ ପଚାରିବାରୁ ସେ ସବୁ ଏଠାରେ କିଛି ମିଳିବ ନାହିଁ, କି ଗରିବ ଶ୍ରେଣୀ ବ୍ୟକ୍ତିମାନେ ଏସବୁ ବ୍ୟବହାର ଜାଣି ନଥିବାର ଜଣାଇଲେ। ତହୁଁ ନିରୁପାୟ ହୋଇ କିଛି ଶୁଷ୍କଇନ୍ଧନ ସଂଗ୍ରହ କରି ନିକଟସ୍ଥ ଏକ କାସାର ତଟରେ ପାକକର୍ମ ସମ୍ପାଦନ କଲୁ। ବ୍ୟଞ୍ଜନ ଦ୍ରବ୍ୟ ମଧ୍ୟରେ କିଛିମାତ୍ର ନଥିଲା। ସେହି ପୁଷ୍କରିଣୀ ଜଳସ୍ଥିତ ଅତି ଛୋଟ ଆଦ୍ୟ ଅବତାର ପିଲାମାନଙ୍କ ଦ୍ୱାରା ସଂଗୃହୀତ ହୋଇଥିଲା। କେବଳ ଲୁଣ, ଲଙ୍କାମରିଚ ବ୍ୟତୀତ ଅନ୍ୟ ଉପାଦାନ କିଛି ନଥିଲା। କେବଳ ଅଗ୍ନିପାକ ସିଦ୍ଧ, ରୁଚି ଅନୁଯାୟୀ ଭୋଜନ କାର୍ଯ୍ୟ ସମାପନ କଲୁ। ରାତ୍ର କଟାଇ ପରଦିନ ଅନୁଗୋଳାଭିମୁଖେ ଯାତ୍ରାକଲୁ।

ଅନୁଗୋଳ ଯାତ୍ରାରେ ୧୪୪ ଧାରା

ଆମ୍ଭେମାନେ ଆସି ଅନୁଗୋଳରେ ପହଞ୍ଚିଲୁ। ଅନୁଗୋଳ ସେତେବେଳେ ଗୋଟିଏ ଜିଲ୍ଲାରେ ଗଣ୍ୟ ହେଉଥିଲା। ଦଳଟି ସହ ଅନୁଗୋଳ ଜିଲ୍ଲା ଉଚ୍ଚ ଇଂରାଜୀ ବିଦ୍ୟାଳୟ ସନ୍ନିକଟବର୍ତ୍ତି ହାଡ଼ିଆ ପାନରା ଘରେ ବସାକଲୁଁ। ସେଠାକାର ପୋଲିସସାହେବ ଶ୍ରୀଯୁକ୍ତ ନୀଳକଣ୍ଠ ମହାପାତ୍ର ଥିଲେ। ତାଙ୍କର ଆହ୍ୱାନକ୍ରମେ ଥାନାରେ ଅଭିନୟ ଆରମ୍ଭ କଲୁ।

ପରଦିନ ଡାକ୍ତର ଖାନାରେ ଅଭିନୟ କରିଥିଲୁ। ତୃତୀୟ ରାତ୍ରକୁ ମାରୱାଡ଼ିମାନେ ଆମ୍ଭମାନଙ୍କୁ ନେଇ ତାଙ୍କର ଚଉମୁହିଁରେ ଅଭିନୟ କରାଇଲେ। ଚତୁର୍ଥ ରାତ୍ର ଶେଷରେ ଆମ୍ଭମାନଙ୍କ ବସାରେ ପୋଲିସ୍ ହାଜର ହେଲା। ଏବଂ ରକ୍ତଚକ୍ଷୁ ଦେଖାଇ ଫଣୀବାବୁ ମାଜିଷ୍ଟ୍ରେଟ୍‌ଙ୍କ ନିକଟରେ ହାଜର କରାଇଲା। ମାଜିଷ୍ଟ୍ରେଟ ସାହେବ ମୋତେ ଦେଖି ସଙ୍ଗେ ସଙ୍ଗେ ଆଦେଶ ଦେଲେ ଯେ, ଏ ସହରରେ ତୁମ୍ଭେ ଅଭିନୟ ଦେଖାଇ ପାରିବ ନାହିଁ। ମୁଁ ମୌଖିକ ଭାବେ ସ୍ୱୀକାର କଲି।

ମାଜିଷ୍ଟ୍ରେଟ୍ ସାହେବ କି ଚିନ୍ତା କଲେ, କେ ଜାଣି। ପୁଣି ମୋତେ କହିଲେ ମୌଖିକ କହିଲେ ଚଳିବ ନାହିଁ। ତୁମ୍ଭେ ପରିଷ୍କାର ଭାବେ ଲେଖି ଦେଇଯାଅ। ମୁଁ ଭୀତତ୍ରସ୍ତ ହୋଇ କାରଣ ବୁଝିଲି ଯେ, ବସନ୍ତର ପ୍ରାଦୁର୍ଭାବ ନେଇ ଏପରି କଠୋର ଆଦେଶ ଜାରି କରୁଛନ୍ତି। ଏଣେ ବେଲୁଁବେଲ ପ୍ରତ୍ୟେକ ରାତ୍ରରେ ଦର୍ଶକ ଅତ୍ୟଧିକ ଉପସ୍ଥିତ ହେଉଥିଲେ। ମୁଁ ଫଣିବାବୁଙ୍କ ନିକଟରୁ ପ୍ରତ୍ୟାଗମନ କରି ବସାରେ ପହଞ୍ଚିବା ପରେ ପୋଲିସ ଦ୍ୱାରା ୧୪୪ ଧାରା ଧମକ ଆସିଗଲା। ଏପରି ଗଣ୍ଡଗୋଳର ଗତି ଦେଖି ମୁଁ ପରଦିନ ଦଳସହ ମେରାମୁଣ୍ଡୁଳୀ ଷ୍ଟେସନକୁ ଟିକଟ୍ କଲୁ। ଇତିମଧ୍ୟରେ ଖଡ଼୍‌ଗପ୍ରସାଦର ମାରୱାଡ଼ିମାନେ ଅଭିନୟ ଦେଖିବା ଆଶାରେ ପତ୍ରସହ ପତ୍ରବାହକ ପଠାଇଥିଲେ। କିନ୍ତୁ ପିଲାମାନେ ଯିବାକୁ ସମ୍ପୂର୍ଣ୍ଣ ଅନିଚ୍ଛୁକ ହେବାରୁ ମୁଁ ପତ୍ରବାହକଙ୍କୁ ଯିବାପାଇଁ ବାରଣ କରିଦେଲି।

ଯାହାହେଉ, ଆଗକୁ ଅଗ୍ରସର ନହୋଇ ମେରାମୁଣ୍ଡୁଳୀରେ ସେ ଦିନ ରହିଲୁ। ମେରାମୁଣ୍ଡୁଳୀ ସ୍ଥାନଟି ଟାଙ୍ଗୀ ଟଙ୍କିଳଭୂଇଁ। ଜଳର ଅତ୍ୟାଭାବ। ଏଣେ ଗ୍ରୀଷ୍ମକାଳ ସ୍ନାନପାଇଁ ଜଳ ଅନ୍ୱେଷଣ କରି ଦେଖିଲୁ ସ୍ୱଚ୍ଛଜଳ ବିଶିଷ୍ଟ ଏକ ସୁଦୀର୍ଘ ଦୀର୍ଘିକା। ଉକ୍ତ ଦୀର୍ଘିକାଟି ହସ୍ତୀମଳ, ମହିଷ ବିଷ୍ଠାରେ ପରିପୂରିତ ଏବଂ ଜମ୍ବାଳପୂର୍ଣ୍ଣ। ଯାହାହେଉ ବିଷ୍ଠାକୁ ଗୋମୟ ମନେକରି ଗାତ୍ରଶୌଚ କରିପକାଇଲୁ। ଏହାପୂର୍ବରୁ ପାକକାର୍ଯ୍ୟ ଶେଷ ହୋଇଥିଲା। ଯାଇତାଇ ଖିଆପିଆ କାର୍ଯ୍ୟ ବଢ଼ାଇ ଷ୍ଟେସନଘରେ ପହଞ୍ଚିଲୁ। ରେଳଗାଡ଼ି ପହଞ୍ଚିବାର ପୂର୍ବରୁ ଷ୍ଟେସନମାଷ୍ଟରଙ୍କୁ ଟିକିଟ୍ ପାଇଁ ପ୍ରାର୍ଥନା

କଲୁ। ଷ୍ଟେସନ ମାଷ୍ଟର ଟିକିଟ୍ ନ ଦେଇ କହିଲେ ଗୋଟିଏ ରାତ୍ର ଅଭିନୟ ନ ଦେଖାଇଲେ ଟିକିଟ୍ ଦିଆଯାଇ ପାରିବ ନାହିଁ। ଆମ୍ଭେମାନେ ଆମ୍ଭମାନଙ୍କର ଅସୁବିଧା ବିଷୟ ଜଣାଇ ଟିକିଟ୍ ପାଇଁ ଅନୁରୋଧ କରନ୍ତେ, ଷ୍ଟେସନମାଷ୍ଟ୍ର ଆମ୍ଭମାନଙ୍କ ପ୍ରତି ଆଦୌ କର୍ଣ୍ଣପାତ କଲେ ନାହିଁ। ତେଣୁ ବାଧହୋଇ ସେ ରାତ୍ରିଟି ଅଭିନୟ ଦେଖାଇଲୁ।

ପରଦିନ ଉକ୍ତ ଷ୍ଟେସନମାଷ୍ଟର ଦଳ ସମେତ ୨୪ଜଣଙ୍କର ଓ ଯନ୍ତ୍ରପାତି ସହ ବିନା ଟିକିଟ୍‌ରେ କଟକ ଷ୍ଟେସନକୁ ପଠାଇ ଦେଲେ। କଟକ ଷ୍ଟେସନରେ ମୁଁ ମୋର ପାରିଶ୍ରମିକ ପାଇ ସେମାନଙ୍କୁ ବିଦାୟ ଦେଲି। ତାପରେ ବଇରି ଷ୍ଟେସନକୁ ବିନା ଟିକିଟରେ ସଦଳେ ଆସିଲୁ। ବଇରରୁ ପଦବ୍ରଜରେ ଗ୍ରାମକୁ ଫେରିଥିଲୁ।

ସୁନାଗାଛିଆର ବିଶିଷ୍ଟ ରମ୍ଭା ବେଶ୍ୟା ସଙ୍ଗେ ସାକ୍ଷାତ୍

ଇତିମଧ୍ୟରେ ବହୁ ସମୟ ଧରି ଗଡ଼ଜାତ ଯାତ୍ରା ଶେଷକଲୁ। ଅବଶିଷ୍ଟ ବଲାଙ୍ଗିର, ବଣାର ଇତ୍ୟାଦି ଅଳ୍ପ କେତୋଟି ରାଜ୍ୟର ରାଜବାଟିକୁ ଅସୁବିଧା ବଶତଃ ଯାଇ ପାରିଲି ନାହିଁ। କିନ୍ତୁ ମନର ବାସନା ଅପୂର୍ଣ୍ଣ ରହିଲା। ମୋର ଇଚ୍ଛାଥିଲେ ସୁଦ୍ଧା ପିଲାମାନଙ୍କର ଅନିଚ୍ଛାରୁ ମୁଁ ଅଗ୍ରଗତି ହୋଇପାରିଲା ନାହିଁ। କିଛିକାଳ କଟିଗଲା। ଯାତ୍ରାଦଳ ମଧ୍ୟ ମଫସଲି ଗ୍ରାମାଦିରେ ସାମୟିକ ଅଭିନୟ ଦେଖାଇବାର ଅବ୍ୟାହତି ପାଉନଥିଲେ। ମୁଁ ମଧ୍ୟ ମଧ୍ୟେ ମଧ୍ୟେ କେତେଖଣ୍ଡି ନାଟକାଦି ପୁସ୍ତକ ଲେଖିଥିଲି। ପୁଣି ଦୂର ଦୂରାନ୍ତରୁ ଆସୁଥିବା ଫର୍ମାସୀ କବିତାମାନ ଲେଖି ପଠାଉଥିଲି।

ଥରେ ଉକ୍ତ ଦଳସହ କଲିକତା ବାହାରି ପଡ଼ିଲି। ଜ୍ୟୋତିଷଙ୍କ ଦ୍ୱାରା ଯୋଗ ଲଗ୍ନ ବୁଝି ଟିକିଟ୍ କାଟିଲି। ହାବୁଡ଼ା ଷ୍ଟେସନ୍‌ରେ ପହଞ୍ଚି ହାଟଖୋଲାକୁ ଗଲି। ମୋର ଗ୍ରାମ ସଂଲଗ୍ନସ୍ଥ ଶଙ୍ଖପୁର ନିବାସୀ ଆନନ୍ଦଚନ୍ଦ୍ର ମହାପାତ୍ରଙ୍କର ୬୬ ନମ୍ବର ବାଡ଼ିରେ ବସା କଲୁ।

ଦୁଇ ଚାରିରାତି ଅଭିନୟ ଦେଖାଇଲୁ। କଲିକତାର ସୁନାଗାଛିଆ ସ୍ଥାନ ରୂପଜୀବୀମାନଙ୍କର ପିଠସ୍ଥଳୀ। ଉକ୍ତ ସୁନାଗାଛିଆର ମାଳତୀ ବାରାଙ୍ଗନା ମୋ ଦଳର ଅଭିନୟ ଦେଖି ଆନନ୍ଦିତ ହେଲା। ମାଳତୀର ରମ୍ଭା ନାମକ କନ୍ୟା ରତ୍ନଟିଏ ଥିଲା। ରମ୍ଭାର ପ୍ରରୋଚନାରେ ମାଳତୀ ମୋର ଦଳଟିକୁ ଅଭିନୟ ଆଶାରେ ନେଲା। ପରେ ମୋ ସଙ୍ଗେ ଚୁକ୍ତି କରି ଭଟ୍ଟାଚାର୍ଯ୍ୟଙ୍କ ବାଡ଼ିରେ ଟିକିଟ୍ କରାଇ ନାଚ କରାଇଲା। ରମ୍ଭା ବଡ଼ ଚତୁର ଏବଂ ସୁନ୍ଦରୀ। ସେ ମୋ ରୂପ ଗୁଣରେ ବିମୁଗ୍ଧ ହୋଇ କ୍ଷଣେ ସୁଦ୍ଧା ମୋତେ ଅନ୍ତର କରିନଥିଲା। ପାଠକେ! ସେ ମୋତେ ଯେତିକି ସ୍ନେହଚକ୍ଷୁରେ

ଦେଖୁଥିଲା, ମୁଁ ମଧ୍ଯ ତା ଠାରୁ ବଳି ସ୍ନେହଚକ୍ଷୁରେ ଦେଖୁଥିଲି। ରମ୍ଭା ଦୈନିକ ମୋତେ ବଗୀଗାଡ଼ି ଦ୍ୱାରା ହାଟଖୋଲା ଆଣୁଥିଲା ଓ ହାଟଖୋଲାରୁ ସୁନାଗାଛିଆ ନେଉଥିଲା। ମୋର ଦଳଟି ଅନ୍ୟତ୍ର ଅଭିନୟ ଦେଖାଇବାକୁ ଗଲେ, ସେ ମୋତେ ଯାନବାହନ ଦ୍ୱାରା ନେଇ ଅଭିନୟ ସ୍ଥଳରେ ପହଞ୍ଚାଉଥିଲା। ଏହିପରି କିଛିଦିନ ସୁଖେ ସୁଖେ କଟିଗଲା।

ଇତିମଧ୍ୟରେ ଦୋଳ ସମୟ ଆସିଗଲା। ଉକ୍ତ ଦୋଳଯାତ୍ରା ଉପଲକ୍ଷେ ଦୀନବନ୍ଧୁ ସର୍ଦ୍ଦାରଙ୍କ ଯାତ୍ରାହେବା ପାଇଁ ରାଜଗଞ୍ଜରୁ ଡାକରା ଆସିଲା। ମୁଁ ଦଳସହ ରାଜଗଞ୍ଜାଭିମୁଖେ ଚାଲିଲି। ରମ୍ଭା ମଧ୍ଯ ଆମ୍ଭମାନଙ୍କୁ ଷ୍ଟିମାରରେ ନେଇ ରାଜଗଞ୍ଜରେ ଛାଡ଼ି ଆସିଲା। ଆମ୍ଭେମାନେ ଆନନ୍ଦରେ ସନ୍ଧ୍ୟାପୂର୍ବରୁ ରାଜଗଞ୍ଜରେ ପହଞ୍ଚିଲୁ।

ଦୀନବନ୍ଧୁ ସର୍ଦ୍ଦାର ସେତେବେଳେ ଅନୁପସ୍ଥିତ ଥିଲେ। କିଛି ସମୟ ଅପେକ୍ଷା ପରେ ସନ୍ଧ୍ୟା ସମୟକୁ ସର୍ଦ୍ଦାର ମହାଶୟ ଆସିଲେ। ସେ ଜଣେ ଚଟକଳ ନାମଯାଦା ସର୍ଦ୍ଦାର। ତାଙ୍କ ଅଧୀନରେ ଦୈନିକ ୯୦୦ ମଜୁରିଦାର ମଜୁରୀ ଲାଗନ୍ତି। ତାଙ୍କର ଭଦ୍ର ବ୍ୟବହାର ଅତ୍ୟୁତ୍ତମ। ସର୍ଦ୍ଦାର ମହାଶୟ ସନ୍ଧ୍ୟାରେ ପହଞ୍ଚି ଆମ୍ଭମାନଙ୍କ ସଙ୍ଗେ କଥାବାର୍ତ୍ତା ପୂର୍ବରୁ ଜଳଯୋଗର ସୁବ୍ୟବସ୍ଥା କରିଦେଲେ। ରାତ୍ରକୁ ଯାତ୍ରାରମ୍ଭ ହେଲା। ଦିବାଭାଗର ରୌଦ୍ରତାପ ସହ୍ୟ କରିନପାରି ପିଲାମାନେ କ୍ଳାନ୍ତ ହୋଇଥିବାରୁ ପ୍ରଥମରାତ୍ର ଅଭିନୟ ରୁଚିକର ହୋଇପାରିନଥିଲା। ପରଦିନ ସକାଳୁ କଳର ନୀଚକର୍ମ କରୁଥିବା ଜନୈକ ମଜ୍‌ଦୁର ମୋତେ ବହୁ ଅପମାନ କରି ଭର୍ତ୍ସନା କଲା। ଏବଂ ଅନ୍ୟ ଏକ ନାଚଦଳ ଅଣାଇ ବାଦୀଯାତ୍ରା କରାଇବାର ଧମକ ଦେଲା। ମୁଁ ତାର କଥାକୁ ଇଙ୍ଗିତ ମନେ କରି ବାଦୀନାଚ କରାଇବାପାଇଁ ସ୍ୱୀକୃତ ହେଲି।

ସତକୁ ସତ ସେ ଦିନ ସନ୍ଧ୍ୟା ସମୟରେ କୋଇଲା ହଟାରୁ ଏକ ଯାଜପୁରରୁ ଯାଇଥିବା ଯାତ୍ରାଦଳ ପାଇ ବାଦୀନାଚ କରି ଅପମାନ ଦେବା ଉଦ୍ଦେଶ୍ୟେ ପହଞ୍ଚାଇ ଦେଲେ। ରାତ୍ରକୁ ଯାତ୍ରା ହେଲା। ଉକ୍ତ ରାତ୍ରରେ ପ୍ରଥମ ରାତ୍ରି ଅପେକ୍ଷା ସାମାନ୍ୟ ଭାବେ ଭଲ ହୋଇଥିଲା। ଯଦ୍ୱାରା ଦର୍ଶକମାନଙ୍କର ମନ, ନୟନ ଆକୃଷ୍ଟ ହୋଇଥିଲା। ତୃତୀୟରାତ୍ର ବାଦୀ ନାଚରେ ଉତ୍କୃଷ୍ଟ ହେଲା ମୁଁ ଗୋଟିଏ କବିତା ଲେଖି ସଭାରେ ସର୍ଦ୍ଦାରଙ୍କୁ ଶୁଣାଇଲି।

ରାଜଗଞ୍ଜରେ ମିଳିଲି ଆସି ସଞ୍ଜବେଳେ,
ଇଷ୍ଟିମାରି ଲାଗିଲା ଏ ଗଙ୍ଗାକୂଳେ।ଘୋଷା।
ଦୀନବନ୍ଧୁ ସରଦାର ବସାରେ ହେଲି ହଜାର
ଦେଖା ନ ହେଲା ଥିବାରୁ ଚଟକଳେ।୧।

ସିଙ୍ଗଡ଼ା, କଚୁରି, ଭଜା ଖାଇଣ ମାରିଲୁ ମଜା

ଚୋବାଇଲୁ ଚୁଡ଼ାଭଜା କଳେ କଳେ ।୨।

ରାତ୍ରକୁ ହେଲା ନାଟ ଲାଗିଲା ଭଟଭଟ

ପଡ଼ିଲା ସବୁରି କଣ୍ଠ ଏକକାଳେ ।୩।

ପାଣିଦିଆ ଭଗବାନ ଯେତେ ଦେଲା ଅପମାନ

ଶୁଣିଲା ମୋ ବେନି କାନ ଦେହ ଜଳେ ।୪।

କରିବାପାଇଁ ଲଢ଼ାଇ କାହିଁ ଆଣିଲେ ଅଡ଼ାଇ

କୋତରା ଯାଜପୁରିଆ ଯାତ୍ରା ଦଳେ ।୫।

ସରଦାର ନାନା ସାହା- ହେବାରୁ ରହିଲି ଯାହା

ଚାଲୁଥାଉ ତୋ କଲମ କାଳେ କାଳେ ।୬।

ସୁଖରେ କଲେ ମେଲାଣି ଦ୍ୱିଜ ବଇଷ୍ଣବ ଭଣି

ଗାଉଥିବି ବୁଲିଯଶ ମହୀ ତଳେ ।୭।

ସରଦାର ଖୁସିହୋଇ ଦଶଟଙ୍କିଆ ନୋଟ ଖଣ୍ଡେ ପୁରସ୍କାର ସ୍ୱରୂପ ମୋ ନିକଟ ପଠାଇ ଦେଲେ । ଦର୍ଶକମାନେ ଅପମାନ କରିଥିବା ମଜ୍‌ଦାରଟିକୁ ବହୁ ଗାଳିଗୁଲଜ କଲେ । ସେଠାରୁ ମୋର ଯାତ୍ରାକାର୍ଯ୍ୟ ଶେଷ ହେଲା । ଏଣିକି ମୋର ଦୁର୍ଭାଗ୍ୟ ପଡ଼ିଲା । "ମୋ ଆଦିଶକ୍ତି" ମୋ ଦଳରେ ଥିବା ରାଜାପାଠ ପିଲାଟିକୁ ଆବିର୍ଭାବ ହେଲାକ୍ଷଣି ମୁଁ ରାଜଗଞ୍ଜରୁ କଲିକତା ଆସି ଆଇଟୋଲାରେ ବସା କରି ଗଙ୍ଗାଧର ଡାକ୍ତରଙ୍କୁ ଅଣାଇ ଚିକିତ୍ସାରେ ଲାଗିଥିଲି । ବହୁତ ଯତ୍ନ କଲି । ଅର୍ଦ୍ଧଶତଟଙ୍କାରୁ ଉର୍ଦ୍ଧ୍ୱ ଖର୍ଚ୍ଚକଲି । ଅନେକ ଇଞ୍ଜେକ୍‌ସନ୍ ଦିଆଯାଇଥିଲା । କିନ୍ତୁ ଆଦିଶକ୍ତିଙ୍କ ବ୍ରହ୍ମାସ୍ତ୍ରରୁ ମୁକ୍ତି ଲାଭ ନକରି ଯମଗଡ଼ ପରିବର୍ଦ୍ଧିତ ପାଇଁ ଦିବାଭାଗର ଅପରାହ୍ନରେ ବିଦାୟ ନେଲା ।

ଏହି ଦୁର୍ଘଟଣାରେ ପିଲାମାନେ କାତର ହୋଇ ନିସ୍ତେଜ ଭାବେ ବସିଗଲେ ।

ଏତିକିବେଳେ କୁହୁଣ୍ଡା କଲ୍ୟାଣ ପୁରର କଣ୍ଢୁରିଦାସ ନାମକ ଜନୈକ ଯାତ୍ରାଦଳ ଓସ୍ତାତ ତାଙ୍କ ଦଳଟିସହ କୁମାରଟୁଲିରେ କୋଳିଅଠା ନିବାସୀ ସରଦାର ଦୁର୍ଗାଚରଣ ବଳଙ୍କ ବାଡ଼ିରେ ବସା କରିଥିଲେ । ମୁଁ ଶବ ସଂସ୍କାରପାଇଁ ତାଙ୍କ ସାହାଯ୍ୟ ଲୋଡ଼ିଥିଲି । ସେ ମୋତେ ସାହାଯ୍ୟପାଇଁ ସଙ୍ଗୀତ ଦୁଇଜଣ ଦେବାରୁ ଆମେ ଶବଟିକୁ ନିମିତଳା ଶ୍ମଶାନକୁ ନେଇ ଶବଦାହ ଖର୍ଚ୍ଚ ସ୍ୱରୂପ ଚଉଦ ସିଉକା ଦାଖଲ କରି ଶବ ସଂସ୍କାର କଲୁ । ବସାରେ ପହଞ୍ଚିବାରୁ ସମସ୍ତ ପିଲା ଭୀତତ୍ରସ୍ତ ହୋଇ ଗ୍ରାମକୁ ଫେରିବାକୁ ଜଣାଇବାରୁ କଣ୍ଢୁରିଦାସ ମହାଶୟ ମୋ ବ୍ୟତୀତ ଅନ୍ୟାନ୍ୟଙ୍କୁ ବିଦାୟ ଦେବାକୁ ପରାମର୍ଶ ଦେଲେ । ମୁଁ ମଧ୍ୟ ପିଲାମାନଙ୍କ ସଙ୍ଗେ ଆସୁଥିଲି, କିନ୍ତୁ ଦାସେ ମୋତେ ବାଧ୍ୟକରି

କିଛିଦିନ ଅଟକାଇ ହଟହଟାରେ ପକାଇ ଦେଲେ । ମୋତେ ଦୈନିକ ଟ୪୧ ଲେଖାଏ ଦେବାକୁ ସ୍ଥିର କରିଥିଲେ, କେତେଦିନ ରହିଲା ପରେ ପ୍ରତ୍ୟେକ ରାତ୍ର ଅଭିନୟରେ ଉପସ୍ଥିତ ଥିବା ମୋର ପ୍ରାପ୍ୟ ଟଙ୍କା ମାଗିବାରୁ ଦାସେ ମୋ କଥାକୁ ଶ୍ରୁତିପାତ କଲେନାହିଁ । ତେଣୁ ପୂର୍ବ ପରିଚିତ ରମ୍ଭା ବେଶ୍ୟାପଡ଼ାକୁ ଗଲି । ସେ ଖର୍ଚ୍ଚ ସ୍ୱରୂପ କିଛି ଟଙ୍କା ଦେଇଥିଲା । ଏହାପର ମୁଁ ସର୍ଦ୍ଦାର ଦୁର୍ଗାଚରଣ ବଳଙ୍କୁ ଗ୍ରାମକୁ ଫେରିବା ନିମନ୍ତେ ସମ୍ବାଦ ଜଣାଇବାରୁ ସେ ମହାଶୟ ପଞ୍ଚ ରୌପ୍ୟମୁଦ୍ରା ସହ ବାରଟଙ୍କିଆ ଖଣ୍ଡେ ସିଲ୍କ ଚଦର ପ୍ରଦାନ କଲେ । ରାତ୍ରକୁ ରମ୍ଭା ପାଖକୁ ଯାଇ ସମସ୍ତ ବିଷୟ ଜଣାଇଲାରୁ ସେ ବହୁତ ଅନୁରୋଧ କଲା । ମୁଁ ମଧ୍ୟ ତାକୁ ଆଶ୍ୱାସନା ଦେଲି, ଏବଂ ସମବେଦନା ଜଣାଇଲି । ଏହାପରେ ସ୍ମରଣୀୟ ପାଇଁ ଚିଡ଼ିଆ ବସା ସ୍ୱର୍ଣ୍ଣାଙ୍ଗୁରୀୟ ସହ ପଞ୍ଚଦଶ ମୁଦ୍ରା ପ୍ରଦାନ କଲା ଓ ଦୀର୍ଘ ରେଳପଥରେ କ୍ଷୁଧା ତୃଷ୍ଣା ନିବାରଣ ପାଇଁ ଚର୍ବ୍ୟ ଚୋଷ୍ୟ ସ୍ୱରୂପ ପ୍ରଚୁର ମିଷ୍ଟାନ୍ନ ଅର୍ପଣ କଲା । ସୂର୍ଯ୍ୟାସ୍ତ ପରେ କଣ୍ଟୁରି ଦାସଙ୍କ ନିକଟକୁ ଯାଇ ଗୃହ ପ୍ରତ୍ୟାବର୍ତ୍ତନ ବାର୍ତ୍ତା ଶୁଣାଇଲି । ସେ ମୋତେ ପାଥେୟ ସ୍ୱରୂପ ଚାରିଗୋଟି ରୌପ୍ୟମୁଦ୍ରା ହାଟଖୋଲା ରାସ୍ତାରେ ପ୍ରଦାନ କରି ପିଲାମାନଙ୍କ ସହ ଯଥୋଚିତ ସମ୍ମାନ ପ୍ରଦର୍ଶନ କଲେ । ମୁଁ ବ୍ୟଥିତ ହୃଦୟରେ ରାସ୍ତା ଉପରୁ କିଞ୍ଚିତ ଧୂଳି ଉତ୍ତୋଳନ କରି ଅଭିଶାପ ସ୍ୱରୂପ ଉକ୍ତ ଧୂଳିକଣା ସମୂହକୁ ସେମାନଙ୍କର ନେପଥ୍ୟରେ ଭୂତଳରେ ନିକ୍ଷିପ୍ତ ସଙ୍ଗେ ସଙ୍ଗେ ମନେ ମନେ ଉଚ୍ଚାରଣ କରି କହିଲି, "ଦାସେ ! ତୁମେ ଏହିଆଡ଼େ ରୁହ । ତୁମ୍ଭ ଉପରେ ମୋର ଦୃଷ୍ଟି କେବେ ହେଲେ ଗ୍ରାମରେ ନପଡୁ । ଭଗବାନ ଏହାହିଁ କରନ୍ତୁ ଏତିକିମାତ୍ର ଦାସଙ୍କୁ ଆଶୀର୍ବାଦ କରି ହାବଡ଼ା ଅଭିମୁଖେ ଚାଲିଲି । ଟିକଟ ପରେ ରେଳ ଚଢ଼ି ଗ୍ରାମରେ ପହଞ୍ଚିଲୁ । ଗୃହରେ ପ୍ରବେଶ କରିବାର କେତେଦିନ ପରେ ଶୁଣିଲି ଦାସେ, ହଇଜା ରୋଗରେ ଆକ୍ରାନ୍ତ ହୋଇ ରେଳଗାଡ଼ି ଗର୍ଭରେ ଇହଲୀଳା ସାଙ୍ଗ କଲେ । ପରେ ଧାନମଣ୍ଡଳ ଷ୍ଟେସନ ସନ୍ନିକଟସ୍ଥ ଏକ ତିନ୍ତୁଡ଼ି ପାଦପ ସ୍ଥଳେ ତାଙ୍କର ଶବଦାହ କ୍ରିୟା ସମାପନ କରା ହୋଇଥିଲା ।

ରାଜ କନିକାରେ ରାସପାଟି

କଳିକତାରୁ ଫେରି କିଛିଦିନ ଘରେ ରହି ଲେଖନୀ ଧରିଲି । ଉତ୍କଳ ଗୃହଲକ୍ଷ୍ମୀ ନାମକ ବହି ତିଆରି କରିବା ଆଶାରେ ଲେଖା ଆରମ୍ଭ କଲି । ପ୍ରଥମଭାଗଠାରୁ ପଞ୍ଚମଭାଗ ପର୍ଯ୍ୟନ୍ତ ଲେଖାରୁ ପ୍ରଥମ ଓ ଦ୍ୱିତୀୟଖଣ୍ଡ ଲେଖା ଶେଷହୋଇ ଜନସମାଜରେ ପ୍ରଚାରିତ ହେବା ପରେ ଅନ୍ୟ ତିନିଖଣ୍ଡି ମଧ୍ୟ ପ୍ରକାଶିତ ହେଲା । ପୁଣି ଦୁଃଖିନୀ ଗୋବର ଗୋଟେଇ, ଦ୍ୱାଦଶକୁମାରୀ ଚରିତ, ଦ୍ୱାଦଶ କୁମାର ଚରିତ, ବିଂଶକୁମାରୀ ଚରିତ ଓ

ବିଂଶକୁମାର ଚରିତ ପ୍ରଭୃତି ବଡ଼ ବଡ଼ କପିରାଇଟ୍ ଛପା ହୋଇଗଲା । ଏହାପରେ ଆସିଲା କନିକା ରାଜବାଟୀର ଏକ ଦୀର୍ଘ ଚିଠି । ଚିଠି ପାଠକରି ରାଜାସାହେବଙ୍କର ଓ ରାଣୀ ସାହେବଙ୍କର ପ୍ରତ୍ୟେକ ଗୋଟିଏ ଲେଖାଏଁ ନାଚଦଳ କରିବାର ଅବଗତ ହେଲି । ସେତେବେଳେ ରାଜକନିକା ଦେଓ୍ୱାନ୍ ଶ୍ରୀଯୁକ୍ତ ଗୋପାଳବାବୁ କଟକରେ କନିକା କୋଠିରେ ବସା କରୁଥିଲେ । ଚିଠି ଅନୁଯାୟୀ କଟକ କୋଠିରେ ଗୋପାଳବାବୁଙ୍କ ସାକ୍ଷାତ୍ କଲାରୁ ସେ ମହାଶୟ ରାସ୍ତାଖର୍ଚ୍ଚାଦି ଦେଇ କନିକା ପଠାଇଦେଲେ । ଆଉମଧ ମାସିକ ବେତନ ବିଷୟରେ ପଚାରିଥିଲେ । ମୁଁ ବାରଣ କରିଥିଲି । ଦେଓ୍ୱାନ୍‌ସାହେବ ଉକ୍ତ ବେତନ ସମ୍ବନ୍ଧେ ବାରମ୍ବାର ପ୍ରଶ୍ନ କରିଥିଲେ । ରାଜାମୋର କାର୍ଯ୍ୟର ଉପଯୁକ୍ତତା ବିବେଚନା କରି ଯାହା ବିଚାର କରିବେ ବୋଲି ଜଣାଇ କନିକାଭିମୁଖେ ଚାଲିଲି । ଯାହାହେଉ କନିକା ଭିତର ଦେଇ ରାଜବାଟୀରେ ଉପସ୍ଥିତ ହେଲି ।

ରାଜାସାହେବ ମାସିକ ବେତନ ଟ୨୫ଙ୍କା ହିସାବରେ ସ୍ଥିର କରିଥିଲେ । କର୍ମଚାରୀଗଣ ଏହି ବେତନ ବିଷୟ ମୋତେ ଶୁଣାଇ ନଥିଲେ । ଏହା ମଧ୍ୟରେ ଟିକାଏତ ସାହେବ କଟକରୁ ଆସି ପହଞ୍ଚିଲେ । ତାଙ୍କ ସଙ୍ଗେ ମୋର ଆଳାପ, ମେଳାପ ହେଲା । ମୋର ବେତନ ବିଷୟ ଶୁଣି ଏତେ ସ୍ୱଳ୍ପ ବେତନ ପାଣିଙ୍କୁ ଦେବା ଅସଙ୍ଗତ ଓ ଅଶୋଭନୀୟ ମନେକରି ମାସିକ ବେତନ ଅର୍ଦ୍ଧଶତଟଙ୍କା ହିସାବରେ ସ୍ଥିର କରିଦେଲେ । ଟିକାଏତଙ୍କ ଦ୍ୱାରା ଏହା ବିବେଚିତ ।

ଇତିମଧ୍ୟରେ ରାଣୀସାହେବଙ୍କର ଆରିଶାଦଳ ଓ ରାଜାସାହେବଙ୍କର ଗଞ୍ଜାଦଳ ନାମରେ ଦୁଇଟି ଦଳ ନାମକରଣ ହେଲା । ପ୍ରଥମତ ରାଣୀ ସାହେବଙ୍କ ଆରିଶାଦଳରେ କିଛିଦିନ କାର୍ଯ୍ୟ କଲି । ପୂର୍ବରୁ ସେ ଦଳଟି କେବଳ ମାନଭଞ୍ଜନର କେତୋଟି ଗୀତ ବ୍ୟତୀତ ଅନ୍ୟ କିଛି ଶିଖି ନଥିଲେ । ସେମାନଙ୍କୁ ନାଚ, ନାଚ ସଙ୍ଗେ ଆବଭାବ ଇତ୍ୟାଦି ଶିକ୍ଷା ଦିଆଗଲା । ବହୁପୂର୍ବରୁ ରାଣୀସାହେବ ବୈଲୋଚନ ବଧ ଦେଖିବାକୁ ଇଚ୍ଛୁକ ଥିଲେ । ଏହାଜାଣି ଉକ୍ତ ବୈଲୋଚନ ବଧଟିକୁ ସେଠାରେ ତିଆରି କରି ରାଣୀସାହେବଙ୍କ ନାମରେ ଭଣିତା କରିଥିଲି । ଏହା ମଧ୍ୟରେ ରାଜାସାହେବଙ୍କ ଗଞ୍ଜାଦଳଟିକୁ ମଧ୍ୟ ଶିକ୍ଷା ଦେଉଥିଲି । ଇତିମଧ୍ୟରେ ଦୀର୍ଘ ତିନିମାସ କାଳ ରୀତିମତ ଉଭୟ ଦଳକୁ ଶିକ୍ଷା ଦିଆଯିବା ପରେ ରାଜାସାହେବ ଉଭୟ ଦଳର ଲଢ଼ାଇ ନାଚ ଦେଖିବାକୁ ଇଚ୍ଛା ପ୍ରକାଶ କଲେ । ଦିନେ ଲଢ଼ାଇ ନାଚ ଆରମ୍ଭ ହେଲା । ଗୋଟିଏ ରାତ୍ର ନାଚ ଦେଖି ପରଦିନ ସକାଳେ ରାଜାସାହେବ ପଚାରିଲେ, "କବି ! କେଉଁଦଳ ଭଲ ନାଚ ଦେଖାଉଛନ୍ତି ? ଗଞ୍ଜାଦଳ ପିଲା ଭଲ କରୁଥିବାର ଜଣାଇଲି । ରାଜା କାରଣ ପଚାରନ୍ତେ ମୁଁ କହିଲି ଗଞ୍ଜାଦଳର ପିଲା ଛୋଟ । ସେମାନଙ୍କର ପୂର୍ଣ୍ଣମାତ୍ରାରେ କାର୍ଯ୍ୟ

ଦେଖାଇବା ଶକ୍ତି ହୋଇନାହିଁ, କିନ୍ତୁ ଭବିଷ୍ୟତ୍‌ରେ ଏହି ପିଲାମାନେ ଭଲ କାମ ଦେଖାଇପାରିବେ।

ବର୍ତ୍ତମାନ ଆରିଶା ଦଳର ପିଲା ଭଲ କାମ ଦେଖାଇ ପାରୁଛନ୍ତି ଓ ଦେଖାଇ ପାରିବେ।

ଏତିକିରେ ରାଜାସାହେବ ଗଞ୍ଜାଦଳକୁ ବନ୍ଦକରି ରାଣୀ ସାହେବଙ୍କ ଆରିଶା ଦଳକୁ ରଖିଲେ। ପୁଣି ରାଣୀ ସାହେବ ସୁବଳ ମିଳନ ଓ ପ୍ରଭାସଯଜ୍ଞ ଲେଖିବାକୁ ଆଦେଶ ଦେଲେ। ଏହି ଦୁଇଟିକୁ ମଧ୍ୟ ଲେଖି ରାଣୀଙ୍କ ନାମେ ଭଣିତା କରିଥିଲି।

ପାଠକେ! କନିକା ଯିବାବେଳେ ଗୋଟିଏ କବିତା ରାଜାସାହେବଙ୍କୁ ଉପହାର ଦେବା ନିମନ୍ତେ ଲେଖି ନେଇଥିଲି। ରାଜା ସାହେବଙ୍କୁ ଉପହାର ଦେଲି। ରାଜାସାହେବ ତାହା ପାଠ କରିବା ପରେ ଆଉ କେତେଖଣ୍ଡି ଛାପି ରାଣୀଙ୍କ ମହଲରେ ବାଣ୍ଟିଥିଲେ। ତନ୍ମଧ୍ୟରୁ କେତେକ ପଦ ନିମ୍ନରେ ଦିଆଗଲା।

କନିକା ଆକାଶ ବିକାଶ-ମିହିର,
ଶ୍ରୀ ରାଜେନ୍ଦ୍ରନାରାୟଣ ଦେବ ଧୀର।
ଦାନେ କର୍ଣ୍ଣ ମାନେ କୁରୁ କୁଳମଣି,
ଜ୍ଞାନରେ ଗଣେଶ ସୁଗୁଣର ଖଣି।
କବି ପଣ୍ଡିତଙ୍କ ସମ୍ମାନ ବର୍ଦ୍ଧନ,
ଧରିତ୍ରୀରେ ଯେହୁ ଅରାତି ମର୍ଦ୍ଦନ।
ଗଞ୍ଜା ସିନ୍ଧୁକୂଳ ରଞ୍ଜା ପିକବର,
ଘୋଷିତ ଯା ଯଶ, ଦିଗ ଦିଗାନ୍ତର।
କିରାତିନୀ କିରତଙ୍କ, ଆତଙ୍କରେ,
ଡେରନ୍ତି ଶ୍ରବଣ ଯେ ସୁଖ ଦୁଃଖରେ।
ସୁଯୋଗ୍ୟ ସଚିବ ସରକାରଙ୍କର,
ରଙ୍କ ଦୁଃଖ ନିବାରଣରେ ତତ୍ପର।
ସପତ୍ନୀ ବିବାଦ ଭାର୍ଗବୀ ଭାରତୀ,
ଯା ରାଜ ପ୍ରାସାଦେ ଭୁଲି ରହିଛନ୍ତି।
କନିକା ବିଦ୍ରୋହ ଦଳନ କେତନ,
ଉଡ଼ାଇଲେ ଯେହୁ କରିଣ ଯତନ।
ଏସନ ଯା ଯଶ ବରଷକ ବସି,
ଲେଖିଲେ ନ ସରେ, ତାଙ୍କ ଗୁଣ ରାଶି।

ବାବୁ ଶୈଳେନ୍ଦ୍ର ନାରାୟଣ ଭଞ୍ଜ,
କନକ କନିକା କେଶରୀ ଆତ୍ମଜ।
ବଳ ବହି ବଳ-ଦେବଙ୍କର ପରା,
ଖଳ ଦର୍ପ ଦଳି ଶାସନ୍ତୁ ଏ ଧରା।

ଏହି କବିତାଟି ରାଜାସାହେବଙ୍କୁ ଭେଟି କଲି। ରାଜାସାହେବ କବିତାଟି ପାଠକରି ଅତ୍ୟନ୍ତ ପ୍ରୀତ ହେଲେ। ସତ୍ୟ, କିନ୍ତୁ ହସ୍ତ ଉତ୍ତୋଳନ କରି ନଥିଲେ। ରାଣୀ ସାହେବଙ୍କ ଠାରୁ ମୁଁ ଅନେକବାର ପୁରସ୍କୃତ ହୋଇଥିଲି। ଖାଦ୍ୟ ପେୟରେ ରାଣୀ ସାହେବ ମୋର ପ୍ରତି ସୁଦୃଷ୍ଟି ରଖିଥିଲେ। କିନ୍ତୁ ଦିନ ବହିଗଲା। ଠିକ୍ ଏହି ସମୟରେ କୌଣସି ବ୍ୟକ୍ତିର ଉଇଲରେ ମୁଁ ଚିହ୍ନଟ ସାକ୍ଷୀଥିଲି। ସେହି ଚିହ୍ନଟ ଥିବା ଉଇଲ ବ୍ୟକ୍ତି ଦାଦି ପୁତୁରାଙ୍କର ମୋକଦ୍ଦମା ଲାଗିଥିଲା। ସେ ମୋକଦ୍ଦମାରେ ମୋତେ ସାକ୍ଷୀସ୍ୱରୂପ ଡାକରା ଆସିଲା। ମୁଁ ନଯିବାରୁ ୱାରେଣ୍ଟ ବାହାରିଲା। ଅନ୍ୟାନ୍ୟ ସାକ୍ଷୀ କଟି ଯାଇଥିଲେ। ଉଭୟ ତରଫରୁ ସାକ୍ଷୀ-ଭାର ମୋ ଉପରେ ନ୍ୟସ୍ତ ଥିଲା। ସେତେବେଳେ ପିଲାମାନେ ଘଣ୍ଟେଶ୍ୱର ନାଚ ଦେଖାଇବାକୁ ବାହାରିଗଲେ। ମୁଁ ସାକ୍ଷୀ ଦେବାକୁ ଆସିଲି। କେବଳ ମୋରି ସାକ୍ଷୀରେ ହାକିମ ଚଞ୍ଚକତାର ପ୍ରମାଣ ବୋଲି ବିଶ୍ୱାସ କଲେ। ପରନ୍ତୁ ହାକିମ ଝୁଟା ଉଇଲ୍ କହି ଫିଙ୍ଗିଦେଲେ। ଦାଦିର ଡିଗ୍ରୀ ହେଲା। ମୁଁ କଟକରୁ ଘରେ ଏକମାସାଧିକ ସମୟ କଟାଇଲି। ପୁଣି ଚିଠିପାଇ କନିକା ଗଲି। କନିକାରେ ପହଞ୍ଚିଲି। ପୂର୍ବରୁ ରାଜାସାହେବ ଦୈନିକ ଏକପାଆ ଲେଖାଏଁ ନିତ୍ୟାନି 'ଚା' ପାଇଁ ସ୍ୱହସ୍ତରୁ ଯୋଗାଇ ଆସୁଥିଲେ। କିନ୍ତୁ ମୁଁ ସେଥର ଯାଇ ଦୁଗ୍ଧ ମାଲିକର ଦୁଗ୍ଧ ମାଗିବାର କଟିଗଲାଣି ଏତିକିମାତ୍ର କହିଲା। ପରଦିନ ପ୍ରାଇଭେଟ୍ ସେକ୍ରେଟାରୀଙ୍କ ନିକଟକୁ ମୋର ପ୍ରାପ୍ୟ ଦୁଧ ମାଗିବାପାଇଁ ଏକ ପଦ୍ୟ ରଚନା କରି ପ୍ରେରଣ କଲି।

ସୁବିଜ୍ଞପାଠକେ। ଯେ ଦୁଗ୍ଧ ବିକ୍ରି କରୁଥିଲା ସେ ଏକ ତନ୍ତୁବାୟ, ମୁଁ ପଦ୍ୟଟିଏ ଲେଖିଲି-

ଗୋଡ଼ ଯାହାଙ୍କର ଗାଡ଼ରେ ରହେ,
ଛିଡ଼ିଲେ ଯେ ସୁତା ଯୋଡ଼ନ୍ତି ଖିଏ।
ସେ କଲେ ଦୁଧ ଘୋଳ କାରବାର,
କପାଳ ପଡ଼ିଲା ଗୋପାଳଙ୍କର।
ଏ କନିକା ଗଡ଼ ଭିତରେ-
ଚା ଅଭାବରୁ-ଠା କଲେ ପାଣି, ପୁଣି ପଖାଳ ଭାତରେ।୧।
ପାଉଥିଲେ ପାଣି ଦୁଧରୁ ପାଆ,

ଜାଣି ନୋହିଲା କେ ଖାଇଲା ତାହା ।
ଅଜସ୍ର ଦୟା ଥିବାରୁ ମିଶ୍ରଙ୍କ,
ଆଶ୍ରୟ ପାଇଥିଲା ଦୀନ ରଙ୍କ
ଏବେ କାହିଁଗଲା ସେ କରୁଣା,
ପୁରୁଣା ହୋଇଲେ ଏହିପରି ବାବୁମାନେ କରନ୍ତି ଘୁରୁଣା ।୨ ।

ଏହି ପଦ୍ୟଟି ଲେଖି ଏକପିଲା ହସ୍ତରେ ପଠାଇଲି । ମିଶ୍ରେ ପତ୍ର ପ୍ରାପ୍ତହେବା ମାତ୍ରକେ ପାଠ କରି ସର୍ଦ୍ଦାରଙ୍କୁ ଡକାଇ ଦୁଧର ଖବର ଅନୁସନ୍ଧାନ କଲେ । ସଙ୍ଗେ ସଙ୍ଗେ ହୁକୁମ କଲେ ଶୀଘ୍ର ପାଣିଙ୍କର ଦୁଧ ପାଆକ ଦେଇଦିଅ । ଯେପରି ସେ ମୋ ନାମରେ ଅନ୍ୟ କିଛି ବଦ୍‌ନାମୀ ଭାବେ ନ ଲେଖନ୍ତି । ସେହି ଦିନଠାରୁ ମୋର ହଜିଯାଇଥିବା ପାଆକ ଦୁଗ୍ଧ ନିୟମିତ ପାଇଲି ।

ପାଣିର ପାଣିଫଳ ପ୍ରାର୍ଥନା

ଦିନେ ମୁଁ ପିଲାମାନଙ୍କୁ ନେଇ ଗେଷ୍ଟହାଉସ୍ ବାଡ଼ି ଭିତରେ ବୁଲୁଥିଲି । ଏହିପରି ସମୟରେ ଗୋଟିଏ ଦୁନ୍ଦୁଭିଦୈତ୍ୟ ଶବ ମନେ କରି ଏଟା କ'ଣ ? ଏହାହିଁ ପିଲାଙ୍କୁ ପୁଚ୍ଛା କଲି । ପିଲାମାନେ କହିଲେ ଏ ଗୋଟିଏ କଙ୍କଡ଼ାଖୋଳ । ମୁଁ ଆଶ୍ଚର୍ଯ୍ୟାନ୍ୱିତ ହୋଇ ଏ ଭଳି କଙ୍କଡ଼ା ମିଳିବାର ସ୍ଥାନ କେଉଁଠି ? ପିଲାମାନେ ଉତ୍ତର ଦେଲେ, "କଇନ୍ତିକୋଲା" ନାମକ ଏକସ୍ଥାନ ରାଜାଙ୍କର ଅଛି । ସେହି ସ୍ଥାନରେ ଏସବୁ ମିଳନ୍ତି । ଏଭଳି କଙ୍କଡ଼ା କିପରି କାହାଦ୍ୱାରା ପାଇବି ଏହାହିଁ ମନେ ମନେ ସ୍ଥିର କଲି । କିଛି ଠିକ୍ କରିନପାରି ପ୍ରାଇଭେଟ୍ ସେକ୍ରେଟାରୀ କିମ୍ବା କୋଠକରଣ ନିକଟ ନ ଲେଖି ସିଧା ରାଜାସାହେବଙ୍କ ନିକଟକୁ ତଳଲିଖିତ ଲେଖା ଲେଖି ପଠାଇଲି ।

ଦଶ ଗୋଡ଼ରେ ଯେ କରନ୍ତି ଗତି,
ପାଣିରେ ବାସ ଯାହାଙ୍କର ନିତି ।
ଶିରା ନାସ୍ତି ଚିରକାଳ ଯାହାଙ୍କ,
କରତ ଧାର ପରି ଚାରିପାଖ ।
ପାଣି ବସିଅଛି ପାଣି ପ୍ରସାରି;
ପାଣି ଫଳକୁ ବଡ଼ ଆଶାକରି । ଇତି । ଆପଣଙ୍କର-
ବିନୟାବନତ-ପାଣି

ରାଜାସାହେବ ଏ ପତ୍ର ପ୍ରାପ୍ତ ମାତ୍ରକେ ପ୍ରାଇଭେଟ ସେକ୍ରେଟାରୀ ପୁରୁଷୋତ୍ତମ ବାବୁଙ୍କୁ ଡକାଇ ପତ୍ର ପାଠ କରିବାକୁ ପ୍ରଦାନ କଲେ । ମୋ ରଚିତ ଲେଖାକୁ ପୁରୁଷୋତ୍ତମ

ବାବୁ ରାଜାସାହେବଙ୍କ ସମ୍ମୁଖରେ ପାଠକରି କହିଲେ 'ପାଣି' ମହାଶୟ କେବଳ କଙ୍କଡ଼ା ମାଗିଅଛନ୍ତି। ରାଜା ଏତିକିମାତ୍ର ଶ୍ରବଣ କରି ପାଠକ ପୁରୁଷୋତ୍ତମ ବାବୁଙ୍କୁ ହୁକୁମ ଦେଲେ କଇନ୍ତିକୋଲାର ତହସିଲଦାରଙ୍କ ନିକଟ ସମ୍ବାଦ ପଠାଅ ଯେ, କାଲିରେ ଯେପରି ଏକପଣ ବୃହତ୍ କଙ୍କଡ଼ା ଯେ କୌଣସି ପ୍ରକାରେ ପଠାଇ ଦେବେ। ଚିଠିଗଲା, ଦୁଇଦିନ ପରେ ଦୁଇଓଳିଆ ଜୀବନ୍ତ କଙ୍କଡ଼ା ଆସିଗଲା। ଯାହାହେଉ ସେସବୁ ଆମବସା ଗେଷ୍ଟହାଉସ୍‌ରେ ପହଞ୍ଚିଲା। ସଙ୍ଗେ ସଙ୍ଗେ ଗୋଟିଏ ଓଳିଆ ଖୋଲି ଦେଖିଲି ଯେ ପ୍ରତ୍ୟେକଙ୍କ ସନ୍ଧିସ୍ଥଳରେ ଅର୍ଥାତ୍ ବଡ଼ ବଡ଼ ଦୁଇଗୋଡ଼ର ସଂଲଗ୍ନରେ ଖିଲ ଦିଆ ଯାଇଥିଲା। ସେ ସମସ୍ତଙ୍କୁ ଦେଖି ଅତ୍ୟନ୍ତ ପ୍ରୀତହେବା ସଙ୍ଗେ ସଙ୍ଗେ ରନ୍ଧନ ନିମିତ୍ତ ଦୁଇଗଣ୍ଡା ମାତ୍ର ଦେଲି। ରନ୍ଧନାଦି କାର୍ଯ୍ୟ ଶେଷରେ ଆମ୍ଭ ବସାସ୍ଥିତ ଦ୍ୱାବିଂଶପ୍ରାଣୀ ସାନନ୍ଦରେ ତାହା ଉଦରସ୍ଥ କଲୁଁ। ତାହା ସଙ୍ଗେ ସାମାନ୍ୟ ସାରୁ ବନ୍ତଳ କଦଳୀ ସଂଯୋଗ କରାଇବାରୁ ଉପାଦେୟ ଖାଦ୍ୟରେ ପରିଣତ ହୋଇଥିଲା।

ପାଠକଗଣ ! ଏଥିରୁ ଅନୁମାନ କରିନେବେ କନିକାସ୍ଥ କଇନ୍ତିକୋଲାର ସାମୁଦ୍ରିକ କଙ୍କଡ଼ା କେଡ଼େବଡ଼। ଠିକ୍ ପରଦିନ ରାଜାସାହେବ ମୋତେ ପଚାରିଲେ, "ପାଣିଏ ! ପାଣିଫଳ ପାଇଲ ? ମୁଁ ଉତ୍ତରରେ ଜଣାଇଲି, "ଛାମୁଙ୍କ ଶାସନାଧୀନରେ ପାଣୀ କେବେ ବିଫଳିକୃତ ହୋଇ ନାହାନ୍ତି। ଏତ ସାମାନ୍ୟ କଙ୍କଡ଼ା, ଯେଉଁଠାରେ ହୀରା, ନୀଳାର ଅଭାବ ନାହିଁ, ସେ ସ୍ଥଳରେ କଙ୍କଡ଼ାର ଆସନ କେତେବଡ଼ ହୋଇପାରେ।

ଏତଦ୍‌ବ୍ୟତୀତ କନିକାରାଜା କୃତ୍ରିମ ଜଙ୍ଗଲରୁ ମୃଗ, ସମ୍ବର ମାଂସ ବହୁବାର ଯୋଗାଇଥିଲେ। ପୂର୍ବରୁ ମୃଗାଦି ମାଂସ ଆସ୍ୱାଦନରେ ରସନା ଏକପ୍ରକାର ଅବସ୍ଥାରେ ଥିଲା। କିନ୍ତୁ କର୍କଟରସ ଆସ୍ୱାଦନ ତା ଠାରୁ ଶତଗୁଣ ପରିବର୍ଦ୍ଧିତ ହୋଇଥିଲା।

କନିକାରାଜଙ୍କ ହୁକୁମ୍ ମାନେ କିଏ ?

ଆଉଦିନେ ରାଜ ନବରରେ ମାନଭଞ୍ଜନାଭିନୟ ଦେଖାଇବା ସମୟରେ ରାଜାସାହେବ ହୁକୁମ କଲେ, "ପାଣି ! ବର୍ତ୍ତମାନ୍ ମୁଁ ସାନ୍ତାଳ ନାଚ ଦେଖିବାକୁ ଇଚ୍ଛୁକ। ତୁମ୍ଭେ ସାନ୍ତାଳନାଚ ଦେଖାଅ।" ମୁଁ ଏକଥାରେ ନୀରବ ହୋଇଥିଲି ରାଜାଜ୍ଞା ପାଳନ ଯଦିଚ କର୍ତ୍ତବ୍ୟ, ତେବେ କେତେକ ଅସୁବିଧା ବଶତଃ ସାନ୍ତାଳ ନାଚ ଦେଖାଇବାରେ ବିଳମ୍ବ କରିଥିଲି। ରାଜାଙ୍କ ହୁକୁମ୍ ସମୟରେ ସାନ୍ତାଳ ନାଚ ଦେଖାଇବାକୁ ଉକ୍ତ ନାଟକରେ ସେତେବେଳେ କୌଣସି ଉପାୟ ନଥିଲା। ତେଣୁ ସମୟ ସାପେକ୍ଷ ଥିଲା। ଏଥିରେ ରାଜା ରାଣୀସାହେବଙ୍କୁ ଡକାଇ ମୋ ନାମରେ ଏକ

ଅଭିଯୋଗ ବାଢ଼ିଲେ ଏବଂ କହିଲେ ତୁମ୍ଭର ପାଣି ମୋ କଥା ନମାନି ସାନ୍ତାଳନାଚ ଦେଖାଇଲେ ନାହିଁ। ରାଣୀସାହେବ ମୋତେ ତୁରନ୍ତ ଡକାଇ ରାଜାସାହେବଙ୍କ ବିଦ୍ୟମାନରେ କହିଲେ, "ବାବା! ତୁମ୍ଭେ ରାଜାଙ୍କ ହୁକୁମ ମାନିଲ ନାହିଁ?" ମୁଁ ରାଣୀସାହେବଙ୍କୁ କହିଲି। "କନିକାରାଜାଙ୍କ ହୁକୁମ କିଏ ମାନେ ଯେ ମୁଁ ମାନିବି? ଏ କଥା ଛାମୁ କିପରି କହିଲେ। ବର୍ତ୍ତମାନ ହେଉଥିବା ମାନଭଞ୍ଜନ ଅଭିନୟ ମର୍ଦ୍ଦ଼ର ହେବା ଭୟରେ ସମୟକୁ ଅପେକ୍ଷା କରି ସାନ୍ତାଳ ନାଚ ଦେଖାଇ ପାରିବି ବୋଲି ଶୀଘ୍ର ଆଦେଶ ପାଳନ କରି ପାରିଲି ନାହିଁ।" ଏହା ଶୁଣି ରାଣୀସାହେବ ରାଜାସାହେବଙ୍କ ମନରେ ବ୍ୟାଘାତ ନ ଆଣିବା ପାଇଁ ମୋତେ ଆଦେଶ କଲେ। ଉକ୍ତ ଅଭିନୟଟି ବରଂ ରସଭଙ୍ଗ ଘଟି ଦର୍ଶକମାନଙ୍କ ଚକ୍ଷୁକୁ ଅପ୍ରୀତିକର ହେଉ, ତୁମ୍ଭେ ରାଜାସାହେବଙ୍କୁ ବର୍ତ୍ତମାନ ସାନ୍ତାଳନାଚ ଦେଖାଅ।

ଏତକ ଶୁଣି ମୁଁ ତୁରନ୍ତ ବେଶଘରକୁ ଯାଇଁ ପିଲାମାନଙ୍କ ପୋଷାକ ପରିବର୍ତ୍ତନ କରାଇ ସଙ୍ଗେ ସଙ୍ଗେ ସାନ୍ତାଳ ପୋଷାକରେ ବିଭୂଷିତ କଲି। କିୟତ୍‌କ୍ଷଣ ପରେ ସମୟାନୁଯାୟୀ ସଭାକୁ ପଠାଇଦେଲି। ଅନ୍ତତଃ ୩୦ ମିନିଟ୍ କାଳ ପିଲାମାନେ ସାନ୍ତାଳନାଚ ଦେଖାଇଲେ। ରାଜା ରାଣୀ ଉଭୟେ ସାନ୍ତାଳନାଚ ଦେଖି ଅତ୍ୟନ୍ତ ପ୍ରୀତ ହେଲେ।

ଏହାପରେ ପ୍ରଭାସଯଜ୍ଞ ଓ ଶକୁନ୍ତଳା ନାଟକଦ୍ୱୟ ରାଜାରାଣୀଙ୍କୁ ରାତି ଦ୍ୱୟରେ ଦେଖାଇ ରାଣୀଙ୍କଠାରୁ ପାରିତୋଷିକ ସମ୍ୟକ୍‌ଭାବେ ପ୍ରାପ୍ତ ହୋଇଥିଲି।

ଇତିମଧ୍ୟରେ ପୃଥିବୀର ଯୁଦ୍ଧ ଦୁନ୍ଦୁଭି ବାଜି ଉଠିଲାରୁ ତତ୍‌କାଳୀନ ଆମ ଭାରତର ଶାସନକର୍ତ୍ତା ବ୍ରିଟିଶ୍ ସରକାରଙ୍କ ସୈନ୍ୟ ଫୌଜ ଓ ଉଡ଼ାଜାହାଜ ଏବଂ ଯୁଦ୍ଧ ସରଞ୍ଜାମ କନିକା ନିକଟ ଚାନ୍ଦବାଲି ନାମକ ସ୍ଥାନରେ ଘାଟି କରିଗଲେ। କନିକା ଗଡ଼ଠାରୁ ଚାନ୍ଦବାଲି ପ୍ରାୟ ୫ ମାଇଲ ଦୂରସ୍ଥିତ। ପୁଣି ମଧ୍ୟ ମୋଟର ଚଳାଚଳ ଓ ସୈନ୍ୟମାନଙ୍କର ଅହରହ ଗତାଗତ ଚାଲିଥିଲା। ତେଣୁ ଭବିଷ୍ୟତ୍ ବିଷମୟ ହେବା ଆଶାରେ ମୋର ପ୍ରାଣାଧିକା ପ୍ରଣୟିନୀ କନିକା ଚାକିରୀରୁ ଅବ୍ୟାହତି ଆଣିବା ପାଇଁ ବାରବାର ମୋ ନିକଟକୁ ପତ୍ରାଦି ଦ୍ୱାରା ଜଣାଉଥିଲା। ପତ୍ର ପାଇବା ସଙ୍ଗେ ସଙ୍ଗେ ସମୟର ଦୂରବସ୍ଥା ନିରୀକ୍ଷଣ କରି ରାଜାସାହେବଙ୍କଠାରୁ ଅସ୍ଥାୟୀକାଳ ନିମିତ୍ତ ଛୁଟି ମଞ୍ଜୁର କରାଇ ଗୃହାଭିମୁଖେ ଯାତ୍ରା କଲି। ସୁଦୀର୍ଘ ତେରମାସ କାଳ କନିକାରେ ରହଣି କରିଥିଲି। ତତ୍‌ସଙ୍ଗେ କନିକାବାସିନ୍ଦାଙ୍କର ପ୍ରଶଂସାର ପାତ୍ର ମଧ୍ୟ ହୋଇଥିଲି। କନିକାରୁ ଫେରି ଘରେ କିଛିକାଳ ନିଶ୍ଚିନ୍ତ ହୋଇ ବସିଗଲି। ଏତେବେଳେ ମୋର ବୟସ ଅନ୍ତତଃ ଚତୁଃଷଷ୍ଠି ହେବ।

ଇତିମଧ୍ୟରେ ଛାପାଖାନାରୁ ଅର୍ଡ଼ର ସବୁ ଆସିଗଲା । ସେ ସବୁକୁ ମଧ୍ୟ ପୂରଣ କରି କିଛି କିଛି ପାରିଶ୍ରମିକ ପାଉଥିଲି । ଏହାମଧ୍ୟରେ ମନସାମଙ୍ଗଳ, ରତିକାବ୍ୟ, ଦୁନିଆଁଗୀତ, ରାମାୟଣ, ଖନାବଚନାଦି କେତେକ ପୁସ୍ତକମାନ ଲେଖିଥିଲି । ପୁଣି ଏ ବୟସରେ ଗୋସେବା କରିବାରେ ମନ ବଳିଲାରୁ ଦୁଇଟି ଅଣ୍ଡିରା ବାଛୁରୀ କିଣି ପାଳନ କଲି ।

ମୁଁ ନିଜେ ଦୁଇବେଳା ଦୁଇବୋଝ ଘାସ କୋଡ଼ କିମ୍ବା ଖୁରପାସ୍ତ ସାହାଯ୍ୟରେ ଏ ବୟସରେ ସଂଗ୍ରହ କରି ଗୋ ସେବାରେ ବ୍ରତୀହେଲି । ସୁରୁଖୁରୁରେ କେତେକ ମାସ କଟିଗଲା । ମୋ ମନରେ ମଧ୍ୟ ଆନନ୍ଦ ଆସୁଥିଲା । କିନ୍ତୁ ଉକ୍ତ କୋଠପଦା ମଠାଧୀଶ ମହନ୍ତ ତପୋନିଧି ରାମନାଥପୁରୀ ଗୋସ୍ୱାମୀ ମୋର ବୟସାନୁସାରେ ପରିଶ୍ରମ ଦେଖି ମୋତେ ବାରମ୍ବାର ବାଧା ଦେଲେ । ପରିଶେଷରେ ତାଙ୍କରି ଅନୁରୋଧରେ ପଡ଼ି ଅଣ୍ଡିରା ଦ୍ୱୟକୁ ବିକ୍ରୟ କଲି ।

ସରକାରଙ୍କ ନିର୍ଦ୍ଦେଶରେ ସମର ସଙ୍ଗୀତ

ଇତିମଧ୍ୟରେ ପୃଥିବୀବ୍ୟାପୀ ମହାଯୁଦ୍ଧ ଆରମ୍ଭ ହେଲା । ଇଉରୋପସ୍ଥ ଜର୍ମାନ୍ ଦେଶର ଶାସନକର୍ତ୍ତା ହର୍‌ହିଟ୍‌ଲର୍ ଗୋଟିଏ ବଡ଼ ଭୟାବହ ଯୁଦ୍ଧ ଆରମ୍ଭ କରିଦେଲେ । ଜର୍ମାନ ସଙ୍ଗେ ଇଟାଲୀ ଓ ଜାପାନ ଯୋଗଦାନ କରି ଅନ୍ୟାୟରେ ଶଶୀକଳା ସଦୃଶ ଅନାୟାସରେ ରାଜ୍ୟ ଗ୍ରାସ କରିବାକୁ ଲାଗିଲେ । ଏତେବେଳେ ଆମ ଭାରତର ଶାସନକର୍ତ୍ତା ବ୍ରିଟିସ୍ ସରକାର ଆମେରିକା ଓ ଫ୍ରାନ୍ସ ସଙ୍ଗେ ଯୋଗଦାନ କରି ମିତ୍ରପକ୍ଷ ଦଳରେ ଅପ୍ୟାୟିତ ହେଲେ । ଅନ୍ୟାୟୀ ଓ କୁଟନୈତିକ ଜର୍ମାନ୍ ଜାତିକୁ କିପରି ପରାସ୍ତ କରାଯିବ, ସେଥିପାଇଁ ପ୍ରତ୍ୟେକ ଜାତି ସ୍ୱ ସ୍ୱ ଧର୍ମାନୁଯାୟୀ ପରମେଶ୍ୱରଙ୍କ ପ୍ରତି ପୂଜା, ଉପାସନାଦି ନାନା ଆରାଧନା କରିଥିଲେ । ଆମ ଓଡ଼ିଶାରେ ମଧ୍ୟ ଏହିପରି ଭକ୍ତି ସହକାରେ ପୂଜା, ଉପସନାଦି କରାଯାଇ ଈଶ୍ୱରଙ୍କୁ ପ୍ରାର୍ଥନା କରାଯାଇଥିଲା । ଅଧିକନ୍ତୁ ଜର୍ମାନ୍ ପରାସ୍ତ ହେବା ପୂର୍ବରୁ ସରକାରଙ୍କ ତରଫରୁ ଜାତୀୟ ସଂଗୀତ ଓ ଜର୍ମାନ୍, ଜାପାନ ବିରୁଦ୍ଧରେ ସଙ୍ଗୀତମାନ ଲେଖିବାପାଇଁ ଆଦେଶମାନ ଆସିଗଲା । ମୋ ପାଖକୁ ମଧ୍ୟ ଆମ ମାହାଙ୍ଗାଥାନା ଜରିଆରେ ଆଦେଶ ଆସିବାରୁ ମୁଁ ଆଦେଶ ପତ୍ରସହିତ କଟକ ବାହାରିଲି । କଟକସ୍ଥ ନିମିଚୌଡ଼ିଠାରେ ଅର୍ଗାନାଇଜର ବ୍ରଜସୁନ୍ଦର ବାବୁଙ୍କ ସଙ୍ଗେ ସାକ୍ଷାତ୍ କଲି । ସେଠାରେ ଏକ ସଂଘ ପବ୍ଲିସିଟି ସ୍ଥାପିତ କରାଯାଇଥିଲା । ତହିଁରେ ମୁଁ ନାମ ଲେଖିଲି, ସଙ୍ଗେ ସଙ୍ଗେ କାଗଜ, କଲମ, କାଳି ଇତ୍ୟାଦି ମିଳିଗଲା । ମୁଁ ଏତକ ଉପକରଣ ଧରି ଶତ୍ରୁପକ୍ଷ ଜର୍ମାନ୍, ଜାପାନ ବିରୁଦ୍ଧରେ ପୁସ୍ତକମାନ ରଚନା

କରିବାପାଇଁ ମୋର ବସାଘରକୁ ଫେରିଆସିଲି । ପ୍ରଥମତଃ ପୁସ୍ତକଟିର ନାମକରଣ 'କଲି ସମର ସଙ୍ଗୀତ' । ଉକ୍ତ ସମର ସଙ୍ଗୀତର କେତୋଟି ପଦ୍ୟ ନିମ୍ନରେ ପ୍ରଦାନକଲି ।

କିପାଁ ଆମ ରଜା ଆମଦେଶ ଗୋ,
ଦେଇ ପରକୁ କାନ୍ଦିବା ଶେଷକୁ ।।
ଖଣ୍ଟ ଏ ଦେଶରେ କରି ବେଉସା,
ଲୁଟି ନେଉଥିଲେ ଟଙ୍କା ପଇସା ।।
ଯହୁଁ ସୁଆଦ ଲାଗିଲା ପାଟିକୁ,
ତହୁଁ ନେବେ ବସିଲେ ଏ ମାଟିକୁ ।।
ବୋକା ! ବର୍ଲିନ୍‌ରୁ ଛୁଟି ଆସିଲା,
ଟୋକା ! ଟୋକିଓ ସଙ୍ଗରେ ମିଶିଲା ।
ତହୁଁ ହୋଇଲେ ବିଚରା ବିଚରି,
ଇଟାଲୀରେ କରିବାକୁ କଚେରୀ ।
ହିଟ୍‌ଲର ଦେଖାଇଲା ଅଇନା,
କହେ ଜାପାନ୍‌କୁ ଦେବି ଚାଇନା ।
ଋଷିଆକୁ ଦେବି ବାକେଶିଆ,
ଡାକେ ଆମରି ସଙ୍ଗେ ମିଶିଆ ।
ବଲସେଭିକ୍ ଜାଣି ତା ଚାତୁରୀ,
ଧରି କାଟିଦେଲା ରଣ କତୁରୀ ।
ହିଟ୍‌ଲର କରିବାରୁ ଲଢ଼ାଇ,
ମାରେ ଋଷିଆ ଗଡ଼ାଇ ପଡ଼ାଇ ।

ଧକ୍‌କା ଖାଇ ଖାଇ ପଖା ଭାଙ୍ଗୁଛି,
ଇଂଗ୍ରାଜୀଙ୍କ ସଂଗେ କେବେ ଲାଗୁଛି ।
ଋଷ ପଶୁ ନାହିଁ ତାର ଜାଲରେ,
କାଳେ ପକାଇ ଦେବ ଖାଲରେ ।

ଏହିପରି ଅନେକ ଧରଣର ସଙ୍ଗୀତ 'ସମରସଙ୍ଗୀତ' ନାମକ ପୁସ୍ତକରୁ ଅନୁସନ୍ଧାନ କଲେ ପାଇପାରିବେ । ଏହା ଛଡ଼ା ଜନୈକ ପୁରୁଷକୁ ତାର ସ୍ତ୍ରୀ ଶତ୍ରୁପକ୍ଷୀୟ କଥା ନେଇ ତଳଲିଖିତ ମତେ ନିଷେଧ କରୁଛି ।

ଜାପାନ୍, ଜାପାନ୍ କହନା ।

ଜାପାନ୍ ତୋଫାନ୍, ଜର୍ମାନ୍ ବେମାନ୍
ସମାନ ଅଟଇ ଦୁଇ ନାଁ। ଘୋଷା।
ଗୋଟା ବରଫ ଦେଶକୁ ଧାଉଁଛି ଗୋଟା ଏଇ ତରଫକୁ ଚାହୁଁଛି।
ଇଟାଲିଟା ପୁଣି ତାଙ୍କ ସଙ୍ଗରେ ହୋଇଅଛି ପୋଷା ମଇନା।
ସେଟା ଆଗକୁ ନ ଆସୁ ବଳକି ତାକୁ ବରମାରୁ ଦିଅ ସଳଖି
ଭେଳକି ଦେଖି ତା ଭଳକି ନ ଯ, କର କଣ୍ଢେଇର ବଇନା।
ଗୁଡୁମ୍ ଗୁଡୁମ୍ ତୋପ ଫୁଟାଇ ଦିଅ ପାଷାଣ୍ଡର ମୁଣ୍ଡ ଲୁଟାଇ
ଚମ୍ ଚମ୍ ଚମ୍ ଚମକି ପଡୁ ସେ ଫାଟୁ ତା ହୃଦୟ ଅଇନା।
ଉଡ଼େ ଯେବେ ମୂଢ଼ ଯାଇ ଉପରେ ନଳିଧରି ଗୁଳିଦାଗ କୋପରେ
ଡର ନାହିଁ ନରହତ୍ୟା ପାପରେ କେତେ ବା ଯାତନା ସହିନା।

ପୁଣି ଯୁଦ୍ଧ ଅବସାନରେ ଭାରତରୁ ମୁଁ ଗୋଟିଏ କୋଇଲି ବର୍ମାପଥ ଦେଇ ଜାପାନ୍ ପଠାଇଲି।

ଯାଆଲୋ କୋଇଲି ଉଡ଼ି,
ଜାପାନକୁ କହ ଡରକୁ ଏଡ଼ିଲୋ, କଳା କୋଇଲି
ଆମ ବରମାକୁ ଯାଉ ଛାଡ଼ି।୧।
ପରଦେଶ ପରଧନ;
ଲୁଟିବାକୁ କିପାଁ ଏଣେ ତା ମନ ଲୋ, କହ କୋଇଲି।
ଯାଉ ଘେନି ନିଜ ସନମାନ।୨।
ନ ଜାଣେ କି ମୋର ରଜା,
ଅର୍ଦ୍ଧ ଧରଣୀରେ ଯା ଖ୍ୟାତି ଧ୍ୱଜା ଲୋ, କୋଇଲି।
ଉଡୁଅଛି ବୁଝିବେ ତା ମଜା।୩।
ଅସଂଖ୍ୟ ମେସିନ୍‌ଗନ୍;
ଅସଂଖ୍ୟ ରହିଛି ବ୍ୟୋମ ବିମାନ ଲୋ, କହ କୋଇଲି।
ଥୋଇବାକୁ ମିଳୁନାହିଁ ଥାନ।୪।

ବାଘ ସଙ୍ଗେ ଛେଳି ଭଳି,
ମୋ ରଜା ସହିତ ତାହାର କଳି ଲୋ, କହ କୋଇଲି।
ବେଳ ପଡ଼ିଗଲେ ଦେବ ଗିଳି।୫।

ତେଣେ ଋଷିଆରେ ହାରି,
ହିଟ୍‌ଲର ଦଶା କହି ନ ସରି ଲୋ; କହ କୋଇଲି।
ମୁଣ୍ଡ ଖଣ୍ଡ ତା ଗଲାଣି ଘୂରି।୬।

ଭାରତ ସେନାଙ୍କ ଯୁଦ୍ଧ-
ନିତି ଆଫ୍ରିକାରେ ଦେଖି ଅବୋଧ ଲୋ, କହ କୋଇଲି।
ତେବେ ଯୁଝିବାକୁ କରେ ସାଧ।୭।

ପଣେ ତ ହୋଇଛ ମେଳ,
ଜଣେ ଯୁଝି ପାଞ୍ଚ ବରଷ କାଳ ଲୋ, କହ କୋଇଲି।
କଣେ ନେଲାଣି କି ନାହିଁ ଫାଳ।୮।

ଏହିପରି ଅନେକ ଗୀତ ସମର ସଙ୍ଗୀତରେ ଦିଆ ଯାଇଅଛି। ଇତି ମଧ୍ୟରେ ମୁଁ ଭିଲେଜ୍‌ଗାର୍ଡ଼ ବା ଗ୍ରାମରକ୍ଷିଙ୍କ ଉପରେ ସର୍ଦ୍ଦାର ଥିଲି। ପୁଣି ମଧ୍ୟ ନିକଟସ୍ଥ ହାଟ, ବାଟ ଘାଟରୁ କଣ୍ଟ୍ରୋଲ ଜିନିଷମାନ ଧରି, ଧରାଇ ସରକାର ମହୋଦୟଙ୍କ ହାତକୁ ଦେଇଥିବାରୁ ତତ୍‌କାଳୀନ ଜିଲ୍ଲା ମାଜିଷ୍ଟ୍ରେଟ୍ ଶ୍ରୀଯୁକ୍ତ ସାମୁଏଲ ଦାସ ମୋତେ ସାଟିଫିକେଟ୍ ସହ କିଛି ଅର୍ଥ ପୁରସ୍କାର ସ୍ୱରୂପ ପ୍ରଦାନ କରିଥିଲେ।

ଇତିମଧ୍ୟରେ ୧୯୪୭ ମସିହା ଅଗଷ୍ଟ ୧୫ତାରିଖ ଆସିଗଲା। ଏହା ଭାରତର ଚିରସ୍ମରଣୀୟ ଦିବସ। ମଝିରେ ମଝିରେ ଲେଖନୀ ମଧ୍ୟ ଚାଲିଥିଲା। ଠିକ୍ ପରବର୍ଷ ଜାନୁୟାରୀ ୩୦ ତାରିଖ ୧୯୪୮ ମସିହାରେ ଗାନ୍ଧିଙ୍କର ହତ୍ୟା ଦିବସ ଘଟିଗଲା। ଉକ୍ତ ଗାନ୍ଧି ବିୟୋଗ ଉପଲକ୍ଷେ ମୁଁ ଉତ୍କଳମାତା ଶୋକ, ଓ ଭାରତ ମାତାଶୋକ ନାମକ ଦୁଇଖଣ୍ଡି ପୁସ୍ତକ ତିଆରି କରିଥିଲି। ତାହା ହରନାଥ ପ୍ରେସରେ ଛପା ଯାଇଥିଲା। ଏହି ପୁସ୍ତକଦ୍ୱୟ ଛପାଇବାରେ ଯାହା ବ୍ୟୟିତ ହୋଇଥିଲା ତାହା ସରକାର ମହୋଦୟ ପୂର୍ଣ୍ଣଭାର ବହନ କରିଥିଲେ।

ପ୍ରଧାନ ମନ୍ତ୍ରୀଙ୍କ ସଙ୍ଗେ ସାକ୍ଷାତ
କବିତ୍ୱ ପ୍ରକାଶ

ଏତିକିବେଳେ ଭାରତ ସ୍ୱାଧୀନତା ପ୍ରାପ୍ତ ହେଲା। ତାହା ଭାରତୀୟ ଅନୁଭବ ନିଶ୍ଚୟ କରିଥିବେ। ପ୍ରତ୍ୟେକ ପ୍ରଦେଶର ମନ୍ତ୍ରୀମଣ୍ଡଳ ଶୃଙ୍ଖଳା ଭାବେ ଗଠିତ ହେଲା।

ଆମ ଓଡ଼ିଶା ପ୍ରଦେଶର ମାନ୍ୟବର ହରେକୃଷ୍ଣ ମହତାବ ପ୍ରଧାନ ମନ୍ତ୍ରୀ ପଦରେ ଅଧିଷ୍ଠିତ ହେଲେ। ସେତେବେଳେ ତାଙ୍କ ବସା କଟକ ସହରସ୍ଥ ଗଣେଶଘାଟ ଠାରେ ଥିଲା। ସେ ପ୍ରଧାନମନ୍ତ୍ରୀ ଥିବା ଅବସ୍ଥାରେ ମୁଁ ପ୍ରଥମତଃ ସାକ୍ଷାତ୍ କରିବାକୁ ଯାଇଥିଲି। ତାଙ୍କ ନିକଟରେ ଥିବା କୁମୁଡ଼ା ଜୟପରୁ ନିବାସୀ ଚନ୍ଦ୍ରମଣି ନାୟକ ଏକ ବ୍ୟକ୍ତି ମଟର ଚାଳକ ଭାବେ ଚାକିରୀ କରିଥିଲେ। ମୁଁ ଉକ୍ତ ମଟର ଚାଳକଙ୍କୁ ଜଣାଇଲି। ଅନୁଗ୍ରହ ପୂର୍ବକ ମହତାବଙ୍କୁ ଜଣାଅ, "ପାଣି ସାକ୍ଷାତ ପାଇଁ ଆସିଅଛନ୍ତି।" ଚନ୍ଦ୍ରମଣି ପ୍ରଥମତଃ ଜଣାଇବାକୁ କୁଣ୍ଠାବୋଧ କରିଥିଲେ।

ପରେ ମୋର କଥାନୁସାରେ ଯାଇ ମହତାବଙ୍କୁ ଜଣାଇବାରୁ ମହତାବ ସଙ୍ଗେ ସଙ୍ଗେ କହି ପକାଇଲେ ମୁଁ ତାଙ୍କର ସାକ୍ଷାତ ପାଇଁ ମନେ ମନେ ଅପେକ୍ଷା କରିଛି। ବର୍ତ୍ତମାନ ମୁଁ ରାଜ୍ୟପାଳ କାଟ୍ଜୁଙ୍କ ବସାକୁ 'ଚା' ଖାଇବାକୁ ବାହାରି ଯାଉଛି। କାଲି ଚାରିଟା ସମୟରେ ଆସିଲେ ଦେଖା ସାକ୍ଷାତ ହେବ।

ପରଦିନ ମୁଁ ଚାରିଟା ପୂର୍ବରୁ ଯାଇ ମହତାବଙ୍କ ସୁପାଚକ କୁମୁଡ଼ା ଜୟପୁରନିବାସୀ ନବକିଶୋର ପଣ୍ଡାଙ୍କ ନିକଟରେ ଉପସ୍ଥିତ ହେଲି। କିୟତ୍କ୍ଷଣପରେ ଘଣ୍ଟାଟି ଢଂ, ଢଂ, ଢଂ, ଢଂ କରି ଚାରିଟା ବାଜିଲା। ଠିକ୍ ସେତିକିବେଳେ ମୋତେ ଖୋଜିଲେ। ଚନ୍ଦ୍ରମଣି ଡ୍ରାଇଭର ତତ୍କ୍ଷଣାତ୍ ଆସି ମୋତେ ଡାକିନେଲେ। ତାଙ୍କ ନିକଟକୁ ମୁଁ ଯିବାବେଳେ ମୋର ପରିଧେୟ ବସ୍ତ୍ରରୁ ଅର୍ଦ୍ଧେକ ଉତ୍ତରୀଭାବେ ସ୍କନ୍ଦ ଦେଶରେ ପକାଇ ଉପସ୍ଥିତ ହେଲି। ସେ ମୋତେ ଦେଖିଲା ମାତ୍ରେ ଚୌକିରୁ ଉଠିଆସି ପାଛୋଟି ନେଲେ। ନିକଟରେ ପଡ଼ିଥିବା ଖଣ୍ଡିଏ ଚୌକୀ ବସିବାପାଇଁ ଦେଲେ।

ମହତାବଙ୍କ ପରି ଉତ୍କଳ କେଶରୀଙ୍କ, ନିକଟରେ ସମାନାସ୍ପଦ ଭାବେ ଆସନ ଅଳଙ୍କୃତ କରିବା ମୋ ପକ୍ଷରେ ଅସମ୍ଭବ ଜାଣି ପାର୍ଶ୍ୱରେ ଦଣ୍ଡାୟମାନ ହେବାରୁ ସେ ମୋତେ କହିଲେ, ସମସ୍ତ ଓଡ଼ିଶା ତୁମ୍ଭପାଇଁ ମାସ୍ ଚୌକୀଦାନ କରିଛି। ଏଠାରେ କାହିଁକି ଜଣକ ଚୌକିରେ ବସିବ? ଏହାକହି ନିଜେ ବସାଇଦେଲେ। ତା ପରେ କଥାବାର୍ତ୍ତା ପ୍ରସଙ୍ଗରେ ମୋର ଜୀବନରେ ଲେଖିଥିବା ବହିର ପରିମାଣ ବୁଝିନେଲେ। ପରନ୍ତୁ କଥା ପ୍ରସଙ୍ଗରେ ଇଂରାଜୀ ଶବ୍ଦ ମିଶାଇ ମୋ ସଙ୍ଗେ କଥାବାର୍ତ୍ତା କରିବାରୁ ମୁଁ ଇଂରାଜୀ ଭାଷା ଜାଣିନଥିବାର ଜଣାଇଲି। ପରେ ନନ୍‌କୋପରେସନ୍ ସମୟରେ ନେସ୍‌ନାଲ ସଙ୍ଘ କ'ଣ, ଲେଖିଛ? କିଛି ଯଦି ମନେଥାଏ ତେବେ କହିପାରିବ କି? ମୁଁ କହି ପାରିବି ବୋଲି ସମ୍ମତି ଜଣାଇଲି ଓ ସଙ୍ଗେ ସଙ୍ଗେ, "ପ୍ରଳୟଭେରୀ" ନାମକ କବିତା ଶୁଣାଇଲି। ତନ୍ମଧ୍ୟରୁ ମାତ୍ର ମୋର ଦଶଗୋଟି ପଦ ମନେଥିଲା।

ସେ କବିତାଟି-

ଭାରତ ବୀରେ ବୀରତ ନୁହଁ ତୁରିତ ଭିଡ଼ ଅଣ୍ଟା ।
ଚିରତ ନୁହେଁ କାହାର ଏ ଦେହ ବଜାଅ ବିଜୟ ଘଣ୍ଟା ।୧ ।

ବର୍ଜନ କର ପ୍ରାଣମମତା ଅର୍ଜନ କର ଯଶ
ଅହିଂସାଭେରୀ ଗର୍ଜନ ଶୁଣ କମ୍ପାଏ ଦିଗଦଶ ।୨ ।

ଦୁର୍ଜ୍ଜନ ଏ ତ ଶ୍ୱେତ ବଣିକ ସଜ୍ଜନ ନୁହେଁ କାଳେ ।
କ୍ରୂର ପାପୀର ଚୂର ଦର୍ପ ଦୂରେ ପଳାଉ ଢାଳେ ।୩ ।

ରକ୍ତକେତନ ଶକ୍ତ ହୃଦୟେ ଦୀପ୍ତ ଆଲୋକେ ଟେକ ।
ସପ୍ତ ବେନି ଲୋକ ଦେଖନ୍ତୁ ମୁକ୍ତ ମୁକ୍ତ ଲେଖ ।୪ ।

ସୁପ୍ତକେଶରୀ ଜାଗ୍ରତ ଆଜି ଲୁପ୍ତ କୀର୍ତ୍ତି ଉଦ୍ଧାରେ ।
ଗୁପ୍ତେ ହରଇ ବିଭବ ପ୍ରାଣ ଦେଖ କେସନ ସ୍ପର୍ଦ୍ଧାରେ ।

ଶୋଧନ ପାଇଁ ସ୍ୱାଧୀନ ହୁଅ ଚିର ବନ୍ଧନ ଫିଟାଅ,
ଭୟ ତେଜି ଜୟ ଗାନେ ନୀଳ ଗଗନ ଫଟାଅ ।୬ ।

କୃପଣ ନୋହି ତର୍ପଣ କର ବୈରୀ ଶୋଣିତ ସାଗରେ,
ତେତ୍ରିଶ କୋଟି ଭାରତ ବୀରେ ଜାଗ ଜାଗ ଜାଗରେ ।୭ ।

ସଂଘର୍ଷ ତୁଟାଉ କଂଗ୍ରେସ ଆଜି ଇଂରେଜୀ ଦଳ ଦସ୍ୟୁର ।
ଭାଙ୍ଗ ନିୟମ ତନ୍ତ୍ର ଯନ୍ତ୍ର ଦେଶେ ପଳାଇ ଅସୁର ।୮ ।

ନାସ୍ତିକ ମୂଢ଼ ଅସ୍ତି ଖଣ୍ଡେ ନ ରଖେ ଆମ ବସ୍ତିରେ,
ବିକାଇ ଘର ଉଠାଏ କର ବରଷକେ ଦୁଇ କିସ୍ତିରେ ।୯ ।

ଏହି ଗୀତଟି ଶୁଣି ଖୁସି ହୋଇ ପଚାରିଲେ ଏ କ'ଣ ଛାପା ଯାଇଅଛି ? ମୁଁ କହିଲି "ନା ଛାପା ହୋଇନାହିଁ ।" ଛପା ହୋଇଥିଲେ ପ୍ରିଣ୍ଟିଂକମ୍ପାନୀ ସାମନାରେ

ଜେଲରେ ଆବଦ୍ଧ ଥାନ୍ତି। ଏତକ ଶୁଣି କହିଲେ, ଏ ଲେଖା ବର୍ତ୍ତମାନ ଛପାଇଲେ କ୍ଷତି କ'ଣ? ମୁଁ ଅସମ୍ମତ ସହ ଜଣାଇଲି ବିଷଦନ୍ତ ହୀନ ସର୍ପକୁ ଧରି କ୍ରୀଡ଼ାକରିବା ଦ୍ୱାରା ପ୍ରାଣୀର ଯାହା ଘଟେ, ଫଳ ତାହାହିଁ। ସେମାନେ ଭାରତରୁ ବିଦାୟ ନେଇଗଲେ। ବର୍ତ୍ତମାନ ସେମାନଙ୍କୁ ଗୋଡ଼ାଇ ବାଢ଼େଇବାରେ ତାତ୍ପର୍ଯ୍ୟଟା କ'ଣ? ତାପରେ ମୋତେ ପଚାରିଲେ ଆପଣ ନନ୍‌କୋପରେସନ୍‌ରେ କେବେ ମିଶିଲେ? ୧୯୧୫ ମସିହାରୁ ସଂମିଶ୍ରଣରେ ମିଶିଥିବାର ଜଣାଇଲି। ଆଚ୍ଛା ସାଧାରଣିଆ ଗୀତ କିଛି ଲେଖିଥିବେ। ମୁଁ କହିଲି, "ଆଜ୍ଞା! କିଛି ଜାଣିଛି।" ତେବେ ଗୋଟିଏ କୁହ?

ଦେଖ ଦେଖ ଭାଇ ଭାଙ୍ଗିଲାଣି ଆଜି ଗୋରାଙ୍କ ଜିଅଲଖାନା ହେ,
କାଲିର କାଇଦା ନାହିଁ ଆଜି ଆଉ ପଶନ୍ତି ସ୍ୱରାଜସେନା ହେ।
ଚିହ୍ନିଲାଣି ସରକାର;
ଲାଭ ହାନି ପୁଣି କେତେ କାର।୧।
ଆଗ ବାଗନାରୁ ଆଳୁ କଦଳୀ ସେ ବିକୁଥିଲା ଖୋଲି ତୋଳି,
ଶାଗକେରା ଆଜି ଖୋଜିଲେ ନ ମିଳେ ମୁହଁ ପଡ଼ିଲାଣି କାଳି ହେ,
କେତେ ଦେବ ଆଣି କାହୁଁ,
ଟାଣି ଝିଙ୍କିତ ହେଲାଣି ସେହୁ।୨।
ଜଗବନ୍ଧୁଙ୍କର ଦେଉଳ ଦରଜା ହୋଇଛି କାରାଫାଟକ,
ପଶୁଛନ୍ତି ଆସୁଛନ୍ତି ନିତିନିତି ଯାତ୍ରୀଙ୍କ ସମାନ ଦେଖ ହେ,
ଆତ୍ମରାଜ ବନ୍ଦୀଗଣ,
ଆଉ ନାହିଁ ସେ ପୂରୁବ ଟାଣ ହେ।୩।
ବଣିଆ ଟୋକାତ ଉଠାଇ ଦେଲାଣି ଜିଅଲଖାନାର ଡର
ଦେଶକାମ କରି ପଶ ଯା ତହିଁରେ ବରଷକେ ଦଶଥର ହେ।
ସରକାର ବିଷଦନ୍ତ।
ଏକା ଝାଡ଼ିବାର ସେହି ପଥ ହେ।୪।

ଏତକ ଶୁଣିବା ପରେ ତାଙ୍କର ମତାନୁଯାୟୀ ଆଉ ଗୋଟିଏ ବିଦେଶ ବର୍ଜନ ନାମକ ଗୀତ ଗାଇଲି-

ଶୁଣ ଗୋ ଭଉଣୀମାନେ।
ବେଶ ହେବା କେଶ ସଜାଡ଼ିବା ବେଳ ଏ ନୁହଁଇ ହେଜ ମନେ।୧।
ତୁମ୍ଭ ଶାଶୁ ପରଦାସୀ,

ତୁମ୍ଭେ ସାଜ ଶେଯ ଗେଲ ଅବସରେ ଗରବେ ନ ଯାଅ ଭାଷି।୨

ଜଡ଼ାତେଲ ହଳଦୀରେ

ତୁମ୍ଭ ଦେହ ପରା, ଗଢ଼ା ହୋଇଥିଲା ପିଲାଦିନରୁ ସାଦରେ।୩।

ବିଲଶାଗ ବିଲ ପାଣି

ଏହାଠାରୁ ଭଲ ଅଟେ କି ବିଦେଶୀ ଦରବ ନ ପାର ଜାଣି।୪।

ମୋଟ ଖଦୀ ମୋଟ ଭାତ;

ଦେଇ ବାପ ମାଆ ତୁମ୍ଭଙ୍କୁ ପାଳିଲେ, ପଡ଼ିଲା ତାଙ୍କର ଦାନ୍ତ।୫।

ଦେଢ଼ଶ ବରଷ ତଳେ;

ଦେଢ଼ସେର ଦୁଧ ଅଣାକୁ କିଣନ୍ତି କହୁଥାନ୍ତି ବୁଢ଼ାଦଳେ।୬।

ଟଙ୍କାରେ 'ଦି' ସେର ଘିଅ,

କିଣିଖାଇ ରଜା ରାଣୀ ହେଲେ ଆଜି ସଞ୍ଜ ନ ପାଇଲେ ଦିଅଁ।୭।

ଇଲେକଟରୀ ବେଟାରୀ,

ଟିପିନ ଟିକିଏ ଅଣାଇ ଦେଲେ କି ତୁଚ୍ଛା ପେଟ ଯାଏ ପୁରି।୮।

କାଚର ଗିଲାସ ବାଟୀ,

ଧରୁ ଧରୁ ଖସି ପଡ଼ନ୍ତେ ହାତରୁ ସାତଖଣ୍ଡ ହୁଏ ଫାଟି।୯।

(ତୁମ୍ଭ) ପଇସା କି ଆସେ ଫେରି,

କେତେକାଳ ଭଲା ପିତଳ କଂସାକୁ ପାତଳ କଲାଣି ଘୋରି।୧୦।

ଚଉକିଆ ଗୋଟା ହଳା,

ନେଇ ସାରାରାତି ଚଉକିଦେଇ ସେ ଜଗୁଥିଲା ବିଲଖଳା।୧୧।

ଏଣିକି ଟିକସ ଦେଇ

ନିଜଘର ବାରି ନିଜେ ଜଗୁଆଳି କିଛି ନ କହୁଛ କେହି।୧୨।

ତାଙ୍କର କାମ ଏତିକି,

ଗାଆଁ ଖଚମିଛ ବୋହୁଣ ଥାଆନ୍ତି ଥାନା ପୋଲିସ କତିକି।୧୩।

ନିୟମ କରିବା ଆସ,

ଏଣିକି ତାଙ୍କର ଦେଶ ଜିନିଷରେ କେହି ନ କରିବା ଆଶ।୧୪।

ମହତାବ ମହୋଦୟଙ୍କୁ ଏ ଗୀତଟି ଶୁଣାଇ ସାରିବା ପରେ ସ୍ୱାଧୀନତା କର୍ମଚାରୀଙ୍କ ଚାକିରୀ ଛାଡ଼ ଦେଶ କାମରେ ମାତିବା ପାଇଁ ଗୋଟିଏ ଗୀତ ବୋଲିଥିଲି- ତାହା, (ପୃଷ୍ଠା ୬୯ର ଅନ୍ତର୍ଗତ ଦୂତ ଗୀତ)

ଏ ସବୁ ଗୀତ ଶୁଣି ସାରିଲା ପରେ ମହତାବ ପୁଣି ପଚାରିଲେ ନନ୍‌କୋପରେସନ୍ ସମୟରେ 'ଡୁଏଟ୍' କଣ ଲେଖିଛ ? ମୁଁ କହିଲି, "ଲେଖିଛି।" ଜନୈକ ମୁସଲମାନ ସହିତ ହିନ୍ଦୁ ନାରୀର କଥୋପକଥନ। ଆଛା ! ଗାଇଲ ?

ପୁ- ବନା ମାଆ ଅନା ଥରେ ମୋ ଆଡ଼କୁ;
ସ୍ତ୍ରୀ- କାହିଁକି ଖଣ୍ଡିଆ ଖନା, ଅନେଇବି କହ କହ
ଯାଉଛି ମୁଁ ରାଜାଗଡ଼କୁ।୧।
ପୁ- ଗଡ଼ରେ କି କାମ ଅଛି ତୋର,
ସ୍ତ୍ରୀ- ହେ ଛୁଉଁନା ଖଣ୍ଡିଆ ଗୁଲିଖୋର,
ପୁ- ସମସ୍ତେ ତ ଏକାଜାତି, କାହୁଁ ହେଲା ଛୁଆଁଛୁତି,
ଡର ନାହିଁ ତୋର ତୋଡ଼କୁ।୨।
ସ୍ତ୍ରୀ- ଅଟୁ ତୁ ପଠାଣ ଜାତିରେ,
ପୁ- ଆଲୋ ସେ ବଳେ ଗଲାଣି ବିତିରେ।
ସ୍ତ୍ରୀ- ମାରିଖାଇ ଗୋରୁହେଡ଼ା, ଘେନି ବୁଲ ମଦଘଡ଼ା।
ମୁହିଁରେ ବଢ଼ାଇ ରୂଢ଼କୁ।୩।
ପୁ- ଆମେ ଛାଡ଼ିଲୁଣି ମଦ ମାଉଁସ,
ସ୍ତ୍ରୀ- ବିଷକୁ କେ କଲା ପୀୟୂଷ।
ପୁ- ପାଠୁଆ ଯେତେକ ମିଳି, ଭାଙ୍ଗନ୍ତି ପୁରୁଣା କଳି;
ଓପାଡ଼ି ବିବାଦ ବାଡ଼କୁ।୪।
ପୁ- ଆମେ ହବୁ ତମ ଘରେ ସାଦୀ,
ସ୍ତ୍ରୀ- ତତେ ଏକଥା କହିଲା, କୋଉ ଦାଦୀ ?
ଛାଡ଼ ଖୋଦା ବୋଲ ହରି, ତେବେ ହେବା ଧରାଧରି।
ବଇଆ ଟେକିଛି ଗୋଡ଼କୁ।୫।

ଏହିପରି କେତେକ ଗୀତ ଗାଇବା ପରେ ପରେ ଅସବର୍ଣ୍ଣ ବିବାହର ଅଗ୍ରଣୀ ହେବାକୁ ଅନୁରୋଧ କରିବାରୁ ମୁଁ ସେତକ କାର୍ଯ୍ୟ ପୂର୍ବରୁ ସମାପନ କରିଥିବାର ଜଣାଇଲି। ଏଥିରେ ଆଶ୍ଚର୍ଯ୍ୟାନ୍ୱିତ ହୋଇ ବିଷୟଟି ସମ୍ପୂର୍ଣ୍ଣ ଭାବେ ଜାଣିବାକୁ ଇଚ୍ଛୁକ ହେବାରୁ ମୁଁ ଏକ ରଜକୀର ପାଣିଗ୍ରହଣ କରିସାରିଛି। ଏ ବିଷୟରେ ସେ ପୁରୋଧା କିଏ ବୋଲି ସମ୍ବୋଧନ କରନ୍ତେ ମୁଁ ନାସ୍ତିକଲି ଓ ବିବାହ ପାଞ୍ଚପ୍ରକାର। ତନ୍ମଧ୍ୟରୁ

ମୋର ଗାନ୍ଧର୍ବମତେ ବିବାହ ସ୍ୱରୂପ ମାଳାପ୍ରଦାନ କରିଅଛି । ପୁରୋହିତଙ୍କର ଜାତିଯିବା ଭୟରେ କେହି ସ୍ୱୀକୃତ ହେଲେନାହିଁ । କେବଳ ଅଗ୍ନି ସାକ୍ଷ୍ୟ ମାତ୍ର ଏହା କହି ବିଦାୟ ନେଇ ଆସିବା ସମୟରେ ଅନୁରୋଧରେ ପଡ଼ି ପୁଣି ସନ୍ଧ୍ୟାକୁ ସାକ୍ଷାତପାଇଁ ସଙ୍ଗରେ ଦୁଇଖଣ୍ଡି ବହି ନେଇ ପଢ଼ିବାକୁ ଦେଇ ଆସିଥିଲି । ଉକ୍ତ ଦୁଇଖଣ୍ଡି ପୁସ୍ତକ ରାତ୍ରିରେ ପାଠକରି ମୋତେ ଦେଖିବା ପାଇଁ ବ୍ୟଗ୍ର ହୋଇଥିବାର ଜାଣିପାରିଥିଲି । କିନ୍ତୁ ତାଙ୍କର ବାସଭବନରେ ମୁଁ ବିଶ୍ରାମ ନେଇଥିବାର ସେ ଜାଣି ନଥିଲେ । ପରଦିନ ପ୍ରତ୍ୟୁଷରେ ମୁଁ ବାସଭବନରେ ଉପସ୍ଥିତ ଥିବାର ଜାଣି ଡାକି କହିଲେ, "ଏହିପରି ବହିସବୁ ପଢ଼ିବାକୁ ଚାହେଁ ? ପାଣି ! କାଲି କେଉଁଠି ଥିଲ ? ଏପରି ପ୍ରଶ୍ନ ପ୍ରାପ୍ତ ମାତ୍ରକେ ମୁଁ କହି ପକାଇଲି ପାଣି ଆପଣଙ୍କ ବାସଭବନ ସ୍ଥିତ ଗରାମାଠିଆରେ, ଥିଲେ । ତେବେ ଆପଣ କାଲି ଏଠାରେ ଥିଲେ ? ମୁଁ କହିଲି ଆଜ୍ଞା । ଆପଣଙ୍କ ଭବନରେ ବିଶ୍ରାମ କରିଥିଲି । ଏହାପରେ ମୋତେ କହିଲେ ଏଣିକି ବହି ଛପାଇବାକୁ ହେଲେ ମୋତେ ସର୍ବଦା ଟଙ୍କା ମାଗିବେ ? ମୁଁ ସାହାଯ୍ୟ କରିବାକୁ ପ୍ରସ୍ତୁତ ।

କିଛିଦିନ ପରେ ହରିଜନ ମନ୍ଦିରପ୍ରବେଶ ବେଳେ ତାଙ୍କଠାରୁ ଟଙ୍କା ନେଇ ଦୁଇହଜାର ହରିଜନମନ୍ଦିର ପ୍ରବେଶ ପୁସ୍ତକ ଛପାଇ ଥିଲି । ଇତିମଧ୍ୟରେ ଓଡ଼ିଶାକୁ ଛାଡ଼ି କେନ୍ଦ୍ର ସରକାରଙ୍କ ଅଧୀନରେ ସ୍ଥାନ ପାଇବାପାଇଁ ଦିଲ୍ଲୀଯାତ୍ରା କଲେ, ଅଳ୍ପକେତେକ ମାସ ପରେ ନୂଆଦିଲ୍ଲୀରୁ ମୋ ନାମରେ ଅର୍ଦ୍ଧଶତ ରୌପ୍ୟମୁଦ୍ରା ପଠାଇଥିଲେ ।

ଏତଦ୍‌ବ୍ୟତୀତ ମହତାବ୍ ମହୋଦୟ ୧୯୫୧ ମସିହା ଜାନୁୟାରୀ ପୂର୍ବରୁ ଆମ ମହାଙ୍ଗା ମହାବୀର ସ୍କୁଲକୁ ପ୍ରଥମଥର ପାଇଁ ଭୋଟ ଉଦ୍ଦେଶ୍ୟରେ ଆସି ଏକ ସଭାରେ ଯୋଗ ଦେଇ ଭାଷଣ ଦେଇଥିଲେ । ସଭାକାର୍ଯ୍ୟ ଶେଷରେ ମୋତେ ପଚାରିଥିଲେ, "କବି ! ତୁମ୍ଭ ଜୀବନର ପ୍ରଥମ ଭୋଟ ଆସୁଛି । ଆସନ୍ତା ଇଲେକ୍‌ସନରେ ଭୋଟ କାହାକୁ ଦେବ ? ବର୍ତ୍ତମାନ ଅନେକ ପାର୍ଟି ମୁଣ୍ଡ ଟେକିଛନ୍ତି । କ'ଣ ଭାବୁଛ ? ମୁଁ ଉତ୍ତର ଦେଲି, ଆଜ୍ଞା ! ଆମର ସେହି ପୁରୁଣା ଘିଅବଢ଼ା । ଏତିକି କଥାରେ ସଭାସ୍ଥିତ ବୃନ୍ଦ ମହତାବଙ୍କ ଆଡ଼କୁ ଅନାଇ ହସି ଉଠିଥିଲେ । ମହତାବ ମହୋଦୟ ପୁରୁଣା ବଢ଼ା କ'ଣ ବୋଲି ପଚାରିବାରୁ ମୁଁ କହିଲି, "ଆଜ୍ଞା ! ପୁରୁଣା ଘିଅବଢ଼ା ଯାହା ଘିଅ ପିଇବାର ପିଇସାରିଛି । ଆଉ ପିଇବାଟା ଜଣାଯିବ ନାହିଁ । କିନ୍ତୁ ନୂଆବଢ଼ାରେ ଘିଅ ପୂରାଇଲେ ସେ ଅନେକ ପରିମାଣରେ ପିଇଯିବ । ତେଣୁ ପୁରୁଣାରେ ଘିଅ ନ ପୂରାଇ ନୂଆରେ ଦେବି କାହିଁକି ? ପୁରୁଣା ଘଡ଼ି ଯଦିଓ ଦଦରା ଥାଆନ୍ତା ତେବେ ନୂଆ ବଢ଼ା ଆଶା କରନ୍ତି । କିନ୍ତୁ ପୁରୁଣା ଘଡ଼ି ତ ଦଦରା କିମ୍ବା ହାଲୁକା ନୁହେଁ । ତେଣୁ ନୂଆ ଘଡ଼ିରେ ଆଦୌ ଦେବି ନାହିଁ । ନୂଆଘଡ଼ିରେ ଦେବା ବ୍ୟକ୍ତି ନିତ୍ୟାନ୍ତ ବିବେକ ଶୂନ୍ୟ । ଏହିକଥା

ଶୁଣି ସମସ୍ତେ ଉଚ୍ଚସ୍ୱରରେ ହସି ଉଠିଲେ। ସଭା ଭାଙ୍ଗିଲା। ମୁଁ ମଧ୍ୟ ଭୋଟପାଇଁ ପୁରୋଧା ସାଜିଲି। ଏ ଅଞ୍ଚଳରେ ଲୋକମାନଙ୍କୁ ବୁଝାଇ ସରକାର ମହୋଦୟଙ୍କୁ ବହୁ ସାହାଯ୍ୟ କରିପାରିଥିଲୁ।

ଏହିଠାରୁ ମହତାବ ମହୋଦୟଙ୍କ ସଙ୍ଗେ ମୋର ଆଉ ସାକ୍ଷାତ୍ ହୋଇନାହିଁ। କିନ୍ତୁ ମହତାବ ମନ୍ତ୍ରୀଥିବା ଅବସ୍ଥାରେ 'ଓଡ଼ିଶା ଇତିହାସ' ନାମକ ଖଣ୍ଡିଏ ତାଙ୍କ ନିଜ କର୍ତ୍ତୃକ ପୁସ୍ତକ ମୋତେ ଉପହାର ସ୍ୱରୂପ ପ୍ରଦନା କରିଥିଲେ।

(ଜୁବୁଲି ଭେଟି)

ଏତଦ୍‌ବ୍ୟତୀତ ମହତାବ ମହୋଦୟଙ୍କର ସ୍ୱର୍ଣ୍ଣଜୟନ୍ତି ଉପଲକ୍ଷେ ମୁଁ ଗୋଟିଏ ପଦ୍ୟ ବା କବିତା ଲେଖି ଭେଟି ଦେଇଥିଲି। ଉକ୍ତ ଭେଟି ପାଠକମାନଙ୍କ ଜ୍ଞାତାର୍ଥେ ନିମ୍ନରେ ପ୍ରଦତ୍ତ କଲି।

ଉତ୍କଳ ଆକାଶ ବିକାଶ ମିହିର,
ଜୟ ଜୟ ମହତାବ କର୍ମବୀର।
ଜନ୍ମଭୂମି ହେତୁ ଅଶେଷ କଷଣ,
ସହିଅଛ କେତେ କରି ପ୍ରାଣପଣ।
ସାଧିବା ନିମନ୍ତେ ଜନ୍ମଭୂମି ହିତ,
ବ୍ରିଟିଶ କାରାରେ ହୋଇଲ ଅତିଥ।
କୁହୁଡ଼ି କାକର ଖରା ବରଷାରେ,
ବୁଲି କେତେ କଷ୍ଟ ସହିଲ ରସାରେ।
ଗୁରୁ ପଣେ କରି କରମଚାନ୍ଦଙ୍କୁ
ଖାତର ନ କଲ ତିଳେ ବିପଦକୁ।
ତାଙ୍କ ଉପଦେଶ ସ୍ୱଦେଶ ଉଦ୍ଧାରେ,
ଅସାଧ୍ୟ ସାଧନ କଲ ବସୁଧାରେ।
ପ୍ରବଳ ପ୍ରତାପି ଭାରତ ସମ୍ରାଟ।
ବିପକ୍ଷ ମାର୍ଗରେ ଚଳାଇଲେ ଥାଟ।
ଆଇନ ଅମାନ୍ୟ ଆଦି ଯେତେ ଯେତେ,
କରମେ ମାତିଲ ଲେଖିବି ତା କେତେ।
ଲୁହା ପଥରରୁ ଟାଣ କରି ବକ୍ଷ,

ଭୁଲିନାହଁ କେବେ ହେଲେ ନିଜ ଲକ୍ଷ୍ୟ।
କଷଣକୁ କଲ ଅଙ୍ଗର ଭୂଷଣ,
ଚଳାଇଲ ବହୁକାଳ ଶାନ୍ତିରଣ।
ସେହି ବଳେ ସାତସିନ୍ଧୁ ହୋଇ ପାରି
ପଳାଇଣ ଗଲେ ବିଦେଶୀ ବେପାରି।
ସଉଭାଗ୍ୟ ଲକ୍ଷ୍ମୀ ହୋଇ ସୁପ୍ରସନ୍ନ
ମନଗୁଣେ ଯାଚି ଦେଲେ ଉଚ୍ଚାସନ।
ସେ ଆସନେ ବସି ଦେଶ ହାନି ଲାଭ,
ବୁଝୁଅଛ ଯାର ଯା ହୁଏ ଅଭାବ।
ଆପଣା ବସାରେ ବସିବାର ପାଇଁ,
କି ରାତି କି ଦିନ ଅବସର ନାହିଁ।
ରବିରଥ ସମ ଅବିରତ ଚଳେ,
ତୁମ୍ଭରି ବାଷ୍ପୀୟ ଯାନ ଏ ଉତ୍କଳେ।
ତବାଦେଶେ କେତେ ସଂକୀର୍ଣ୍ଣ ସରଣୀ
ବିସ୍ତୃତ ହେବାରୁ ଶୋଭୁଛି ଧରଣୀ।
ହଜାର ହଜାର ବଜାର ପଥରେ,
ଚାଲୁଥାନ୍ତି ଭୀତି ନ ବହି ଚିତ୍ତରେ।
ପୁଣି କେତେ ବିଦ୍ୟାଳୟ ନୂଆ ନୂଆ,
ତୋଳା ହୋଇବାର ଦେଖେ ତୁଆ ତୁଆ।
ଆବର ଅନେକ ଔଷଧଆଳୟ,
ନିରିମାଣି ଦୂର କଲ ରୋଗ ଭୟ।
କଚେରୀ ସଉଧ ଶିଖେ ଗଲା ଦେଖା,
ଆଜି ସେ ତ୍ରିରଙ୍ଗ ପତାକାର ରେଖା।
କର୍ମଚାରୀଙ୍କର ବଢ଼ାଅ ବେତନ,
କେବେହେଁ କାହାର ନୋହେ କରତନ।
ସରଳ ଅନ୍ତର ତରଳ ସ୍ୱଭାବ;
ହେତୁ କାହିଁ କିଛି ନ ହୁଏ ଅଭାବ।
ପରମ୍ପରା ରହିଥିଲା ଏହିକଥା,
ନଇମୁହେଁ ଯେବେ ପଥର ପଡ଼ନ୍ତା।

ତେବେ ଏ ଧୋଇଆ ଅଞ୍ଚଳ ଫସଲ
ହୁଅନ୍ତା ନୁହଁନ୍ତା ପ୍ରଜା କଲବଲ।
ତବ ହେତୁ ତାହା ହେଲା ଫଳବତୀ,
ଦିନେ ଦାନକଲ ଅଚଳ ସମ୍ପତ୍ତି।
ହୀରାକୁଦ ବନ୍ଧ ଜୀବନର ବ୍ରତ,
ହୋଇଅଛି କହୁଥାନ୍ତି ଶତଶତ।
ଯେହ୍ନେ ରାମ, ସିନ୍ଧୁ ଗର୍ଭେ କଲେ ସେତୁ,
ଦେବଙ୍କ କଷଣ ହରିବାର ହେତୁ।
ତେସନ ତୁମ୍ଭଙ୍କୁ ବୁଦ୍ଧି ଦେଲେ ବିଧି,
ଧୋଇଆ ପ୍ରଜାଙ୍କୁ ଦେଲ ଅଷ୍ଟନିଧି।
ଗାନ୍ଧିଙ୍କର ପଣ ପୂରଣ କରିଲ
ଶ୍ରୀମନ୍ଦିରେ ହରିଜନଙ୍କୁ ଭରିଲ।
ଶ୍ରୀରାମଙ୍କ ଠାରୁ ଲବ, କୁଶ ବଳ,
ଅଧିକ ପ୍ରମାଣ ଦେଖିଲୁ କେବଳ।
ଶତାଧିକ ବର୍ଷ ଇଂରାଜ ରାଜତ୍ୱ,
ପାରି ଯା ନଥିଲା ତହିଁ ଦେଲ ହସ୍ତ।
ଗଡ଼ଜାତ ରାଜାଙ୍କର ଅଧିକାର,
ନିମିଷକେ ହରି କଲ ଏକାକାର।
ଓଡ଼ିଶାର ସୁପୂର୍ଣ୍ଣାଙ୍ଗ ଇତିହାସ।
ଲେଖିଲ ପୋଷିଣ ଅତୁଳ ସାହାସ,
ରବି ଚନ୍ଦ୍ର ଥିବା ଯାଏ ସେହି ଲେଖା,
ଓଡ଼ିଆଙ୍କ ନେତ୍ରେ ଦେଉଥିବ ଦେଖା।
ପୁଣି ଖରସୁଆଁ ସଢ଼ାଇ କଳାରେ,
ହରାଇଚ ଯେଉଁ ରାଜ୍ୟକୁ ହେଳାରେ।
ସିଂହଭୂମି ଆଉ ପାରଳା ତରଳା,
ଆଜି ଯେ, ଯେ ରାଜ୍ୟ ବାହାରକୁ ଗଲା।
ସେହି ସେହି ରାଜ୍ୟମାନଙ୍କୁ ଆବର,
ଆଣି ଗଢ଼ ଉତ୍କଳର କଳେବର।
ଲଢ଼ିବାକୁ ଅଣ୍ଟା ଭିଡ଼ି ସଜହୁଅ,

ବୀର ତୁମେ, ଭୀରୁ ପରାୟ ନ ହୁଅ।
ମାଗୁଣି ଏତିକି ଗୁଣୀ ଶିରୋମଣି,
ସହଜେ ତ ତୁମ୍ଭେ ସୁଗୁଣର ଖଣି।
ତବ କୀର୍ତ୍ତି, ଖ୍ୟାତି ଲେଖୁଥିଲେ ବସି,
ଶେଷ ହୋଇଯିବ ଭାଣ୍ଡ ଭାଣ୍ଡ ମସୀ।
ସବୁ ଯୁଗେ ରହିଥାଆନ୍ତି ନିନ୍ଦୁକ,
ମଣ ତାକୁ ଯେହ୍ନେ କ୍ରୀଡ଼ାର କନ୍ଦୁକ।
ଯେତେବେଳେ ଧର୍ମ ଯୁଧିଷ୍ଠି ଅମଳ,
ତେତେବେଳେ ଥିଲା ଦୁର୍ଯ୍ୟୋଧନ ଖଳ।
ସତ୍ୟ, ଶାନ୍ତି, ଦୟା, କ୍ଷମା, ଶୀଳ ରାମ,
ଜାତ କାଳେ ଥିଲା ଦସ୍ୟୁ ଦଶାଶନ।
ଛାଗୀ ନିନ୍ଦେ ଯେଉଁ ଭାଗୀରଥି ବାରି,
ପିଅନ୍ତି ନାହିଁ କି ତାହା ନରନାରୀ।
ନୁଅଇ କି ଶିବ ଶିରେ ଅଭିଷେକ,
ଉତ୍ତମ ଯେ ତାର କାଳେ କାଳେ ଟେକ।
କର୍ମବୀର କେଉଁ ନ ଶୁଣେ କା କଥା;
କର୍ତ୍ତବ୍ୟ ସାଧନେ ଚଳାଏ ସେ ମଥା।
ସେହି ନୀତି ନିତି ନିତି ଅନୁସର,
ଦରିଦ୍ର ପ୍ରଜାଙ୍କ ଦୁରୁଗତି ହର।
ଆଜି ତବ ସ୍ୱର୍ଣ୍ଣ ଜୟନ୍ତିରେ ମାତି,
ଦେଶବାସୀଙ୍କର ଫୁଲିଉଠେ ଛାତି।
ପଚାଶ ବୟସ ବୟଃକ୍ରମ ଗତ,
ଏକାବନ ଆସି ହେଲା ଉପଗତ।
ଯୋଡ଼ କରପୁଟେ ଡାକୁଛି ଈଶ୍ୱରେ,
ଅକ୍ଷୟ କୀରତି ରଖ ଏ ବିଶ୍ୱରେ।
ଧନ, ଧର୍ମ, ଯଶ, ଆୟୁ ଚାରିକଥା,
ପୂର୍ଣ୍ଣଭାବେ ଲଭ ଊଣା ନୋହୁ ସତ୍ତା।
ଭାର୍ଗବୀ, ଭାରତୀ ସପତଣୀ ଭାବ,
ନ ରଖନ୍ତୁ ତବ ବାସେ ମହତାବ।

ଅସୀମ କ୍ଷମତା ମସୀର ଅଟଇ,
ହେ, ଶ୍ରେଷ୍ଠ । ସଚ୍ଚୀବ ଉଦ୍ଦେଶ୍ୟ ମହତ-
ଥିଲେ ଶତ୍ରୁ ଦିନେ ହେବେ କରଗତ ।
ସର୍ବଗୁଣ ପରେ ଶ୍ରେଷ୍ଠ ବିତରଣ,
ଯେଣୁ ସେ ଗୁଣକୁ କରିଛ ଧାରଣ ।
ସେ ଫଳେ କଲ୍ୟାଣ ବାଞ୍ଛିବେ ଅଚ୍ୟୁତ,
କେତେବେଳେ ହେବ ନାହିଁ ପଦଚ୍ୟୁତ ।
ଶ୍ଳଥଚର୍ମା, ଦୀନ ବୃଦ୍ଧ ଆଶୀର୍ବାଦ,
ଘେନ ଘେନ ଚିତ୍ତୁଁ ଭୁଲି ଅବସାଦ ।
ସୁଦାମାର ଖୁଦଭଜା ମନେ କରି,
ଏ କ୍ଷୁଦ୍ର କବିତା ଘେନନ୍ତୁ ଆଦରି ।

କୋଠପଦା,
ପୋ:ଅ: କୁଆଁପାଳ
ତା ୧୫-୧୦-୪୯ ... ଶ୍ରୀ ବୈଷ୍ଣବ ପାଣି

ଦାରୁଣ ଦୁର୍ଦ୍ଦଶା

ଏହା ମଧ୍ୟରେ ମୋର ଘରେ କିଛିକାଳ କଟିଗଲା । ଏହିପରି କେତେକ ଲେଖାମାନ ମଧ୍ୟ ଲେଖିଥିଲି । ଇତିମଧ୍ୟରେ ରଘୁନାଥପୁର ରାସପାର୍ଟିର କେତେକ ମେମ୍ବର ଆସି ମୋର ବାସସ୍ଥାନ ମୁକାମରେ ଅବସ୍ଥାନ କରି ମୋତେ ସଙ୍ଗରେ ଧରି ବିଦେଶ ଯାତ୍ରା କରିବା ନିମିତ୍ତ କଥାବାର୍ତ୍ତା ଚଳାଇଲେ । ପରିଶେଷରେ ମୋତେ ସଙ୍ଗରେ ନେବାକୁ ମଧ୍ୟ ସ୍ଥିର ହେଲା । ସେମାନେ ଯିବାଦିନ ନିର୍ଦ୍ଦିଷ୍ଟ କରି ବିଦାୟ ନେଲେ । ସେମାନଙ୍କର ନିର୍ଦ୍ଦେଶାନୁସାରେ ମୁଁ କଟକ ଯାତ୍ରା କଲି । ସେମାନଙ୍କ ସହ ମୋର ସାକ୍ଷାତ୍ ହେଲା । ସମସ୍ତେ ଟିକିଟ କରି ରେଲ ଧରି ଆଠଗଡ଼ ବାହାରିଲୁ ।

ପ୍ରଥମତ । ଆଠଗଡ଼ର ଗୁରୁଡ଼ିଝାଟିଆଠାରେ ପ୍ରବେଶ କରି ତିନୋଟି ରାତ୍ର ଅଭିନୟ ଦେଖାଇଲୁ । ଇତ୍ୟବସରେ ଧାମନଗରରୁ କେତେକ ଭଦ୍ରବ୍ୟକ୍ତି ଆସି ସେଠାରେ ଆମ୍ଭମାନଙ୍କୁ ବଇନା ଦେବାରୁ ଆମ୍ଭେମାନେ ସମୟ ବିଳମ୍ବ ନ କରି ଧାମନଗରାଭିମୁଖେ ଟିକିଟ କରି ନିର୍ଦ୍ଦିଷ୍ଟ ସ୍ଥାନରେ ଉପସ୍ଥିତ ହେଲୁ । ସେଠାରେ ଚାରିରାତି ନାଚ ହେଲା । ଉକ୍ତ ସ୍ଥାନରେ ଖାଦ୍ୟପେୟର ନିତ୍ୟାନ୍ତ ଅସୁବିଧାରୁ ବୋଇତକଖାରୁ ସହ ହରଡ଼ଜାଇ ଖାଇ ସାମାନ୍ୟ ଜ୍ୱର ସଙ୍ଗେ ସଙ୍ଗେ ମୋର ମଧ୍ୟ ଝାଡ଼ା ଆରମ୍ଭ ହେଲା । ଚାରିରାତି

ଅଭିନୟ ମଧ୍ୟରେ ମୟୂରଭଞ୍ଜସ୍ଥ ବାରିପଦାରୁ କେତେକ ଭଦ୍ରବ୍ୟକ୍ତି ଆସି ବାରିପଦା ଯିବା ନିମିତ୍ତ ଓଜରା ଛିଡ଼ାଇ ବଇନା କରି ସେଠାରେ ଅଭିନୟ କାର୍ଯ୍ୟ ଶେଷରେ ଆମର ଦଳଟିକୁ ସାଙ୍ଗରେ ଧରି ଚାଲିଲେ। ବାରିପଦାଠାରେ ଅଭିନୟ ଚାଲିଲା।

ମୋର ଜ୍ଞାତରେ ତ୍ରୟରାତ୍ର ହେବା ପରେ। ଜୀବନର ଦାରୁଣ ଦୁର୍ଦ୍ଦଶା ମାଡ଼ି ଆସିଲା। ଏପରି ଭୟାବହ ଦୁର୍ଦ୍ଦଶା ଘୋଟିବ ବୋଲି ମୁଁ କେବେ ସୁଦ୍ଧା କଳ୍ପନା କରି ନଥିଲି। ପରନ୍ତୁ ସମସ୍ତ ଜୀବନଟିରେ ମୁଁ କୌଣସି ଭୟାବହ ବିପଦର ସମ୍ମୁଖୀନ ହୋଇ ନଥିଲି। ଏ ପର୍ଯ୍ୟନ୍ତ ଜୀବନରେ ଚାନ୍ଦିନୀରାତି ଭୋଗ କରି ଆସିଥିଲି। ମୋତେ ସେଠାରେ ଭୀଷଣ ଜ୍ୱର ହେଲା। ଜ୍ୱର ସଙ୍ଗେ ସଙ୍ଗେ ମଧ୍ୟ ଅଜ୍ଞାନ ହୋଇପଡ଼ିଲି। ସଂସାରର ଭଲମନ୍ଦ କିଛି ଜାଣି ନଥିଲି। ମୋର ଜ୍ଞାନ ସ୍ରୋତ ଯେଉଁ ଅଜ୍ଞାନ ସାଗରରେ ମିଶିଗଲା। ତାହା କଳ୍ପନା କରି ପାରିନଥିଲି। ସବୁ ଶୂନ୍‌ସାନ୍। କିଛିଦିନ ବିତିଗଲା। ତାହା ମଧ୍ୟରେ କ'ଣ ଘଟିଲା ତାହା କିଏ କହିବ? ଅନ୍ତତଃ ଦୀର୍ଘ ଏକମାସ କାଳ ମୋର ଜ୍ଞାନ ଆସିଲା। ନିଜର ଅନୁଭୂତିରୁ ମୁଁ ଜାଣିଲି ଯେ ଏହି ବାରିପଦା ହସ୍‌ପିଟାଲ ପରିବର୍ତ୍ତେ ମୋର ସୁପରିଚିତ କଟକ ମେଡ଼ିକାଲ। ଠିକ୍ ସେଦିନଟି ପଣାସଂକ୍ରାନ୍ତି। କେତେ କ'ଣ ମନରେ ଭାବନା ଆସିଥିଲା।

ପାଠକେ! ଇତିମଧ୍ୟରେ ଅଜ୍ଞାତ ଅବସ୍ଥାରେ ଯାହା ଯାହା ଘଟିଗଲା, ତାହା କେବଳ ଲୋକମୁଖ ଶ୍ରୁତ। ପୂର୍ବରୁ ମୋତେ ସାମାନ୍ୟ ପରିମାଣରେ ଜ୍ୱର ହୋଇଥିବାରୁ ମୁଁ କହି ସାରିଛି। ସେହି ଜ୍ୱର ବାରିପଦାରେ ବେଳୁ ବେଳ ବୃଦ୍ଧି ପାଇ ମୋତେ ଅଜ୍ଞାନ କରି ପକାଇଲା। ସଙ୍ଗେ ସଙ୍ଗେ ରଘୁନାଥପୁର ଯାତ୍ରାପାର୍ଟି ମ୍ୟାନେଜର ବାରିପଦା ହସ୍‌ପିଟାଲର ବଡ଼ ଡାକ୍ତରଙ୍କ ସାହାଯ୍ୟ ଲୋଡ଼ିଥିଲେ। ସମ୍ଭବତଃ ଡାକ୍ତର ବାବୁ ମୋର ଅବସ୍ଥା ପ୍ରତି ବ୍ୟବସ୍ଥା କରିନପାରି କଟକ ମେଡ଼ିକାଲକୁ ପଠାଇ ଦେଲେ। କଟକ ମେଡ଼ିକାଲକୁ ଆସିବା ସମୟରେ ଯାତ୍ରା ଦଳ ମ୍ୟାନେଜର ଓ ଦଳର କେତେକ ଛାତ୍ର ମଧ୍ୟ ସଙ୍ଗରେ ଆସିଥିଲେ। ମେଡ଼ିକାଲରେ ରୋଗୀ ଶ୍ରେଣୀରେ ଭୁକ୍ତ କରାଇଲେ। ପରନ୍ତୁ ମ୍ୟାନେଜର ମୋର ପ୍ରତିବାସୀ କିମ୍ବା ମୋର ଗୃହର ଉତ୍ତରାଧିକାରୀଙ୍କ ବିଷୟରେ ଅନଭିଜ୍ଞ ଥିବାରୁ କୁଆଁପାଳ ପୋଷ୍ଟମାଷ୍ଟରଙ୍କ ନାମରେ ଖଣ୍ଡିଏ ଚିଠି ସମସ୍ତ ବୃତ୍ତାନ୍ତ ଦେଇ ଲେଖିପଠାଇଲେ, ପୋଷ୍ଟମାଷ୍ଟର ମହାଶୟ ଏ ବିଷୟ ମୋର ପ୍ରିୟା ହରପ୍ରିୟାଙ୍କୁ ଜଣାଇଦେଲେ। ହରପ୍ରିୟା ବଡ଼ ହରବର ହୋଇ ଅଧୈର୍ଯ୍ୟ ହୋଇ ପଡ଼ିଥିଲେ। ଶେଷରେ ଲୋକଙ୍କ ସାନ୍ତ୍ୱନାରେ ଚାକରଟିକୁ ଧରି କଟକ ମେଡ଼ିକାଲରେ ଉପସ୍ଥିତ ହେଲେ। ସେ ଦିନଟି ଗଲା। ପରଦିନ ହେଲା। ମୋର ଚୈତନ୍ୟ ଆସିନଥିଲା। ତତ୍‌କାଳୀନ କଟକ ମେଡ଼ିକାଲ ସିଭିଲ୍ ସର୍ଜନ ଘନଶ୍ୟାମବାବୁଙ୍କୁ କହିଲେ, "ଆପଣ

ଓଡ଼ିଶାର ଦୀପଟିକୁ ଲିଭାଇ ଦେବାକୁ ଚାହାଁନ୍ତି ? ଡାକ୍ତରବାବୁ ସ୍ତ୍ରୀ ଲୋକଟିର କଥା ପ୍ରତି ତେତେ ଭ୍ରୂକ୍ଷେପ ଆଣିଲେ ନାହିଁ। ଆଉମଧ ଡାକ୍ତର ବାବୁ ପୂର୍ବକୁ ମୋତେ ଚିହ୍ନି ନଥିଲେ। ତହିଁ ପରଦିନ ଉକ୍ତ ଘନଶ୍ୟାମ ବାବୁଙ୍କୁ ଦେଖିବାକ୍ଷଣି ହାରାମଣି କାନ୍ଦି କାନ୍ଦି ଛଳ ଛଳ ଆଖିରେ କହି ପକାଇଲେ ଆପଣ ଓଡ଼ିଶାର ଜ୍ୱଳନ୍ତ ଦ୍ୱୀପଟିକୁ ଲିଭାଇ ଦେବାକୁ ଚାହାନ୍ତି ? ଆଜଅବଧି ରୋଗିର ଚେତନା ଆସିଲାନାହିଁ ? ଓଡ଼ିଶାର ଦୀପ କ'ଣ ? ଏ ସ୍ତ୍ରୀ ଲୋକଟି ଏପରି କାହିଁକି ବାରବାର କହିଲା ? ଓ ଏ ରୋଗୀ କିଏ ? ଏହି ସମ୍ବନ୍ଧରେ ବହୁ ଅନୁସନ୍ଧାନ କଲେ। ପରେ ଶରତବାବୁ ସିଭିଲସର୍ଜନଙ୍କ ଦ୍ୱାରା ମୋର ପରିଚୟ ପାଇଲେ। କ୍ରମେ କ୍ରମେ କେତୋଟି ଦିନ କଟିଗଲା। ତଥାପି ଚୈତନ୍ୟୋଦୟ ହେଲାନାହିଁ। ଡାକ୍ତରମାନଙ୍କ ଡାକ୍ତରୀ ଚିକିତ୍ସା ରୀତିମତ ଚାଲିଥିଲା। କିନ୍ତୁ କାହିଁ... ? ଆଜଅବଧି ରୋଗିର ଜବାବ ନାହିଁ। ଦୈନିକ ଡାକ୍ତର ବାବୁ ଆସନ୍ତି। ଦିନେ ଉକ୍ତ ଘନଶ୍ୟାମବାବୁ ଆସି ମୋତେ ଦେଖୁଥିଲା ବେଳେ ମୋର ପ୍ରିୟା (ହରପ୍ରିୟା) କହି ପକାଇଲେ। "ପନ୍ଦରଦିନ ହେଲା ଓଡ଼ିଶାର ସୁପ୍ରସିଦ୍ଧ ବଡ଼ ଡାକ୍ତରଖାନାରେ। ବହୁ ବିଶିଷ୍ଟ, ସିଦ୍ଧହସ୍ତ, ସୁଦକ୍ଷ ଉପାଧି ଭୂଷିତ ଡାକ୍ତରମାନେ ପାଶ୍ଚାତ ଶିକ୍ଷାରେ ବିଭୂଷିତ ହୋଇ ଓଡ଼ିଶାର ସୁନାମଧନ୍ୟ, ସୁପରିଚିତ, ଦୀନବନ୍ଧୁ, ଅଚେତନ ବ୍ୟକ୍ତିର ମାସାଧିକକାଳ ହେଲା ଚୈତନ୍ୟ ଅଣାଇ ନପାରିବା ବଡ଼ ପରିତାପର ବିଷୟ। ଡାକ୍ତର ପଚାରିଲେ ତୁମେ କିଏ ? ମୁଁ ତାଙ୍କର ସ୍ତ୍ରୀ। ସେ ମୋତେ ଆଜି ଅବଧି ଚିହ୍ନି ପାରିଲା ନାହିଁ। କିନ୍ତୁ ଡାକ୍ତରମାନେ ମୋ ପ୍ରତି ଯତ୍ନ କରିଥିଲେ। ଅକ୍‌ସିଜେନ୍ ଇତ୍ୟାଦି ଦେଇଥିଲେ।

ପଣାସଂକ୍ରାନ୍ତି ଦିନ ପାହାନ୍ତି ରାତିରେ ମୋର ଚୈତନ୍ୟ ଆସିଲା। ମୁଁ ମୋର ସ୍ତ୍ରୀକୁ ସକାଳରେ ଚିହ୍ନିଲି। ଏହା କଟକ ଜାଣିଲି। ଇତିମଧ୍ୟରେ ପତ୍ର ପତ୍ରିକାଦିରେ ପେସେଣ୍ଟ (ରୋଗୀ) ଭାବେ ମେଡ଼ିକାଲରେ ମୁଁ ଥିବାର ପୁଙ୍ଖାନୁପୁଙ୍ଖଭାବେ ବାହାରି ପଡ଼ିଥଲା। କଟକ ସହରସ୍ଥ ମୋର ପରିଚିତ ବ୍ୟକ୍ତିମାନେ ଫଳଫୁଲରିସହ ଆସି ସାକ୍ଷାତ କରିବା ସଙ୍ଗେ ସଙ୍ଗେ ଈଶ୍ୱରଙ୍କ ନିକଟରେ ମୋର ଦୀର୍ଘାୟୁ କାମନା କରିଥିଲେ। ଆଉ କେତେକ ଆଡୁ ମଧ ଅର୍ଥ ସାହାଯ୍ୟ ଆସିଥିଲା। ଆମର କେନ୍ଦ୍ରକଳା ମଧ କିଛି ସାହାଯ୍ୟ ଦେଇଥିଲେ। ପରେ ମଧେ ଚାଳିଶିଟଙ୍କା ମୋର ବାସସ୍ଥାନ ଠିକଣାରେ କେନ୍ଦ୍ରକଳା ପଠାଇଥିଲେ। କୋହିନୁର ପ୍ରେସ୍ ଟ ୪୦ଏ ମନମୋହନ ପ୍ରେସ୍ ଟ୨୦ଏ, ଇତ୍ୟାଦି ଇତ୍ୟାଦି। ଏହିପରି କେତେକଙ୍କ ଠାରୁ ସାହାଯ୍ୟ ପ୍ରାପ୍ତ ହୋଇଥିଲି।

ଅବଶେଷରେ ବହୁକୁଦ ନିବାସୀ ହାଡ଼ିବନ୍ଧୁ ସେନ ନାମକ ମେଡ଼ିକାଲର ଦପ୍ତରୀ ତା'ର ନିଜ ବସାକୁ ନେଇ ଏକ ସପ୍ତାହ କାଳ ସାଦରେ ରଖାଇଲେ। ସର୍ବଶେଷରେ ମୋର ଏକଫଟୋ ନିଆ ଯାଇଥିଲା। ମୋର ଶରୀରରେ କୌଣସି ରୋଗ ନଥିବାର

ସେହି ଫଟୋରୁ ଜଣା ପଡ଼ିଥିଲା। କେବଳ ତିନିବର୍ଷ ମଧ୍ୟରେ ଥରେ ମାତ୍ର ନିମୋନିଆ ଧରିଥିଲା। ପରନ୍ତୁ ମେଡ଼ିକାଲସ୍ଥ ସିଭିଲିସର୍ଜନ ଶ୍ରୀଯୁକ୍ତ ଘନଶ୍ୟାମ ବାବୁ ମୋତେ ଛାଡୁନଥିଲେ ଓ କିଛିକାଳ ମେଡ଼ିକାଲରେ ରହିବାକୁ ପରାମର୍ଶ ଦେଇଥିଲେ କିନ୍ତୁ ମୋର ସ୍ତ୍ରୀ ଅଧିକକାଳ ନରଖାଇ ଘରକୁ ନେଇ ଆସିଲେ।

ବିପରୀତ ଭାଗ୍ୟ

ଜଗତପୁର ଷ୍ଟେସନ (କେନ୍ଦ୍ରାପଡ଼ାରୋଡ଼) ରୁ ବାସ୍ ଦ୍ୱାରା ଉଭୟେ ଘରକୁ ଫେରି କୁଆଁପାଳଠାରେ ପହଞ୍ଚିଲୁ। ସେଠାରେ କିୟତକ୍ଷଣ ବିଶ୍ରାମ କରି ଘରଠାରେ ପହଞ୍ଚିଲୁ। ଈଶ୍ୱରଙ୍କ ସୁଦୟାରୁ ଗ୍ରାମ୍ୟ ପ୍ରତିବେଶୀମାନଙ୍କ ସହ ସାକ୍ଷାତ ହେଲା। ମୋର ସ୍ତ୍ରୀ ଦୁଇମାସ ପର୍ଯ୍ୟନ୍ତ ରୀତିମତ ପରିଚର୍ଯ୍ୟା କଲାପରେ ଦୈବ ଦୁର୍ବିପାକରୁ ତାଙ୍କର ଏକ ଜଙ୍ଘାବାତ ପଡ଼ିଲା। ଉକ୍ତ ଜଙ୍ଘାବାତ ଦିନୁଦିନ ବୃଦ୍ଧିହେଲା। ଅନ୍ତତଃ ଦୁଇମାସ କାଳ ଅତିବାହିତ ହେଲା। ନାନା ଆଡ୍ରୁ ନାନାଔଷଧ କ୍ଷେପ, ଲେପ କରାଗଲା। ତଥାପି ଜଙ୍ଘାବାତ ପ୍ରକୋପ ଉପଶମ ହେଲାନାହିଁ। ପରିଶେଷରେ ପେନ୍‌ସିଲିନ୍ ଇଞ୍ଜେକ୍‌ସନ୍ ଓ ଔଷଧାଦି ଏକଶତଟଙ୍କା ମୂଲ୍ୟର ପ୍ରୟୋଗ କରାଗଲା। କିନ୍ତୁ କାହିଁ? ଭାଗ୍ୟ ବିପର୍ଯ୍ୟୟରୁ ସମସ୍ତ ବିଫଳୀକୃତ ହେଲା। ଏପରି ଦୁର୍ଘଟଣା ଘଟିଲା ଯାହାକି ମୁଁ ଜୀବନରେ ସୁଦ୍ଧା ଭୋଗିନଥିଲି। କି ସ୍ୱପ୍ନରେ ଭାବି ନଥିଲି। ବିଧାତାର ଗତି କି ବିଚିତ୍ର? ଉକ୍ତ ଜଙ୍ଘାବାତ ଯମଦୂତ ସଦୃଶ ଆସି ଯମରାଷ୍ଟ୍ର ପରିବର୍ଦ୍ଧିତ କରିବା ନିମିତ୍ତ ଚିରଦିନ ପାଇଁ ଇହ ଜଗତରୁ ଯମଗଡ଼କୁ ମୋର ଅର୍ଦ୍ଧାଙ୍ଗିନୀ ହାରାମଣିକୁ ବିଦାୟ କଲା। ବର୍ତ୍ତମାନ ସେ ପର ଜଗତରେ, ପ୍ରେତ ଓ ମୁଁ ଇହଜଗତରେ ଭୂତ। ଫଳ ଓଲଟା ଫଳିଲା। ମୋର ପ୍ରାଣର ବିନିମୟରେ ନିଜପ୍ରାଣକୁ ବିସର୍ଜନ କରି ଆଜି ସେ ପରଲୋକ ବାସିନୀ। ପରନ୍ତୁ ଆବାଳ ବୃଦ୍ଧବନିତା କେହି ଜଣେ ସୁଦ୍ଧା ମୋର ବଞ୍ଚିବା କଥା କହୁନଥିଲେ। କିନ୍ତୁ ଦେଖିଲି ସେହି ନାରୀ ସାବିତ୍ରୀଙ୍କ ପରି ଶତସିଂହ ପରାକ୍ରମରେ ଯମସହ ଯୁଦ୍ଧ କରି ଯମମୁଖରୁ ମୋତେ ଫେରାଇଆଣି ପାରିଥିଲା। ନିୟତିରଗତି ସର୍ବତ୍ର ସର୍ବଦା ଅବାରିତ। ମୁଁ ଈଶ୍ୱରଙ୍କ ନିକଟରେ ନିବେଦନ କରେ, ତାଙ୍କର ଆତ୍ମାସଦ୍‌ଗତି ଲାଭ କରୁ। ତାଙ୍କୁ ସମାଧିସ୍ଥ କଲାପରେ ମୋର ମସ୍ତିଷ୍କ ଏପରି ବିକୃତି ଘଟିଲା, ପାଗଳ ବ୍ୟତୀତ ଅନ୍ୟକିଛି ଭାବି ନଥିଲେ।

ମୋର ଘରେ ଯେଉଁ ଚାକରଟି ଥିଲା, ତା'ର ନାମ ସୁରଜେନା ଭିଙ୍ଗାରପୁର ବାସିନ୍ଦା, ହର ମୃତ୍ୟୁରେ ମୋର ମସ୍ତିଷ୍କର ବିକୃତି ସମ୍ପୂର୍ଣ୍ଣ ଦେଖି ସେ କଣ ହସ୍ତଗତ

କଲା ସେ ସମ୍ବନ୍ଧରେ ମୁଁ ଅଜ୍ଞାତ, ଉକ୍ତ ଚାକରଟି ଅନ୍ତର ହୋଇ ଏ ପର୍ଯ୍ୟନ୍ତ ସାକ୍ଷାତ ନାହିଁ।

କିଛିଦିନ ପରେ ଗ୍ରାମବାସୀମାନେ ଉକ୍ତ ଅଟ୍ଟାଳିକାରେ ଏକ ପାଣିଲାଇବ୍ରେରୀ ସ୍ଥାପନ କରିବାକୁ ଏକ ନିବେଦନ ପତ୍ର ୧୯୫୪ ମସିହାର ଥିବା ଶିକ୍ଷାବିଭାଗର ମନ୍ତ୍ରୀ ରାଧାନାଥ ରଥଙ୍କ ନିକଟକୁ ପ୍ରେରଣ କରିଥିଲି। ଉତ୍ତରପ୍ରାପ୍ତି ଆଶାରେ ଏପର୍ଯ୍ୟନ୍ତ ଅପେକ୍ଷା ସତ୍ତ୍ୱେ ମନ୍ତ୍ରୀଙ୍କଠାରୁ ଉତ୍ତର ନପାଇ ନିରୁତ୍ତର ହେଲି। ଅବଶେଷରେ ସୌଧଟିର ମୂଳ ଭିତରୁ ସମୁଦାୟ ଇଷ୍ଟକ ବିକ୍ରୟ ନିମିତ୍ତ ସ୍ଥିର କଲି।

ଏତଦ୍‌ବ୍ୟତୀତ ମୋର ବର୍ତ୍ତମାନ କାଳୀନ ଅବସ୍ଥା ସମ୍ବନ୍ଧରେ ଦୁଇ, ଚାରିପଦ ଶେଷକଥାରେ ନ ଲେଖି ଧୈର୍ଯ୍ୟ ସମ୍ବରଣ କରି ପାରିଲି ନାହିଁ।

ନୈରାଶ୍ୟଭାବେ ଶେଷଚିଠି

ବର୍ତ୍ତମାନ ମୋର ବୟସ ୭୨ବର୍ଷ ମୁଁ ଓଡ଼ିଆ ଭାଷାରେ ଛୋଟ ବଡ଼, ନାଟକ, ପ୍ରହସନ, ଭଜନ, ଜଣାଣ ପୁରାଣ ଓ ଉପନ୍ୟାସିକ ଧରଣର ନାନା ବହି, ଏବଂ କାବ୍ୟ, କବିତାଦି ସହସ୍ରାଧିକ ବହି ଲେଖି ଓଡ଼ିଶାର ଓଡ଼ିଆ ଜାତିଙ୍କୁ ଦାନ କରି ବର୍ତ୍ତମାନ୍ ମୋର ପଳିତକେଶ ଗଳିତଦଶନ୍ ଲୋଳିତଚର୍ମ, ଜୀର୍ଣ୍ଣାଙ୍ଗଭରଣ, ଉଦର ଶୂନ୍ୟ ଅବସ୍ଥାରେ ମୋର ଜନ୍ମସ୍ଥାନରେ ଏକ ପର୍ଣ୍ଣକୁଟୀର ନିର୍ମାଣ କରି କାଳ ଅତିବାହିତ କଲେ ସୁଦ୍ଧ ଏ ଦୀନବୃଦ୍ଧ ପ୍ରତି ଆମ ଦେଶୀୟ ସରକାରଙ୍କ ଆଜଅବଧି ଦୃଷ୍ଟିପାତ ହେଉନାହିଁ। କେବଳ ସମ୍ବାଦପତ୍ରମାନଙ୍କରୁ 'ସାହାଯ୍ୟଦିଅ' 'ସାହାଯ୍ୟଦିଅ' ଏହାହିଁ ବାରବାର ପାଠକରି ସୁଦ୍ଧା ହୃଦୟରେ କ୍ଷୀଣଆଶା ପୋଷଣ କରି ଅର୍ଦ୍ଧମୃତ ସର୍ପବତ୍ ପଡ଼ିଅଛି।

ଇତିମଧ୍ୟରେ ଧନ ଉପାର୍ଜନର ଅକ୍ଷମତା ଯୋଗୁଁ ଚଳାଚଳର ଅସୁବିଧା ଓ ବୟସର ଆଧିକ୍ୟତା ସଙ୍ଗେ ମସ୍ତିଷ୍କର ଦୌର୍ବଲ୍ୟତା ଅନୁଭବ କରି ମାନନୀୟ ମହତାବ ମହୋଦୟଙ୍କ ନିକଟକୁ ନିମ୍ନଲିଖିତ ଚିଠିଟି ଶେଷଥର ପାଇଁ ପ୍ରେରଣ କରୁଛି ଏଥକୁ ଈଶ୍ୱର ହିଁ ଭରସା।

ମାନନୀୟ ମହତାବଙ୍କ ଶ୍ରୀକରେ,
ମୋ କ୍ଷୁଦ୍ର ଲେଖନୀ ଅରପୁଛି ଥରେ।
ମାରଜନା କରି ଲେଖିବାର ଦୋଷ
ଦୀନଜନ ପ୍ରତି ନ ବହିବେ ରୋଷ।

ସାନୁମାନ ଶୃଙ୍ଗେ ଦେଇଣ ବସାଇ
ଆଜି ଦୁଃଖ ସ୍ରୋତେ ଦେଉଛ ଭସାଇ ।
ଛାଡ଼ି ମେଡ଼ିକାଲ ଗଲା ଦଶମାସ
ତେବେ ସୁଦ୍ଧା ନ ପୁରିଲା ମନ ଆଶ ।
ରକ୍ତଚାପ ବ୍ୟାଧି ଭୀଷଣ ଯାତନା,
ରୋଗି ଭୋଗି ସଦା ହରଇ ଚେତନା ।
ଜଠର ଯନ୍ତ୍ରଣା କଠୋର ତାଠାରୁ,
ନ ଯାଉଛି ସେହି ଦୁର୍ଦ୍ଦଶା ମୋ ଠାରୁ ।
ବାର ବାର ଛାମୁ ଦରଶନ ଆଶେ,
ଯାଇଁ ପ୍ରଜାତନ୍ତ୍ର ଫେରୁଛି ନିରାଶେ ।
ଶତ ଶତ ବହି ଉତ୍କଳ ଭାଷାରେ-
ଲେଖି ଭୋକେ ପଡ଼ି ମରୁଛି ବସାରେ ।
ବାଆସ୍ତରୀ ବୟଃକ୍ରମ ଶେଷାଂଶରେ,
ପୀଡ଼ିତ ନିରତେ ନିୟତିବଶରେ ।
ସରକାର ବୃତ୍ତି ଦେବେ ଦେବେ କହି,
ଗଲାଣିତ ବାରମାସ ଆସି ବହି ।
ସଚିବମାନଙ୍କ ନ ପଡ଼େ ନଜର,
ଏହା ଚିନ୍ତି ଘୋଟିଯାଏ ଚିନ୍ତାଜ୍ୱର ।
ନିଜେ ନିଜ ସ୍ୱାର୍ଥେ ଜଡ଼ିତ ସେମାନେ,
ଭ୍ରମଣ କରନ୍ତି ଆକାଶ ବିମାନେ ।
ଉପାଧି ବଳରେ ହୋଇଲେଣି ଅନ୍ଧ,
କିପାଁ ଦେଖିବେ ସେ ପର ଭଲମନ୍ଦ ।
ତୃଷାର୍ତ୍ତ ପିଇଲେ ତଟିନୀରୁ ବାରି,
ଊଣା ହୁଏ ନାହିଁ ଦେଖନ୍ତୁ ବିଚାରି ।
ଭୋଗ କରିବାକୁ ଦେବା ଦତ୍ତ ଧନ,
କେତେକାଳ ରହିଥିବ ଏ ଜୀବନ ।
ତେଏସ୍ତରୀ ଭୟେ କ୍ରମଃ ହେଲା ଭୋଗ,
ଅଙ୍ଗେ ଗ୍ରାସିଲାଣି ରକ୍ତଚାପ ରୋଗ ।
ଲେଖନୀରେ ଭ୍ରମ ଥିଲେ କିଛି ମମ,

ଆହେ କ୍ଷମାଶୀଳ କ୍ଷମା ଗୁଣେ କ୍ଷମ।

(କବିର ପରିଚୟ)

ମହାନଦୀନଦୀ ଯତ୍ର ଈଶ୍ୱର ଭୁବନେଶ୍ୱରଃ।

ନୀଳାଚଳଚଳୋ ଯତ୍ର ତତ୍ରୋତ୍କଳେ ବାସମ୍ୟହଃ।।

ଆଶୀର୍ବାଦ-

କଲ୍ୟାଣୀୟ ରାମ-କୃଷ୍ଣ ବେନି-ଭ୍ରାତ।

ହେଉ ଏ ପୁସ୍ତକାଳୟ ଭବେ ଖ୍ୟାତ।

ସୁଦୟା କରନ୍ତୁ ମାତ ଭଗବତୀ।

ମାଗ ଶ୍ରୀଚରଣେ ତାହାଙ୍କୁ ସଦ୍‌ଗତି।

କ୍ରମଶ-

BLACK EAGLE BOOKS

www.blackeaglebooks.org
info@blackeaglebooks.org

Black Eagle Books, an independent publisher, was founded as a nonprofit organization in April, 2019. It is our mission to connect and engage the Indian diaspora and the world at large with the best of works of world literature published on a collaborative platform, with special emphasis on foregrounding Contemporary Classics and New Writing.

www.ingramcontent.com/pod-product-compliance
Lightning Source LLC
Chambersburg PA
CBHW060613080526
44585CB00013B/806
* 9 7 8 1 6 4 5 6 0 7 0 0 7 *